Johann Christoph Schmidlin

Beiträge zur Geschichte des Herzogtums Wirtenberg

Erster Teil

Johann Christoph Schmidlin

Beiträge zur Geschichte des Herzogtums Wirtenberg
Erster Teil

ISBN/EAN: 9783744635899

Hergestellt in Europa, USA, Kanada, Australien, Japan

Cover: Foto ©ninafisch / pixelio.de

Weitere Bücher finden Sie auf **www.hansebooks.com**

Beyträge
zur
Geschichte
des
Herzogthums Wirtenberg,

von

M. Johann Christoff Schmidlin,
Professor am Herzoglichen Gymnasio illustri
zu Stutgardt.

Erster Theil.

Stutgardt,
bey Johann Benedict Mezler, 1780.

Innhalt.

Einleitung. S. 1 — 28.

I. Neue Beobachtungen und Entdeckungen zur Berichtigung der Geschichte einiger Grafen und Gräfinnen von Wirtenberg und Gröningen, die zu Ende des eilften und im Anfang des zwölften Jahrhunderts gelebt haben sollen. S. 29 — 108.

II. Versuch einer kurzen Geschichte der ehemaligen Grafen von Urach und Achalm. S. 109 — 196.

III. Wahrhafte Beschreibung, was sich mit der Namhafften Vestung Hohen=Asperg, deroselben plocquierung, Belägerung und endlichen Uebergab, von dem Augusto des 1634. Jars bis zum Augusto folgenden 1635. Jars fürnemblich zugetragen, von M. Wendel Bilfinger, damaligen Specialsuperintendenten und Stadtpfarrer zu Marggröningen. Aus der Handschrift des Verfassers. S. 197 — 380.

Einleitung.

Es sind nun dritthalbhundert Jahre verflossen, seitdem die Geschichte des Herzogthums Wirtenberg als eine besondere Geschichte bearbeitet wird. Von älteren Bemühungen in diesem Fach der Gelehrsamkeit weißt man wenigstens nichts, und es ist auch nicht wahrscheinlich, daß sich jemand vor dem sechzehenten Jahrhundert damit abgegeben habe. Dann die Geistlichkeit sowohl in- als ausserhalb den Klöstern hatte mehr mit andern Sachen zu thun, und sonst war nicht leicht jemand im Stande, eine Geschichte, so schlecht sie auch immer gewesen seyn möchte, zu schreiben. Oder wann es je hie und da einen Naukler oder Trittenheim gab, so breiteten sie sich gemeiniglich auf die Geschichte von ganz Teutschland, wo nicht gar auf die allgemeine Weltgeschichte aus, wann sie auch gleich ihren Büchern eingeschränktere Titel gaben. Erst mit dem Anfang des gemeldten sechzehenten Jahrhunderts, da die Wissenschaften überhaupt wieder mehr empor kamen, trat Ladislaus Suntheim, der älteste, von dem wir etwas besonderes über die Wirtenbergische

Einleitung.

Geschichte haben, nachdem er von verschiedenen andern hohen Häusern in Teutschland Geschlechtsregister verfertiget hatte, auch mit einem doppelten Geschlechtsregister der Grafen und nachmaligen Herzoge von Wirtemberg hervor, davon das eine gröstentheils in teutscher, das andere aber in lateinischer Sprache geschrieben, und am Ende mit einer kurzen Beschreibung des Landes Wirtenberg versehen ist (1). Dieser Suntheim war von Ravensburg gebürtig, Kostanzischer Priester, Kanonikus zu Wien, und Kaplan, auch Historiographus des Kaysers Maximilians I. und seine Arbeiten sind um so schäzbarer, weil er einen grossen Theil von Teutschland persönlich durchreiset, und alles, was er von tauglichen Nachrichten zusammenbringen konnte, selbst gesammelt hat, ob er gleich die eigentliche Quellen, aus denen er schöpfte, nirgends angibt. Fast zu gleicher Zeit oder nicht lang hernach schrieb ein Ungenannter eine lateinische Wirtenbergische Chronik, welche eigentlich mit dem Jahr 1100. anfangt, und mit dem Jahr 1514. aufhört (2). Wer er gewesen sey, hat man bis jezt noch nicht ausfindig machen können, ausser daß aus mehreren Umständen erhellet, daß er ein Mönch gewesen sey, der aus verschiedenen Klosterchroniken, und besonders aus der Chronik des Klosters St. Blasii, wie

---

(1) Diese beyde Geschlechtregister nebst dem Anhang sind in Oefelii Scriptor. rer. Boic. T. II. p. 591 seq. abgedruckt.

(2) Sie stehet in Schannati Vindem. literar. Collect. II. p. 21 seq.

Einleitung.

wie auch aus Nauklern und andern guten Geschichtschreibern schöpfte. Diesem folgte eine Menge von Schriftstellern, welche theils die ganze Geschichte des Herzogthums Wirtemberg, theils nur einzele Stücke derselben bearbeiteten, und deren Werke theils gedruckt theils geschrieben vorhanden sind, darunter Oswald Gabelkofers geschriebene, und des Herrn Regierungsraths und geheimen Archivarius Sattlers gedruckte Geschichte, wie auch dieses lezteren historische Beschreibung des Herzogthums Wirtemberg unstreitig vor allen andern den Vorzug verdienen (3).

Ob aber durch diese vielfältige und zum Theil fast unglaubliche Bemühungen in der Geschichte des Herzogthums Wirtemberg alles dergestalt erschöpft sey, daß darinn weiter nichts zu arbeiten übrig wäre, davon mag ein jeder selbst urtheilen. Ich, meines Theils, muß gestehen, daß ich hin und her noch grosse Lücken finde, welche aber nach und nach ergänzt werden könnten, wann man sich die Mühe nähme, fernere Untersuchungen anzustellen, so wie uns viele unserer Nachbarn theils in Schwaben selbst, theils ausserhalb Schwaben, seit einiger Zeit mit gutem Beyspiel vorangehen.

(3) Wer von den übrigen Geschichtschreibern Wirtenbergs mehrere Nachricht verlangt, der lese des Königlich-Dänischen Etatsraths, Herrn Johann Jakob Mosers, Wirtenbergische Bibliothek, welche im Jahr 1776. in 8. stark vermehrt und verbessert herausgekommen ist.

Damit ich jedoch nicht blos bey dem Allgemeinen stehen bleibe, sondern umständlicher zu Werk gehe, so will ich vor allen Dingen meine Meinung sagen, was ich glaube, daß zu einer vollständigeren Geschichte des Herzogthums Wirtenberg erfordert werde. Wann ich nämlich von dem Herzogthum Wirtenberg rede, so verstehe ich darunter alle diejenige Aemter und Orte, es seyen Städte, Schlösser, Klöster, Flecken, Dörfer oder andere Güter und Bezirke, welche jezt dem Herzoglichen Hause Wirtenberg gehören; oder geographisch zu reden, ich verstehe darunter denjenigen Theil des Schwäbischen Kreyses, welcher zwischen den Ländern des Kurfürsten von der Pfalz, der Grafschaft Hohenlohe, der Probstey Elwangen, der Grafschaft Oetingen, dem Gebiet der Reichsstadt Ulm, einigen Oesterreichischen Ländern, den Ländern der Fürsten von Hohenzollern und Fürstenberg, der Marggrafschaft Baden und einigen kleineren Gebieten eingeschlossen ist; oder noch besser, ich verstehe darunter neben dem ursprünglichen Gebiet der alten Grafen von Wirtenberg, auch alle diejenige andere kleine Staaten und Herrschaften, welche nach und nach durch Kauf, Heurathen, Vermächtnisse, Eroberungen und dergleichen, an das Wirtenbergische Haus gekommen sind, und jezo zusammen ein Ganzes ausmachen, welches man das Herzogthum Wirtenberg nennet. Eine Geschichte des Herzogthums Wirtenberg, sollte also von Rechtswegen alles dasjenige enthalten, was in allen diesen ehemaligen besondern Staaten und Herrschaften, in dem ganzen Theil des

des Schwäbischen Kreyses, dessen Gränzen kurz vorher bestimmt worden sind, in allen Aemtern, Orten und Bezirken des Herzogthums Wirtenberg, und zwar nicht nur, seitdem sie zu Wirtenberg gehören, sondern auch in älteren Zeiten, so weit man immer zurückgehen kan, Merkwürdiges vorgefallen ist. Ich darf z. E. die Geschichte der Wirtenbergischen Klöster und Stifter, besgleichen die Geschichte der ehmaligen Herzoge von Teck, der Pfalzgrafen von Tübingen, der Grafen von Achalm, Aichelberg, Calw, Gröningen, Helfenstein, Löwenstein, Sulz, Vayhingen, Urach, der Freyherrn und Edlen von Bernhausen, Blankenstein, Ehingen, Justingen, Klingenberg, Lupfen, Neusen, Sachsenheim, Stammheim, Steußlingen, Stöffeln, Urbach, Weinsperg, Werdnau und so vieler anderer, wie auch die Geschichte einzeler Städte, Schlösser, Dörfer und Güter in einer Geschichte des Herzogthums Wirtenberg keineswegs übergehen. Es ist auch nicht genug, daß ich die Geschichte der Wirtenbergischen Klöster erst von der Zeit an in der Geschichte des Herzogthums Wirtenberg mitnehme, da sie in eine genauere Verbindung mit dem übrigen Lande gekommen sind, wie z. E. durch die Reformation, oder daß ich die Geschichte der Herzoge von Teck, der Pfalzgrafen von Tübingen und anderer, erst da anfange, da sie ihre Länder und Güter an das Haus Wirtenberg verkauft, oder sonst überlassen haben, ob ich gleich nicht läugne, daß dergleichen Nebengeschichten da vielleicht am besten eingeschoben werden könnten. Nein, zur Voll-

Vollständigkeit einer Geschichte des Herzogthums Wirtenberg gehört unstreitig, daß sie eine aneinanderhangende Geschichte aller dieser Theile des Ganzen von Alters her bis auf die jetzige Zeiten enthalte.

Was nun zuerst die Wirtenbergische Klöster betrift, so hat man von dem bekannten Trittenheim oder Trithemius eine eigene lateinische Chronik des Klosters Hirsau, welche theils zu Ende des fünfzehenten, theils zu Anfang des sechzehenten Jahrhunderts geschrieben ist. Nicht lang hernach verfertigte Christian Tübinger oder Tubingius, auch in lateinischer Sprache eine Chronik des Klosters Blaubeuren, welche in Herrn Sattlers Geschichte des Herzogthums Wirtenberg abgedruckt ist. Vermuthlich wurde auch um diese Zeit die lateinische Bebenhäusische Chronik geschrieben, welche Steinhofer mittheilet; eines geschriebenen Lorchischen Geschicht- und Zeitbuchs, das vermuthlich längst verloren gegangen ist, nicht zu gedenken. Kaspar Brusch faßte um die Mitte des sechzehenten Jahrhunderts sogar den Entschluß, eine Chronologie der vornehmsten Klöster in ganz Teutschland zu schreiben, und der erste Theil dieses in der That sehr mühsamen Werks wurde im Jahr 1551. zu Ingolstadt gedruckt, worinn unter anderem verschiedenes von den Wirtenbergischen Klöstern Anhausen, Blaubeuren, Maulbronn und Königsbronn, desgleichen etwas von dem Kloster Herbrechtingen und von dem Kloster Weiler bey Blaubeuren, vorkommt. Fast zu gleicher

gleicher Zeit schrieb Georg Widmann einige Nachrichten von dem Kloster Murrhard zusammen, die noch ungedruckt sind; und ungefähr 40 Jahre hernach gab Crusius seine Schwäbische Chronik heraus, worinn nicht nur von den schon genannten, sondern auch von andern Wirtenbergischen Klöstern, manches anzutreffen ist. Oswald Gabelkofer hatte zwar auch im Sinn, wie er selbst in der Vorrede zu seiner Wirtenbergischen Geschichte meldet, in dem andern Stück des zweyten Haupttheils derselben die gesamte Klöster beyderley Geschlechts von Mönchen und Nonnen, das ist, ihre Stiftungen und Besserungen, samt den Stiftern oder Kollegiatkirchen, zu beschreiben. Es scheint aber, daß er nicht so weit gekommen sey; wenigstens ist nichts davon bekannt geworden. Hingegen kamen im Jahr 1636. Christoff Besolds Documenta rediviva monasteriorum Ducatus Würtembergici, wie auch bald darauf ebendesselben Monumenta Virginum sacrarum, zum Vorschein, welche nicht nur eine ziemliche Anzal ganzer Urkunden, sondern auch in den häufig angebrachten Anmerkungen hin und wieder Auszüge aus andern noch ungedruckten Papieren enthalten. Wider diese Besoldische Schriften erschienen kurz auf einander zwo Deductionen im Druck, die eine mit dem Titel: An die Röm. Kayserl. auch zu Hungarn und Böheimb Königliche Maj. allerunterthänigste Anzeige und Bitte Anwalds des Herzogs Eberhards (III.) zu Württemberg, auf ein von den Inhabern der in Ihrer Fürstl. Gn. Herzogthum

8 Einleitung.

gelegenen Klöster und Stifter ausgewirktes verschlossenes Monitorium, d. d. 7. Maj. 1640. und vom 22. Nov. hernach darauf erkannte Executoriales, ermeldter Klöster- und Stifts-Innhaber anmassende Reichs-Immedietät betreffend, samt Beylagen von A bis O inclusive, 1641. und die andere mit der Aufschrift: Gründlicher Beweis, daß die Prälaten und Klöster des Herzogthums Wirtemberg vor 90. 100. 150. 200. und mehr Jahren zu dem Land und Herzogthum Wirtemberg gehörig gewesen, und demnach die jetzige neuerliche Innhaber sich ganz vergebl.ch und ohne einiges Fundament einer Immedietät anmassen, 1645. In welchen beeden Aufsätzen auch manche brauchbare Nachrichten von Wirtenbergischen Klöstern stehen. Pregizers Suevia et Wirtembergia sacra, welche im Jahr 1717. zu Tübingen herauskam, hält unter anderm ein lateinisches Gedicht von dem bekannten Dichter, Nikodemus Frischlin, in sich, worinn er die gesamte Wirtenbergische Mannsklöster eines nach dem andern besungen hat, und an dessen Rande die Namen der Evangelischen Aebte und Pröbste eines jeden Klosters, wie sie auf einander gefolgt seyn sollen, beygesezt sind. Ferner befindet sich daselbst etwas weniges de Cœnobiis Virginum monialium Ducatus Wirtembergici, vulgo Frauenklöstern, sodann gleich darauf eine brevis Recensio restaurati Cœnobii Denckendorffensis, loco monasterii Hirsaugiensis, a. 1692. a Gallis devastati, in scholam mona-

monasticam a. 1713. conversi, mit einem Verzeichniß der sämtlichen Pröbste, welche von der Stiftung des Klosters an, bis auf die Reformation zu Denkendorf gewesen sind, und endlich eine sogenannte uberior historia S. Aurelii et originum antiquissimi et celeberrimi monasterii Hirsaugiensis, aus dem Trithemius, Crusius und Besold zusammengetragen. Hieher kan auch des verstorbenen Kanzler Pfaffen lateinische Rede de Fundatione, Fatis, Antiquitate et Reformatione Monasterii Laureacensis gerechnet werden, welche im Jahr 1728. zu Tübingen gedruckt wurde. Desgleichen ist Steinhofers Wirtenbergische Chronik, davon der erste Theil 1744. herauskam, in Ansehung der darinn enthaltenen Klosternachrichten auch nicht zu vergessen. Eine besondere Aufmerksamkeit aber verdiente wohl die um das Jahr 1747. von dem seligen Abt Ergezinger verfertigte historische Beschreibung des Klosters Blaubeuren, wann sie gedruckt wäre, und also von jedermann gebraucht werden könnte. Und das nämliche muß ich von des noch lebenden Pfarrers zu Nußdorf, ehmals zu St. Georgen, Hrn. M. Wüsts, gesammelten Nachrichten, das Kloster St. Georgen auf dem Schwarzwalde betreffend, sagen. Von den Klöstern Güterstein, Offenhausen und Pfullingen, sind einige besondere Kapitel in Joh. Wilhelm Kolbens, im Jahr 1754. verfertigten Beschreibung der ehmaligen Grafschaft, Stadt und Festung Urach, welche aber ebenfalls noch ungedruckt ist. Sonst trift man in Herrn Sattlers historischen Beschreibung des Herzogthums Wirtenberg, von jedem Kloster eine besondere kurze Beschreibung, desgleichen in seiner ausführlichen Geschichte dieses Herzogthums hin und her viele einzele Nachrichten und Urkunden an, welche die Geschichte der Wirtenbergischen Klöster erläutern. Erst im Jahr 1775. ist auch eine sogenannte Geschichte des Klosters Anhausen herausgekommen, die den Herrn Regierungsrathssekretarius Heller zum Verfasser hat, und ich selbst habe aus Gelegenheit derselben eine Abhandlung von den Wirtenbergischen Klöstern in das Schwäbische Magazin einrücken lassen; einer lateinischen Chronik des Klosters Adelberg, welche Steinhofer in seiner Wirtenbergischen Chronik Th. IV. s. 132. anführt, desgleichen der Annalium Cœnobii Bebenhusani in Ludewigs Reliqu. MStor. Tom. X. der Ruderum Abbatiæ Albæ Dominorum in Schannats Vindem. liter. Coll. I. fol. 142. sodann dessen, was der Abt Parsimonius zu Hirsau von diesem Kloster gesammelt hat, und einer von einem Mönchen geschriebenen Historie des Klosters Bebenhausen mit Zusätzen von einem dortigen Klosterspräceptor, Namens Gmelin, welche mit den erstgemeldten Collectaneen des Abts Parsimonius in der Bibliothek zu Wolfenbüttel liegen soll, nicht zu gedenken.

Man sollte demnach fast glauben, daß die Geschichte der Wirtenbergischen Klöster bereits ziemlich bearbeitet wäre. Allein nichts weniger. Dann alles, was man unter so vielen Titeln und in so verschiedenen Schrif-

Einleitung.

Schriften davon findet, geht gar nahe zusammen, und besteht am Ende meistens nur in seichten Beschreibungen der Stiftung einiger Klöster, in Verzeichnissen der Pröbste, Aebte und Aebtissinnen, womit hie und da einige Nachrichten von Schenkungen, Käufen, Vertauschungen und andern Kleinigkeiten verknüpft werden, die sehr selten interessant sind. Was noch das beste ist, das sind die Privilegien und Gnadenbriefe, die man in einigen der gemeldten Schriften antrift, wie auch die Nachrichten von der Reformation der Klöster und von ihren Schicksalen zur Zeit des dreyßigjährigen Kriegs, davon besonders in Herrn Sattlers beyden Werken manches vorkommt. Hingegen ist von manchen Klöstern noch nicht einmal hinlänglich bekannt und erwiesen, wann und von wem sie gestiftet worden seyen. Anderer Klöster Stiftung wird mit einer Menge offenbar fabelhafter Umstände beschrieben, und nur selten wird die wahre Veranlassung dazu angezeigt. Die Verzeichnisse der Pröbste, Aebte und Aebtissinnen sind noch meistens unvollständig und mangelhaft, auch zum Theil unrichtig und falsch, und bedürfen einer grossen Verbesserung und Ergänzung. Wie ein jedes dieser Klöster an Reichthum, und besonders an ligenden Gütern von Zeit zu Zeit zu- oder abgenommen, wann, wie und von wem sie dergleichen Güter an sich gebracht, oder auf was Art und Weise sie eines und das andere wieder veräussert und verloren haben, darinn ist noch gar vieles zu untersuchen übrig. Die gesamte innere Einrichtung und Verfassung der Klöster,

vor-

vornehmlich was ihre besondere Privilegien, den Schuz und Schirm, oder die sogenannte Kastenvogtey, ihr Verhältniß gegen der Herrschaft Wirtenberg, ihre Oekonomie und dergleichen, betrift, und was darinn nach und nach für Veränderungen vorgegangen sind, das alles ist noch nicht hinlänglich in das Licht gesezt. Die Geschichte der Reformation mit ihren Folgen, in Absicht auf die ganze innere Verfassung der Klöster, leidet auch noch viele Zusätze. Und die nämliche Bewandtniß hat es mit den Schicksalen der Klöster im dreysigjährigen Kriege, und mit der auf den Westphälischen Frieden gegründeten heutigen Verfassung derselben, wovon man kaum hie und da einige Spuren antrift.

Ueberhaupt muß ich sagen, daß die Geschichte der Frauenklöster noch weit weniger bearbeitet ist, als die Geschichte der Mannsklöster, und selbst unter den Mannsklöstern sind noch einige, von welchen man fast gar nichts weißt. Ich rechne nämlich zu den Mannsklöstern nicht nur die zwo Probsteyen, Denkendorf und Herbrechtingen, und die bekannte zwölf Abteyen Adelberg, Alpirspach, Anhausen, Bebenhausen, Blaubeuren, St. Georgen, Herrenalb, Hirsau, Königsbronn, Lorch, Maulbronn und Murrhard, sondern auch die Probstey Nellingen, die Priorate Güterstein und Reichenbach, und einige andere ganz abgegangene Klöster. Die Frauenklöster aber sind Adelberg oder Madelberg, welches in der Folge nach Laufen verlegt wurde, Frauenzimmern oder Marienthal, Kirchbach oder Kirpach,

Kirch-

Einleitung.

Kirchheim unter Teck, Lichtenstern, Offenhausen oder Gnadenzell, Owen, Pfullingen, Rechentshofen, Reuthin bey Wildberg, Steinheim an der Murr, Weiler bey Eßlingen, Weiler bey Blaubeuren, welche auch zum Theil abgegangen sind, und vielleicht noch einige andere, von welchen ich nicht gewiß sagen kan, ob es eigentliche Klöster oder blosse Beginenhäuser und Sammlungen gewesen sind, deren es vormals unzälige in Wirtenberg gegeben hat.

Von allen diesen Klöstern sind die Collegiatstifter wohl zu unterscheiden, deren man vor Zeiten gleichfalls verschiedene in Wirtenberg hatte, als zu Backnang, zu Beutelspach, hernach zu Stuttgardt, zu Boll, zu Dachenhausen, zu Dettingen bey Kirchheim, zu Faurndau, zu Göppingen, zu Herrenberg, zu Lausen, zu Möckmühl, zu St. Peter oder Einsiedel im Schönbuch, zu Sindelfingen, zu Tübingen und zu Urach, schon nicht alle gleich berühmt sind. Und auch in diesem Theil der Wirtenbergischen Geschichte fehlt es nicht an Schriftstellern. Dann ausser dem, was Crusius, Pregitzer, Steinhofer, Sattler und andere beyläufig davon anführen, hat man von einigen dieser Stifter eigene Chroniken und Urkundensammlungen. So giebt es z. E. ein geschriebenes altes *Chronicon Sindelfingense*, wovon mir aber weiter nichts bekannt ist, als was Herr Sattler in seiner Geschichte des Herzogthums Wirtenberg daraus anführt. Gedruckt hingegen sind *Documenta concernentia Ecclesiam fiam Collegiatam Stutgardienfem*, *Tubingæ 1636. 4.* und *Documenta Ecclefiæ Collegiatæ in Oppido Backbenang, Diœcefeos Spirenfis, Tub. 1636. 4.* welche beyde von dem schongenannten Besold herrühren. Auch findet man verschiedenes von dem Stift Backnang in Schöpflins Historia Zaringo-Badensi und dem dazu gehörigen Codice Diplomatico, wie auch in Sachsens Einleitung in die Geschichte von Baden, desgleichen von dem Stift zu Stutgardt, in Gabelkofers geschriebener Chronik der fürstlichen Wirtenbergischen Hauptstadt Stutgardt, und von dem Stift zu Tübingen in Zellers Merkwürdigkeiten der Universität und Stadt Tübingen. Alsdann ist von dem Stift Sanct Peter oder Einsiedel schon im Jahr 1493. zu Ulm herausgekommen: Ein Büchlein inhaltend die Stifftung des Stifft St. Peters zum Einsiedel im Schonbuoch ꝛc. welches man auch in Herrn Mosers Sammlung Wirtenbergischer Urkunden Th. I. s. 103. u. f. findet. Es ist jedoch alles nur Stückwerk, und von keinem einzigen der gemeldten Stifter etwas Ganzes, ja von vielen fast gar nichts, so daß man dieses Feld beynahe als völlig unbearbeitet ansehen kan.

Um solchen Mängeln in der Geschichte der Wirtenbergischen Klöster und Stifter abzuhelfen, wäre meines Erachtens das beste Mittel, wann man von einem jeden Kloster und Stift insbesondere zuerst dasjenige sammelte, was in den angezeigten Schriften zerstreut

Einleitung.

zerstreut davon anzutreffen ist, und es alles genau gegen einander hielte und prüfte, um zu sehen, was allenfalls brauchbares darinn anzutreffen seyn möchte. Auf diese Weise könnte man zugleich der Lücken, die noch so häufig sind, desto besser gewahr werden, und bemerken, worauf es bey weiterer Untersuchung und Nachforschung ankommt. Hernach möchte man die Chroniken von auswärtigen Klöstern, insonderheit benachbarten, und die etwa von gleichem Orden und von gleicher Einrichtung entweder ehmals gewesen sind oder noch sind, desgleichen die Beschreibungen von ganzen Orden, zu welchen ehmals unsere Klöster gehört haben, soviel deren vorhanden sind und aufgetrieben werden können, durchgehen. Vielleicht gäbe es auch hie und da noch ein anderes Buch, das einen fleißigen Forscher nicht ganz trostlos liesse. Vornehmlich aber müßte man darauf bedacht seyn, daß noch mehrere Urkunden und Nachrichten, welche bisher ungedruckt sind, zusammengebracht würden.

Ein grosser Vorrath solcher Urkunden und Nachrichten ligt noch ungebraucht im Herzoglichen Archiv zu Stutgardt. Darunter verstehe man aber nicht blos das eigentlich sogenannte Archiv, sondern auch die übrige Kanzley-Registraturen. Dann was zur Zeit der Reformation überhaupt das Archiv, oder, wie man damals redte, die Hofregistratur hies, das wurde in der Folge (wann, kan ich nicht eigentlich sagen,) vertheilt. Alle im engeren Verstande sogenannte Urkunden,

kunden, besonders was Originalien waren, wurden zu dem eigentlichen Archiv verwiesen, welches gleichsam die Hof- oder geheimen Raths Registratur vorstellte; dann die jetzige geheimen Raths-Registratur ist ein viel neueres Werk. Andere kamen zum Herzoglichen Oberrath, oder dem jetzigen Regierungsraths-Collegium; andere zum Herzoglichen Kirchenrath, und diese wurden hernach, als das Consistorium von dem Kirchenrath abgesondert wurde, abermal vertheilt. Die Herzogliche Rentkammer bekam auch das Ihrige, und so entstunden nach und nach aus dem ehmaligen gemeinschaftlichen oder allgemeinen Archiv mehrere besondere Archive und Registraturen. Daß nun gerade alle Klosterurkunden, und was sonst zur Geschichte der Klöster und Stifter dienlich seyn könnte, in dem eigentlichen Archiv geblieben seyn sollten, ohne daß auch manches davon in die andere Registraturen gekommen wäre, wird wohl schwerlich jemand glauben, der da weißt, was es überhaupt für ein ungeheures Geschäft um die Anordnung der Archive und Registraturen ist. Im dreyßigjährigen Kriege wurde nachgehends ohnehin wieder alles unter einander geworfen, und ob man sich gleich in der Folge von Zeit zu Zeit unsägliche Mühe gegeben hat, die verschiedene Registraturen wieder in bessere Ordnung zu bringen, so ist es doch beständig ein unvollendetes Werk geblieben, um so mehr, da indessen die Urkunden und andere Scripturen zu einer fast unglaublichen Menge angewachsen sind, und viele alte Sachen eben keinen grossen Einfluß mehr auf die

heutige

heutige Kanzleygeschäfte haben können. Sollte demnach ausser dem, was im Archiv aufbehalten wird, nicht anch das Herzogliche Regierungsraths-Collegium' das Consistorium, der Kirchenrath, und vielleicht noch andere Collegien mehr, manches in ihren, besonders alten Registraturen haben, woraus die Geschichte der Wirtenbergischen Klöster erläutert werden könnte? Man wundere sich nicht, daß ich hier gar nichts von den Registraturen in den Klöstern und bey den Stiftsverwaltungen sage; dann diese enthalten schon längst nimmer vieles, das zur Geschichte solcher Klöster und Stifter gebraucht werden könnte, nachdem man bereits zur Zeit der Reformation alles, was von einiger Wichtigkeit war, zur Kanzley hat einsenden müssen. Selbst die an solchen Orten noch vorhandene Lagerbücher sind blosse Abschriften oder Erneuerungen der alten Lagerbücher, welche leztere auch in der Kanzley liegen.

In fremde Hände ist wahrscheinlich nicht viel von klösterlichen oder Stiftsurkunden, wenigstens von Originalurkunden, gekommen, oder darinn geblieben. Es sey aber, was es wolle, so achte ich es keineswegs für verloren, und vielleicht würde es nicht so viele Mühe kosten, als man sich vorstellt, zu erfahren, wo dieses oder jenes liege, und glaubwürdige Abschriften oder Auszüge davon zu erhalten. Man forsche nur nach, wo sich die entwichene Vorsteher oder Vorsteherinnen der Klöster und Stifter zur Zeit der Reformation, desgleichen die katholische Innhaber zur Zeit des Westphälischen Friedens, hingewandt haben. Sobann ergreife

Beytr. zur Wirt. Gesch. B

ergreife ein jeder die Gelegenheit, die er hat, an gehörigen Orten weiter nachzufragen, und um Mittheilung solcher Nachrichten, die doch blos historisch sind, geziemend zu bitten. Vielleicht würde der Erfolg die Erwartung in manchen Stücken übertreffen. Man erfährt wenigstens immer mehrere Beyspiele, daß es, besonders in katholischen Klöstern, Leute gebe, welche dergleichen Absichten zur Erläuterung der Geschichte auf das großmüthigste und freundschaftlichste unterstützen und befördern.

Mit denjenigen, theils ausgestorbenen, theils noch fortwährenden vornehmen Familien, deren Ländereien und Güter nach und nach ganz oder zum Theil an Wirtenberg gekommen sind, hat es fast die nämliche Bewandtniß. Der erste, welcher diesen Theil der Wirtenbergischen Geschichte genauer untersuchte, ist, soviel ich weiß, der oftgenannte Gabelkofer, der demselben den ganzen dritten Haupttheil seiner Wirtenbergischen Geschichte gewidmet hat. Es ist auch dieser dritte Haupttheil noch im Archiv vorhanden, aber bisher wenigen bekannt geworden. Daß Crusius mit seiner Schwäbischen Chronik ebenfalls hieher gerechnet werden müsse, ist leicht zu erachten. In Walzens Fürstlich-Wirtenbergischer Stamm- und Namens-Quell, welche 1657. in 4. zu Stutgardt herauskam, handelt das zweyte und dritte Buch ebenfalls von verschiedenen solcher Familien, als nämlich von den Freyen zu Beutelspach, von den Grafen von Gröningen, Calw, Löwenstein, Vayhingen und Urach, von den uralten

Frey-

Einleitung.

Freyherrn von Hohenstaufen und von den Herzogen von Teck. Auch trift man bey Herrn Sattler sowohl in seiner historischen Beschreibung als in seiner Geschichte des Herzogthums Wirtenberg manche dahin gehörige Nachrichten an. Besonders hat man von den Herzogen von Teck etliche geschriebene Chroniken und Geschichten, die Herr Moser anführt; (4) gedruckt aber wüßte ich ausser dem, was in den schon gemeldten Walzischen und Sattlerischen Büchern davon vorkommt, nichts, als was Schöpflin in seiner Historia Zaringo-Badensi von denselben, so wie auch von den Grafen von Urach, zusammengetragen hat, wovon ein Auszug in Sachsens Einleitung in die Geschichte von Baden, stehet. Von den Pfalzgrafen von Tübingen waren sechs verschiedene Handschriften in der Uffenbachischen Bibliothek zu Frankfurt; (5) wo sie aber jezt sind, und von ihrem weiteren Innhalt habe ich keine Nachricht. Sonst findet man allerley von ihnen in Zellers Merkwürdigkeiten der Universität und Stadt Tübingen, und der Tübingische Professor, Joh. Friedrich Helfferich, hat 1751. ein besonderes Schediasma historicum de Comitum Suveviæ Palatinorum Tubingensium Familia longe illustrissima, Fatis, Terris, Officio, Dignitate et Prærogativis herausgegeben. Die Geschichte der Grafen von Achalm hat durch Arsenii Sulgeri, eines Mönchs

(4) in seiner Wirtenbergischen Bibliothek, Kap. 8. S. 2. f. 290.

(5) Eben daselbst §. 3. f. 291. u. f.

zu Zwifalten, Annales Monasterii Zwifaltensis, welche 1698. gedruckt wurden, manche Erläuterungen erhalten. Zur Geschichte der Grafen von Calw gehört unter andern eine Rede des Crusius de vetustissimo Würtembergensis Ducatus Oppido Calva et de Generosis Illustribusque ejus Rectoribus, cum Appendice de Comite Calvæ, S. Oberto, die zu Tübingen im Jahr 1595. gedruckt wurde, und davon Wegelins Thesauro rer. Suev. Vol. III. n. 16. p. 259. unter dem Titel de Comitibus Calvensibus, fundatoribus monasteriorum Hirsaug. et Syndelphing. ein Auszug einverleibt ist; vornehmlich aber einige neuere Abhandlungen, die der berühmte Herr Crollius unter dem Titel, Erläuterte Reihe der Pfalzgrafen am Rhein, herausgegeben hat, von welchem auch eine ausführliche Geschichte der Grafen von Calw zum Druck fertig liegt. Von den alten Grafen von Urach ist ein besonderes Kapitel in Joh. Wilhelm Kolbens Beschreibung von Urach, die ich schon bey den Klöstern angeführt habe. Und endlich ist auch von dem Tübingischen Prof. Helfferich, der das oben gemeldte Schediasma historicum von den Pfalzgrafen von Tübingen geschrieben hat, eine Dissertatio historico-juridica de *Dynastia Justingensi* a Ser. Wirtembergico Duce *Carolo* noviter acquisita, et Dynastiæ Steusslingensi juncta, theils 1751. besonders gedruckt, theils in Wegelins Thesauro rer. Suev. Vol. III. n. 22. p. 537. anzutreffen.

Was man nun in allen diesen Schriften, soviel mir davon bekannt ist, Gutes findet, das sind die genealogische Nachrichten von einigen der angezeigten Familien, worunter dasjenige, was Schöpflin von den Herzogen von Teck und Grafen von Urach, Helfferich von den Pfalzgrafen von Tübingen und Dynasten von Justingen, wie auch Herr Crollius von den Grafen von Calw, und Herr Sattler von mehreren dergleichen Familien zusammengetragen haben, unstreitig das Brauchbarste ist. Desgleichen sind die genealogische Nachrichten, welche Sulger von den Grafen von Achalm giebt, nicht ganz zu verachten. Helfferich sagt auch sonst noch manches Gutes von den Schicksalen, Ländereien und Vorzügen der Pfalzgrafen von Tübingen; desgleichen kommen in Herrn Sattlers Schriften hin und wieder manche andere historische Nachrichten von verschiedenen Familien vor. Uebrigens ist von vielen, wie z. E. von den Grafen von Aichelberg, Helfenstein, Sulz, und von den meisten freyherrlichen oder adelichen Familien, in den samtlichen angeführten Schriften fast gar nichts enthalten. Selbst diejenige genealogische Nachrichten, welche man von einigen findet, sind noch unvollständig. Vieles darunter ist offenbar fabelhaft, oder doch nicht hinlänglich bestätiget und erwiesen. Was eine jede dieser Familien für Ländereyen und Güter besessen, was sie davon ursprünglich gehabt, oder nach und nach erst bekommen, wie und von wem sie diese oder jene Güter an sich gebracht, und wie sie dieselbe nach und nach wieder veräussert oder eingebüßt haben,

haben, kurz, wie eine jede dieser Familien emporgekommen, und wieder in Abnahme gerathen, oder endlich gar zu Grunde gegangen sey, davon findet man sehr wenig. Und endlich von den besondern Verfassungen und der innern Einrichtung, von dem Zustande der Religion, der Sitten, der Literatur, der Künste, Handwerker und Manufakturen, von dem gesamten Nahrungs- und Haushaltungswesen dieser kleinen Staaten weißt man gar nichts.

Diese Lücken zu ergänzen, müßte man, wie bey den Wirtenbergischen Klöstern und Stiftern, zuvorderst dasjenige, was man von solchen Familien in den angezeigten Schriften findet, ordentlich zusammentragen, mit einander vergleichen, das Fabelhafte davon absondern, und was verdächtig oder nicht genug bewiesen zu seyn scheint, genauer untersuchen. Sodann müßte man die im Druck vorhandene Scriptores rerum Germanicarum und besonders Suevicarum nach einander durchgehen, und was hieher dienlich seyn möchte, daraus zusammenlesen. Dann ob dieses gleich ein sehr mühsames Geschäft ist, auch bey einem manchen teutschen Geschichtschreiber, ja in manchen ganzen Sammlungen kein Wort von einem Herzog von Teck, von einem Pfalzgrafen von Tübingen oder andern dergleichen Familien angetroffen werden möchte, so bin ich doch überzeugt, daß man im Ganzen nicht leer ausgehen würde; ja ich glaube, daß man ohne eine solche Bemühung nimmermehr zu einer ordentlichen Geschichte solcher Familien gelangen wird. Ein noch mühsameres

Ge-

Einleitung.

Geschäft wäre es, wann jemand die gedruckte Urkundensammlungen, die wir theils von ganz Teutschland, theils von einzelen teutschen Ländern, und insonderheit von unsern Nachbarn, ja auch von auswärtigen Staaten haben, in dieser Absicht durchsuchen wollte. Allein ich halte es doch für ein zu solchem Endzweck unumgänglich nothwendiges Geschäft; anders wird man wenigstens nicht einmal eine vollständige und sichere Genealogie der meisten Familien zusammenbringen. Hiernächst müßte man insonderheit die Geschichte der Klöster, und zwar nicht nur der Wirtenbergischen, sondern auch anderer Klöster in Schwaben, wo nur immer etwas davon anzutreffen ist, zu Hülfe nehmen. Dann da die meiste Klöster solchen Familien nicht nur ihr Daseyn, sondern auch gröstentheils ihre Güter zu danken haben, so erläutert eines das andere, und man könnte, indem man die Geschichte der Klöster näher untersuchet, zugleich auch die Geschichte vieler alten Schwäbischen Familien in das Licht sezen. In den Herzoglich-Wirtenbergischen Archiven und Registraturen wird man sonst ausser demjenigen, was die Klöster zugleich mit berührt, wohl nicht viel hauptsächliches von solchen Familien antreffen. Dann erstlich zweifle ich überhaupt, ob z. E. die Herzoge von Teck, die Pfalzgrafen von Tübingen und andere in jenen alten Zeiten ordentliche Archive und Behältnisse offentlicher Urkunden und Schriften gehabt haben. Für das andere scheint es, daß wenigstens dergleichen Urkunden und Schriften bey der Uebergabe ihrer Herrschaften und Güter an Wirtenberg nicht allemal so richtig übergeben worden seyen, wie es heutiges Tags zu geschehen pflegt, ausgenommen, was erst später und seit ungefähr 200 Jahren an Wirtenberg gekommen ist. Doch haben manchmal auch geringe Streitigkeiten in neueren Zeiten Anlaß gegeben, daß man allenthalben, wo nur möglich, alte Urkunden und Schriften zusammensuchte und abschrieb, so daß man ohnfehlbar dergleichen Abschriften in ziemlicher Menge antreffen würde, wann man alle Akten sorgfältig durchsuchen lassen wollte. Vielleicht wäre auch in auswärtigen und benachbarten Archiven manches zu finden, das zur Geschichte dieses oder jenes vornehmen Schwäbischen Hauses gebraucht werden könnte, wie z. E. in den reichsstädtischen, ritterschaftlichen und einigen fürstlichen und gräflichen Archiven, wiewohl es ziemlich schwer fallen dürfte, etwas aus denselben zu erhalten.

Was endlich die Geschichte einzeler Städte, Schlösser und Dörfer in dem Herzogthum Wirtenberg anbelangt, so kommt erstlich manches davon in den sogenannten Landbüchern vor. Dadurch versteht man nämlich die Verzeichnisse von Städten, Schlössern, Flecken, Dörfern, Weilern und Höfen, deren es eine ziemliche Anzahl von verschiedenen Verfassern giebt, obgleich keines jemals gedruckt worden ist. Hernach hat man auch verschiedene umständlichere Beschreibungen des Herzogthums Wirtenberg, unter welchen die geschriebene Württembergische Städt-Chronic von Balthasar Mütschelin, Vogt zu Nürtingen, einem

einem sehr fleißigen und geschickten Manne, der zu
Ende des sechzehenten Jahrhunderts lebte, eine der
ältesten ist. Daß ich hier das erste Stück des zweyten
Haupttheils von des oftgemeldten Gabelkofers geschriebener Wirtenbergischen Geschichte nicht auch anführe,
darinn er das Weltliche von Städten, Schlössern,
Weilern, wie eines oder das andere an die Herrschaft
Wirtenberg, bisweilen auch wieder davon gekommen,
und was sich hin und wieder Denkwürdiges zugetragen,
beschreiben wollte, geschieht deßwegen, weil es wahrscheinlicher Weise, wie dieser ganze zweyte Haupttheil,
nie zu Stande gekommen ist. Hingegen kam im Jahr
1699. in 12. zu Stutgardt gedruckt heraus M. Johann Martin Rebstocks, damaligen Pfarrers zu
Enabeuren, kurze Beschreibung des Herzogthums
Wirtemberg, und erst im Jahr 1752. in 4. des
jezigen Herrn Regierungsraths und geheimen Archivars
Sattlers historische Beschreibung des Herzogthums Wirtenberg und aller desselbigen Städte,
Klöster und dazu gehörigen Aemter nach deren
ehmaligen Besizern, Schicksalen u. s. w. darinn
wirklich vieles zur Geschichte einzeler Orte in Wirtenberg enthalten ist. Sobann sind drittens auch besondere Chroniken und Beschreibungen von einigen Wirtenbergischen Städten vorhanden, wie z. E. Gabelkofers schongenannte Chronik der Stadt Stutgardt, ebendesselben Beschreibung der Stadt Gröningen, Zellers Merkwürdigkeiten der Universität und Stadt Tübingen, Kolbens Beschreibung

bung der Stadt und Vestung Urach, des Crusius Rede *de vetustissimo Würtembergensis Ducatus Oppido Calva*, eines Ungenannten kurze Beschreibung der fürstlichen Bergstadt und Vestung Freudenstadt, Walzens Chronik der Stadt und des Amts Göppingen, Ridens Historia der drey Städte Stutgardt, Waiblingen und Schorndorf, Hessens Beschreibung der Stadt Herrenberg, und andere mehr, welche aber gröstentheils noch ungedruckt und wenig bekannt sind; solcher Schriften, worinn blos einzele Begebenheiten erzält werden, die sich in einer oder der andern Stadt zugetragen haben, nicht zu gedenken.

Allein überhaupt von den angezeigten Schriften zu urtheilen, so ist abermal nirgends etwas vollständiges oder ganzes darinn enthalten. Vieles ist entweder offenbar ungegründet, oder doch nicht bewiesen; und von manchen Orten hat man noch gar keine, auch nur mangelhafte, Geschichte. Insonderheit ist von dem wahren Ursprung eines jeden Orts, von ihren ältesten Schicksalen und Besitzern, und wie sie zum Theil nach und nach in mehrere Hände gerathen, ehe sie an Wirtenberg gekommen, von der Art und Weise, wie sie zu diesen oder jenen besondern Privilegien und Gerechtigkeiten gelangt, von ihrem Wachsthum oder Verfall, von ihren Veränderungen in Absicht auf die bürgerliche und kirchliche Verfassung und dergleichen, kaum hie und da einige Spur zu finden. Es ist folglich auch in diesem

Einleitung.

sem Stück der Wirtenbergischen Geschichte für einen fleißigen Forscher noch vieles zu thun übrig.

Man lege z. E. unsers Herrn Sattlers historische Beschreibung des Herzogthums Wirtenberg zum Grunde. Vieles wird sich sogleich aus seiner Wirtenbergischen Geschichte verbessern und ergänzen lassen. Will man weiter gehen, so untersuche man die Geschichte der Wirtenbergischen Klöster und Stifter, desgleichen die Geschichte der oftgemeldten vornehmen Häuser, deren Ländereyen und Güter nach und nach an Wirtenberg gekommen sind, und bediene sich dazu der Hülfsmittel, die ich oben vorgeschlagen habe. Ich bin gewiß, auf diese Weise wird sich wieder vieles zur Geschichte einzeler Orte ausfindig machen lassen. In den Scriptoribus rerum Germanicarum und Suevicarum, wie auch bey denjenigen, welche die Geschichte einiger an Wirtenberg angränzenden Staaten beschrieben haben, wird man auch nicht ganz vergebens nachsuchen. Vornehmlich aber könnte man hier meines Erachtens die Registraturen in den Städten, und insonderheit die Lagerbücher, sowohl ältere als neuere, wie nicht weniger die Herzogliche Regierungsraths-Registratur, nebst dem Hauptarchiv zu Stutgardt, mit Nutzen gebrauchen. Dazu aber gehört freylich eine so grosse Geduld, als wohl nicht viele haben werden, und ein freyer Zutritt zu den angezeigten Registraturen, der nicht einem jeden gestattet wird.

Ich will jezt nichts davon sagen, wie viel in Ansehung einzeler Sachen und Begebenheiten, sowohl was zur

zur genealogischen und politischen Geschichte, als auch was zur Geschichte der Natur, der Sitten, der Kirche, der Gelehrsamkeit, Wissenschaften und Künste, der Handwerker, Fabriken, Manufakturen, Bergwerke und Handlung, des Finanz- Kriegs- Justiz- Polizey- Cameral- und Lehenwesens gehört, noch ergänzt und berichtiget werden könnte; sondern lege nunmehr ohne weitere Ausschweifung den Liebhabern der Geschichte diese Beyträge zur Geschichte des Herzogthums Wirtenberg vor, die von Zeit zu Zeit fortgesezt werden sollen, wann sie anders denjenigen Beyfall finden, der zur Fortsetzung erfordert wird. Zugleich ersuche ich alle diejenige, welche Zeit, Lust und Gelegenheit haben, gemeinschaftlich in diesem Fach zu arbeiten, mir ihre Beyträge nach Belieben zuzuschicken, oder wenigstens durch einzele Urkunden und Nachrichten das Ihrige, soviel möglich, zu dieser periodischen Schrift beyzutragen. Geschrieben zu Stutgardt, den 27. Sept. 1779.

I. Neue

I.
Neue Beobachtungen und Entdeckungen

zur

Berichtigung der Geschichte einiger Grafen und Gräfinnen von Wirtenberg und Gröningen,

die

zu Ende des eilften und im Anfang des zwölften Jahrhunderts gelebt haben sollen.

I.

Wer mit der Wirtenbergischen Geschichte ein wenig näher bekannt ist, der wird wissen, wie viele Mühe man sich schon gegeben hat, das, was von einigen Grafen und Gräfinnen von Wirtenberg und Gröningen zu Ende des eilften und im Anfang des zwölften Jahrhunderts vorkommt, in ein helleres Licht zu setzen. Um jezt nur der neuesten Schriften zu gedenken, so gab ich selbst im Jahr 1765. vor Erlangung der Magisterwürde eine lateinische Streitschrift, de Originibus Domus Wirtenbergicæ, heraus, worinn manches von dieser Materie enthalten ist. Hierauf folgte im Jahr 1773. eine Streitschrift des Herrn D. Uhlands zu Tübingen, mit dem Titel: Historia Comitum coævorum prosapiæ Wirtenbergicæ, qui sub finem Sec. XI. et initium XII. claruerunt, Alberti de Wirtemberg, Conradi de Beutelspach, et Werneri de Grüningen, ex documentis genuinis illustrata. Dieser sezte ich, wiewohl ohne Namen, eine andere Abhandlung mit der Aufschrift: Kritische Untersuchung der Geschichte einiger Grafen und Gräfinnen von Wirtenberg, die zu Ende des eilften und zu Anfang des zwölften Jahrhunderts gelebt haben, entgegen, welche in das Schwäbische Magazin von gelehrten Sachen auf das Jahr 1775. S. 179. u. f. Stückweise eingerückt wurde. Zulezt erschien erst im vorigen Jahr noch eine Abhandlung von Herrn Professor Spittler zu Göttingen, mit dem Titel: Neue Erläuterungen der ältesten Wirtenbergischen Geschichte, die in Herrn Meusels historischen Untersuchungen 1 B. 1 Stück, S. 1. u. f. stehet. Wie es nun gemeiniglich gehet, daß immer eine Untersuchung der andern gleichsam

sam die Hand bietet, so dachte ich über alle angezeigte Schriften und Aufsäze weiter nach, und besprach mich öfters darüber mit dem in der Wirtenbergischen Geschichte vorzüglich erfahrnen Herrn Prälaten und Rector Volz, meinem verehrungswürdigen Vorgesezten, dem ich viele meiner Kenntnisse zu danken habe, welches ich hiemit öffentlich rühme. Auf solche Weise sind die gegenwärtige neue Beobachtungen und Entdeckungen entstanden, welche endlich, wie ich hoffe, der Sache einen ziemlichen Ausschlag geben werden.

Damit jedoch meine Leser alles desto besser übersehen und beurtheilen können, so will ich zuvorderst die hieher gehörige Stellen aus den vornehmsten Geschichtschreibern, welche diese Materie berühren, mit ihren Worten selbst hersetzen. Der älteste darunter ist Johann Vergenhans oder Nauclerus, der in seiner allgemeinen Chronik (1), welche um das Jahr 1500. geschrieben ist, folgendes meldet: Circa annum Domini 1100. inueniuntur apud monasterium Hirsaugiense scripta de duobus Comitibus de Wirtemberg, qui fuerunt fratres. Maior natu vocatus est Cunradus, vir potens iuter Sueuigenas, alter vocabatur Bruno, eratque Spirensis Ecclesiæ Canonicus, et postmodum factus in Hirsaugia monachus. Anno vero Domini 1105. Henricus V. Gebhardum Hirsaugiensem Abbatem, virum sapientem et nobilem, et sanctitate famosum, præfecit Spirensem Episcopum, in cuius locum Hirsaugiæ in Abbatem electus est iste Bruno pridie Kal. Decemb. et a Richardo Ostiensi Episcopo 7. Kalend. Ian. ordinatus. Hic quanuis natura generosus esset, nil tamen in habitu arrogantiæ ostendebat, præfuit annis 14. decimo Kal. April. corpore

(1) Vol. III. gen. XXXVII. Edit. Colon. de a. 1564. Tom. II. p. 180. seq.

corpore folutus eſt. Bruno hic Spirenſis Canonicus, ac majoris eccleſiæ cultos et armarius, poſtmodum monachus et deinde Abbas Hirſaugiæ factus, dediſſe ſcribitur in eodem monaſterio per manum ac aſſenſum fratris ſui Cunradi Comitis de Beutelſpach, alias de Vuirtemberg, prædium in Pfrundorſſ cum omni jure, ad Waldhelm 12. jugera vinearum cum beneficiis ſex hominum ad easdem vineas pertinentium, ad Saldingen quinque hubas, ad Barchhuſen duas cum vineto. Cunradus vero Comes de Vuirtemberg et uxor ejus Vuerndrut ad Durenchen 16. hubas cum molendino, et in proxima villa ejusdem nominis vinetum, ad Sareweshelm unam ſalicam terram, ad Salzaha 18. hubas, item in Schafhuſen molendinum unum. In prædicta autem donatione datæ ſunt 20. marcæ, quas Bernardus de Schura Comes pro cellula Bauaricenſi dederat, et duæ armillæ aureæ appendentes 15. uncias auri, quas Luitgart ſoror Domini Brunonis et Cunradi Comitis de Vuirtemberg ad faciendum calicem tradiderat. Und an einem andern Orte: (2) Anno Domini 1119. 18. Kal. Decembris Trutuinus Abbas ex Hirſaugia cum 12. fratribus ad Breitnou mittitur, Domino Vueruhero Comite de Griening:n id maxime efficiente, qui cum Imperatore Henrico V. tunc imperante de Suevia ad partes Haſſiæ noviter venerat, qui amœnitate loci motus, ab Imperatore petiit ſibi locum, qui tunc ſolitudo erat, proprietatis jure conferri. Qui voti compos factus, eum Abbati prædicto tradidit, atque eccleſiam in honore ſanctorum Petri et Pauli conſtruxit, et eam Abbas laudabiliter rexit. Succeſſit

(2) Vol. III. Gen. XXXVIII. Edit. cit. T. II. p. 189. ſeq.

cessit huic Abbati Henricus vir sanctus, qui miraculis claruit, etiam ex Hirsaugia postulatus, qui cum praedicto Comite fundamenta majoris ecclesiae in honore B. Mariae virginis jecit, qua partim completa, summum altare quadringentis mansis dotauit. Comite autem in eodem loco defuncto, pondus aedificii et regiminis dicto sancto Abbati reliquit. Haec libro in eodem monasterio reperiuntur diligenter conscripta. Fuit autem hic Comes Vuernherus de **Grieningen** ex Comitum prosapia de Vuirtemberg. Si quidem ipse Comitatus in tres partes diuisus, tres habuit differentes inter se nominibus et castris Dominos. Nam primus in **Urach** domicilium habuit, secundus in **Beutelspach**, tertius in **Grieningen**. Verum successu temporis conflatus in duas partes, ita ut unus **Stutgarten**, alius **Urach** obtineret: novissimis autem temporibus in unum redactus dominium, tandem in Ducatum ascendit.

Hierauf folgt zunächst der ungenannte Verfasser einer Wirtenbergischen Chronik, die um das J. 1514. geschrieben zu seyn scheint, (3) darinn diese Worte stehen: Circa annum Domini MC. vixit et claruit Adelbertus Comes Wirtembergensis, vir omni genere virtutum et honorum insignibus praestantissimus, atque in rebus bellicis strenuissimus, patriae et suorum simul defensor acerrimus, ac contra hostes triumphator magnificus, qui uxorem habuit Luitgardam nobilissimam Comitissam, sororem Engelberti de Hallone ex Norico. Ex praefata Luitgarda conjuge Adelbertus quatuor liberos sustulit, Berchtoldum, Conradum, Adelbertum et N. filiam. Anno Domini MCXX. e vivis jam sublato Adelberto, Luitgarda ejus vidua

(3) in Schannati Vindem. liter. Coll. II. p. 21. seq.

vidua devotissima ordinem et regulam sacrarum monialium in monasterio Berone non longe a S. Blasio in Hercinio saltu distante assumpsit, ubi et vitam feliciter in summa religionis perfectione finivit, et ad Dominum migravit, sexto tum Abbate nomine Berchtoldo apud S. Blasium existente, quod monasterium S. Blasii prædicta Luitgarda præciosissimis et venerantissimis Sanctorum reliquiis, ac vario ornatu sacrarum vestium aliarumque rerum immensa donatione dotavit exornavitque. Eandem quoque matris Luitgardæ munificentiam Conradus filius sectatus, qui opulentissimis prædiis dictum monasterium S. Blasii plurimum ditavit, et acerrimus ejusdem vindex et protector fuit, cujus etiam liberalitatem imitatus sororis suæ filius, nam ille idem Conradi et suorum fratrum nepos ex sorore, de castello suo, cujus nomen ignoratur, multa prædia et bona monasterio S. Blasii pio in Deum affectu contulit et assignavit, ubi etiam tumulatus. Adelbertus vero junior, Adelberti ex Luitgarda filius, frater Conradi et Berchtoldi, adolescens nobilissimus, præclarissimum stemma suum egregiis neque vulgaribus virtutibus illustravit et amplificavit. Inerat quippe illi ab ipsa pueritia mirabilis et honesta morum elegantia, adeo ut splendidissimo corporis sui decore, quo Altissimus singulari dono et gratia ipsum exornaverat, tam dictis quam factis cunctorum animis complaceret, et ut vita et moribus erat innocentissimus, ita ab omnibus mirum in modum diligebatur. Erat insuper, sicuti ex quorundam relatione cognovimus, corpore castus, qui nunquam mulierem cognoverat, verecundissima facie, innocens actu, eloquio purus, verbis verax, moribus modestus, sinceritatem mentis vultus sui serenitate monstrabat, et pietatem clementiſſimi cordis oſtendebat in lenitate ſermonis, rapinam tanta execratione deteſtabatur, ut quamvis a pueris caſtra et militiam Regis Romani ſecutus fuiſſet, nunquam tamen permitteret ſuos miniſtros et familiares aliquid rapere vel raptum concedere, ſemper ſummo cum ſtudio ſe continuit ab his vitiis, quibus illud hominum genus implicari ſolet. Nam praeter modum a primis fere annis divinorum potius ſervitutem egregia illuſtris pueri ſpiravit infantia, coepitque concupiſcere monaſticam perfectionem, quam etiam ſine dilatione aliqua arripuiſſet, niſi parentum vis obſtitiſſet: ſed haec mora ſeu dilatio parum ſuos laetificavit. Namque anno Domini MCXXVII. cum iterum in expeditione Regis Conradi cum Duce Bavariae eſſet, ſagitta percuſſus ac graviter vulneratus fuit, quo vulnere illi inflicto Rex et alii Principes, Comites ac Nobiles moerore correpti vehementiſſime condoluere; ipſe vero imperterrito animo, ſpreta mundi pompa et ſaeculi hujus faſtu ornatuque, tota mentis intentione et fervore religionis habitum monaſticamque perfectionem expetebat, quam et antea ſaepius a primis fere incunabulis concupierat. Adſtantibus igitur Berchtoldo fratre et Engelberto avunculo ſuo ac Duce Lupoldo Bavariae, diſſuadentibusque unanimiter, ne hoc tentaret, aut in animum induceret, converſus ad illos talem orationem habuit: Modo ad vos mihi ſermo eſt, amici, explicate mihi, rogo vos, haec praeſens vita quae qualisque eſt, ut amicos veſtros ad vitam perpetuam ire volentes ad hanc infidelem et inſtabilem injuſto conſilio revocetis? Quid, inquam, in hac vita operantes tam delectabile poſſidetis, quod vos inſtiget, ut amicos veſtros vel filios, ad comitatum coeli proficiſcentes, ad honorem incorruptibilem et

ami-

amicitias Imperatoris aeterni, dehortemini, illosque ire non finatis? Tandem itaque oratione et precibus multis convicti confenferunt votis ejus, mittentes nuntios fuos ad venerabilem Gozbertum Priorem monafterii et alios fratres, qui non procul aberant, ut quamprimum ad fe venirent, qui quidem propere venientes jamdiu defideratum habitum ei impofuerunt, monachumque S. Blafii fecerunt, ac unctione facri olei exitum ejus praemunierunt, aliaque minifteria, quae ritus ecclefiafticus popofcit, fumma cum devotione peregerunt. Qui Adelbertus, jam monachus factus, poft paucos dies de hac convalle lacrymarum liberatus feliciter migravit ad Dominum, in praedicto monafterio tumulatus. Exftat praeterea in Chronicis Commentariis Naucleri, eodem tempore, quo fupra Adelbertum feniorem Comitem a Wirtemberg claruiffe retulimus, puta circa annum Domini MC. inveniri apud monafterium Hirfaugienfe fcripta de duobus aliis Comitibus de Wirtemberg, qui fuerunt fratres. Horum major natu vocatus eft Conradus, vir potens inter Suevos, alter vocabatur Bruno etc. — prout haec de verbo ad verbum ex Nauclero huc adfcripfimus, incerti, an hi tres liberi, Cunradus, Bruno et Luitgarda, Adelberti fenioris, de quo fupra, filii, an vero ejusdem fratres ac foror, vel potius ex eadem familia coaetanei agnati fuerint, cum id ipfum ex Nauclero in XXXVII. Generatione circa finem, unde ifta defumpfimus, non potuerimus cognofcere.

Der vornehmſte aber, und der am weitläufigſten von dieſen und etlichen andern Grafen und Gräfinnen von Wirtenberg zu Ende des eilften und im Anfang des zwölften Jahrhunderts handelt, iſt Oswald Ga-

belko-

belkofer in seiner geschriebenen Wirt. Geschichte, (4) wo zuerst von dem Grafen Albrecht dem ältern, den er den zweiten nennet, weil er in dem vorhergehenden bereits auch einen Grafen von Wirtenberg dieses Namens angeführt hatte, der jedoch nicht zu erweisen ist, folgende Nachricht gegeben wird: Es wird jetztermeldter Graf Albrecht ausdrücklich Graf zu Wirtenberg, wiewohl auch zu Bogen genennet, dieweil seine Frau Mutter eine Gräfin von Bogen aus Bayern gewesen. Und wird dieser Graf Albrecht von Wirtenberg hoch gerühmt seiner Tapferkeit und Mannlichkeit halben gegen seinen Feinden, die er zu mehrmalen mit grossem Ruhm erlegt, dieweil sie sich wider ihn aufgelehnt, und ihm sein Land mit Gewalt zu beschädigen unterstanden haben. — Wer diese seine Feinde gewesen, wird mit keinem einigen Wort gemeldet oder angedeutet. Er muß aber nicht allein Stutgardt, und was unter der Steig daselbst herum ist, sondern auch einen guten Theil an den Fildern gehabt haben. Dann die Chronik des Klosters St. Blasii zeigt an, daß mehrgedachter Herr Adelbrecht oder Albrecht, wie auch seine hinterlassene Wittib nach seinem Tode neben ihren Söhnen das Kloster St. Blasii, und sonderlich desselben Probstey Nellingen, mit vielen liegenden Gütern reichlich begabt haben. Wann er gestorben, habe ich nicht eigentlich gefunden; aber aus allen Umständen muß ich abnehmen, daß er ungefähr um das Jahr 1080. oder wohl auch davor aus dieser Welt geschieden sey. Ich halte dafür, daß er zwo Gemahlinnen gehabt habe, und von der ersten, die vielleicht eine Gräfin von Gröningen möchte gewesen seyn, einen Sohn, Werner genannt, erzeugt habe, wie an seinem Orte bald weiter folgen soll. Die andere aber ist gewesen Frau Luitgard, Graf Engelbrechts von Palay Schwester,

eine

---

(4) Th. I. B. 1. Conf. Herrn Mosers Erläuter. Wirberg, Th. I. S. 15. u. f.

eine gottesfürchtige und ganz andächtige Frau, welche noch viele Jahre nach ihres Herrn Tode im Witwenstande gelebt, und, wie oben schon zum Theil angedeutet, ihres Herrn Dotation, dem Kloster St. Blasii zu der Probstey Nellingen geschehen, gemehrt und gebessert hat. Sie ist leztlich aus Andacht, und daß sie vermeynt, Gott dem Allmächtigen also vollkommener zu dienen, in das Kloster Berau, nicht gar weit von St. Blasii im rauhen Schwarzwalde gelegen, gekommen, und ihr Leben daselbst geendet, als sie ermeldtes Klösterlein mit vielen köstlichen Zierden von Kleidern, Kelchen, auch wie es dafür gehalten worden, Heiligthümern reichlich begabt. Diese Luitgard, Graf Albrechts zu Wirtenberg des Zweiten secunda uxor, geborne Valay, hat ihrem Herrn 4 Söhne und 2 Töchter geboren, von welchen bald hernach weitläufigere Meldung geschehen soll. —

Hierauf von dem Grafen Berthold: Dieser ist Graf Albrechts von Wirtenberg Sohn gewesen von der Gräfin von Valay. Dessen gedenkt die alte geschriebene Chronik zu St. Blasii, und nennt ihn ausdrücklich des alten Graf Albrechts Sohn, und des jüngern Bruder. Von ihm ist weiter nichts aufgezeichnet, als daß er in den Kriegen, so König Konrad III. mit den Herzogen von Bayern geführt, neben Graf Engelberten von Valay, seiner Mutter Bruder, und seinem erstgemeldten Bruder, Graf Albrechten von Wirtenberg dem jüngern, sich brauchen lassen, wie er dann in der Schlacht oder Scharmüzel, darinn der junge Graf Albrecht verwundet worden, auch mit gewesen ist. Seine Gemahlin soll Frau Adelheid, eine Gräfin von Lechsgmünd gewesen seyn, und hat es das Ansehen nicht, als wann sie Kinder mit einander erzeugt, oder da sie schon deren bekommen, daß sie zu ihren Jahren gekommen, sondern daß sie in der Kindhelt gestorben seyen. Wann aber dieser Graf Berthold oder auch seine Gemahlin gestorben sey, davon ist nichts zu finden.

Hernach von Albrecht dem jüngern, den er den Dritten nennet: Auch dieser ist des ältern Graf Albrechts von Wirtenberg Sohn, und des nächsten Graf Bertholds Bruder gewesen, und durch ihn ist seines Herrn Vaters und Frau Mutter, wie auch seiner Geschwistrige Gedächtniß bis auf unsere Zeit gekommen und erhalten worden. Dann als dieser Herr noch in seiner schier kindischen Jugend (unangesehen, daß er herrlicher schöner Gestalt, wohl beredt, und der sich in Schimpf und Ernst vor andern sehen und hören hat dörfen lassen,) eine Anmuthung zum Studiren gehabt, welches selbiger Zeit, vorab in Teutschland, nirgends besser als in den Klöstern geschehen können, hat er doch, weil es seinem Herrn Vater und andern Befreundten zuwider gewesen, sich nicht ins Klosterleben, zu dem er eine sondere Lust gehabt, begeben, sondern dem Hof- und Kriegswesen nachziehen wollen. Hierinn hat er sich also gehalten, daß nicht allein er für seine Person niemand mit Plündern und Mausen (wie schon dannzumal unter diesem Gesinde bräuchig gewesen,) beschwert, sondern er hat auch ein solches seinem Gesinde und seinem untergebenen Kriegsvolk zu thun nicht gestattet, daher er auch von allen ehrliebenden und verständigen Leuten hoch gelliebet und geehret, und seinethalben grosse Hofnung gefaßt worden, wann er nach Gottes Willen das Leben haben, und einmal zu der Regierung kommen sollte, daß er einen Ausbund von einem herrlichen und weisen Regenten geben sollte. Was den Krieg anbelangt, — hievon schreibt die St. Blasische Chronik, daß dieser Graf Albrecht zu Wirtenberg in K. Konrads III. Dienst, als ein junger frischer und herzhafter Herr sich habe brauchen lassen,

wider

wider H. Heinrich den Stolzen, in Bayern und Sachsen, und desselben Bruder, H. Welfen. In solchem Krieg nun, meldet die St. Blasische geschriebene Chronik, sey Graf Albrecht von Wirtenberg mit einem Pfeil hart verwundet worden, daß nicht allein er selbst, sondern auch männiglich dafür gehalten, es werde seines Aufkommens nicht seyn. Dannenher er ernstlich gebeten und begehrt, daß man ihn nochmals seiner vorigen Bitte gewähren, und dieweil er mit gesundem Leibe nicht ins Kloster habe kommen können, daß man ihn doch jetzt nicht aufhalte, damit er die übrige Tage seines Lebens, wie viel oder wenig derselbigen auch nach dem Willen Gottes seyn werden, im Kloster unter der Mönchsregel und Orden möge zubringen. Darauf seine Freunde, als zuvörderst der Herzog von Bayern, Graf Engelbrecht von Valay, seiner Mutter Bruder, und Graf Berchtold, sein leiblicher Bruder, als sie gesehen, daß diß sein endlicher und beständiger Wille gewesen, in das Kloster St. Blasii ihre Gesandte geschickt, mit Vermeldung, was ihres Freundes, Vetters und Bruders Begehren sey. Darauf Abt Berchtold der fünfte in der Zahl der Aebte, und der erste dieses Namens, seinen Priorem Gotzbert mit etlichen Mönchen zu Graf Albrechten abgefertiget, welche ihn eben krank und schwach befunden, doch also, daß er sich ihrer Zukunft höchlich erfreuet, sonderlich dieweil sie ihm ihres Ordens Kleid, dazu er von Jugend auf mehr Lust und Anmuthung als zum Harnisch gehabt, mitgebracht. Also haben sie ihm nun den Orden, seinem ernstlichen Begehren nach, angezogen. Dieweil er aber hierüber eben schwach worden, haben sie ihn, wie man es vor Jahren genennet und dafür gehalten hat, mit allen Sakramenten, nämlich die man bey den Sterbenden brauchen soll, versehen, und ist er Graf Albrecht über wenige Tage hernach in seiner blühenden Jugend verschieden, und im Kloster St. Blasii begraben worden.

Ob man ihn nun todt oder lebendig dahin geführt, wird nicht ausdrücklich gemeldet. Es hat aber viel Ansehens, als wann er dem Kloster zugeeilet, und entweder unterwegs oder gar bald, nachdem sie ihn dahin gebracht haben, gestorben sey. Und hat er Graf Albrecht zweifelsohne, der Mönche und ihrer treuen Willfahrung vor seinem Ende nicht vergessen, in welchem er auch seiner lieben Voreltern Freygebigkeit nachgefolget hat. Gleichwohl als ich zu Ende des 1595. Jahrs der Ursache halben zu St. Blasii gewesen, daß ich desselbigen Klosters Antiquitates, was sie von Wirtenbergischem Stammen hätten, besehen möchte, habe ich weder in der Kirche noch Kreuzgang einiges Monumentum, oder monumenti vestigium gefunden von diesem Graf Albrechten. Dessen Ursache der Herr Prälat und sein Prior auf zwo grosse schädliche Brunsten gelegt, de a. 1325. und wieder über 200 Jahre hernach in dem Baurenkrieg, da das Kloster auf dem Boden abgebrannt worden, wie man auch siehet, daß die Gebäude fast alle neu sind, gegen dem das Kloster sonst uralt von seiner Stiftung her. — In des Klosters St. Blasii Chronik steht expressis verbis, daß er a. 1127. gestorben. —

Sodann von der Gräfin Luitgard: Dieser thut mehrgemeldte Chronik des Klosters St. Blasii ausdrücklich Meldung, und zeigt an, daß sie Graf Albrechts des ältern, Tochter gewesen sey. Sie ist Graf Bernharden von Scheurn in Bayern, verheurathet worden, welcher Graf Otten des II. Sohn gewesen. Sie wird sonst Graf Bernhards von Steyer Gemahlin genannt, da doch kein Zweifel, als daß allein der Irrthum in den beyden Worten Scheurn und Steyer stecke, da es viel glaublicher, daß es Scheurn als Steyer heissen soll, dieweil dieser Frau Luitgarden Bruder, Graf Berthold, item ihr Herr Vater, ja auch wohl ihr

Anherr

Anherr, sich in Bayern, oder doch mit Bayrischen Geschlechtsfräulein verheurathet haben. Es gedenkt aber das Hirsauische Fundationsbuch, daß Graf Bernhard von Scheurn (dann im Lateinisch geschriebenen Buch steht ausdrücklich Comes de Schura, Graf von Scheurn,) dem Kloster 20 Mark vermacht habe, meldet nicht, obs Silber oder Gold sey gewesen, wiewohl es viel glaublicher, daß es Silber gewesen sey. Seine Gemahlin aber, Frau Luitgard, die habe ins Kloster verschafft, zwey güldene Armband von 30 Loth zu einem Kelch. Von ihr habe ich weiter nichts funden, aber von ihm schreibt D. Hund, daß er ein Bärtling gewesen sey, welches ich dahin verstehe, daß er nach Absterben seiner Gemahlin sich als ein Layenbruder in ein Kloster, und vielleicht eben gen Hirsau begeben, habe den Bart wachsen lassen, und sey dannenher Bärtling genannt worden.

Weiter von dem Grafen Bruno: Diesen halte ich für den ältesten unter seinen Geschwistrigen, welcher in der Jugend des Studirens sich beflissen. Und weil sein Herr Vater der Kinder mehr gehabt, sonderlich der Söhne, ist er auf dem hohen Stift zu Speyer erstlich bedacht worden. Dabey hat er sich also verhalten, daß er unlang hernach zur Domprobstey kommen ist. Dieweil aber auch schon zur selbigen Zeit bey den genannten Geistlichen, sonderlich auf den hohen Stiftern, da lauter Herren und von Adel aufgenommen worden, ein sehr unordentliches Leben bey dem grösseren Theil vorgelaufen, — hat Graf Bruno, als er etliche Jahre zu Speyer gewesen, ob solchem wilden und unordentlichen Wesen ein Mißfallen empfangen. Und ist wohl vermuthlich, daß ihn Gott zuvor vielleicht durch eine ernstliche schwere Krankheit zur Erkenntniß des vorigen Unwesens und Nachtrachtung eines bessern und wohlgefälligeren Standes gebracht habe, dannenher er sich

sich von seinem herrlichen Thun und guten Einkommen hintan und gen Hirsau in das Kloster gethan, an welchem Orte zur selbigen Zeit nicht allein in fremden Sprachen, sondern auch in Heil. Schrift viele vortrefliche gelehrte Männer sich aufgehalten, die neben demselbigen ein ganz eingezogenes unärgerliches Leben geführet. In diesem klösterlichen Wesen ist Graf Bruno über die 20. Jahre geblieben, und hat sich in selbigem dermassen verhalten, daß er mit gutem Exempel den Jungen vorgegangen, und von den Alten sehr geliebt ist worden. Als nun Abt Wilhelm, der Zwölfte in der Zahl der Aebte, (unter welchem Graf Bruno von Speyer gen Hirsau ins Kloster gekommen, und den Orden angenommen hat,) gestorben, Graf Gebhard aber von Urach, welcher auf Abt Wilhelmen zum Regiment des Klosters gekommen, durch K. Heinrichen V. aus dem Kloster zum Bißtum Speyer promovirt worden, haben die Mönche gesorgt, wann sie erstgemeldtem Graf Gebharden, ihrem alten Abt, (der die Abtey gern neben dem Bißthum behalten hätte, und deshalben stark gepracticirt,) nicht einen entgegen sezten, der also beschaffen wäre, daß er mit Hülfe seiner Freunde und Verwandten ihres alten Abts und jetzigen Bischofs zu Speyer Practiken begegnen, und seine Anschläge hintertreiben könnte, sie würden dadurch gleichsam in eine stete des hohen Stifts Speyer Dienstbarkeit kommen, und die Freyheit, einen eigenen Abt aus ihrem Mittel zu erwählen, gar verlieren. Derentwegen sich der mehrere Theil dahin verglichen, daß sie Graf Brunen von Wirtenberg, unangesehen seines eben hohen Alters, zum Abt erwählt, damit er mit Hülfe seines Bruders, Graf Konrads, allen denjenigen, so sich wider solche Wahl legen wollten, stattlichen Widerstand thun, und das Kloster samt desselben Gütern vor unrechtem Gewalt vertheidigen könnte, sintemal, wie Trithemius in seiner Hirsauischen Chronik meldet,

Graf

Graf Konrad von Wirtenberg dannzumal für den mächtigsten Grafen in Schwabenland gehalten worden, der auch von seiner nahen stattlichen Freunde wegen in desto höherem Ansehen gewesen. — Als er nun dem Kloster in das fünfzehente Jahr nuzlich und wohl vorgestanden, ist er den 23. Mart. 1121. seliglich verschieden, und in der grossen Kirche im Kloster, die St. Petern und Paul dedicirt gewesen, begraben worden, vor St. Lorenzen Altar. — Sonst meldet das Fundations- oder Dotationsbuch mehrbemeldten Klosters Hirsau, wie erstgemeldter Graf Bruno, Abt zu Hirsau, mit Bewilligung seines Bruders, Graf Konrads, dem Kloster Hirsau übergeben habe einen Hof zu Pfrondorf mit aller desselben Zugehör, item 12 Morgen Weingarten zu Wahlheim am Neckar, mit etlichen leibeigenen Leuten, so dazu gehören, zu Salbingen 5 Huben, zu Berckhausen 2 Huben und 1 Weinberg, zu Schwiendorf 1 Hub, item, daß er ½ Hub zu Ebertingen und 14 Mark Silbers um ein Gut zu Mühlhausen an der Enz dem Kloster Hirsau zu gut gegeben habe.

Von dem Grafen Konrad, den er wegen eines andern vorhergehenden Konrads den Zweiten nennet: Dieser ists, der den Stammen erhalten hat, und von dem alle folgende Grafen und Herzoge zu Wirtenberg ihren Ursprung haben. Es hat ein groß Ansehen, als wann er eine Zeitlang zu Beutelspach mit seiner Hofhaltung gewesen wäre, dannenher er von etlichen Leuten der Graf oder Herr von Beutelspach genennet worden, wie solches vor dieser Zeit gar gemein gewesen, und noch bey etlichen gebräuchig ist. — Und siehet ihm gar gleich, als wann Graf Beichtold etwas älter, weder er, gewesen wäre, und derselbige auf Wirtenberg gewohnet, aber auf sein Absterben ohne Erben, Graf Konrad die ganze Herrschaft wieder zusammengebracht hätte.

I. Neue Beobachtungen

In was Ansehen dieser Graf Konrad gewesen, ist schon droben bey seinem Bruder, Graf Brunen, dem Abt zu Hirsau, gemeldet worden, dieweil er dannzumal für den mächtigsten Grafen in Schwabenland geachtet war. Ich finde gleichwohl von ihm sonst nicht viel. Allein hat er sich gegen dem Kloster Hirsau zur Zeit, da sein Bruder Abt zu Hirsau gewesen, freygebig erzeigt. Dann er neben seiner andern Gemahlin, Frau Werntrauten, geborner Gräfin von Eberstein, dahin vergabt hat 16 Huben und 1 Mühle zu Türkheim, item zu Obertürkheim, so beyde am Neckar gleich unter dem Schloß Wirtenberg liegen, 1 Weingarten, zu Serweßheim ein frey eigen Gut, zu Saltzach 18 Huben, zu Schafhausen an der Würm auch 1 Mühle. So hat er jeztgemeldtem Kloster für etliche Güter zu Bercka, die dem Kloster entlegen gewesen, gegeben 3 Huben zu Töffingen, 1 Hub zu Schafhausen, und den vierten Theil der Kirche oder des Kirchensatzes daselbst, neben anderthalb Huben zu Halmerdingen, welche alle dem Kloster besser und näher gelegen gewesen. Es sind etliche der Meinung gewesen, er habe erstlich zur Gemahlin gehabt, eine Freyin von Beutelspach, die sie Frau Hedwitzen nennen. Aber hievon findet sich in glaubwürdigen Actis gar nichts; das aber wohl, daß er hienach gesetzte zwei, deren die erste (so von andern gar ausgelassen worden) ist gewesen Frau Willebirg, Graf Cunen und Graf Luitolds von Achalm, Schwester, welche Graf Konraden einen Sohn, Werner, und eine Tochter, Mechtilden genannt, geboren hat, wie solches das Fundationsbuch zu Hirsau lauter ausweiset, und jezt bald bey Graf Wernern, ihrem Sohn, weiter soll angezeigt werden. Die andere ist gewesen Frau Berchta oder Berchtrada, (die auch Werthrada und Werntraut genannt, und dannenher von etlichen für seine dritte Gemahlin, gleichwohl aus Misverstand, gehalten wird,) eine geborne Gräfin von

Eber-

zur Berichtigung der Gesch. u. s. f. 47

Eberstein, welche ihm Graf Heinrichen geboren hat. Von sein (Graf Konrads) Thun und Lassen habe ich weiters nicht funden, wie auch nicht, in welchem Jahr er oder seine Gemahlinnen gestorben seyen. Daran ist aber kein Zweifel, daß er erst nach seinen Brüdern Todes verfahren. Und ist sehr vermuthlich, daß er und seine beyde Gemahlinnen zu Beutelspach begraben worden, dadurch vielleicht Graf Ulrich, dieses Graf Konraden Abnepos, d. i. seines Urenkels Enkel, bewegt worden, den Stift daselbst aufzurichten, welchen folgender Zeit Graf Eberhard der Erleuchte, des Stifters Sohn, gen Stutgardt transferirt hat.

Von einer Gräfin Adelheid: Diese ist Graf Albrechts von Wirtenberg des Zweiten älteste Tochter gewesen, ist zeitlich verheurathet worden, und hat ihrem Herrn einen jungen Sohn geboren, der seiner Frau Mutter Bruder nach auch den Namen Konrad bekommen. Der hat sich nun, laut Hirsauischen Fundationsbuchs, (darinn vornehmlich verzeichnet ist, was sich bey Lebzeiten und Regierung der 9 Aebte, von Abt Gerharden, dem Grafen von Urach, an bis auf Abt Marquarden, gebornen Grafen von Sonnenberg, der a. 1205. den 20. Jan. gestorben, und also dieselbige 114 Jahre hat zugetragen,) Graf Brunen des Abts, wie auch seines Bruders, Graf Konrads, beeder Grafen von Wirtenberg, Uebergabe, dem Kloster Hirsau gethan, stark widersezt, und selbige Güter hart angefochten, mit Vermeldung, daß seiner Frau Mutter ihr Angebür dadurch vergeben sey, deren er sich keineswegs verzeihen wolle. Wiewohl nun von der Zeit an, als Graf Brun mit Bewilligung seines Bruders, Graf Konrads, solche Uebergabe dem Kloster gethan, mehr als 30 Jahre verflossen, hat doch Abt Brun, damit nicht die Sache nach seinem Tode noch unrichtiger würde, sich also mit ihm verglichen, daß er ihm

anderte

anderthalb Huben zu Erlebach gegeben, item einen Hof zu Türkheim, und 2 Morgen Weingarts, auch 8 Jauchart Ackers, samt einem Wald. Auf welches dieser Herr Konrad nicht allein der vorigen Güter, die er so lang und hart angefochten gehabt, sich verzigen, sondern fürohin dem Kloster viel Gutes und Freundschaft, so oft es die Gelegenheit erfordert, bewiesen hat. Aus solchem aber ist auch diß genugsam zu erkennen, daß Graf Brun die Gabe dem Kloster Hirsau gethan nicht lang nach dem, als er von Speyer ins Kloster gekommen ist, und daß seine Schwester ein hohes Alter auf sich muß gebracht haben. Wer dieses jungen Herrn Vater vom Geschlecht gewesen, haben weder die Hirsauische oder auch die Mönche zu St. Blasii im Schwarzwalde (welche doch beede seiner ausdrücklich Meldung thun, daß er nämlich Graf Konrads von Wirtenberg Schwester Sohn gewesen sey,) angezeigt. Wann ich aber die daselbst herum gesessene Geschlechter, und ihr Thun bedenke, so muthmasse ich, daß es ein Freyherr von Stöffeln, und zwar eben Herr Albrecht von Stöffeln gewesen sey, als die um diese Gegend Güter gehabt noch lang hernach, und bey denen die Namen Konrad und Albrecht gar gemein gewesen.

Von Werner I. Grafen zu Wirtenberg und Gröningen: Dieser ist Graf Albrechts II. von Wirtenberg ältester Sohn von seiner ersten Gemählin, der Gräfin von Gröningen, gewesen, welche allem Ansehen nach des leztern Grafen von Gröningen einzige und Erbtochter gewesen ist. Von diesem Graf Wernern schreibt Wilhelmus Schäffer, Graf Dilich, den er recht und wohl einen Schwäbischen Herrn, als der aus dem Geschlechte der Herrn Grafen von Wirtenberg geboren gewesen, (gleichwohl er ihn den ältern nennet, von wegen Graf Werners des jüngern, der dieses Werneri Bruders, Graf Konrads von Wirtenberg,

tenberg, Sohn gewesen,) in seiner Hessischen wohlgemachten fleißigen Chronik im andern Theil derselbigen, daß er bey Kayser Heinrichen IV. in sondern grossen Gnaden, und gar wohl angesehen sey gewesen, daß er ihn auch ums Jahr 1066. mit dem Dorf und Gegend Kirchberg bey Gutensberg in Hessen gelegen, belehnt habe. So habe jeztgemeldter Graf Werner auch um das Jahr 1071. bey höchstermeldtem K. Heinrich IV. das vermöcht und zuwegen gebracht, daß er mit Herzog Otten (welcher ein mächtiger Herr war, als Innhaber des Bayerlandes und des Landes Sachsen zum Theil, und wider den Kayser sich aufgelehnt gehabt,) einen Frieden getroffen, wiewohl der Kaiser anfänglich gar einer andern Meinung gewesen. Diese leztere Historiam beschreibt auch Lambertus von Aschaffenburg, ein fleißiger Mönch, in seiner Hirschfeldischen Chronica, allein, daß er den Grafen nicht Werner, sondern Eberharden nennt, wie auch andere thun. — Nach solchem hat es wohl ein Ansehen, als wann Graf Werner sich von Hofe hinweg, und wieder nach Haus begeben, und vielleicht dem Kloster Hirsau dannzumal die Schenkungen gethan habe, davon das Fundations- oder Dotationsbuch desselben Klosters Meldung thut, nämlich einen Hof zu Eßingen mit etlichen leibeigenen Leuten und anderer desselben Zugehör, wie auch, was er zu Schercent im Elsas und zu Vilowe (welches ich nicht weiß, wo es liegt,) gehabt. Und hat es ein groß Ansehen, als wann Graf Werner solche Donation derhalben vornehmlich gethan, daß er dadurch aus dem Bann komme, und von den Mönchen zu Hirsau bey Gott (wider den er besorgt, daß er gethan, indem er dem Kaiser wider den Pabst angehangen,) Fürbitte und Verzeihung erlange. Ob dieser Graf Werner verheurathet gewesen oder nicht, habe ich nicht funden, aber das wohl, daß er Anno 1096. gestorben sey.

I. Neue Beobachtungen

Von Werner II. Grafen zu Wirtenberg und Gröningen: Dieser ist Graf Konrads von Wirtenberg ältester Sohn von seiner ersten Gemahlin, der Gräfin von Achalm, gewesen. Dannenher seiner Frau Mutter Brüder, Graf Cuno und Graf Luitold, als sie das Kloster Zwifalten stattlich begabet, und besorgt haben, daß dieser Graf Werner solches Geschäft widertreiben oder aufs wenigste anfechten möchte, dieweil seine Frau Mutter ihre leibliche Schwester gewesen, haben sie ihm die halbe Kirche zu Tettingen unter Urach, wie auch das halbe Theil desselbigen ganzen Fleckens übergeben, in welchem die alte Grafen von Achalm, wann sie in dieser Landsart gewesen, den mehreren Theil ihre Hofhaltung und Heimwesen gehabt haben, allda auch ihr Herr Vater, Graf Rudolf, samt 2 Söhnen, Hunfried und Beringern, so beede gar jung gestorben, begraben, hernach aber von dannen gen Zwifalten in das Kloster sind transferirt worden. Sie haben ihm auch den halben Theil des Fleckens Metzingen unter Urach, und den halben Kirchensaz zu Ehningen unter Achalm, mit etlichen freyen Gütern daselbst übergeben, auch fast alle Lehenleute, so zu dem Schloß Achalm gehören, und ist solches geschehen zu Bempflingen. Hierauf hat Graf Werner sich aller Ansprache an obgemeldte Güter, so von seinen Vettern, den Grafen von Achalm, ins Kloster Zwifalten gegeben worden, lediglich verzigen. Es ist dieser Graf Werner II. wie sein Vetter Graf Werner I. der ältere bey Kayser Heinrichen IV. also er bey Kayser Heinrichen V. am Hof, und vielleicht sein Hofmeister, oder doch sonst nicht in ringem Ansehen bey ihm gewesen. Dann obgemeldter Hessischer Historicus (der ein solches aus den Archivis zweifelsohne wohl hat haben können,) zeigt an, daß dieser Graf Werner von Gröningen, mit König Heinrichen, Kayser Heinrichs IV. Sohn, (der ihm auch im Kayserthum succedirt, und

zur Berichtigung der Gesch. u. s. f. 51

und Kayser Heinrich V. genannt worden,) viel hin und wieder, und darunter auch zu mehrmalen in das Land Hessen gereiset sey. Da habe Graf Werner den Kayser um die Gegend zwischen Homburg und Cassel gebeten, welche er beym Kayser leichtlich erhalten und zuwegen gebracht habe. Darauf er die Wälder um die Fulda und Eder, beyde Wasserflüsse, ausgereutet, und das Schloß Haldasp, welches er Haltauf genennet gehabt, zu bauen angefangen, er habe auch in derselbigen Gegend das Kloster Breitenau erbaut. Und zigt Trithemius an, daß der Anfang desselbigen Baues a. 117. gemacht sey worden, der ist ohne Zweifel selbiger Zeit einfältigem und schlechtem Wesen nach auch nicht köstlich, sondern allein dergestalt zugerichtet gewesen, daß die Mönche sich darinn unterhalten können. Solche Mönche aber hat er aus dem Kloster Hirsau dahin erfordert von seines Herrn Vaters Bruder, Graf Brunen von Wirtenberg, dannzumal Abt zu Hirsau, und deren benanntlich 12. und mit ihnen Trutwin den 13ten, so der erste Abt zu Breitenau worden. Welches zwar die Hirsauische Chronik auch klärlich anzeigt, und mir dannenher bestoweniger daran zweifelt, daß vielgemeldter Graf Werner in Hessen gekommen, und das Kloster Breitenau daselbst gestiftet habe, wie auch daß sein Vetter, Graf Werner I. der Graf sey, den Lambertus Schaffnaburgensis und Alfonsus Diaconus, auch Carolus Sigonius im 9ten Buch vom Königreich Italiä Eberhard nennen. Dann was jetzt angeregte Auctores von ihrem Graf Eberharden schreiben, eben dasselbige schreibt Dilichius von Graf Wernern I. welches er, wie ich dafür halte, bey jetztgemeldten Klosters Memoriis gefunden wird haben. Eben dieser Dilichius zeigt auch an, daß Graf Werner II. nach seinem Absterben in Mitte des Chors der Klosterkirche zu Breitenau, begraben sey worden, (von Heinrichen, dem zweyten

D 2 Abt,

Abt, den sie unter die Heillge gezält haben,) dessen Grabstein vor wenigen Jahren samt der Umschrift noch vorhanden gewesen, aber vermuthlich hernach durch die Reformationes, so mit der Breitart (wie man zu sagen pflegt,) geschehen, auch zerschlagen und verwüstet worden. — Mehrgedachter Dilichius zeigt an, daß dieser Graf Werner von Gröningen ohne Leibeserben verstorben, das ich gern glaube. Daß er aber gar keine Kinder erzeugt, daran bin ich zweifelich, wie bald hernach soll folgen. Trithemius, der die Hirsauische Chronik mit Fleiß beschrieben, und alle gute Beförderniß dazu gehabt hat, zeigt auch das Jahr an, in welchem Graf Werner II. oder der jüngere gestorben, nämlich 1121. welches sie zu Hirsau dannenher desto besser wissen können, kein Zweifel, dann daß die Mönche zu Breitenau ihres Fundatoris Absterben denen zu Hirsau unlang nach seinem Tode zu wissen gemacht, und sie daneben gebeten haben, daß sie ihm auch Anniversaria, und was man vor Jahren den Todten noch gethan, halten wollen. Von diesem Graf Werner derivieren etliche die Grafen von Gröningen und Landau, welche hernach zum Theil abgestorben, zum Theil durch unbedächtliche Heurathen, so gar in Abgang gekommen sind, daß sie weder Grafen- noch Herrenstand haben führen können, sondern bey dem gemeinen Adel geblieben sind, gleichwohl sie sich sehr beflissen, Ritterstand und den Herrentitel dadurch etlichermassen zu erhalten, bis sie zum Theil in Oesterreich gezogen, da sie wiederum Herrenstand erlangt haben. Wer dieses Graf Werners Gemahlin gewesen, habe ich nicht in Erfahrung gebracht, wiewohl ich Anfangs der Meinung gewesen, er habe sich im Lande zu Hessen oder desselbigen Revier in der Wetterau mit Heurath eingelassen, und hierdurch die Gelegenheit um Breitenau, dahin Graf Werner das Kloster gestiftet, zum Theil erobert, das übrige aber desselbigen Orts (als

welcher

zur Berichtigung der Gesch. u. s. f. 53

welcher zu einem klösterlichen Wesen ihm sonderlich wohlgefallen,) theils von Kayserl. Maj. wie oben gemeldet worden, theils von denjenigen, so etwas daran gehabt, bekommen. Aber wann ich bedenke, daß er seine Kinder überlebt, muß ich eher glauben, daß er sich haussen zu Lande, und allem Ansehen nach um das Jahr 1075. verheurathet, und Graf Konraden erzeugt habe, von welchem bald an seinem Orte folgen soll. Und hat es ein groß Ansehen, als wann Graf Werners Gemahlin gestorben wäre, ehe dann er sich an den kayserlichen Hof begeben. Sonst setzen etliche zu diesen Graf Werners Kindern Graf Egen von Landau, beneben einer Tochter Hailwildin, oder wie sie zu Heil. Kreutzthal genannt wird, Hailwigildin, erste Aebtissin desselben Klosters; die ist aber, vermög selbigen Klosters Verzeichnisses, erst a. 1240. (das wären 119 Jahre nach ihrem Herrn Vater,) gestorben, und müßte Graf Ego von Landau, ihr Bruder, der Stifter des Klosters Heil. Kreutzthal, immassen Bruschius in seiner ersten Centuria von den Klöstern erzält, nicht viel jünger (wo nicht vielleicht älter) gewesen seyn. Das mag aber die Zeit nicht leiden, dannenhero genug zu erkennen, daß selbige Verzeichniß nicht just sey. Ich finde aber in den Fundations- oder vielmehr Dotationsbüchern der beyden Klöster Hirsau und Zwifalten (darinn nach Stiftung der Klöster dasjenige, so in die Klöster vergabt, oder je einmal auch erkauft, ist aufgezeichnet worden,) dieses Graf Werners Sohn Konraden.

Von Konrad III. Grafen zu Gröningen: Dieser muß Graf Werners von Gröningen Sohn gewesen seyn, und wird seiner im Dotationsbuch des Klosters Hirsau, wie erst angezeigt worden, gedacht, wiewohl er nicht von Gröningen, sondern von Wirtenberg genannt wird, (weil sie gleichwohl Eines Stammes und

D 3 Namens

Namens, und er mit Graf Heinrichen von Wirtenberg Geschwistrigkind gewesen.) Es zeigt aber gemeldtes Buch an, wie Frau Richinza, geborne Gräfin von Spitzenberg, Graf Ludwigs von Spitzenberg und Frau Mechthilden, geborner Gräfin von Wirtenberg, Tochter, welche einem Grafen von Sigmaringen verheurathet gewesen, dem Kloster Hirsau verkauft habe ein Gut zu Ruderchingen im Schweiggers Thal, in der Grafschaft Eginonis (Grafen zu Urach) gelegen, um 78 Mark Silbers. Dieweil aber ihr Vetter, Graf Konrad von Wirtenberg, ihrer Frau Mutter von beyden Banden rechten Bruders Sohn, solchen Kauf angefochten, und zu widertreiben begehrt, als das kein Kauf, sondern mehr ein lauteres Schenken sey, haben sie über die 78, so sie der Gräfin von Sigmaringen bezalt, Graf Konraden noch 30 Mark Silbers hinausgegeben, dadurch sie erhalten, daß er sich der Ansprache an gemeldtes Gut zu Riderchingen unter Metzingen im Uracher Thal gelegen gänzlich verzigen hat. Sonst habe ich von ihm weiters nicht funden, und ist vermuthlich, daß er ledigen Standes, und vielleicht noch eben jung dahin gestorben sey, und daß sich mit ihm Graf Albrechts Linie abgeschnitten habe, und dadurch Gröningen an Graf Heinrichs, oder wie sie ihn per errorem genennet, Graf Hannsen Linie gekommen sey. Dann a. 1243. nennt Graf Hartmann von Gröningen die junge Grafen von Wirtenberg expresse seine Nepotes.

Und endlich von einer Gräfin Mechtild: Dieser gedenkt das Dotationsbuch des Klosters Zwifalten ausdrücklich, und nennt sie Graf Werners Schwester, nennt aber doch denselbigen Graf Wernern von Frickin; aus was Ursache, kann ich nicht wissen. Sie wird aber Gräfin zu Spitzenberg genannt, als die einem Grafen von Spitzenberg verheurathet worden. Nun hat

hat es vor Jahren auch in der Schweiz an der Aar ein Geschlecht gehabt, so sich Grafen von Spitzenberg geschrieben, denen das Städtlein Zofingen zugehört. Ich bin aber nicht der Meinung, daß dieser Frau Mechtild Herr desselben Geschlechts, sondern vielmehr der Grafen von Helfenstein Geschlechts gewesen sey, welche das Schloß Spitzenberg im Filsthal ob Kuchen dem Flecken bewohnt, und sich davon geschrieben haben, von welcher Linie der lezte noch a. 1295. gelebt, und Graf Eberhard geheissen hat, ein Sohn Graf Ludwigs, so sich beede nicht anders als Grafen zu Spitzenberg geschrieben, und doch in ihren Sigillen das rechte Helfensteinische Wappen geführt haben, wie sich dann Graf Ludwigs von Spitzenberg Uranherrn Bruder, Graf Gottfried, Kayser Friedrichs I. Kanzler, der nachfolgends Bischof zu Würzburg geworden, und mit höchstermeldtem Kayser Friedrich a. 1189. ins gelobte Land mit Heereskraft gezogen, auch darinn gestorben ist, von Spitzenberg geschrieben hat. Und ist der Zeit und Jahrrechnung nach gar vermuthlich, daß dieser jeztgemeldte Graf Gottfried Frau Mechtilden, der Gräfin von Wirtenberg, Sohn gewesen sey, den sie ihrem Herrn, Graf Ludwigen von Spitzenberg dem ältern, nebst noch einem Sohn, so auch Graf Ludwig, aber der jüngere, genannt ist worden, und 2 Töchtern geboren hat, deren eine Anna genannt Herrn Berchtolden von Welnsperg, die andere Richinsa oder Richinza einem Grafen von Sigmaringen verheurathet worden. Daß aber Frau Mechtild obgemeldt eine Gräfin von Wirtenberg gewesen, ist neben dem, daß sie Graf Werners Schwester genannt wird, (dem doch vielgemeldtes Zwifaltisches Dotationsbuch den Zunamen giebt von Frikken, der mir unbekannt ist,) auch dannenher genugsam zu erkennen, daß im Hirsauischen Dotationsbuch stehet, wie ihre Tochter Richinza dem Kloster Hirsau ein Gut zu Rüderichen um

D 4   78 Mark

78 Mark Silbers verkauft habe, welchen Kauf Graf Konrad von Wirtenberg angefochten, und selbigen hintertreiben wollen, wie erst angezeiget worden, also daß kein Zweifel, dann Frau Richenza Frau Mutter, obgemeldte Frau Mechtild, und Graf Konrads Herr Vater seyen leibliche Geschwistrige gewesen, wie es dann das Ansehen hat, als wann Frau Mechtild das Gut zu Niderchingen unter Metzingen gelegen von ihrer Frau Mutter, Gräfin von Achalm, bekommen hätte.

Diesem allem will ich noch beyfügen, was Herr Sattler theils in seiner Historischen Beschreibung, theils in seiner ausführlicheren Geschichte des Herzogthums Wirtenberg von den gemeldten Grafen und Gräfinnen anführt. In jener schreibt er bald Anfangs: (5) Die Chronik zu St. Blasi meldet von einem Alberto, welcher das Kloster St. Blasi, und sonderlich die Probstey Nellingen, mit viel liegenden Gütern soll begabt haben. Sie gedenkt ferner eines Alberti junioris und Bertholdi, Gebrüderc, deren jener auf Conradi III. Seiten gewesen wider Herzog Heinrich den Stolzen in Bayern und Sachsen, und dessen Bruder Welphonem, und in einer Schlacht mit einem Pfeil erschossen worden. — Graf Berthold hingegen soll das Kloster Denkendorf gestiftet haben. Wenigstens ists richtig, daß ein Graf Berthold der Stifter solches Klosters gewesen, und das Jahr der Stiftung, nämlich 1127. (1124.) kommt auch damit überein, so daß es kein geringes Ansehen hat, daß auch dieser Graf Berchtold, welcher einem Kreuzzug in das gelobte Land beygewohnt, als richtig anzunehmen sey, wiewohl Besoldus in Docum. rediv. p. 453. sich mit grossem Eifer, aber schlechtem Grund, darwider setzet. Dieser beeder Grafen Schwester Luigard soll an Graf

(5) Hist. Beschreib. des H. W. Th. I. S. 12. u. f.

Graf Bernharden von Scheyrn vermählt worden seyn. Zu gleicher Zeit wird auch Brunonis, eines Abten zu Hirsau und nachmaligen Bischofs zu Speyer, gedacht von Trithemio und Simone in seiner Speyrischen Chronik p. 62. welcher ihn einen gebornen Grafen von Wirtenberg nennet. Es bestätigt solches das Bildniß dieses Abts mit dem Wirtenbergischen Wappen in dem Kloster Hirsau. Sein Bruder Conradus wird von Trithemio in der ältern Edition der Hirsauischen Chronik potentissimus inter omnes Suevos genennet, obschon dessen Name nicht ausgedruckt ist. Es war aber solcher derjenige Konrad, welchen fast alle Historici einen Herrn von Beutelspach nennen, und zu einem Stammvater des ganzen Hochfürstlichen Hauses Wirtenberg machen. Ja Strauchius in Disput. Exoter. X. de eject. Ulrici §. 1. meldet von ihm, daß Kayser Henricus V. ihn aus einem Herrn zu Beutelspach zu einem Grafen von Wirtenberg gemacht habe. Es producirt aber P. Hertgott in seiner Genealogia Austriæ diplomatica Tom. II. p. 136. ein Diploma, darinn Kayser Henricus V. die Marken aller dem Gotteshaus St. Blasii gehörigen Güter bestätigt, und selbigem Abt einen Schirmherrn nach Belieben zu erwählen erlaubt, de a. 1123. woselbst neben andern geist- und weltlichen Fürsten und Herrn folgende Zeugen benennet werden: Godefridus Palatinus Comes, Simon Dux Lotharingæ, Hermannus Marchio, Beringer C. de Sultzbach, Chonradus de Wirdeneberch etc. so daß ich nicht weiß, wie es gekommen, daß Crusius und andere vor und nach ihm einen Freyherrn von Beutelspach aus diesem Conrado machen wollen, da doch nicht allein sein Bruder Bruno, welcher auch ein Freyherr von Beutelspach gewesen seyn müßte, schon das Wirtenbergische Wappen geführt, welches nicht seyn können, wann sein Bruder erst zu einem Grafen von Wirtenberg gemacht

macht worden, weil solches den Brunonem nichts angegangen hätte, sondern auch er schon a. 1123. da obgemeldtermassen noch Albertus und Bertoldus, die Grafen von Wirtenberg, gelebt, ein Graf von Wirtenberg in obgedachtem Diplomate genennet wird. Es möchte aber wohl dieses seyn, daß Graf Konrad seine Hofhaltung zu Beutelspach gehabt, und daher den Namen eines Herrn zu Beutelspach bekommen, wie die Herzoge von Wirtenberg, welche zu Mömpelgard ihre Hofhaltung gehabt, schlechthin Herzoge zu Mömpelgard genennt worden, ob sie schon geborne Herzoge von Wirtenberg gewesen. Zumalen Nauclerus Vol. II. Gen. 38. p. 178. ad annum 1119. erzälet: Siquidem ipse Comitatus (Wirtenberg) in tres partes divisus tres habuit differentes inter se nominibus et castris Dominos; nam primus in Urach domicilium habuit, secundus in Beutelspach, tertius in Grœningen. Unter solchen Grafen von Gröningen soll einer, Namens Werner, gelebt haben, indem von ihm das Chronicon Blaburense meldet ad a. 1119. Werinherus Comes de Grieningen, alias Wirtenberc, quia Ducatus trifariam partiebatur, fundavit monasterium Braitnow in Hassia. Werner war ein Sohn erstgedachten Konrads von seiner ersten Gemahlin Willeburga, einer Gräfin von Achalm. Vermög des Hirsauischen Dotationsbuchs hatte er 2 Söhne, Conradum und Rudolphum, von denen man sonst nirgends etwas findet. Jenes Conradi des ältern zweyte Gemahlin, war Werntrudis, eine Gräfin von Eberstein, mit deren er Henricum erzeuget. Wenigstens meldet Gabelkofer von ihm, daß er anno 1130. nebst Graf Hermann von Kirchberg in einer Urkunde als Zeug angeführt worden. — Neben diesen gedenkt Herr Moser l. c. p. 17. etlicher anderer Grafen aus des berühmten D. Gabelkofers Wirtenbergischen Chronik, nämlich eines Graf Werners I. der

dem

dem Kl. Hirſau einen Hof zu Eßlingen mit etlichen leibeigenen Leuten und anderer Zugehörde nebſt andern Gütern geſchenkt, damit er aus dem Bann käme, weil er dem Kayſer wider den Pabſt beygeſtanden.] Dieſes aber iſt ſchon gedacht worden. Ferners thut er eines **Werners II.** Meldung, welcher Graf **Konrads** Sohn von ſeiner erſten Gemahlin, einer Gräfin von **Achalm**, geweſen ſeyn ſoll, welcher auch die Stiftung, die ſeiner Frau Mutter Brüder **Cuno** und **Luipold** dem Kloſter **Zwifalten** gethan, angefochten. Nicht weniger ſoll, nach der Erzälung D. **Gabelkofers**, ein Graf **Konrad von Wirtenberg**, ein Sohn Graf **Werners von Gröningen**, ſich ſchwürig bezeugt haben, als **Richinza**, Graf **Ludwigs** von Spitzenberg und **Mechtildis**, einer Gräfin von Wirtenberg, Tochter, und Gemahlin eines unbenannten Grafen von **Sigmaringen**, laut des Hirſauiſchen Dotationsbuchs, ein Gut zu **Alderichingen** an das Kl. Hirſau verkauft. Weil aber D. Gabelkofer nicht meldet, woher er die Nachricht habe, ſo laſſe ich ſie mit Herrn Moſer ſo lang, bis aus bewährteren Urkunden beſſern Beweis von ihnen bekomme, auf ſich beruhen.

In dieſer aber: (6) Damals war Graf **Albrecht von Wirtenberg** bekannt, deſſen die Chronik des Kloſters St. Blaſi gedenket. Ich habe ſolche zu ſehen das Glück nicht gehabt, ſondern ich muß mich hierinn auf den ehmaligen Wirtenbergiſchen Leibarzt, D. Gabelkofern, und deſſen Fleiß und Ehrlichkeit berufen. Er liebte die Wahrheit, und war unter den Geſchichtſchreibern ſeiner Zeit, faſt der einige, welcher nichts für wahr angenommen, was er nicht in Urkunden und andern reinen Quellen als richtig gefunden hat. Er meldet aber, daß er auf ſeiner ſchier durch ganz Schwaben

---

(6) Geſch. des H. Wirt. unter den Grafen, Theil I. S. 597.

I. Neue Beobachtungen

ben vorgenommenen Reise diese Chronik selbsten eingesehen, und von Graf Albrechten um das Jahr 1080. dieses aufgezeichnet gelesen habe, daß er das gedachte Kloster und die demselben einverleibte Probstey Nellingen auf den sogenannten Fildern, zwischen Stutgardt und Denkendorf, mit vielen Stiftungen begabt habe. Und an einem andern Orte: (7) Petri gedenkt seiner auch (in Suevia Eccles. p. 159. tit. Berau) und seiner Gemahlin Luitgarden, einer gebornen Gräfin von Hallau oder Valay in Bayern, daß sie nach ihres Ehgemahls Absterben im Jahr 1125. sich in das Kloster Beraw begeben, und daselbst den geistlichen Habit angezogen, auch dem Kloster viele Güter geschenkt habe. Es mag der zweyte dieses Namens gewesen seyn, wie Gabelkofer ihn nennet. Ich weiß aber nicht, ob man ihn nicht vielmehr den ersten nennen solle, indem derjenige Albrecht, welcher insgemein der erste genennet wird, und Großhofmeister bey den Fränkischen Königen gewesen seyn soll, mit nichts kan erwiesen werden. Es wird seiner nur von Fabelhannsen, die keinen Grund anzugeben wissen, gedacht. Nach vorgedachtem Graf Albrechten kommt wiederum ein Albrecht, Berthold, Konrad und Bruno, Grafen zu Wirtenberg, welche alle zu Einer Zeit gelebet. Des Albrechten gedenkt das schon angezogene Chronicon des Klosters St. Blasii in Schwaben, daß er in einem Streit mit Herzog Heinrich in Bayern tödtlich verwundet, und da er an seiner Wunde gestorben, in gemeldtem Kloster begraben worden. Dieses soll im J. 1127. geschehen seyn. — Graf Bertholds ist schon Erwähnung geschehen. Keiner aber kan besser erwiesen werden, als Graf Konrad von Wirtenberg, weil er in alten Urkunden öfters als Zeug angeführt wird. Sein Bruder war Bruno, Abt zu Hirsau, dessen
Grab-

(7) l. c. S. 623. u. f.

zur Berichtigung der Gesch. u. s. f. 61

Grabmal ehedem in bemeldtem Kloster, ehe es zu Ende des vorigen Jahrhunderts von den Franzosen abgebrannt worden, gestanden. Simon in seiner Chronik der Speyerischen Bischöfe nennt ihn einen gebornen Grafen von Wirtenberg, und er lebte um die Zeit, da auch Graf Konrad gelebt hat. Anfänglich zwar war nichts als eine Aufschrift vorhanden, wie Trithemius (in der ersten Ausgabe seiner Chronik zu Basel. 1559.) erzälet, und dabey meldet, daß die Gewohnheit es damals so mit sich gebracht. Als aber im Jahr 1460. sein Grab eröfnet wurde, gieng ein so angenehmer Geruch aus demselben, daß die Umstehende sich darüber ergötzeten. Ja es soll der todte Körper Wunder gethan haben, wann angeführtem Trithemio hierinn zu glauben vernünftig wäre. Es mag seyn, daß wegen dieses ausserordentlichen Zufalls dem Bruno ein anderer Grabstein zur sonderbaren Ehre verfertiget worden, weil nach dieser Zeit sein Bildniß mit dem Wirtenbergischen Wappen in dem Kloster Hirsau gestanden, und der ehmalige Oberrath Pregizer solches abzeichnen lassen, wie es in der historischen Beschreibung des Herzogthums Wirtenberg in der zweyten Figur mitgetheilet wird. Heut zu Tag ist es nicht mehr vorhanden, weil indessen das obangeregte Schicksal über das Kloster ergangen, daß es durch den Brand meistens zerstört worden. Ob aber schon damals so viele Grafen von Wirtenberg im Leben gewesen, so hat es doch das Ansehen, daß alle ohne männliche Erben abgegangen, ausser Graf Konraden, welchen deswegen bisher alle Geschichtschreiber für den Stammvater des Hochfürstlichen Hauses Wirtenberg angegeben haben. Der berühmte Rechtslehrer Strauch, und nebst ihm noch viele andere, behaupten sogar, daß er der erste Graf von Wirtenberg gewesen, und von Kayser Heinrichen V. aus einem Herrn von Beutelspach dazu gemacht worden. Es haben aber zu seiner Zeit auch schonzemeldter massen die Grafen

Ber=

Berthold und Albrecht sich ebenfalls Grafen von Wirtenberg genennet, daß mithin Konraden diese Ehre nicht allein kan eingeräumet werden, als ob gedachter Kayser erst die Grafschaft Wirtenberg errichtet, und den Konrad zum ersten Grafen gemacht hätte. Grafschaften sind von ältern Zeiten schon in Alemannien gewesen, und es ist zu glauben, daß auch die Gegend des Neckars, wo die alte Grafschaft Wirtenberg gelegen, schon von ältern Zeiten ihre Grafen gehabt, ob man schon zugeben kan, daß die Grafschaften wenigst zu der Fränkischen Könige und Kayser Zeiten noch nicht erblich gewesen, wann schon etwan die Söhne eines Grafen den Vorzug gehabt, daß sie vor andern erwählt worden. Zu vermuthen ist auch, daß, da diese Gewohnheit unter Kayser Karln dem Kahlen eingeführt oder bestätiget gewesen, dieselbe je länger je mehr eingegriffen, und die Grafen sich eine Erbgerechtigkeit angemasset haben, welche ihnen aber noch nicht bestätiget worden. Eben damals, als die Kreuzzüge in das gelobte Land wider die Saracenen vorgenommen wurden, gieng die grosse Veränderung in den Urkunden vor, daß man angefangen, die Grafen von gewissen Schlössern zu benennen, da sie vorher nur schlechthin Comites betitelt worden, ohne die Gegend oder Grafschaft auszudrucken, in welcher sie gräfliche Würde genossen haben. Dieses bemerken alle in der Urkundenwissenschaft Erfahrne, wie solches schon berühret worden. Wie leicht ist demnach zu denken, daß diese Kreuzzüge zu solcher Veränderung Gelegenheit gegeben. Vielleicht hat man die Fürsten und Grafen dadurch muthig machen wollen, ihr Leben und Blut in dem gelobten Lande aufzuopfern, und die beschwerliche Reise dahin zu übernehmen, daß man ihnen versprochen, ihre Lande, Fürstenthümer und Grafschaften erblich zu lassen. Die Worte Herzogs Eberhards des Bartigten gegen Pabst Sixto, welche Herzog Ulrich von Wirtenberg ihm in dem angeführten

ten Schreiben an Pabst Leonem abgeberget hat, sind gewiß hier merkwürdig. Er hält dem Pabst vor, daß die Fürsten und seine Vorfahren mit solchen Kreuzzügen nichts anders gewonnen hätten, als daß ihre Lande erblich werden. Nihil aliud, sagt er, posteritati suæ pro ea virtute relinquentes, quam et hæreditarias terras in re civili et beneficiorum suorum patronatus in jure Canonico. Dieses mag vermuthlich Anlaß gegeben haben, daß Graf Konrad als der erste erbliche Graf von Wirtenberg von Strauchio angerühmet wird. Dem mag nun seyn, wie ihm will, so weißt man doch nicht für gewiß zu behaupten, wer seine Söhne gewesen seyen. Es geben ihm einige drey Gemahlinnen, deren die eine Gertrud, eine Tochter des leztern Herrn von Beutelspach, gewesen seyn soll. Die andere war Williburg, eine Gräfin von Achalm, und die dritte Werntrud von Eberstein. Mit den beyden leztern hat es seine Richtigkeit. Dann von der Gräfin von Achalm hatte er wenigstens einen Sohn Werner, welcher sich über die Stiftung des Klosters Zwifalten beschwerte, und seine Vettern Graf Konrad und Leupolden von Achalm nöthigte, sich mit ihm durch Ueberlassung einiger Güter abzufinden. Er wird zwar ein Graf von Gröningen genennet, weil ihm vermuthlich dieses Theil Landes im Erbe zugefallen, da es vermuthlich geschehen, daß man ihn von dem Ort seines Sitzes benennet, wie auch andern solches begegnet, und noch heut zu Tag z. E. die Herzoge von Wirtenberg Oelßnischer Linie insgemein nicht Herzoge von Wirtenberg, sondern von Oelß betitelt werden. Bey den ältern Grafen dieses Hauses war es nichts neues, einer gewissen Linie die Herrschaft Gröningen zu überlassen. Graf Hartmann von Gröningen, der im Jahr 1280. verstorben, und in der Kirche daselbst begraben worden, mag zum Beweis dienen. Er stammte nicht von dem Werner ab, sondern wurde von andern Grafen mit

dieser

dieser Herrschaft abgefertiget, war aber dennoch ein Graf von Wirtenberg, ob er schon auf dem Grabstein auch nur ein Graf von Gröningen benamset worden, und führete auch das Wirtenbergische Wappen. Graf Eberharden war es deswegen sehr empfindlich, als Hartmanns Söhne diese Herrschaft im Jahr 1295. an Kayser Adolfen verkauften. Von der Werntruden soll er keine Söhne gezeuget haben. Es hat aber doch mit dieser Gemahlin seine Richtigkeit, weil ihrer das Traditionsbuch des Klosters Hirsau gedenkt. Was aber die erstere betrift, so ist solches ein offenbarer Irrthum, daß sie eine Gräfin von Beutelspach soll gewesen, und ihre Herrschaft durch diese Heurath an die Grafen von Wirtenberg gekommen seyn. Dann diese Grafen haben selbst jedesmal eine Linie mit derselben Herrschaft abgefertiget, wie solches sowohl Nauclerus, als die Blaubeurische Chronik anmerken. Es hatte also Graf Konrad zwey Söhne, die man weißt, nämlich Werner und Heinrichen. Von jenem haben wir schon ein Zeugniß angeführet. Er soll von Kayser Heinrichen V. die Gegend zwischen Homburg und Cassel geschenkt bekommen haben, wo er nachgehends das Kloster Breitenau gestiftet hat. Von Graf Heinrichen, welcher von der Gräfin von Eberstein allem Vermuthen nach geboren worden, habe ich keinen Beweis finden können. Aber der bekannte Wirtenbergische Geschichtschreiber und Leibarzt, D. Gabelkofer, meldet mit einer grossen Dreistigkeit von ihm, daß er in Urkunden Grund habe, und er selbigen nebst Graf Hermann von Kirchberg, Gr. Otten von Buchorn und Gr. Hugen von Werdenberg in einer im Jahr 1131. errichteten Urkunde als Zeugen angetroffen habe. Es mag seyn, weil dieser ehrliche Mann fast ganz Schwaben ausgereiset, und die Archive der Grafen von Helfenstein und berühmtesten Klöster durchkrochen, daß er einen Brief irgendwo gefunden hat,

woraus

woraus er diesen Heinrich hat beweisen können. Werner soll auch zween Söhne, nämlich Konrad und Rudolfen gehabt haben, welche bemeldter Gabelkofer in dem Traditionsbuch des Klosters Hirsau erlernt hat. Sonsten aber sind sie unbekannt.

Was nun diese vier Geschichtschreiber von den angeführten Grafen und Gräfinnen melden, das fließt hauptsächlich aus 5 Quellen. Die erste ist die Chronik des Klosters St. Blasii auf dem Schwarzwalde, die zweyte ein Dotationsbuch des Klosters Zwifalten, die dritte das Fundations- oder Dotationsbuch des Klosters Hirsau, die vierte des Abts Johanns von Spanheim, genannt Trithemius, Chronik dieses Klosters, und die fünfte Christian Tübingers Chronik des Klosters Blaubeuren.

Die Chronik des Klosters St. Blasii wird zwar insgemein für verloren geachtet, und dafür gehalten, daß sie vorlängst mit andern schriftlichen Sachen in diesem Kloster verbrannt sey. Allein da man nur von zwo älteren Feuersbrunsten daselbst weißt, davon die eine in das Jahr 1325. und die andere in die Zeit des Baurenkrieges fiel, Gabelkofer aber, welcher seine Wirtenbergische Geschichte erst geraume Zeit später schrieb, nicht undeutlich zu erkennen gibt, daß er die gemeldte Chronik noch in Händen gehabt habe, so halte ich diese Sage für einen blossen Irrthum und Misverstand, der vermuthlich daher rühret, daß das Buch, welches Gabelkofer und andere unter dem Namen der Chronik St. Blasii anführen, eigentlich einen andern Titel hat, ob es gleich im Grunde wirklich eine Chronik dieses Klosters ist. Durch ein Schreiben des dortigen Fürsten und Abts, Herrn Martin Gerberts, an Herrn Rektor Volz vom 21. Apr. 1778. werde ich nämlich belehrt, daß ein Ungenannter im vierzehenten Jahrhundert aus den Urkunden und Papieren, die der erſten Feuersbrunſt zu St. Blaſii entriſſen wurden, gewiſſe Annalen verfertiget habe, die er Librum Conſtructionis monaſterii San - Blaſiani nannte. Und dieſes Buch wird, wie ich aus dem nämlichen Schreiben ſehe, noch auf den heutigen Tag in der Handſchrift daſelbſt aufbewahret. Hier ſtehet unter anderem folgendes: Hæc igitur vita quam fugitiva ſit quamque infidelis, in promtu habet conſiderari in probiſſimo adoleſcente Adalberchto, ex nobiliſſima ferocium Noricorum proſapia oriundo. Qui fuit filius Adalberchti Comitis de Wirtenberg et de Bogen, viri in omni ſeculari honore præſtantiſſimi, atque in rebus bellicis ſtrenuiſſimi, hoſtium patriam incurſantium colla contumacia conſtanti reprimens, efficacique ſe ſuasque victorioſiſſime defenſando partes. Cuius etiam præclariſſimi Comitis mater Luikarda nobiliſſima Comitiſſa hoc monaſterium in Sanctorum reliquiis ac ſacrarum veſtium aliisque innumeris accumulavit pretioſis donariis. Quæ demum abjecta omni ſuperbia generis et luxu mundi induit humilitatem et paupertatem Chriſti. Sicque tandem ſectata Chriſtum ſe ipſam abnegavit, ſtultaque ſapiencia ſeculi omnino poſthabita ſapienti ſtultitiæ Dei atque monaſtico habitui apud cellam noſtram Berov tota cordis contritione ſe ſubmiſit, ſicut lector plenius in ſuo loco reperiet. Cujus etiam frater Cuonradus nomihe de Wirtenberg et ipſe locum iſtum prædiis ſuis ditavit, protexit auxiliando, auxit protegendo. Cui filius ſororis ſuæ ſucceſſit, et de eodem caſtello ejusdem nominis, qui non minus quam avunculus ſuus prædiis ſuis nobis ſubvenit. Prætergreſſis multis aliis locis hoc in loco diem judicii expectat. A talibus igitur progenitoribus nobiliſſimus adoleſcens Adelberchtus exortus, ſicut de beato Gregorio legitur, ſui generis factis et dictis extulit. Inerat

quippe

quippe ei ab ipsa pueritia mirabilis et honesta morum elegantia, adeo ut cum splendidissimo corporis decore, quem illi munificentia Omnipotentis contulit, in actis vel dictis cunctorum animis complaceret, et perpurae mentis innocentia miro affectu a cunctis diligeretur. Erat namque, sicut ex quorumdam relatione cognovimus, corpore castus, ita ut nunquam unquam uxorem cognoverit. Verecundissimus facie, actu innocens, eloquio purus, verbis verax, moribus modestus, sinceritatem mentis vultus sui serenitate monstrabat, et pietatem clementissimi cordis ostendebat in lenitate sermonis. Rapinam tanta execratione refutabat, ut quamvis ab ipsa indole saepe in expeditione Regis militaret, nunquam permitteret servos suos aliquid rapere, vel raptum comedere. Semper studuit, quantum potuit, se custodire ab his viciis, quibus illud hominum genus implicari solet. Nam mirum in modum a primis fere annis divinam potius servitutem egregia illustris pueri spiravit infantia, coepitque concupiscere monachicam perfectionem, quam etiam sine dilatione arripuisset, si parentum vis non obstitisset. Sed haec dilacio parum eos laetificavit, (NB. Hic in margine recentiori manu adponitur A. MCXXVII.) Nam priusquam annus, quo arma sumpserat, volveretur, cum iterum in expeditione Cuonradi Regis cum Lupoldo Duce Bavariae maneret, pro dolor sagitta percussus graviter vulneratus est. Mox cucurrit tota lugubris multitudo, de ejus sospitate desperans, ingens moeror omnium animos perculit, maxime autem Principum Regis, sc. Ducum atque Comitum omnium rigabant ora lacrymae. Ipse vero spreta mundi pompa, tota mentis intentione et fervore religionis habitum monasticamque perfectionem expetiit, quam et

antea

antea femper concupierat, quamque aggreffus fine dilatione effet, ficut et antea diximus, fi parentum voluntas non obftitiffet. Aderat etiam ibidem frater Berchtoldus, et avunculus ejus Engelbertus Comes de Hallo, ac Dux Luppoldus Bawariæ, qui omnes unanimiter id contradixerunt, voluntatique illius aliquamdiu contrarii fuerunt. Modo ad vos mihi fermo eft, o amici, dicite mihi, rogo vos etc. Das übrige kommt alles von Wort zu Wort mit demjenigen überein, was der ungenannte Wirtenbergische Chronikschreiber in der oben angeführten Stelle auch meldet.

Das Dotationsbuch des Klosters Zwifalten, worauf sich einige der obgemeldten Nachrichten berufen, ist vermuthlich dasjenige, das Berchtold, der dritte Abt daselbst, um das Jahr 1133. verfertiget hat, und woraus sowohl Crusius in seiner Schwäbischen Chronik, als auch Sulger in seiner Chronik des Klosters Zwifalten Auszüge liefern. Bey dem ersteren nun liest man diese Worte: (8) Liutoldus Comes Achalmenfis dedit monafterio Zwifalt. prædium quoddam, a fratre fuo Eginone fibi in Alfatia inter cætera relictum, Ebirisheim vocitatum, in confinio Rapoldiftein fitum. Quod a raptoribus diu cœnobio ablatum, fed auxilio Werinheri, filii fororis ejus Willibirgæ, Comitis Gruoningenfis, per Imp. Henricum (opinor V.) fuit reftitutum, verum paucis poft diebus eidem Henrico LX. libris argenti venditum. Und an einem andern Orte: (9) Conuentu habito in oppido Biemphelingin, prædicti duo fratres (Liutoldus et Cuno, Comites de Achalm,) fic cœnobio cauerunt, quod Grœningenfis Comes Wernherus, filius

(8) Annal. Suev. P. II, l. 8. c. 8.
(9) l. c. c. 12.

lius fororis eorum Willibirgæ, (quæ præter cæteros confanguineos videbatur jus habere fuccedendi in bona, quæ ejus germani monafterio tradiderant,) fponte fua fe abdicavit hoc cœnobio, et bonis ei traditis omnibus, facris reliquiis coram allatis, jurejurando per manum Ottonis fui clientis, gregarii fc. militis, confirmans. Ideo huic nepoti fuo Wernhero tradiderunt dimidiam ecclefiæ partem apud Tettingen, et eandem villam dimidiam, in qua parentes eorum fedem fuam ftatuerant, et frequentius, cum in his effent regionibus, habitaverant, ubi etiam pater eorum Rudolfus cum duobus parvulis fuis, Hunfrido atque Berengario, fepultus quiefcebat. Quorum corpora, monafterio jam extructo inde translata, in capitolio monachorum digna cum veneratione funt tumulata. Etiam tradiderunt ei dimidiam partem villæ, quæ Metzingin dicitur, cum dimidia parte ecclefiæ, nec non dimidiam partem ecclefiæ apud Eningin, cum una falica terra in eadem villa, infuper pene cunctos apparitores et milites fuos, cum caftello fuo Achalmin dicto, quod adhuc cernitur in duas munitiones divifum, quarum majorem Rudolfus pater eorum, minorem Liutoldus Comes a fundamentis conftruxit. Hæc omnia funt a prædictis heroibus facta, ut illum Wernherum cæterosque hæredes ab hujus loci repellerent appellatione. Actum in prænominata villa Biemphilingin. Teftes Burcardus de Witilingin, Cuonrandus de Wirtineberg etc. Igitur Comes Wernherus omnia, quæ pollicitus eft, inviolabiliter, quoad vixit, fervavit. Wie auch noch einmal: (10) Liutoldus, miles Conradi Achalm. Comitis, ob infolentiam fuam a

Werin-

(10) P. II. l. 9. c. 20.

Werinhero Comite exoculatus, sicque monasterium intrare coactus. ad Nuwinhusen et Colberc dedit 2. mansus. — Cononi Liutoldoque Comitibus successit nepos suus Werinherus Comes, per cujus manum milites illorum dederunt ea, quæ commemorata sunt. — Mahtilt (Mechtildis) de Spizzinberc, Werinheri soror, Comitis de Frikkin, (ante fores ecclesiæ habens sepulturam) dedit 6. m. ad Burckhusen, villam scil. universam. — Werinherus de Achalmen dedit ½ m. in eadem villa (Eningen). Der andere aber meldet folgendes: (11) Rudolphus, qui fundatoribus nostris ex Adelhaida Comitissa pater fuit, extructa arce Achalmia etiam in pago Dettingen habitavit, ubi cum duobus filiis, Hunfrido et Beringero, post fata aliquamdiu quievit. Reliqui ejus liberi fuere Egino Comes, qui multarum in Alsatia possessionum Dominus, schismatis impetu in transversum actus est: Rudolphus præterea Comes, et Wernherus Episcopus Argentinæ, qui ob schisma ab irato Numine funesta et repentina morte fuit sublatus. Ex horum sororibus (filiabus Rudolphi) Wiliburga Wernero Comiti Græningensi e Domo Wirtembergica fuit denupta, etc. - Folbertus et Luitholdus a Wernero Comite ob improbos mores exoculati, uterque demum monachus effectus etc. — Hæc omnium militum legata per manus Werneri, fundatorum nepotis, in cujus jus milites fundatorum concesserant, Zwifaltensi monasterio fuerant tradenda, sed is ea monasterii Advocato, nescio quo jure titulove, consignavit. — Wernerus de Achalm dedit mansum dimidium Eningæ. — Mechtildis Comitissa de Spizberg (quæ arx fuit olim sedes Comitum de

---

(11) Annal. Zwifalt. P. I. p. 11. 52. 54. 67. 80. und 139.

de Helfenſtein,) ſoror Comitis Werneri de Frickin, ante fores eccleſiæ noſtræ ſepulta, dedit manſus 6. ad Burckhauſen. — Caſtrum Achalmium a Luitholdo fundatore noſtro dono acceperat Guelpho VII. ut quidem Weingarténſium Chronica volunt, quanquam verius Bertholdus noſter Wernero Comiti Græningio id ab avunculo relictum ſcribat.

Was das Hirſaulſche Dotationsbuch betrift, ſo hat Cruſius (12) gleichfalls einen Theil davon in ſeine Schwäbiſche Chronik eingerückt, wo es unter anderem heißt: Luitgardis, ſoror Brunonis Abbatis et Conradi de Wirtemberg (monaſterio Hirſaugienſi) dedit duas armillas aureas, appendentes 15. uncias, ad calicem faciendum. — Bruno, Abbas Hirſaugiæ, aſcenſu et manu fratris ſui Conradi de Beutelſpach prædium in Pfrundorff cum omni jure S. Petro tradidit, ad Walheim quoque 12. jugera vinearum, cum beneficiis ſex hominum ad easdem vineas pertinentibus, ad Saldingen 5. h. ad Brackhuſen 2. h. cum vineto, ad Suuiendorff 1. h. Sed filius ſororis ejus Conradus adhuc vivente matre contendebat, partem horum prædiorum jure matris ſuæ ad ſe pertinere, licet traditio eorum (hier fehlt etwas, das aus Gabelkofern zu ergänzen iſt) — Abbas idem dedit ei per manus Aduocati Hirſaugienſis, Gotefridi de Calvva, in Erlebach 1. h. et dimidiam, in Drunkeim quoque curtem unam, et 2. jugera vineti, et 6. jugera arabilis terræ, cum nemore quodam. Ita Domnus Conradus pacatus fuit, et fideliſſimum ſe amicum fore monachis promiſit. — Conradus de Butelſpach, frater Brunonis Abbatis, cum uxore ſua Werndrut dedit in Durnkeim 6. h. cum molendino, et in proxima villa ejusdem nominis vinetum, ad Sarsheim

---

(12) Annal. Suev. P. II. l. 10. c. 15.

heim 1. falicam terram, et quicquid ibi habuit, præter 3. h. item in Schafhufen 1. molendinum. Mortuo vero Domno Conrado, ipfa Werdrut pacto inito cum Abbate Volmaro, quotannis quoddam tributum per fuam vitam in manus Gotefridi Palatini Comitis, Advocati Hirfaugienfis, folvit. Poſt obitum vero ejus omne proprietatis jus ad Cœnobium recidit. — Wernherus Comes de Gruningen curtem 1. ad Effingen, cum mancipiis et manfis ad eam curtem pertinentibus, et quicquid habuit ad Scherwiler in Alfatia, ad Vilovva quoque 3. h. S. Petro tradidit. — Harmannus de Oeflingen dedit fuam partem ecclefiæ in Zutrin, et quicquid in illa marca habuit. Hujus rei teftes: Burckhartus de Jngerßheim, Wernherus Comes de Gruningen etc. — Domna Richinfa de Simmeringen dedit in Waldheim tertiam partem quartæ partis villæ. De ipfa quoque Hirfaugienfes emerunt prædium in Ruderchingen 78. marcis. Conrado infuper, cognato ejus de Wirtemberg, ob fedandam ejus de illo querimoniam datæ funt 30. marcæ. — Dederunt etiam multa fequentes: Sveneger de Wirtemberg, confentiente Domino fuo Conrado, ad Hofen etc. — Cuno de Zurningen et uxor ejus Uta dederunt XI. h. in Bercka, pro quibus per concambium Conradus de Butelfpach dedit in Schafhufen 1. h. in Toeffingen 3. h. et quartam partem ecclefiæ, atque ad Haimertingen 1½ h.

In Anſehung der Hirſauiſchen Chronik iſt zu merken, daß man davon zwo Ausgaben hat, die in manchen Stücken von einander abweichen. Die ältere Ausgabe, welche Freher beſorgt hat, meldet folgendes, ſo hieher gehört: (13) Anno Domini 1105. ordinatus

---

(13) Trithem. Chron. Hirſaug. Edit. Baſil. p. 134, 141. 142. 143. und 146.

natus est Bruno, praefuit annis 14. mensibus 3. diebus 22. Hic Bruno fuit natione Suevus, et potentissimis ortus natalibus, qui post prima rudimenta literarum cum aetatem attigisset virilem, canonicus et matricularius ecclesiae Spirensis factus est. Unde ad monasterium Hirsaugiense se contulit, et — habitum cum proposito monastico assumsit, in quo pluribus annis religiosissime conversatus, tandem hoc anno Abbas ordinatus fuit. — Electus vero propter metum Gebhardi Episcopi Spirensis, qui abbatiam istam sibi retinere moliebatur, fuit, ut si quippiam injuriarum aut violentiae contra monasterium et monachos ejus inchoare tentasset, per auctoritatem fratris germani ipsius Abbatis Brunonis, qui erat inter omnes Sueuos potentissimus, comprimeretur. — Anno Brunonis 11. (1117.) monasterium in Breidenaw ordinis nostri, Moguntiensis diœcesis, in Hassia fundari coepit a Wernero Comite, viro praestantissimo, quod posteaquam perfecit, anno dehinc tertio magnifice dotavit, Abbatemque et fratres ex Hirsaugiensi monasterio impetravit. — Luitgardis, soror Brunonis, in auro et argento non parum pro remedio animae suae huic coenobio contradidit. — Ipse quoque Bruno Abbas tempore sui regiminis multa bona, praedia, census et reditus per manus fratrum suorum, quibus rerum summa post ipsum erat commissa, pro hujus utilitate coenobii comparavit. — Anno 1121. Bruno Abbas — senio gravatus infirmari coepit, ac tandem — ex hac miseria feliciter migravit, — sepultus in ecclesia S. Petri et Pauli ante altare S. Laurentii martyris etc. — Eod. anno Wernerus Comes, primus fundator et dotator monasterii in Breitenaw obiit, vir per omnia Deo devotus. In der andern neuern Ausgabe aber, welche durch den P. Ma-

Mabillon veranstaltet wurde, liefet man nachstehende Worte: (14) Gebhardus factus promotione regali Episcopus, animos fratrum per Gotfridum Comitem de Calba monasterii Advocatum et alios complures solicitare non cessabat, sed et per semet ipsum rogabat, contestans et obsecrans, quatenus beneficiorum memores eum de Abbatia non propellerent, nec propterea, quod Episcopus videretur, alium praeter ipsum Abbatem ordinarent. — Sed erant inter monachos Hirsaugianae congregationis viri plures ingenio et experientia prudentissimi, quorum sagacitas dolos et machinamenta sapientiae consilio praevenit. Mox enim ut Gebhardi perpenderunt insidias, talem acceleraverunt sibi Abbatem praeficere, qui consanguineorum suorum auxilio ejus studio posset obviare. — Anno Dominicae nativitatis 1105. pridie Calendas Decembris, hoc est, ultima die mensis Novembris — electus in Abbatem hujus monasterii Bruno venerabilis pater. — Fuit autem Bruno iste patria Suevus, genere nobilis, claris et honestissimis parentibus ortus. Qui post prima rudimenta literarum cura et providentia majoris ecclesiae Spirensis Canonicus factus, Matricularii tandem et nomen accipere meruit et officium. Ubi cum per abrupta vitiorum ire in perditionem plures cerneret, quibus honores cum divitiis causam praebuere delinquendi, de suo statu paulum horrere coepit, — venit ad Hirsaugiam, — et praeventus divino spiritu, ut monachorum adscribatur consortio, provolutus ad pedes S. Abbatis Wilhelmi humillima supplicatione precatur. Susceptus autem sanctis monachis conjungitur, et disciplinis monasticis diligentissime imbuitur, et deinceps

(14) Edit. S. Gall. T. I. p. 334. 336. 367. 369. und 373.

inceps religiofiffime converfatur. — Anno Brunonis Abbatis XIV. (1119.) Wernherus Comes quidam dives et Chrifto devotus monasterium noftri ordinis Breydenau, quod ante VI. annos in eo Haffiæ loco, ubi confluunt duo fluvii, quorum alter Fulda, alter Werra dicitur, pro Chrifti amore conftruere cœpit, Domino cooperante feliciter confummavit. — Anno 1120. Bruno hujus monafterii Abbas XIV. jam fenio gravatus, poft multos in fancta religione labores infirmari cœpit, — XXII. die menfis Martii ex hac mortalitate miferabili ad vitam tranfivit æternam, fepultus in ecclefia monafterii principalis ante altare S. Laurentii martyris non fine opinione fanctitatis, etc. — A. 1121. mortuus eft Wernherus Comes de Griningen, fundator monafterii divæ Parthenices in Haffia, quod Breidenawe nuncupatur, et in dicto Cœnobio fepelitur. Hic natione Suevus cum Imp. Henrico V. cujusdam negotii caufa profectus in Haffiam, cum vidiffet amœnitatem loci campeftris, ubi duo fluvioli Werna et Fulda confluuŋt, in Breidenawe Spiritu S. infpirante monafterium noftri ordinis, confentiente et fundum tradente Imperatore, cœpit conftruere, et monachos de congregatione Hirfaugienfi tunc vere fanctiffima evocare. Ad quod cœnobium a venerabili patre Brunone miffus eft Drutwinus monachus et cantor primus Abbas cum fratribus 12. Comes autem Wernherus morte præventus ftructuras incœpti monafterii perficere non potuit, quas impenfis ab eo præordinatis Drutwinus Abbas et S. Henricus ejus fucceffor magnifice perfecerunt.

Was endlich Christian Tübingers Chronik des Klosters Blaubeuren enthält, das hier brauchbar ist, bestehe beſteht in folgendem: (15) Anno quinto poſt millesimum centesimum salutis annum, cum Gebhardus Hirsaugiensis Abbas factus esset Nemetensis Episcopus, electus eſt in Abbatem Hirſaugienſem Bruno Comes de Württemberg, ex Canonico, Cuſtode atque Armario Spirenſi monachus factus, ſancte vixit, atque pro ſancto habetur. Caſtrum Stutgarten adhuc ſubſiſtens cum operoſiſſimo cellari, quale vix aut nullum in Germania reperitur, ædificaſſe Canonicus dicitur. — Conradus laicus (monaſterio Blaburenſi) X. donavit talenta. Werendrudis cum viro ſuo dedit Betechenriede, quod nunc Bezgenriede dici puto, credenda eſt pars in Bezgeriede data, cum et infra Conradum Comitem Wirtembergenſem Bezgeriede dediſſe legatur. — Conradus laicus legavit Bethechenrieden. — Anno Domini MCX. indictione III. 4. Idus Maji Conradus Comes de Wirdeneberg, nunc Wirtemberga, cum conjuge ſua Hadelwige dedit noſtro Cenobio Pathicenriede, nunc Bezgenriede, ſub teſtibus Burcardo de Wittlingen et Conrado de Lanngenſtein, Anshelmo de Layhas, Engelboldo Armigero de Cuningen. Invenio etiam alibi eundem dediſſe Uslingen et Goppingen ad Abbatis cameram. Fuit alius fere eodem tempore Conradus Comes de Beutelſpach, aliàs Wirtenberg, qui circum annum Domini MC. invenitur extitiſſe frater Brunonis Abbatis Hirſaugienſis atque Luitgardis Comitiſſæ, habuiſſeque in uxorem Werndrudem Comitiſſam. Prior Conradus dedit, quia additur, cum jugali Hadelwiga, niſi bigamus fuerit. NB. Non fuit bigamus, ſed tres ſucceſſive uxores

---

(15) Tubingii Hiſt. fundat. monaſt. Blabur. in Herrn Sattlers Geſch. des H. W. unter den Grafen IV. Fortſ. Beyl. 73. S. 359. 368. und 371.

res habuit, 1) Werntrudem Comitissam Ebersteiniam, 2) Hedwigen, Comitissam de Beutelspach, 3) Bertradam Comitissam, quam cum Werntrude unam eandemque puto, et substituo Willibirgam.

Um jetzt weiter auf den Grund der Sache zu kommen, so wird in der Chronik des Klosters St. Blasii gemeldet, daß Albrecht der jüngere, von welchem daselbst vornehmlich die Rede ist, ex nobilissima ferocium Noricorum prosapia oriundus gewesen sey. Die Norici aber bewohnten ehmals einen Theil des jetzigen Bayrischen Kreyses, daher auch die neuere Einwohner von Bayern, besonders von den Geschichtschreibern des mittlern Zeitalters, öfters Norici genannt werden. Hieraus erhellet also schon soviel, daß er von einer Bayrischen Familie hergestammt habe. Diß wird noch mehr dadurch bestätiget, daß Albrecht der ältere, sein Vater, ein Graf von Wirtenberg und Bogen genannt wird. Dann Bogen ist ein abgegangenes Schloß in Bayern, wovon ehmals ein berühmtes gräfliches Geschlecht den Namen führte, dessen in den Originibus Boicæ Domus und in den Monumentis Boicis, wie auch sonst in der Bayrischen Geschichte häufig Meldung geschiehet. Daß aber dieses gräfliche Geschlecht mit den Grafen von Wirtenberg jemals in einiger Verbindung gestanden wäre, davon ist nirgends keine Spur anzutreffen. Hingegen weißt man, daß die Grafen von Bogen und die Grafen von Windberg oder Windeberg in Bayern nicht nur sehr nahe mit einander verwandt gewesen, sondern auch zu Anfang des zwölften Jahrhunderts ganz in Eine Familie zusammengeschmolzen sind. Was ist also wahrscheinlicher, als daß der Verfasser der gemeldten Chronik oder ein anderer vor ihm die Namen Wirtenberg und Windeberg um der Aehnlichkeit willen mit einander verwechselt habe?

I. Neue Beobachtungen

Zu einem vollständigeren und gründlicheren Beweise hievon muß ich zuerst anmerken, daß in den Familien der Grafen von Windsberg und Bogen nicht nur eben diejenige Namen, welche die St. Blasische Chronik den gemeldten Grafen und Gräfinnen beylegt, um die nämliche Zeit vorkommen, sondern daß sich auch durch sorgfältige Vergleichung der vorhandenen Urkunden gerade die nämliche Geschlechtsreihe der Grafen von Windsberg und Bogen herausbringen läßt, die in der genannten Chronik angegeben wird. Was bisher die größte Schwierigkeit hiebey verursacht hat, das ist, daß alle diejenige, welche der Chronik St. Blasii gefolgt sind, die daraus angeführte Stelle so angesehen haben, als ob Albrecht der jüngere nicht nur ein Sohn Albrechts des ältern, ein Bruder Bertholds und ein Neffe des Grafen Engelbrechts von Hall, sondern auch ein Sohn der Gräfin Luitgard, und ein Bruder Konrads, die Schwester dieses Konrads aber und ihr Sohn, welche beede nicht genannt werden, zwo von den vorhergehenden verschiedene Personen gewesen wären, nach folgender Geschlechtstafel:

Albrecht der ältere,
Graf von Wittenberg und Bogen.
Gem. Luitgard, eine Schwester des Grafen
Engelbrechts von Hall.

Albrecht der jüngere.	Konrad.	Berthold.	N. eine Schwester.
			N. ein Sohn.

Allein wann ich die Sache genauer betrachte, so bin ich gänzlich der Meinung, daß der Verfasser der genannten Chro-

Chronik die Gräfin Luitgard nicht als die Mutter des jüngern und als die Gemahlin des ältern Albrechts, sondern als die Mutter des ältern Albrechts, ohne ihres Gemahls zu gedenken, den Grafen Konrad aber nicht als einen Bruder Albrechts des jüngern, sondern als einen Bruder der Luitgard beschreibe, dessen Schwester mithin eben die Luitgard, und ihr Sohn Graf Albrecht der ältere wäre, wie nachstehende Geschlechtstafel ausweiset:

Luitgard.   Konrad, ein Bruder
Gem. N.   der Luitgard.

Albrecht der ältere, vermählt
mit einer Schwester des Grafen
Engelbrechts.

Albrecht der jüngere.   Berthold.

Und das aus einem gedoppelten Grunde: 1) weil es in der Chronik St. Blasii, nachdem der Verfasser von Albrecht dem ältern, der Gräfin Luitgard, dem Grafen Konrad und seiner Schwester Sohn geredet hatte, ausdrücklich heißt, von solchen Progenitoribus sey Albrecht der jüngere entsprossen. Wann nun Konrad sein Bruder, und der ungenannte Schwestersohn ein Sohn seiner (Albrechts des jüngern) Schwester wäre, so könnten diese nicht seine Progenitores heissen. 2) Ist es eine Regel der Grammatik, daß sich das Pronomen relativum immer auf ein zunächst vorhergehendes, und nicht auf ein entfernteres Substantivum beziehen soll. Nun ist aber zunächst vor der Gräfin Luitgard von dem Grafen Albrecht dem ältern, vor dem Grafen Konrad aber von der Gräfin Luitgard die Rede, und nicht von Albrecht dem jüngern. Man müßte also dem ganzen Zusammenhang

Gewalt

Gewalt anthun, wann man die erstere Geschlechtsreihe annehmen wollte.

Eine andere Schwierigkeit bestund bisher darinnen, daß man die Stammtafeln der Grafen von Windeberg und Bogen, welche in den Originibus Boicæ Domus und in den Monumentis Boicis vorkommen, durchgehends für untrüglich angenommen hat, da doch, wann man die Urkunden selbst genauer durchgeht, eine ganz andere Geschlechtsfolge herauskommt. Gegen dem Ende des eilften Jahrhunders lebte nämlich ein Graf Ulrich von Windberg, der auch Graf von Ratilingberge genannt wird, und mit einer gewissen Mathild verheurathet war, die ihm einen Sohn, Namens Konrad, gebar. (16). Zu gleicher Zeit lebte eine Luitgard von Windberg, mit zween Söhnen, davon der eine Berthold, und der andere Albrecht hieß, welche mit ihr in verschiedenen Urkunden vom J. 1104. und folg. vorkommen. (17) Ob nun gleich nirgends aus-

(16) Mon. Boic. Vol. IV. p. 13. seq. Da in einer Urkunde, die ums Jahr 1096. gegeben seyn soll, angeführt wird, daß bone memorie Dominus Oudalricus de Windeperge, frater Domini Hermanni, dem Kloster Formbach einige Güter geschenkt habe; weil er aber vor der förmlichen Uebergabe gestorben sey, so haben Conjunx illius, Domina Mathilt, et filius ejus Conradus, consiliante supradicto Hermanno, fratre ipsius Oudalrici, nach seinem Tode die Schenkung in das Werk gestellt. Und p. 21. da eine Urkunde vom J. 1122. meldet, daß felicis memorie Comes Chonradus de Ratilingberge dem Kloster Formbach per manum patrui sui, Comitis Hermanni de Windeberge, einen Hof mit Namen Chabelheim geschenkt habe, u. s. f.

(17) Mon. Boic. Vol. XII. p. 15. Leukart de Windberg, et duo filii ejus, Bertoldus, Adalbertus Comites. P. 19. Domna Liutgard et filius ejus Adalbertus Comes. P. 24. Pertholdus, filius Liutgarde. Und p. 25. Domina Luitgard Cometissa mater Adelberti Comitis.

ausdrücklich gesagt wird, daß sie eine Schwester des gemeldten Konrads gewesen sey, so kommt es doch nicht nur mit der Zeitrechnung vollkommen überein, sondern es ist auch nichts anzuführen, das dieser Muthmassung widerspräche. Ihr Gemahl aber, dessen Name gleichfalls unbekannt ist, war allem Ansehen nach ein Graf von Bogen, indem nicht nur die beebe Grafen Berthold und Albrecht, die in den angeführten Stellen ihre Söhne heissen, anderswo ausdrücklich Grafen von Bogen genannt werden, sondern auch in einer der Urkunden, woraus die angeführte Stellen genommen sind, gesagt wird, daß sie mit ihrem Sohne Albrecht dem Kloster Oberaltach die Kirche zu Bogen geschenkt habe, an welche sie vermuthlich eben durch ihre Verheurathung mit einem Grafen von Bogen gewisse Rechte erlangt hatte. Ihr älterer Sohn Berthold, der jedoch eigentlich nicht hieher gehört, scheint übrigens noch im J. 1104. oder bald darauf gestorben zu seyn. (18) Der jüngere hingegen, Namens Albrecht, lebte bis über die Mitte des zwölften Jahrhunderts hinaus, und nannte sich bald einen Grafen von Bogen, bald einen Grafen von Windeberg, wie verschiedene Urkunden ausweisen, darinn er bald allein, bald mit einer Gemahlin, Namens Hedwig, bald mit einem oder mehreren Söhnen zugleich vorkommt. (19) Aus was für einem Hause Hedwig gewe-

(18) Ibid. l. c. p. 22. da Domina Richgard, uxor Pertholdi, vermög einer Urkunde, die zwischen 1100. und 1105. gegeben seyn soll, eine dem Kloster Oberaltach gethane Schenkung pro remedio anime viri sui Pertholdi bestätiget.

(19) Mon. Boic. Vol. XII. p. 31. in einer Urkunde vom J. 1115. Adalbertus Comes uxorque ejus Hadwica de Windeberge. Ib. Vol. XIII. p. 354. in einer Urkunde vom J. 1123. Adalprecht Comes de Pogenc. Hundii Metrop. Salisb. T. II. p. 54. in einer Urkunde vom

gewesen sey, wird in keiner einzigen Urkunde ausgedruckt. In den Originibus Boicæ Domus (20) wird sie zu einer Schwester des Grafen Hermanns II. von Windberg gemacht, dessen Vater Hermann I. ein Bruder des obengemeldten Grafen Ulrichs von Windberg und Ratilingberge war, und behauptet, daß durch sie die Grafschaft Windberg an das Haus Bogen gekommen sey. Allein man findet nirgends die geringste sichere Anzeige, daß Hermann II. von Windberg eine Schwester gehabt hätte. Vermög einer Stammtafel, die den Monumentis Boicis (21) einverleibt ist, war sie eine geborne von Cilley (de Cileja); den Beweis aber habe ich gleichfalls nirgends antreffen können. Wigul. Hund gibt sie für eine Gräfin von Putten, Lambach, Neuburg, Schärbling ꝛc. aus. Und hieraus erhellet wenigstens soviel, daß sie aus eben der Familie gewesen sey, aus welcher die Grafen von Hall unweit Salzburg auch waren. (22). Ja wann bereits hinläng-

vom J. 1125. Adalbertus Comes de Windeberch cum uxore et filiis admodum parvis. Mon. Boic. Vol. XIII. p. 158. in einer Urkunde vom J. 1138. Adelbertus de Windeberge. Ib. l. c. p. 171. in einer Urkunde vom J. 1140. Adalbertus Comes de Windeberge. Ib. l. c. p. 99 seq. in einer andern Urkunde von diesem Jahr, die zu Bogen datirt ist. Comes Adalbertus und Perthold filius ipsius Comitis. Orig. Boic. Dom. T. II. p. 254. in einer Urkunde vom Jahr 1142. Comes Adelbertus cum uxore sua nomine Hadewic et duobus filiis suis, Hartwico et Bertholdo. Mon. Boic. Vol. IV. p. 410. in einer andern Urkunde von eben dem Jahr Comes Adalbertus de Pogen. Und endlich ib. Vol. XIII. p. 181. seq. in einer Urkunde vom J. 1156. Adelbertus Comes de Bogen und filius ejus Perhtoldus Comes.

(20) T. II. p. 261.

(21) Vol. XII. ad p. 22.

(22) Orig. Boic. Domus T. II. p. 253. vergl. mit einigen andern Stellen.

längliche Nachrichten von dergleichen Bayrischen Familien bekannt wären, so würde es sich vielleicht zeigen, daß sie eine Schwester desjenigen Grafen **Engelbrechts** von Hall gewesen sey, der von 1130. bis 1156. in Urkunden öfters vorkommt. (23) Doch das lasse ich bis zu weiterem Beweis auf sich beruhen. Gewiß ist, daß Graf **Albrecht** von **Windeberg** mit dieser Gemahlin drey Söhne erzeuget habe, **Albrecht, Berthold** und **Hartwig.** Die beede leztere sind aus den schon angeführten Urkunden hinlänglich erwiesen. Des ersteren wird zwar meines Wissens in keiner Urkunde gedacht, weil er jung starb. Allein die Bayrische Geschichtschreiber setzen ihn den beeden andern ausdrücklich an die Seite, und fügen noch hinzu, daß **Berthold** das Geschlecht weiter fortgepflanzt habe. (24)

Die übrige Umstände, welche in der Chronik des Klosters St. Blasii angeführt werden, sind freylich so beschaffen, daß nicht alles vollkommen aufgeklärt werden kann.

(23) 3. E. Mon. Boic. Vol. I. p. 15. Engilbert Hallenſis Comes. Ib. l. c. p. 266. coll. Vol. II. p. 282. in not. Engelbertus Hallenſium Comes. Ib. Vol. I. p. 219. Comes Engilbertus, qui dicitur Hallgrave. Ib. Vol. II. p. 280. Engilpreth Halgrave de Atile. Ib. Vol. V. p. 331. Eingilbertus Comes de Hals. Oefel. Script. rer. Boicar. T. I. p. 194. **Engelprecht Graff von Hall.**

(24) Orig. Boic. Domus T. II. p. 253. wo eine Stelle aus Oefel. Script. rer. Boic. angeführt wird, da es von dem Grafen **Albrecht** dem ältern heißt: Hic genuit Adalbertum, Berchtoldum et Hartwicum Comites. Bertholdus pacificus et dives Advocatus Oberaltacensis monasterii) fuit, genuitque Adalbertum Comitem ex Luikarda. Dieser leztere oder dritte **Albrecht** ist es, dessen in Urkunden von 1181. 1186. und 1189. gedacht wird. Mon. Boic. Vol. XIII. p. 124. 188. 191. und 192.

kann. Doch will ich folgendes dabey erinnern. Das Jahr 1127. das von einer neueren Hand in der Chronik St. Blasii an dem Rande beygesezt worden ist, wo der Verfasser, der sonst in der ganzen Erzälung kein Jahr anführt, von den lezten Lebensumständen Albrechts des jüngeren redet, ist offenbar unrichtig. Dann im Text selbst wird gesagt, daß Albrecht verwundet worden sey, als er einem Kriegszug mit dem König Konrad und dem Herzog Lupold von Bayern beywohnte. Dieser Lupold oder Leopold war aus dem Hause Oesterreich, und wurde erst im J. 1138. oder 1139. nachdem König Konrad (der dritte dieses Namens in der Zahl der Teutschen Könige und Kayser) den Herzog Heinrich den Stolzen in die Acht erklärt hatte, zum Herzog in Bayern ernannt. Der Kriegszug, den sie hiernächst miteinander vornahmen, war wider den abgesezten Herzog Heinrich, und nach dessen Tode wider seinen Bruder Welf gerichtet, und dauerte, wiewohl nicht ununterbrochen, bis in das J. 1141. in welchem Herzog Lupold starb. Mithin fällt die Verwundung Albrechts des jüngern mit der darauf folgenden Geschichte seiner klösterlichen Einkleidung und seines Todes zwischen 1139. und 1141. Nun findet man um diese Zeit schon mehrere Grafen von Wirtenberg, aber nirgends keine Spur von einem Albrecht. Es läßt sich auch schlechterdings nicht begreifen, wie ein Graf von Wirtenberg in die damalige Bayrische Händel hätte verwickelt werden sollen. Hingegen sagen die Bayrische Geschichtschreiber ausdrücklich, daß ein Graf Albrecht von Bogen, dessen Vater gleichen Namens damals noch lebte, im Jahr 1140. bey der Belagerung des Schlosses Phaley oder Falay in Bayern das Leben eingebüßt habe. (25)

Wann

(25) Orig. Boic. Domus T. II. p. 254. Mon. Boic. Vol. XII. Tab. I. ad p. 22.

Wann in der Chronik St. Blasii ferner gemeldet wird, daß sich Luitgard nach ihres Gemahls Tode in das Frauenkloster Berau begeben, und dasselbe, wie auch das Kloster St. Blasii, nebst ihrem Bruder Konrad und ihrem Sohne Albrecht dem ältern mit allerhand Kostbarkeiten und liegenden Gütern beschenkt habe, desgleichen daß Albrecht der jüngere nach empfangener Wunde ein Mönch zu St. Blasii geworden, und daselbst gestorben, auch nebst Albrecht dem ältern daselbst begraben worden sey, so ist zwar sowohl das Frauenkloster Berau als auch das Kloster St. Blasii nicht so weit von den Stammgütern des Hauses Wirtenberg entfernt, als von den Ländereyen der Grafen von Windeberg und Bogen. Allein es ist doch immer eine Entfernung von wenigstens 30 Stunden oder 15 Teutschen Meilen. Und ist es wohl glaublich, daß die Grafen von Wirtenberg, wann sie sich durch milde Stiftungen hätten hervorthun wollen, das entferntere und damals weniger berühmte Kloster St. Blasii dem viel näheren und berühmteren Kloster Hirsau sollten vorgezogen haben? Wollte man sagen, daß vielleicht nicht weit von St. Blasii ein Treffen vorgefallen sey, in welchem Albrecht der jüngere seine Wunde empfangen habe, und daß er sich hierauf in das nächste beste Kloster habe bringen lassen, daß auch Albrecht der ältere erst dadurch veranlaßt worden sey, dem Kloster St. Blasii Gutes zu thun, und sich darinn begraben zu lassen, so ist von einem solchen Treffen um dieselbige Zeit in der ganzen Teutschen Geschichte keine Spur zu finden. Die Glosse, welche Gabelkofer dazu gemacht hat, daß die gemeldte Grafen eigentlich nicht das Kloster St. Blasii selbst, sondern die demselben einverleibte Probstey Nellingen auf den Fildern nicht weit von dem Stammschloß Wirtenberg beschenkt haben, heißt auch nichts; dann diese Probstey war allem Ansehen nach damals noch nicht gestiftet, wenigstens trift man vor dem 13ten Jahrhundert nicht die geringste Nachricht von ihr an. Am besten kommt man vielleicht zurecht, wann man annimmt, daß der Verfasser der Chronik St. Blasii, wie in dem Namen Wirtenberg, also auch in dem Namen der Klöster Berau und St. Blasii geirrt habe. Es dunkt mich wenigstens verdächtig zu seyn, daß er den Namen des Klosters, darinn Albrecht der jüngere gestorben, auch nebst seinem Vater Albrecht dem ältern, der daneben als ein Guttthäter desselben gerühmt wird, begraben seyn soll, nie ausdrücklich nennt, ausser daß er am Ende seiner Erzälung sagt, man habe den verwundeten Albrecht zu einem monacho St. Blasii gemacht. Ich zweifle auch, ob das Frauenkloster Berau damals schon vorhanden gewesen sey, indem wenigstens die meiste Frauenklöster in Schwaben erst im 13ten Jahrhundert gestiftet worden sind. Ueberhaupt gibt der ganze Ton der Erzälung zu erkennen, daß der Verfasser der oftgemeldten Chronik diese Nachrichten nicht aus Schenkungsbriefen oder Innschriften auf Leichensteinen, die zu seiner Zeit in gedachtem Kloster gewesen seyn möchten, wie Herr Professor Spittler in der oben angezogenen Abhandlung dafür hält, geschöpft habe. Wie leicht kann es also seyn, daß er oder ein anderer vor ihm die Namen dieses oder jenes Bayrischen Klosters, die ihm weniger bekant waren, mit den ihm bekanntern Namen Berau und St. Blasii verwechselt hat, besonders nachdem er einmal Wirtenberg aus Windeberg gemacht hatte? Der Name Berau hat z. E. sehr viele Aehnlichkeit mit Beuren, und diesen Namen hatten ehmals und noch jezt gar viele Orte in Bayern, als Altbeuren, Neubeuren, Reichersbeuren, Benedictbeuren, welches leztere ein berühmtes Benedictiner Mannskloster nicht weit von dem Schloß Falay ist, das vielleicht ehmals, wie andere Benedictinerklöster, zugleich ein Frauenkloster war. Der Name Blasii aber stund vielleicht in der

der Urschrift gar nicht, sondern anstatt dessen nur der Anfangsbuchstabe B. der Benedicti heissen sollte, woraus etwan ein Abschreiber Blasii gemacht hat.

Und so fiele nun das, was von dem Grafen Albrecht dem ältern, seiner Gemahlin Luitgard, und seinen Söhnen, Berthold und Albrecht dem jüngern als Grafen von Wirtenberg in den oben angeführten Stellen gemeldet wird, gänzlich hinweg. Was die beede Werner betrift, so ist es allerdings richtig, daß um das J. 1066. ein Graf dieses Namens gelebt hat, der bey dem K. Heinrich IV. in besondern Gnaden stund, und von ihm mit dem Dorf Kirchberg belehnt wurde. (26) Eben dieser Graf Werner ist es vermuthlich, der nach Sulgers Chronik des Klosters Zwifalten die Gräfin Willibirg von Achalm zur Ehe hatte, wo er ihn ausdrücklich einen Grafen von Grüningen nennet. Da übrigens Lambertus von Aschaffenburg (27) anzeigt, daß er bereits im J. 1066. und nicht erst im J. 1096. wie Gabelkofer meldet, gestorben sey, so kann er weder derjenige Graf, der den gedachten K. Heinrich ums J. 1071. zum Frieden mit dem Herzog Otto bewogen haben soll, noch der Graf Werner von Grüningen, dessen das Hirsauische Dotationsbuch gedenkt, seyn, sondern jener war ein ganz anderer Graf, der auch wirklich Eberhard, und nicht Werner hies, dieser aber war Graf Werner der jüngere, ein Sohn der Willibirg, und folglich auch des älteren Werners, der nämliche, der in den Zwifaltischen Nachrichten öfters vorkommt, und welcher im J. 1117. das Kloster Breitenau in Hessen bey dem Zusammenfluß der Fulda und Werra nicht weit von Cassel stiftete, wo er auch nach seinem im Jahr 1121. erfolgten Tode begraben wurde.

(26) Lambert. Schafnab. ad a. 1063. 1064. und 1066. in Pistor. Scriptor. vet. T. I. p. 330. 332. und 334.
(27) l. c. p. 334.

I. Neue Beobachtungen

wurde. Dann wiewohl in dem Bestätigungsbrief, den der Erzbischof Albrecht zu Maynz als päbstlicher Legat diesem Kloster im Jahr 1123. ertheilte, blos gesagt wird, daß felicis memorie Comes Wernherus, ohne weitere Anzeige seines Geschlechts, dasselbe gestiftet habe, (28) so nennt ihn doch Naukler ausdrücklich Vuernherum Comitem de Grieningen, und sezt am Ende hinzu, daß er solches in einem Buch des Klosters Hirsau, aus welchem die erste Mönche nebst den zween ersten Aebten zu Breitenau genommen wurden, gefunden habe. Damit stimmt auch Trithemius überein, von welchem er ebenfalls Comes de Griningen genannt wird. In einer einzigen Stelle der Zwifaltischen Chronik heißt er Werner von Achalm, wovon in der folgenden Abhandlung mehr wird gesagt werden; sonst wird er daselbst etlichemal auch ein Graf von Gröningen genannt.

Nun kommt es hauptsächlich auf die Frage an, was diß für ein Grüningen sey, davon die beede Werner den Titel führten. Die gemeine Meinung ist nämlich, daß dadurch die jetzige Stadt Gröningen oder Marggröningen in dem Herzogthum Wirtenberg verstanden werden müsse. Und daher rührt es auch, daß man jene beede Grafen insgemein für Wirtenbergische Stammsverwandte ausgibt. Allein ich muß gestehen, daß ich verschiedene Zweifel dagegen habe. Dann 1) findet man gar keine Spur, daß sie sich jemals in der Gegend von Marggröningen aufgehalten, oder einige Güter daselbst gehabt hätten. Dieser Ort scheint vielmehr damals den Grafen von Calw gehört zu haben. Wenigstens kommt unter denjenigen Orten welche Uta, eine Tochter des Pfalzgrafen Gottfrieds von Calw, ihrem Gemahl Welf zubrachte, auch ein
Gru-

---

(28) Guden. Cod. diplomat. T. I p. 60. seq.

Gruningen vor. (29) 2) Liesse sich in diesem Fall fast nicht begreifen, wie Werner der jüngere auf den Gedanken hätte kommen sollen, in Hessen ein Kloster zu stiften. Dann die Umstände, die man hievon erzält, sehen mehr einer Fabel als einer wahren Geschichte ähnlich. Gesezt auch, daß alles wahr wäre, so hätte er doch diesem Kloster ausser dem Plaz, worauf es stund, und der ihm von dem K. Heinrich V. auf sein Anhalten geschenkt worden seyn soll, weiter keine Güter, Leute und Gefälle überlassen können, indem nicht wahrscheinlich ist, daß er als ein Schwäbischer Graf Güter in Hessen sollte gehabt haben. Der schon angeführte Bestätigungsbrief vom J. 1123. aber sagt deutlich, daß er es mit Ministerialibus, castris, agris, agrorumque decimationibus, silvis, cultis et incultis, pratis, pascuis, viis et inviis, piscationibus, aquis, aquarumque decursibus, et universis eorum usibus beschenkt habe. Ja in eben dem Bestätigungsbrief wird 3) angezeigt, daß alle diese Güter, Leute und Gefälle sein patrimonium oder väterliches Erbgut gewesen, und zwischen den 3 Flüssen Werra, Rhein und Mayn gelegen seyen. Eben daselbst aber, nämlich zwischen den gemeldten Flüssen, an den Heßischen Gränzen, unweit Giessen, liegt auch ein Städtlein Grüningen, welches jezt den Grafen von Solms gehört. Was ist also wahrscheinlicher, als daß dieses der ehemalige Stammsiz der beeden Werner gewesen sey? Die den Klöstern Hirsau und Zwifalten gethane Schenkungen, und was sonst in der Zwifaltischen Chronik erzält wird, kann keine Einwendung dagegen abgeben, wann man nur beständig vor Augen hat, daß der ältere Werner die Gräfin Willibirg von Achalm zur Ehe gehabt, und mit ihr den jüngern Werner gezeugt habe. Dann durch diese Heurath bekam Werner der jüngere einen Theil der Achalmischen Güter in

Schwa-

(29) Cruſ. P. II. l. 8. c. 6.

Schwaben und im Elsas, von welchen er hiernächst seine Stiftungen in die Klöster Hirsau und Zwifalten machte. Von seinem Vater aber erbte er desselben Hessische Güter, welche er insgesamt dem von ihm gestifteten Kloster Breitenau schenkte, daher er auch auf die lezte nimmer Graf von Gröningen, sondern von Achalm heißt. Seine Gemahlin hieß Gisela, welche in dem mehrgedachten Bestätigungsbrief des Klosters Breitenau vom J. 1123. namentlich, und noch als lebend vorkommt. Ihr wird auch in den Zwifaltischen Nachrichten gedacht, und gemeldet, daß sie diesem Kloster quatuor mappulas seu sanones cæteris majores, et ad legendam epistolam aptas, das ist, wie es Sulger erklärt, ad insternendum pulpitum, super quod olim a Subdiacono epistola decantabatur, accommodatas, geschenkt habe. (30)

Aus dem allem aber erhellet, daß es falsch sey, was man von der Verwandtschaft dieser beden Werner mit dem Hause Wirtenberg vorgibt. Und so ist auch das, was man von der Verwandtschaft einer Gräfin Mechtild mit dem jüngern Werner und durch ihn mit dem Hause Wirtenberg erzält, ganz und gar unrichtig. Dann der Werner, dessen Schwester sie genannt wird, war kein Graf von Grüningen, sondern wie die Zwifaltische Nachrichten ausdrücklich melden, ein Graf von Fricken. Diese Familie hatte allem Ansehen nach den Namen von dem jetzigen Dorf Frick in dem sogenannten Frickenthal auf der südlichen Seite des Rheins unweit Rheinfelden und Ladenburg, und war also ein Helvetisches Geschlecht, das mit den Grafen von Grüningen in keiner Verwandtschaft stund. Daß aber Mechtild eine Gräfin von Spitzenberg genannt wird, das zeigt an, daß sie mit einem Grafen von Spi-

---

(30) Sulg. P. I. p. 86. wo sie Gisila Comitissa de Græningen heißt.

Spitzenberg vermählt gewesen sey, wodurch vermuthlich das ehmalige Spitzenberg in Helvetien, und nicht das Spitzenberg im Filsthal zu verstehen ist, nicht nur weil Mechtild, wie eben gesagt worden ist, von einem Helvetischen Geschlechte herstammte, sondern auch weil man keine Spur findet, daß die Burg Spitzenberg im Filsthal damals schon vorhanden gewesen wäre, und einer Linie der Grafen von Helfenstein zum Aufenthalt gedient hätte.

Zuverläßiger sind, wann man das ausnimmt, was auf dem Zeugniß der St. Blasischen Chronik beruhet, die Nachrichten von dem Grafen Konrad, welcher bald von Beutelspach, bald von Wirtenberg benannt wird. Diß erklären die meiste Wirtenbergische Geschichtschreiber so, daß sie sagen, er sey von Geburt ein Graf von Wirtenberg gewesen, habe aber seinen Siz auf dem Schloß Beutelspach gehabt, und deswegen zuweilen den Titel davon geführt. Andere hingegen sagen, daß er ursprünglich ein Herr von Beutelspach gewesen sey, aber von dem K. Heinrich IV. die Grafschaft Wirtenberg dazu bekommen habe, daher er auch von einigen der erste Graf von Wirtenberg genannt wird. So schreibt z. E. Ladislaus Suntheim in seiner Genealogie der Grafen von Wirtenberg: (31) N. primus Comes de Wirtemberg resedit in Peutelspach, quod fuit castrum et magna villa. Vornehmlich aber gehört hieher, was Crusius meldet, der sich dabey auf Handschriften beruft, welche zwar sonst unbekannt, aber doch nicht schlechterdings zu verwerfen sind: (32) Vivebat circa a. 1076. Conradus, cui primo contigit Wirtenbergensem Comitem appellari. Hunc Pantaleon ait ob insignem corporis et animi fortitudinem in magna auctoritate

(31) in Oefel. Scriptor. rer. Boic. T. II. p. 591.
(32) Annal. Suev. P. II. L. 7. c. 8.

tate fuisse, et contentiones, quæ inter Henricum et Rudolphum, detestatum, in sedandis Germaniæ turbis, quantum potuerit, elaborasse, in quo conatu a fratre quoque suo Brunone (Hirsaugiensi primum monacho, postea Abbate,) fuerit adjutus. Quo studio irrito cadente, suæ tamen ditioni prudenter præfuerit, eamque amplificaverit. Und an einem andern Orte: (33) Ulrici, Baronis Beutelspachensis, (ut in MStis quibusdam inveniebam,) filii vivebant hoc tempore, (circa a. 1100.) Conradus et Bruno, et filia Luitgardis. Conradus vir fortis et strenuus erat, qui cum Hohenstauffensi Friderico Cæsarem Henricum, plurimos habentem hostes, egregie contra Regem Rudolfum juverat. Stauffenses enim et Beutelspachenses Barones inter se amicitiam colebant. Hinc secutum, ut et Conrado huic habitus fuerit honos, quia primus ipse factus est Comes Wirtembergensis, ab Henrico Cæsare hoc feudo donatus, sicut Ducatu Sueviæ Fridericus. Eben damit stimmt auch Strauch in der von Herrn Sattler angeführten Dissertation, nebst Herrn Pütter in seinem vollständigeren Handbuch der Teutschen Reichshistorie (34) überein. Wann ich nun hierüber meine Gedanken zu erkennen geben soll, so bin ich völlig der lezteren Meinung, und zwar aus folgenden Ursachen: 1) Weil bis in das vierzehente Jahrhundert die Begräbnisse der Grafen von Wirtenberg zu Beutelspach waren, welches anzeigt, daß sie eine besondere Neigung zu diesem Orte gehabt haben, wovon sich kein anderer Grund angeben läßt, als eben dieser, daß es ihnen ursprünglich zu ihrem Wohnsiz diente. Dann das Stift daselbst wurde erst um die Mitte des dreyzehenten Jahrhunderts gestiftet, nachdem bereits mehrere Grafen dahin zur Ruhe gebracht

(33) l. c. l. 8. c. 16.
(34) S. 247. not. hh.

zur Berichtigung der Gesch. u. s. f.

gebracht worden waren. 2) Weil in dem Hirsauischen Dotationsbuch Konrad allein den Titel eines Grafen von Wirtenberg führet, der hingegen seinen Geschwistrigen, Bruno und Luitgard, daselbst nie ausdrücklich beygeleget wird. Andere Neuere geben diesen zwar auch den Wirtenbergischen Titel; es scheint aber, daß es blos deswegen geschehe, weil ihr Bruder Konrad die Grafschaft Wirtenberg innhatte. 3) Was Herr Sattler von dem Wirtenbergischen Wappen sagt, mit welchem Bruno auf dem ehmals von Pregitzern abgezeichneten Denkmal zu Hirsau erscheint, dagegen ist zu merken, daß dieses Denkmal offenbar erst in neuern Zeiten verfertiget wurde, und mithin für keinen sichern Beweis gelten kann. Gesezt aber auch, daß Bruno wirklich die 3 Hirschhörner in seinem Wappen geführt hat, so könnte es ja seyn, daß eben dieses das Stammwappen der Herrn von Beutelspach gewesen wäre, welches hernach die Grafen von Wirtenberg beybehalten haben. 4) Die Anmerkung, welche Naukler macht, daß die Grafschaft Wirtenberg ehmals in drey Theile, nämlich Urach, Beutelspach und Gröningen, getheilt gewesen sey, beweißt gleichfalls nichts, indem jedermann siehet, daß sie auf einer irrigen Verwechslung der ältern und neuern Zeiten beruhe. Was übrigens die Grafschaft Wirtenberg in älteren Zeiten für einen Namen gehabt, was für Güter dazu gehört, wer dieselbe vor unserem Grafen Konrad besessen, und was es sonst für eine Beschaffenheit damit gehabt habe, davon läßt sich nichts gewisses sagen. Soviel kann man mit der grösten Wahrscheinlichkeit behaupten, daß sie diesen Namen von dem Schloß Wirtenberg auf dem sogenannten rothen Berg nicht weit vom Neckar zwischen Stutgardt, Eßlingen und Waiblingen, davon auch das Schloß und Dorf Beutelspach kaum zwo bis drey Stunden entfernt ist, bekommen habe. Allein wo der Name des Schlosses Wirtenberg herkomme, das

hat

hat man bisher vergebens untersucht. Der bekannte
Coder des Klosters Lorsch gedenkt zwar eines alten
Gaues, dessen Name mit dem Namen Wirtenberg
viele Aehnlichkeit zu haben scheint, nämlich des pagi
Viorotum, oder des Viorotongaues. (35) Diese
Aehnlichkeit hat vorlängst manche verführt, daß sie das
gemeldte Gau für eben diejenige Gegend hielten, welche
nachgehends die Grafschaft Wirtenberg genannt wurde,
ja daß sie den Namen Wirtenberg selbst davon herlei-
teten. Nach weiterer Ueberlegung aber zweifle ich fast
nimmer, daß das Viorotongau kein anderes als das
Wirmgau sey, welches seinen Namen von dem kleinen
Fluß Wirm hatte, der nicht weit von Altdorf und
Hildrizhausen an den Gränzen der Wirtenbergischen
Oberämter Bebenhausen und Herrenberg entspringt,
und bei Pforzheim in die Enz fließt. In diesem Gau
oberhalb Weil der Stadt ligt nämlich ein dem Johan-
niterorden gehöriges Dorf, das jezt Däßingen oder
Detzingen heißt; und das halte ich für den Ort Diezen-
heim, von welchem der gemeldte Coder sagt, daß er
in dem Viororotongau gelegen sey. Viorotumgau und
Wirmgau aber haben so viele Aehnlichkeit mit einander,
daß man gar leicht eines für das andere annehmen kann,
besonders wann man erwägt, wie die Namen der Gaue
und Orte in alten Urkunden und Schriften öfters verdorben worden sind. Mithin gehört das, was von
diesem Gau gesagt wird, gar nicht hieher. Die übrige
Herleitungen des Namens Wirtenberg sind durchgehends so beschaffen, daß sie nicht einmal verdienen
berührt zu werden. Am besten ist es also, wann man
geradezu bekennt, daß man den Ursprung dieses Namens nicht wisse.

Um jedoch wieder auf den Grafen Konrad zu
kommen, so findet man ihn als Zeugen in dem oben
ange-

(35) Cod. Lauresh. Tom. III. p. 166. num. 3620.

angeführten Verglich zu Bempflingen zwischen den beeden Grafen Cuno und Luitold von Achalm, und ihrer Schwester Sohn, dem Grafen Werner von Grüningen, wodurch dieser wegen seiner Ansprache an die von jenen dem Kloster Zwifalten geschenkte Güter befriediget wurde, welches zwischen 1089. und 1092. geschehen seyn muß, indem das Kloster Zwifalten erst im J. 1089. seinen Anfang nahm, der eine von den genannten Grafen von Achalm aber bereits im J. 1092. mit Tode abgieng. (36) Eben dieser Konrad ist es, der dem Kloster Blaubeuren mit seiner Gemahlin Hadelwig oder Hedwig den 12. May 1110. einen Theil des Dorfs Bezgenried, wie auch zu einer andern Zeit für sich allein zehen Talente an Geld, und einige Güter zu Uslingen (Eßlingen) und Goppingen (Göppingen), desgleichen mit seiner Gemahlin Werntrud oder Gertrud noch einmal einige Güter zu Bezgenried schenkte. (37) Er ist es, der mit der nämlichen Gertrud dem Kloster Hirsau 6, oder nach Gabelkofern 16 Huben Feldes, eine Mühle und einen Weinberg zu Ober- und Untertürkheim, zu Sersheim alle seine Güter bis auf 3 Huben, (18 Huben zu Salzach, einem unbekannten Orte,) und eine Mühle zu Schafhausen (einem Dorf im Oberamt Hirsau) vermachte, wiewohl nach seinem

(36) Cruſ. P. II. l. 8. c. 12. wo er Cuonrandus de Wirtineberg heißt.

(37) Tubing. hiſt. fundat. mon. Blabur. l. c. S. 368. u. f. wie auch S. 371. wo er zuerſt nur Conradus laicus, hernach aber ausdrücklich Conradus Comes de Wirdeneberg, nunc Wirtemberga, genannt, und von dem Grafen Konrad von Beutelspach, einem Bruder Brunons und der Luitgard, unterſchieden wird, welches aber ein offenbarer Irrthum ist, der blos daher rühret, daß ihm zwo verſchiedene Gemahlinnen zugeſchrieben werden, und am Ende von dem Verfaſſer ſelbſt verbeſſert wird, da er hinzuſezt: niſi bigamus fuerit.

seinem Tode ein Verglich geschloſſen wurde, daß Gertrud dieſe Güter gegen einen jährlichen Zins lebenslang behalten und genieſſen ſollte. (38) Er iſt es endlich, mit deſſen Einwilligung einer ſeiner Dienſtleute,
Sweneger von Wirtemberg, der vielleicht ſoviel als
ein Burgvogt auf dem Schloß Wirtenberg war, dem
nämlichen Kloſter einige Güter zu Hofen (unweit Can-
ſtadt) überlies, wie er dann auch mit dieſem Kloſter
zu mehrerer Bequemlichkeit beeder Theile einen Tauſch
traf, kraft deſſen er 11 Huben zu Bercka (vermuthlich
Berckheim bey Denkendorf), die Cuno von Hurnin-
gen und ſeine Gemahlin Uta den Mönchen geſchenkt
hatten, erhielt, und dafür 1 Hube zu Schafhauſen,
3 Huben nebſt dem vierten Theil der Kirche zu Töſſin-
gen, und anderthalb Huben zu Haimertingen an das
Kloſter abtrat. (39)

Sein Tod wird bald in das Jahr 1100. bald in
das J. 1112. bald in das J. 1121. geſezt. (40)
Allein da er noch im Jahr 1123. als Zeug in einer
Urkunde vorkommt, (41) ſo erkennt man leicht, daß
alle dieſe Jahre falſch ſeyen. Daß er zwo Gemahlinnen gehabt habe, davon die eine Hewig, und die andere Gertrud hieß, iſt ſchon aus dem vorhergehenden
abzunehmen. Hedwig lebte noch im J. 1110. da ſie
in

(38) Cruſ. P. II. l. 10. c. 15. wo er Conradus de Butelſpach heißt.
(39) Ib. l. c. wo er das einemal Conradus ohne weiteren Beyſaz, das anderemal aber wieder Conradus de
Butelſpach heißt.
(40) Cruſ. P. II. l. 7. c. 8. und l. 8. c. 16. Preigizers
Wirtenb. Cedernbaum S. 3. von Pfeil de Meritis Ser.
Wirtenb. Domus in Imperium S. 24.
(41) Hergott. Geneal. diplom. aug. gentis Habſpurg.
T. II. num. CXCVII. p. 136. ſeq. Cf. Uhland.
Hiſt. Com. coævorum etc. p. 16. ſeq. Conradus
de Wirdeneberch.

in einem Schenkungsbrief des Klosters Blaubeuren angeführt wird. (42) Allein von ihrem Herkommen weißt man nichts, ausser daß einige Neuere sie zu einer gebornen von Beutelspach machen, und behaupten, daß durch sie die Herrschaft Beutelspach an das Haus Wirtenberg gekommen sey. (43) Crusius nennt sie eine Gräfin von Wittelspach in Bayern, (44) welches jedoch eine blosse Verwechslung der Namen Wittelspach und Beutelspach zu seyn scheint. Ladislaus Suntheim sagt, daß die Gemahlin des ersten Grafen von Wirtenberg, der seinen Siz zu Beutelspach hatte, eine Pfalzgräfin von Peutelspach gewesen sey. (45) Diß bringt mich auf die Vermuthung, daß sie aus dem Hause der Pfalzgrafen von Tübingen hergestammt habe. Und was mich darinn bestärkt, ist dieses, daß Trithemius in Beschreibung der Wahl Brunons zum Abt zu Hirsau meldet, man habe hiebey vornehmlich auf seine Anverwandtschaft, und insonderheit auf seinen Bruder gesehen, welcher der mächtigste unter allen Schwaben gewesen sey, um den Grafen von Calw das Gegengewicht zu halten, welche verlangten, daß die Mönche seinen Vorfahrer Gebhard, einen gebornen Grafen von Urach, der durch Beförderung des K. Heinrichs V. das Bißthum Speyer davon getragen hatte, zugleich als Abt behalten sollten. (46) Nun war

---

(42) Tubing. l. c.

(43) Walz in seiner Wirtenb. Stamm= und Namens=Quell S. 78. Pregizer l. c.

(44) P. II. l. 7. c. 8.

(45) in Famil. generosorum Comitum de Wirtemberg, nunc Ducum, apud Oefel. Scriptor. rer. Boic. T. II. p. 591.

(46) Chron. Hirsaug. Edit. Basil. p. 134. und Edit. S. Gall. T. I. p. 334.

Beytr. zur Wirt. Gesch.   G

war der Graf Konrad, Brunons Bruder, an und für sich gewiß nicht so mächtig, wie er hier beschrieben wird, sondern es scheint vielmehr, daß seine Macht hauptsächlich auf einer Eheverbindung mit einem andern mächtigen Hause beruht habe. Das mächtigste Haus aber in der Nähe des Klosters Hirsau waren damals ausser den Grafen von Calw unstreitig die Pfalzgrafen von Tübingen. Ich lasse jedoch diese Muthmassung bis auf weitere Entdeckungen dahin gestellt seyn. Soviel halte ich für ausgemacht, daß Hedwig keine geborne von Beutelspach gewesen sey, sondern wann ja die gemeldte Muthmassung nicht Statt finden sollte, so sehe ich ihr Herkommen für unbekannt an. Werndrut oder Gertrud überlebte ihren Gemahl, wie das Hirsauische Dotationsbuch deutlich anzeigt; sie war also des Grafen Konrads lezte Gemahlin. Man gibt sie für eine Gräfin von Eberstein aus; aber beweisen läßt es sich so wenig, als das Gegentheil. Dann in dem Hirsauischen Dotationsbuch (47) kommt zwar ein Berthold von Eberstein mit seiner Gemahlin Adelheid und drey Söhnen, Berthold, Eberhard und Hugo, um diese Zeit vor; daß er aber eine Schwester oder Tochter, Namens Gertrud, gehabt hätte, davon wird nirgends etwas gemeldet. Von der Gräfin Willibirg von Achalm, die einige auch zu einer Gemahlin des Grafen Konrads machen, habe ich oben schon das nöthige angeführt, woraus erhellet, daß sie den Grafen Werner den ältern von Grüningen, und keinen Grafen von Wirtenberg zur Ehe gehabt habe.

Was Konrads Bruder, den Grafen Bruno, betrift, so ist schwer zu bestimmen, ob er älter oder jünger als derselbige gewesen sey, indem nirgends keine Anzeige davon geschiehet. Er trat frühzeitig in den geist-

(47) Cruf. P. II. l. 10. c. 15. Conf. Naucler. Vol. III. Gen. XXXVII. T. II. p. 181.

geistlichen Stand, und wurde Domherr, hernach auch Custos und Matrikularius zu Speyer. Während dieser Zeit soll er das Schloß Stutgard mit dem darunter befindlichen grossen Keller, dergleichen ehmals wenige in Teutschland waren, erbaut haben. (48) Weil ihm jedoch das weltgeistliche Leben in die Länge nicht gefiel, so wurde er zur Zeit des Abts Wilhelms, der im J. 1091. starb, ein Mönch zu Hirsau, und endlich im J. 1105. Abt daselbst. (49) Ob nun gleich Trithemius nicht deutlich meldet, aus was für einem Geschlechte er gewesen sey, so nennt doch das Hirsauische Dotationsbuch den Grafen Konrad von Beutelspach und Wirtenberg ausdrücklich seinen Bruder, und sagt von ihm, daß er dem Kloster Hirsau durch dessen Hand ein Gut zu Pfrundorf mit aller Zugehörde, 12 Morgen Weinberge zu Walheim mit einigen dazu gehörigen Leuten, 5 Huben zu Saldingen, 2 Huben und einen Weinberg zu Brackhausen, 1 Hube zu Swiendorf oder Schweindorf, wie auch zu Erkaufung oder Eintauschung eines Guts zu Mühlhausen an der Enz eine halbe Hube zu Eberdingen und 14 Mark Silbers übergeben habe. (50) Er starb den 22. März 1120. in einem hohen Alter, und wurde zu Hirsau begraben, wo bis zu Ende des vorigen Jahrhunderts sein Bildniß mit den Wirtenbergischen Hirschhörnern und folgender Unterschrift zu sehen war:

(48) Tubing. l. c. S. 359.

(49) Naucler. Chron. Vol. III. Gen. XXXVII. Tom. II. p. 180. seq. Trithem. Chron. Hirsaug. Edit. Basil. p. 134. und Edit. S. Gall. T. I. p. 336. seq. Tubing. l. c.

(50) Naucl. l. c. p. 181. Cruf. P. II. l. 10. c. 15. vergl. mit den oben angeführten Gabelkoferischen Nachrichten.

Hirſaugæ quondam Bruno venerabilis Abbas,
A Wirtemberga qui fuit arce Comes. (51)

Von Luitgard, der Schweſter Konrads und Brunons, meldet das Hirſauiſche Dotationsbuch, daß ſie dieſem Kloſter zwey güldene Armbänder von 15 Unzen am Gewichte zu Verfertigung eines Kelchs geſchenkt habe. (52) Ihr gedenkt auch die Blaubeuriſche Chronik als einer Schweſter Konrads und Brunons, ohne weiter etwas von ihr zu melden. (53) Sie vermählte ſich mit einem Grafen Bernhard von Scheurn, der dem Kloſter Hirſau 20 Mark für eine Bayriſche Celle gab, (54) und im J. 1101. mit Tode abgieng. (55) Daß er aber zulezt ein Bärtling geworden ſey, wie Gabelkofer behauptet, ſcheint eine bloſſe Verwechslung des Namens Bernhard mit dem Namen Eberhard zu ſeyn, indem anderswo gemeldet wird, daß ein Graf Eberhard von Wirtenberg ein Bärtling zu St. Blaſii auf dem Schwarzwalde geweſen, und daſelbſt begraben ſey. (56) Falſch iſt es auch, daß Luitgard noch eine Schweſter, Namens Adelheid, gehabt habe, auf welche Gabelkofer die Worte des Hirſauiſchen Dotationsbuchs deutet, da es heißt, daß Konrad, ein Schweſterſohn des Abts Brunons, die dem Kloſter Hirſau von demſelben geſchenkte Güter noch zu Lebzeiten ſeiner Mutter angeſprochen habe, und deswegen von

---

(51) Trithem. Chron. Hirſ. Edit. S. Gall. T. I. p. 369. Sattl. hiſtor. Beſchr. Th. I. fig. 2. ad p. 13.

(52) Naucl. l. c. Cruſ. l. c.

(53) Tubing. l. c. p. 371.

(54) Naucl. l. c.

(55) Orig. Boicæ Domus Tab. XXXI. wo er als ein Sohn Ottons I. und als ein Bruder Ottons II. angegeben wird.

(56) Ladisl. Sunthem. l. c. p. 591. Bucelini Conſtantia ſacra et profana p. 232.

von dem Abt Bruno mit anderthalb Huben zu Erlebach, einem Hof zu Türkheim, 2 Morgen Weingartens, 6 oder 8 Jauchert Ackers und einem Walde abgefertiget worden sey. (57) Dann zu geschweigen, daß der Name Adelheid ganz erdichtet ist, so weiß ich nicht, warum man die hier vorkommende Schwester Brunons nicht für eben diejenige halten sollte, die mit dem Grafen Bernhard von Scheurn vermählt war. Uebrigens gibt das, was von ihr in dem Hirsauischen Dotationsbuch gemeldet wird, nicht undeutlich zu erkennen, daß sie nach dem Tode ihres Gemahls wieder zu den Ihrigen zurückgekehrt sey. Ihr Sohn Konrad aber blieb in Bayern, wo er seines Vaters Güter erbte, und, wie es scheint, den Beutelspachischen Titel fortführte, den er auch auf seine Nachkommen fortpflanzte. Wenigstens kommt im J. 1138. ein Konrad von Beutelspach mit seinem Sohne gleichen Namens in einer Bayrischen Urkunde als Zeug vor, (58) und in einer andern Bayrischen Urkunde vom J. 1270. wird wieder ein Konrad von Beutelspach als Zeug angeführt. (59) Der nämliche Konrad, ein Sohn Berhards und der Luitgard, und nicht des Grafen Werners von Gröningen, wie Gabelkofer und andere Neuere dafür halten, ist es, der sich beschwerte, daß Richenza von Simmeringen einige Güter an das Kloster Hirsau veräusserte, weswegen er mit 30 Mark Silbers abgefertiget werden mußte. (60)

Diese

---

(57) Cruſ. P. II. l. 10. c. 15.

(58) Mon. Boic. Vol. V. p. 300. Counrad de Poutelſpach et filius eius Counrat.

(59) Ibid. p. 11. Chunradus de Poeutelſpach.

(60) Cruſ. P. II. l. 10. c. 15. wo er ihr cognatus de Wirtemberg genannt wird, nicht als wann er sich von Wirtemberg geschrieben hätte, sondern blos allein anzuzeigen, daß er von mütterlicher und nicht von väterlicher Seite her mit ihr verwandt gewesen sey.

Diese Richenza war allem Ansehen nach eine Tochter des ältern Grafen Konrads, der sich von Beutelspach und Wirtenberg schrieb, und mit einem Grafen oder Herrn von Sigmaringen verheurathet, dessen Name nicht gemeldet wird. Vielleicht ist sie auch die nämliche, die an einem andern Orte Richensa Comitissa de Lesenburg heißt, von welcher gesagt wird, daß sie dem Kloster Hirsau einen silbernen Becher verehrt habe; (61) woraus folgen würde, daß sie zweymal verheurathet gewesen sey. Doch ist zu bemerken, daß man sonst von keinen Grafen von Lesenburg etwas weißt, daher es scheint, daß man anstatt Lesenburg einen andern Ort, vielleicht Nellenburg, setzen müsse.

Ob Konrad der ältere noch mehrere Kinder gehabt habe, ist nicht bekannt. Das habe ich schon berührt, daß ein Graf Eberhard von Wirtenberg ein Bärtling zu St. Blasii auf dem Schwarzwalde gewesen seyn soll. Diesen halten einige für einen Sohn Konrads; es läßt sich aber nichts gewisses bestimmen. Sonst kommt nicht lange nach der Zeit, da Konrads zum leztenmal gedacht wird, ein Graf von Wirtenberg, mit Namen Heinrich, desgleichen bald darauf zween Brüder, die Grafen Ludwig und Emich von Wirtenberg, vor, die ebenfalls von einigen für Söhne des gemeldten Konrads gehalten werden, wiewohl auch ohne sichern Grund. Es bleibt mithin alles, was die weitere Nachkommenschaft des Grafen Konrads betrift, ungewiß.

Und hiermit könnte ich diese Abhandlung beschliessen. Doch eben fällt mir ein, daß von einem Grafen Berthold von Wirtenberg, der um diese Zeit gelebt haben soll, noch etwas zu sagen übrig ist. Es sind

---

(61) Cruſ. P. II. l. 10. c. 15.

sind nämlich einige der Meinung, daß der Abt Bertbold zu Gärsten oder Steyrgärsten in Oesterreich, welcher diesem Kloster von 1110. bis 1142. vorstund, ein Graf von Wirtenberg gewesen sey. (62) Um gewisse Nachricht hievon zu bekommen, so schrieb ich vor einiger Zeit an den gegenwärtigen Herrn Abt daselbst, und erhielt zur Antwort „daß sich bisfalls aller angewandten Mühe ungeachtet in besagtem Kloster nichts weiteres ausfindig machen liesse, als was ein gewisses Manuscript, das zwar nicht von den älteren wäre, aber, wie der Verfasser in der Vorrede versicherte, auf sehr alten Zeugnissen von andern beruhete, mit folgenden Worten enthielte:

B. P. Bertholdus, natus circiter 1060.
Dominus et Comes Wirtenbergiæ,
Frater Conradi Comitis
Et Brunonis Abbatis Hirsaugiensis,
nec non Luitgardis,
Uxoris Bernardi Comitis de Styra,
Ducum Wirtenbergiæ,
Et Baronum de Landau in Austria agnatus,
Comitum de Ragaz, ac per eos
S. Leopoldi Marchionis Austriæ Cognatus,
Adelheidi Comitissæ de Lechmund
matrimonio junctus:
Qua mortua et ipse mundo mortuus fuit,
Religiosum enim S. Blasii in Sylva Hercinia
circa annum 1093. induit.

Uebrigens wäre man zu Gärsten immerhin der Meinung gewesen, daß der gemeldte Berthold ein Graf von Wirtenberg gewesen sey." Fast zu gleicher Zeit fand ich eine eigene Lebensbeschreibung von diesem Abt

---

(62) Sulg. Annal. Zwifalt. P. I. p. 51.   Cf. Uhlandi hist. Com. coævorum etc. p. 29.

in Pezii Scriptor. rer. Auſtriac. T. II. p. 81. ſeq. die von einem ziemlich gleichzeitigen Verfaſſer herrühret, wobey der Herausgeber folgende Anmerkungen vorausſchickt: De patria parentibusque B. Bertholdi nec ejus vitæ ſcriptor nec authores alii paullo antiquiores quidquam in litteras retulerunt. Etſi vero recentiores nonnulli in iis perquirendis multum deſudarint, nihil tamen ejusmodi in medium hactenus protulerunt, in quo pedem tuto figas. Eorum varias hac de re opiniones hic afferre non pigebit. — Itaque ex pluribus MSS. recentibus, quæ P. Petri Oberhueberi Cœnobitæ Garſtenſis humanitate ad nos pervenerunt, tria legere memini, quæ B. Bertholdi genus ortumque ex priſcis Wirtenbergenſibus in Suevia Dynaſtis deducunt, facem præferente Mart. Cruſio, qui Annal. Suev. Dodec. 2. lib. 3. P. II. p. 92. antiquorum iſtorum Comitum genealogiam ex ſchedis, quibus tamen confidere non omnino ſe auſum ingenue fatetur, contexuit. In his, inquam, MSS. Garſtenſibus B. Bertholdus noſter patrem habuiſſe dicitur Ulricum Comitem, matrem Luitgardem, conjugem vero, antequam cœnobium S. Blaſii in ſylva Hercynia circa a. 1080. ſubiret, Adelhaidem Comitiſſam de Lechmund in Suevia. Ita quidem illa monumenta narrant ex M. Cruſio, ſed parum accurate. Neque enim Cruſius Ulricum, ſed potius Albertum ex Ulrico genitum, Bertholdi monachi San-Blaſiani, qui B. Bertholdus fuiſſe a Garſtenſibus creditur, patrem facit. Neque etiam Luitgardem (loco ſaltem ſuperius notato) eidem matrem, verum Ulrico prædicto filiam, ac poſtea Bernhardo ſ. Berchtoldo Comiti Schyrenſi conjugem adſignat. Quod porro nomen tulerit uxor Alberti, hoc quidem loco non innuit Cruſius, ſed utriusque præciſe liberos nominaminatim recenset, his omnino verbis: Conradus, Bruno et Luitgardis Bertholdi supradicti Comitis uxor, Marchionis primi in Styria Odaccari mater a. 1080. 1118. sed et Berchtoldus (cui nupta Adelhaidis Comitissa Lechsgmyndensis) atque S. Blasii in nigra sylva Monachus etc. Hæc Crusius. Qui tamen infra l. 7. p. 237. de parentibus Conradi primi Comitis Wirtenbergensis, quem paullo ante Alberti filium ex eodem diximus, agens, matris quoque nomen expressit, scribens in hunc modum: Parentes ei (Conrado Comiti) fuisse in genealogia quadam scripta video Albertum, Dominum Wirtenbergensem ac Lewenstainensem, liberalem monasterii S. Blasii in Hercynia sylva dotatorem, et Luitgardem Bavaram, Comitissam Wolfratshusanam atque Schyrensem, Comitis Valaiaensis Engelberti sororem. Alia charta filiam fuisse dicebat. Quodsi itaque Conradus I. Comes Wirt. frater B. Bertholdi e Monacho S. Blasii Abbatis Garstensis fuit, ut superius ex Crusio didicimus, consequens est, ut B. Bertholdum patrem Albertum nomine, matrem vero Luitgardem dictam habuisse statuamus. Atque hæc de B. nostri Præsulis parentibus Martini Crusii fide dicta sunto, quam vel elevare vel firmare demum is poterit, cui Tabularium monasterii San-Blasiani, quod Albertus B. Bertholdi pater tanta, ut Crusius memoriæ prodidit, liberalitate dotavit, diligentius aliquando pervolvere licuerit. Interim est non nemo, qui B. Bertholdi familiam aliunde repetendam opinetur. Is est Valent. Prevenhueberus, aliæque duæ recentes chartæ Garstenses, ex eodem Auctore fortean transcriptæ, qui B. illum Antistitem non ex Nobilium Wirtenbergensium, sed Comitum Rageziorum stirpe descendisse contendunt. Hos ille Comites de Ragez, Rachez,

Rackhiz feu Rohaz appellat, aitque, vetus iftud Rachez etc. hodiernum Rezzenfe Auftriæ trans-Danubianæ municipium (vulgo nunc Rez nuncupatum) Wolf. Lazio vifum fuiffe. Ad eam rem demonftrandam tria profert argumenta Prevenhueberus. Primum petit ex gentilitiis infignibus B. Bertholdi, campum cæruleum cum ftella, feu rectius (ut Antonius Cœnobiarcha Garftenfis eo nomine Il. in litteris ad Matthæum Raderum datis, ac relatis ab eodem Radero in Bav. Pia p. 79. nos docet,) clypeum cum campo cæruleo, in eoque Lunam, ut dicitur, cornutam ftellamque Lunæ oppofitam præferentibus, quibus olim Comites quoque de Rachez ufi fuerint. Alterum defumit ex Vit. B. Bertholdi cap. 13. ubi Vir Sanctus ad Nobilem quendam de Rachez, qui ejus cognatus ibidem dicitur, invififfe memoratur. Locus is ita habet: Quodam tempore quidam Nobilis de Rachez (in MSS. Mellicenfibus legitur Rache et Ragtz) cognatus hujus Sancti Patris, multis fæpe precibus, ut ad domum fuam venire dignaretur, ftudiofe rogare folitus impetravit. Tertium denique ex diplomate Leopoldi Auftriæ Styriæque (ut inquit ille) Ducis depromit, in quo duorum Conradorum, patris fc. et filii, Comitum de Ragez, mentio fiat, quos etiam mox laudatus Princeps cognatos fuos appellitet. Ex quibus concludit Prevenhueberus, B. Bertholdi genus ac familiam non ad alios, quam ad hos Comites Ragezios effe referenda. Quod an allatis a fe rationum momentis invicte probet, aliorum efto judicium: nobis enim anguftia temporis præpeditis, fingula morofius fub examen vocare haudquaquam vacat. Illud non penitus diffimulandum cenfuimus, diploma ifthoc Leopoldinum in Diplomatario Garftenfi apud Cl. Petrum Ludewigium T. IV. Reliq. MSS. om.

æv. p. 200. paullo aliter fe habere, quam nobis depinxit Prevenhueberus. In eo enim Leopoldus Dux Auſtriæ ſolum, non itidem Styriæ celebratur; neque duo Conradi Comites, fed unus duntaxat idemque Leopoldi cognatus memoratur; nec ei denique cognomentum de Rachez, Ragez, aliave a Prevenhuebero expreſſa vocabula, ſed de Regiz ſolummodo apponitur. Fallitur præterea annotationum ad oram iſtius Diplomatis Auctor (ſive is Ludewigius, ſive alius ſit,) dum id a. 1130. Garſtenſibus Benedictinis conceſſum ſuſpicatur. Eo enim anno Auſtriæ præfuit Leopoldus IV. ſeu Sanctus, Marchionis ſolum, non Ducis titulo, quippe quem ejus filius Henricus, cognomento Jochſamergott, demum a. 1156. conſecutus fuit, Auſtriæ Marchionatu in Ducatum ſub eadem tempora converſo, ut ex Diplomate Friderici I. Imp. Ratiſponæ a. 1156. dato perſpicuum eſt. Adhæc parum exploratum compertumque habemus, num illud Regiz idem ſit ac Ragez, Rachez, Rache etc. Nec magis liquidum, an, ſi etiam idem. eſſe concedamus, id pro hodierno Auſtriæ ultra-Danubianæ oppido Rezzenſi (ut poſt Lazium Auctor annotationum ſupra memoratus exiſtimat,) accipiendum ſit, nullo idoneo ejus rei producto argumento. Sane occurrit nomen hujus loci, Rezii inquam, in publicis literis Rudigeri Epiſcopi Patavienſis a. 1248. Canonicis San-Hippolytenſibus conceſſis, editisque a V. Cl. Raimundo Duellio vetere amico noſtro Miſcellan. T. I. p. 371. Verum eo loco non Regiz neque Rachez, aliave ſimili ſcribendi ratione, ſed ſimpliciter Rez, ut hodienum audit, enunciatur. Hieraus iſt nun ziemlich klar, daß es falſch ſey, was man von des oftgemeldten Abts Bertholds Herſtammung aus dem Hauſe Wirtenberg vorgeben will.

Was

Was ich von dem Berthold denke, welcher um das J. 1124. das Kloster Denkendorf stiftete, das ist aus der Geschichte dieses Klosters, welche in dem zweyten Theile dieser Beyträge vorkommen wird, zu ersehen. Es bleibt also nichts mehr übrig, als daß ich noch eine kurze genealogische Tabelle derjenigen Grafen und Gräfinnen von Wirtenberg anhänge, die man meines Erachtens für erwiesen halten kan, um das, was ich bisher mit mehrerem ausgeführt habe, gleichsam mit einem einzigen Blick zu übersehen.

Wahrhafte genealogische Tabelle
derjenigen Grafen und Gräfinnen zu Wirtenberg, die zu Ende des eilften und im Anfang des zwölften Jahrhunderts gelebt haben.

Konrad von Beutelspach, von K. Heinrich IV. zum Grafen von Wirtenberg ernannt, kommt noch im Jahr 1123. als Zeug in einer Urkunde vor. Gem. 1) Hedwig, lebt noch im J. 1110. 2) Werndrut oder Gertrud, stirbt nach ihrem Gemahl.	Bruno, ein Bruder Konrads, Domherr zu Speyer, hernach ein Mönch, und 1105. Abt zu Hirsau, † 1120. in hohem Alter.	Luitgard, eine Schwester Konrads und Brunons, vermählt mit Graf Bernharden von Scheurn, der im Jahr 1101. mit Tode abgeht.
Richinza, vermählt mit einem Grafen oder Herrn von Sigmaringen.		Konrad von Beutelspach, kommt in einer Bayrischen Urkunde vom J. 1138. mit einem Sohne gleichen Namens als Zeug vor.

II.

Versuch
einer
kurzen Geschichte
der ehemaligen Grafen von Urach und Achalm.

II.

Die Geschichte der Grafen von Urach und Achalm ist meines Wissens noch von niemand besonders bearbeitet worden, ausser was Herr Sattler in seiner historischen Beschreibung des Herzogthums Wirtenberg, (1) und Schöpflin in seiner Historia Zaringo-Badensi (2) disfalls gethan haben. Allein der erste hat nur allzukurze und sehr unvollständige Nachrichten von diesen Grafen; der andere aber fangt seine Geschichte der Grafen von Urach mit gänzlicher Uebergehung der Geschichte der Grafen von Achalm erst mit dem Ende des zwölften Jahrhunders an, da man doch bereits um die Mitte des eilften Jahrhunderts solche Spuren von ihnen findet, welche deutlich zu erkennen geben, daß sie eines der ältesten gräflichen Geschlechte in Alemannien gewesen seyen: zu geschweigen, daß man bey keinem von beeden die geringste Spur von einer Verwandtschaft der Grafen von Achalm mit den Grafen von Urach findet, welche doch aus sehr wahrscheinlichen Gründen bewiesen werden kann, davon in der Folge das Nöthige vorkommen wird. Hier bemerke ich vorerst soviel, daß die gemeldte Grafen ihre Namen von den Schlössern Urach und Achalm hatten, davon jenes gleich oberhalb der jetzigen Stadt Urach an dem Ende der Wirtenbergischen Alb, wo das sogenannte Uracher oder Metzinger Thal anfangt, das von dem kleinen Fluß Erms gewässert wird, dieses aber

auf

(1) Th. I. S. 111. u. f. wie auch Th. II. S. 167. u. f.

(2) T. I. l. a. c. 10. p. 221. seq. Ein Auszug davon steht in Sachs Einleitung in die Geschichte von Baden Th. I. S. 177. u. f.

auf der Spitze eines hohen runden Berges zunächst bey der Reichsstadt Reutlingen, und also nur anderthalb Meilen von dem Schloß Urach lag. Beyde Schlösser sind jezt abgegangen; der Grund und Boden aber mit der ganzen umliegenden Gegend, die Stadt Reutlingen mit ihrem kleinen Gebiete ausgenommen, gehört heutigen Tages den Herzogen von Wirtenberg.

Man siehet, daß ich hier der gemeinen Meinung folge. Dann Schöpflin (3) behauptet, daß durch das Schloß Urach, wovon sich die Grafen dieses Namens schrieben, nicht das Wirtenbergische Urach, sondern ein anderes abgegangenes Schloß an dem Bach Urach auf dem Schwarzwalde zwischen Villingen und Freyburg zu verstehen sey, jedoch allem Ansehen nach aus keinem andern Grunde, als weil sie dort herum auch ansehnliche Güter hatten. Wann ich aber in Erwägung ziehe, daß die Grafen von Urach und Achalm schon zu Ende des eilften und im Anfang des zwölften Jahrhunderts gar häufig in der Geschichte des nicht weit von dem Wirtenbergischen Urach gelegenen Klosters Zwifalten vorkommen, und dasselbe nicht nur Anfangs gestiftet, sondern auch mit vielen liegenden Gütern in der Nachbarschaft desselben beschenkt haben, die Güter hingegen, welche die Grafen von Urach auf dem Schwarzwalde und im Breißgau besassen, höchstwahrscheinlicher Weise erst durch den Tod Bertholds V. des lezten Herzogs von Zäringen, dessen Schwester Agnes Graf Egino V. zur Ehe hatte, im 13ten Jahrhundert an dieses Haus gekommen sind, wie weiter unten umständlicher wird erzält werden, so sehe ich es ziemlich für ausgemacht an, daß ihr ursprünglicher Stammsiz kein anderes als das auf Wirtenbergischem Grund und Boden gelegene Schloß Urach gewesen sey.

Das

---

(3) *Hist. Zar. Bad.* l. c. p. 221. Conf. Sachs l. c. S. 177. wie auch S. 141. in der Anmerkung d.

von Urach und Achalm.

Das andere Schloß Urach möchte vielleicht ein Graf dieses Namens erst in späteren Zeiten, und nach dem Antritt jener Zäringischen Erbschaft, oder wohl gar erst nach geschehener Veräusserung der an der Alb gelegenen Burg und Stadt Urach erbaut, und nach dem Namen des ehmaligen Stammschlosses seiner Familie benennet haben. Der Name des Bachs Urach aber könnte eben sowohl von dem dabey erbauten Schloß, als der Name des Schlosses von dem Bach herkommen, gleichwie z. E. der Bellinger Bach unweit Wimpfen am Neckar, der sonst Biberach hieß, seinen Namen von einem abgegangenen Ort Bellingen erhalten hat. Ueberhaupt heißt Urach nichts anders, als der Ursprung der Ach oder eines jeden Bachs, dergleichen auch einer gleich hinter der Wirtenbergischen Stadt Urach entspringt, der heutigen Tages, soviel ich weiß, keinen besondern Namen führt, ehmals aber vielleicht auch Urach genannt worden ist.

Was die älteste Geschichte der Grafen von Urach und Achalm betrift, so siehet es darinn, wie in den Geschichten anderer gräflichen Häuser, sehr finster und fabelhaft aus. Damit jedoch meine Leser alles, was dahin einschlägt, kurz beysammen haben, und selbst urtheilen mögen, so will ich wissentlich nichts übergehen, allenthalben aber die nöthige Anmerkungen hinzufügen.

Die erste Nachricht, so hieher gehört, ist aus dem vierten Jahrhundert. Sie betrift einen Grafen von Achalm, dessen Name unbekannt ist, und beruht auf einer Innschrift des Klosters Zwifalten, die also lautet:

N. Comes de Achalm, Anno Christi 330.
Nomen meum si quæris alibi, quam inter Heroas,
   Injuriam virtuti facis.

Fruſtra illud faſtis abraſit Vetuſtas,
Quod virtus inſcripſit Cœlo.
Arma, quæ Miles tuli,
Et cauſa nobilitavit, et fortis Dextra:
Pro Deo et Patria; bis pius:
Dum Romulo Sueviæ Duci et Chriſtianæ fidei
Germanam ſervo fidem,
Gentili Teccenſium ferro in acie cæſus,
Pulchram per vulnera mortem
Oppetii. (4)

Da aber nicht nur von einem Herzog Romulus in Schwaben bey glaubwürdigen Schriftſtellern keine Spur anzutreffen iſt, ſondern auch die Herzoge von Teck eine viel neuere Familie ſind, und die chriſtliche Religion im vierten Jahrhundert noch ganz unbekannt in dieſen Gegenden war, ſo iſt leicht abzunehmen, wie wenig man ſich auf die angeführte Innſchrift verlaſſen könne.

Nach ihm wird eines Grafen Luipolds oder Leupolds von Urach und Achalm gedacht. Von dieſem zeugt nicht nur eine ähnliche Innſchrift zu Zwifalten, mit folgenden Worten:

Luitpoldus Comes ab Achalm, Anno Chriſti 720,
Pro Landfrido Suevorum Duce dum pugno,
Patriæ propugno pacem.
Carolo Martello Suevicam libertatem impugnanti
Alemanno pectore reſtiti, dum ſteti.
Cadens ad ſylvam Weilerforſtiam,
Nec tum ignavum Victori genu,
Sed pro patria vitam poſui,
Sanguinem, non herbam
Vel a Majoribus
Dare doctus. (5)

ſon-

(4) Sulgeri Annal. Zwifalt. P. I. p. 4. ſeq.
(5) Sulg. l. c. p. 5.

sondern es stimmt auch damit **Crusius**, (6) **Besold**,
(7) und vornehmlich eine alte Chronik des Klosters
St. Emeran zu Regenspurg überein, aus welcher letzteren **Matthäus von Pappenheim** in seiner erst vor
2 Jahren zu Memmingen gedruckten Chronik der
Truchseßen von Waldburg (8) eine Stelle aufbehalten hat,

(6) Annal. Suev. P. I. l. 11. c. 1. Carolus Martellus circa hos annos bella contra Germanos gessit, quibus eos afflixit. Nam a. 723. Saxones tributum Francis negantes ad id dandum redegit, ita ut insuper CCC. equos quotannis darent. Sequenti anno Bavaros, et Alemannos denuo petiit. — Alemanni autem fuerunt ad sylvam Feilenforstiam victi, quando Carolus subegit Ducem Sueviæ et Zurichgoiæ Luitfridum, (al. Landfridum,) qui libenter pristinum dominatum recuperavisset, quemadmodum antehac, priusquam a Clodoveo magno subjugati essent, Alemanni et Suevi, stante adhuc Romano Imperio, liberi fuerant, cujus libertatis recuperandæ spem ex crebrioribus Galliarum perturbationibus et bellis Luitfridus ceperat. Sed sua eum opinio fefellit, ac Suevi, nequicquam ad libertatem aspirantes, sub Francis retenti sunt. Occisi autem ex parte Luitfridi illo in prælio fuere, sicut l. 3. Stumpf. c. 83. ad marginem manu sua annotavit vir eruditus, olim in Academia Tybing. docens, M. Paulus Calberus, cognitionis historiarum amantissimus,) *Leupoldus, illustris Comes Achalmensis*, nec non illustres et nobiles viri alii etc. Quidam Luitfridi debellationem ad annum 727. referunt. Und Paralip. c. 5. *Lupoldus Comes de Vrach et Achalm* inter Comites commemoratur, (inquit Lazius,) qui in Suevia Carolo Martello, Majori Domus Franciæ, se opposuerant, circa annum Domini 740.

(7) Mon. Virg. sacrar. p. 334. in not. A. 725. *Luitoldus Comes de* **Achalm** *occisus*.

(8) S. 10. u. f. da es heißt: Bey Sannct Haymbrand zue Regennspurg inn ainer allten Cronick wurdet gefunden,

hat, deren Glaubwürdigkeit in einer daselbst angehängten besondern Abhandlung weitläufig behauptet wird. (9) Man bemerke jedoch, daß nicht nur das Treffen an Feilenforst selbst, besonders in Ansehung der Zeit, da es vorgefallen seyn soll, vielen Zweifeln unterworfen ist, indem einige das Jahr 725. andere das J. 727. oder 728. ja noch andere erst das J. 740. da Karl Martell nimmer lebte, angeben, sondern daß auch sonst kein einziger glaubwürdiger Schriftsteller in Beschreibung des gemeldten Treffens eines solchen Grafen von Urach und Achalm gedenkt. Es ist auch die St. Emeranische Chronik allem Ansehen nach nicht mehr vorhanden, daß man von ihrem Werth oder Glaubwürdigkeit ein sicheres Urtheil fällen könnte.

Die nämliche Bewandtniß hat es mit dem alten Meßbuch des Klosters Murrhard, woraus eben dieser Matthäus von Pappenheim (10) eine Stelle anführt, nach welcher im J. 801. ein Graf Cono von Achalm gelebt haben soll, der sonst nirgends vorkommt, er müßte dann derjenige seyn, dessen folgende Innschrift zu Zwifalten unter einem andern sehr ungewöhnlichen Namen gedenkt:

Unruten, als Carolus Marcellus der Künig das Land Bayrnn vberzog, wurden ditts nachgeschriben Grauen, Herren, Ritter vnnd Edell am Feylenforst, nitt weytt von Amsperg erschlagen, — Graue Lewpollt von Achallm, u. s. w.

(9) S. 222. u. f.

(10) l. c. S. 12. Nach Christi Gepurt achthundert vnnd ain Jar bey Regierung Kayser Caroli des Grossen, hatt gelept Herr Manngollt Truchseß zue Wallttpurg, wie man zu Murchart jn Gotzhaus vnnder anndern Grauen vnnd Herren, jnn ainem alltten Meßbuch, wie hernach steet, findet, — Cono Graue zue Achalm, u. s. w.

Unruchus Comes ab Achalm, Anno Chriſti 811.
Inter Magnos Magni Caroli proceres
Magnus fui;
Cujus Aulam prudentia,
Factisque ſtemmate meo dignis illuſtravi,
Viciſſim ille me honoribus ditavit.
Dignus fui,
Qui ſummos inter Principes Imperii
Cum Geroldo Comite in Buſſen
Imperatricis Germano
Morientis M. Caroli Teſtamento
Subſcriberem. (11)

Von dem Grafen Wilhelm von Achalm, den Beſold (12) blos dem Namen nach anführt, ſagt eine ähnliche Innſchrift zu Zwifalten:

Wilhelmus Comes ab Achalm (Illuſtris dictus)
A. C. 838.
Per Majorum veſtigia
Gloriæ dum ſequor ductum,
Virtutis ſtadium, vitæ ſtudium mihi fuit.
Sub Ludovico pio et forti Principe
Pie fortiterque avitam virtutem ſum æmulatus.
Et
Ut antiquum generis ſplendorem novis accende-
rem incrementis,
Ab æquitatis pacisque ſtudio radios mutuavi;
Unde merito nomen tuli
Illuſtris Comitis. (13)

H 3   Eben

(11) Sulg. l. c. p. 5. ſeq.
(12) l. c. *Wilhelmus Comes de* Achalm.
(13) Sulg. l. c. p. 6.

Eben daselbst steht von einem andern Grafen **Wilhelm von Achalm** diese Innschrift:

Wilhelmus Comes ab Achalm, Anno Christi 935.
Equestres ludos Magdenburgi primos Europa vidit,
  Et in his me primos inter Heroas.
Henricus Auceps Ludi Moderator et author fuit.
   Facile tunc erat mihi,
   Ludicrum ciere Martem,
Quem cruentus paulo ante campus invictum probavit,
  Cum fusi ingenti cæde Pannones
   Suo me sanguine
   Victorem scripsere. (14)

Was aber beede sehr verdächtig macht, das ist vornehmlich, daß man sonst bey keinem bewährten Schriftsteller etwas von ihnen antrift. Des leztern gedenkt zwar auch ein Wirtenbergischer Geschichtschreiber, **Johann Sizio**, welcher meldet, daß er mit seiner Gemahlin, die nachgehends an einen Grafen Rudolf von Wirtenberg vermählt worden sey, die St. Martinskirche nebst dem Gotteshause oder Kloster zu Metzingen gestiftet habe. (15) Allein zu geschweigen, daß Sizio überhaupt ein sehr unsicherer Schriftsteller ist, so hat es offenbar nie einen Grafen Rudolf von Wirtenberg, oder ein Kloster zu Metzingen gegeben. Man darf sich mithin auf sein Zeugniß keineswegs verlassen.

Georg Rüxner, der Verfasser des im J. 1532. herausgekommenen Turnierbuchs, woraus Crusius seinen

---

(14) Id. l. c.

(15) Sulg. l. c. Hunc *Wilhelmum* Historicus quidam Wirtenbergicus (qui se Ioannem Fizionem vocat) asserit fuisse fundatorem Ecclesiæ S. Martini in Mezingen, simul et Monasterii ibidem (des Gotteshauses) una cum *Comitissa Achalmia*, dein Rudolpho Comiti Wirtenb. nupta.

nen Schwäbischen Annalen einen Auszug einverleibt hat, thut gleichfalls eines Grafen Wilhelms von Achalm Meldung, der im J. 938. oder vielmehr 935. mit einem Grafen Ulrich von Urach dem von dem K. Heinrich I. veranstalteten Turnier zu Magdeburg, so wie ein Graf Rudolf von Urach im Jahr 942. dem Turnier zu Rotenburg an der Tauber, und ein Graf Konrad von Urach im J. 948. dem Turnier zu Kostanz beygewohnt habe. (16) Es erhellet aber aus mehreren Umständen, daß dieses Turnierbuch, wo nicht ganz, doch größtentheils aus blossen Erdichtungen bestehe, daher man dasselbe zu keinem Beweis bauchen kann.

Was hiernächst Crusius (17) und Besold (18) von einem Grafen Wolfgang von Pfullingen und Achalm

(16) Cruf. l. c. P. II. l. 4. c. 1. 4. und 6.

(17) P. II. l. 5. c. 2. *S. Wolfgangus*, Suevus, paterno genere *Comes Pfullingensis et Achalmensis*, materno vero Comes Veringensis, vir vitæ integritate ac doctrina supra natalium splendorem maxime conspicuus, obiit a. 994. De quo viro alii quoque scribunt. *S. Wolfgangus* (inquit Pantaleon) natione Suevus, ex familia nobili *Comitum de Pfullingen* oriundus, natus est in Wellenburg Rhætiæ. Mater ejus erat Bertruda, Comitissa a Veringen, quæ postea in Sulzbach sepulta fuit. Excultis bonis literis, terrenis bonis relictis, apud Treviros Monachus Benedictini ordinis factus est. Fuit deinde (Mersiæo auctore) Henrici Trevirensis Archiep. Sacellanus, ab Aug. Episc. S. Ulrico Clericus ordinatus. Postea in Bavariam evocatus, ob contentiones in ecclesia ortas sopiendas ad Pataviensem Pilegrinum divertit, qui apud Othonem I. Imp. effecit, ut Ratisbonensi Episcopatui præficeretur a. 968. Cum autem solus labores *Wolfgangus* obire non posset, patruelem suum Ramoldum in partem curarum assumsit, Præpositum ecclesiæ S. Emerani constituens, mox etiam Abbatem. — Obiit a. 994.

a P.

Achalm melden, der Anfangs ein Mönch an verschiedenen Orten gewesen, nachgehends im J. 968. Bischof zu Regenspurg geworden, und im J. 994. oder 999. gestorben seyn soll, das verdient um so weniger Glauben, da ihn Sulger ganz aus der Reihe der Grafen von Achalm ausläßt. Es scheint auch allerdings, daß er aus einem andern Geschlechte gewesen sey, besonders wann man erwägt, daß er zu Wellenburg, einem Schloß unweit der Iler, das jezt den Grafen von Fugger zustehet, geboren seyn soll. Dann dieses Schloß war ehmals der Stammsiz einer eigenen Familie, die mit den Grafen von Achalm in keiner Verbindung stund.

Zulezt erscheint noch um das J. 1039. ein Graf Wittbotto von Achalm, von welchem eine Innschrift zu Zwifalten sagt:

Wittbotto Comes de Achalm (dictus der gleiſſende Wolf,)
vixit circa Annum Chriſti 1039.

Lupum

a P. Leone IX. in catalogum Divorum receptus. Conf. Laur. Hochwarti Catal. Epiſcoporum Ratispon. L. II. cap. XV. in Oefel. Scriptor. rer. Boic. T. I. p. 177.

(18) Mon. Virg. ſacr. p. 334. in not. *S. Wolfgangus Comes de* Pfullingen *et* Achalm, filius Gertrudis Comitiſſæ Veringenſis,) (quæ poſtea in Sulzbach ſepulta fuit,) Epiſcopus Ratisbonenſis, in Augienſi monaſterio literis apprime imbutus, poſtea in Hercinia ſilva monachum profeſſus eſt, ubi aliquandiu commoratus, et in Noricum, diſſeminandæ fidei cauſſa, profectus, invitus epiſcopale faſtigium Ratisbonæ conſcendit. Ibi munere ſuo ſanctiſſime perfunctus ad cælites evolavit, pridie Cal. Nov. a. 999. Ejus corpus in S. Emerani æde conditorio clauſum, ibi in Crypta annos 577. latuit, ac præteritis demum annis a Wolfgango, altero hujus nominis Ratisbonenſi præſule, repertum, et novo ſacrario honoratum eſt.

> Lupum me vulgo dixerunt
> Oculis micantem:
> Nempe animum fi vidiffent, Agnum dixiffent.
> Quanquam ferociter ad honoris faftigium femper
> graffatus,
> Nihil tam rapere cupii,
> Quam poft fata Cœlum.
> Tamen recte illi de me;
> Qui (fi oculi mentis feneftræ funt,)
> Tralucentem inde fulgorem animi
> Deprehenderunt. (19)

Wobey Sulger die Anmerkung macht, daß er von andern Wipert oder Wiprecht genannt werde, und zu Hirfau begraben fey. Was nun diefen lezteren Umftand betrift, fo wäre billig zu erwarten, daß in der Hirfauifchen Chronik des Trithemius auch etwas davon gemeldet würde. Allein hier fucht man einen folchen Grafen von Achalm vergebens. Ueberhaupt find die gefamte bisher angeführte Zwifaltifche Innfchriften eines viel neueren Urfprungs, und wie Sulger felbft bekennt, nicht lang vor feiner Zeit, folglich erft im fiebenzehenten Jahrhundert, verfertiget. Wer auch nur ein wenig mit der älteren Gefchichte Teutfchlands bekannt ift, der weißt, daß fich die Grafen vor der Mitte des eilften Jahrhunderts noch nicht von ihren Schlöffern oder Stammfitzen, fondern blos nach ihren Taufnamen mit Hinzufetzung des gräflichen Titels, als z. E. Egino Comes, Rudolfus Comes u. f. f. gefchrieben haben, daß es mithin faft unmöglich, oder wenigftens fehr fchwer fällt, wann auch diefer oder jener Graf in Urkunden oder andern ficheren Nachrichten angetroffen wird, zu unterfcheiden, aus was für einem Gefchlecht er gewefen fey. Ganz anders ift es nach der Mitte des eilften Jahrhunderts, von welcher Zeit auch

(19) Sulg. l. c. p. 7.

die gewissere Geschichte der Grafen von Urach und Achalm anfangt.

Damals lebten zween Brüder, davon der eine Egino, und der andere Rudolf hieß. Ihr Gebiet erstreckte sich nicht nur über das gesamte Thal, welches der Fluß Echaz durchströhmt, und die benachbarte Orte Unterhausen, Kirchentellinsfurt, Möringen auf den Heerden, Immenhausen, Bronweiler, Gomeringen, Ehningen unter Achalm, Glems, Neuhausen an der Erms, Dettingen und Metzingen unter Urach, Kohlberg, Bempflingen, Riederich, Pliezhausen, Oferdingen, Mittelstatt, Altenburg, Rommelspach, Eickenhausen, Jetenbruck, und ein Drittheil der nunmehrigen Reichsstadt Reutlingen, sondern sie besaßen auch daneben verschiedene Güter auf der Alb, in Rhätien, im Elsaß, in Franken und im Turgau. Ihre Wohnung aber hatten sie in zwey unterschiedenen prächtigen Gebäuden zu Reutlingen, welches damals noch ein Dorf, aber schon so ansehnlich war, daß es bey 600 Häusern in sich faßte. Egino, der ältere unter den beeden Brüdern, brachte theils durch Kauf, theils durch Vertauschung eines Guts zu Schlatt, (einem abgegangenen Orte nicht weit von Urach, davon die Schlatter Steig, deren weiter unten bey dem J. 1254. gedacht wird, den Namen hatte,) den Berg Achalm an sich, und fieng an, das Schloß dieses Namens zu bauen, starb aber, ehe er damit fertig wurde, und überlies die Fortsetzung seinem Bruder Rudolf, der seine ganze Verlassenschaft erbte, und den angefangenen Bau vollendete. So erzält es Sulger bald im Anfang seiner Chronik des Klosters Zwifalten, [20] der auch

---

[20] P. I. p. 2. seq. Erant tunc inter Alemanniæ proceres, opibus et potentia præeignes, qui se *Comites Achalmiæ* scripsere. Ex his fratres duo, *Egino*

auch weiter unten eines **Grafen Eginons von Urach** gedenkt, von welchem die nachfolgende.Grafen von Urach

Egino et *Rudolphus*, circa a. C. 1030. Reutlingæ, loco ad montis Achalmii pedem sito, duabus in magnificis ædibus habitarunt; nam is locus tunc adhuc pagus fuit, perquam tamen populosus, et sexcentis domibus celebris, quarum pars tertia ad eosdem Comites pertinebat, avito Achalmiæ castro per præteritorum temporum malitiam penitus vastato. Erat quoque dictornm Comitum jurisdictioni subjecta vicinæ regionis pars magna, vallis nimirum Echazia tota, cum pagis et dominiis, Husa inferiore, Kirchemio, Telmisfurto, Meringa, inde versus sylvestria Vmenhusium, Bronwiler, Gomeringa etc. in ambitu autem montis Achalmii eis parebant Eninga, Glembrium, Neohusa, Dettinga, Mezinga, Mons Carbonarius, Wempfelinga, Riederich, Bliezhusa, Offertinga, Mittelstadium, Altenburgum, Romelspach, Siggenhusa, Iettenbruch, et alia, ut nihil dicam de ampliffimis poffeffionibus, quas in Alpibus nostris, in Rhetia, in Alfatia, Franconia et Turgovia habuere. *Egino* igitur, fratrum prædictorum natu major, militaribus studiis id ætatis nulli heroum per Germaniam inferior, monti Achalmio novum castrum, quod deinceps iterato familiæ avita constansque sedes esset, imponere magnis apparatibus cœpit, ipsa loci natura et amœniffimo situ vel in regii domicilii magnificentiam et delicias abunde suffecturo: nam mons ille a ceteris spatiose remotus ex ampliffimo et undique herbido frugiferoque pede sensim in sublime elevatus subito in petrosum cylindrum præalte turbinatur, qui undique per latera præcifus et asperrimis rupibus horridus, latam planamque in vertice aream explicat, nonnisi perangusto et cochleato in ambitu calle adeundam. Ex hac planitie longiffimus in omnem vicinæ regionis circumferentiam pulcherrime prospectus patet. Loco Achalmiæ nomen datum volunt ab Achazia valle, quam Achazius (die Echaz) amnis perfluit, quasi is mons et castrum esset veluti caffis, galea feu protectio (ein Helm) Achaziæ vallis. Cæterum, quo minus *Egino Comes* magnifi-

Urach herstammen. (21). Crusius hingegen meldet blos, daß zu den Zeiten K. Konrads II. um das J. 1036. zween angesehene und mächtige Grafen in Alemannien, Egino und Rudolf, gelebt haben. Egino habe den Berg Achalm theils erkauft, theils um ein Gut, genannt Slare, eingetauscht, und auf der Spitze desselben den Grund zu Erbauung eines Schlosses gelegt; weil er aber vor Vollendung desselben an einem Fieber gestorben sey, so habe Rudolf, sein Bruder und Erbe, den angefangenen Bau fortgesezt und zu Stande gebracht. (22)

Wann

gnificentissimam arcis molem, quam a fundamentis exorsus fuerat, ad finem perduceret, præfestina mors intercessit; et ejusdem absolvendæ curam una cum amplissimo patrimonio in unum *Rudolphum fratrem* transtulit. Hic postquam vastum ædificium turribus, propugnaculis, et altissimis, qui hodiedum tristi e ruina aspectabiles sunt, muris absolvit etc. Und ibid. p. 10. seq. Ergo ut ad historiam redeam, tam illustre et antiquum stemma in duos denique fratres germanos desedit, *Eginonem* et *Rudolphum*. Rudolphus Eginoni in extruenda arce Achalmia, ut supra narrare occœpi, prosecutor successit et hæres. — Redemerat vero montem Achalmium Egino, haud dubie ab avito sanguine prius possessum, tunc autem ab ea familia in aliam et forte cognatam deciduum, tam ære quam demutatione prædii, cui ab antiquis nomen Schlatt inditum.

(21) Id. l. c. p. 53. Illustravit hunc annum Cuno, seu ut alii eum vocant, Conon, *Eginonis Comitis Uracensis* filius etc.

(22) Paralip. c. 5. p. 15. Temporibus Conr. II. Imp. circa annum D. 1036. fuerunt in partibus Alemanniæ duo prænobiles et potentes *Comites*, *Egino* et *Rudolf*. Egino vir bellicosus erat, in hostes leo terribilis, erga amicos mansuetus agnus. Hic post multa fortissima facinora montem, a præterfluente rivo Achalmin dictum, dato prædio quodam suo

Slare

von Urach und Achalm. 125

Wann man diß genauer ermägt, so ist es höchst-
wahrscheinlich, daß der Graf Egino, der das Schloß
Achalm zu bauen anfieng, aber die Vollendung desselben seinem Bruder Rudolf überlassen mußte, eben
derjenige sey, der anderswo Graf Egino von Urach
genannt wird, und daß folglich die Grafen von Urach
und Achalm ursprünglich Ein Geschlecht gewesen seyen,
welches sich um diese Zeit in zwo verschiedene Linien
theilte, davon sich die eine von Urach, und die andere
von Achalm schrieb. Die Gründe, welche diese Muthmassung unterstützen, sind folgende: 1) Ergibt sich
durch eine genauere Untersuchung, daß die beede Grafen
Egino und Rudolf, die das Schloß Achalm bauten,
und der Graf Egino von Urach, welcher das Geschlecht
dieses Namens fortpflanzte, gerade zu eben derselben
Zeit gelebt haben. Dann dieser leztere hatte einen
Sohn, Namens Cuno, welcher im Jahr 1114. als
Kardinal und päbstlicher Legat bey einer Kirchenversammlung zu Beauvais war, nachdem er sich schon
vorher eine Zeitlang in den Morgenländern aufgehalten, und mancherley Verdienste erworben hatte. Rech-
net man nun, daß er damals ungefähr 60. bis 70.
Jahre alt gewesen sey, so muß sein Vater um die
Mitte des eilften Jahrhunderts gelebt haben. Eben
damals lebten aber auch die beede Grafen Egino und
Rudolf, die das Schloß Achalm bauten. Dann
wiewohl Sulger das Jahr 1030. und Crusius das
J. 1036. als die Zeit ihres Daseyns angeben, so bestimmen sie es doch nicht ganz genau, sondern nur ungefähr. Gesezt auch, daß sie wirklich schon in den ge-
nann-

Slare et multa pecunia emit: moxque fundamenta
castri, quod Achalma adhuc dicitur, in illius montis cacumine fecit. Verum quia vita præsens cum
haberi putatur, amittitur: idem Egino levi febris
morbo confectus obiit, castro non absoluto. Cujus
frater Rudolfus virtutis et inchoati operis est hæres
factus, et ædificatione perfecta etc.

nannten Jahren gelebt hätten, so wäre es doch nichts widersprechendes, daß man sie 20. Jahre später noch im Leben anträfe. 2) Erhellet theils aus dem Verzeichniß, das Sulger von den Gütern und Besizungen der Grafen von Achalm macht, (wiewohl ich dafür halte, daß sich hierinn nichts genaues bestimmen lasse,) theils aus andern Spuren, die man von den Gütern der Grafen von Urach und Achalm antrift, daß sie nicht nur zunächst an einander gegränzt, sondern auch einander hin und her durchkreuzt haben. Diß scheint anzuzeigen, daß ursprünglich alle in Einer Hand gewesen, und erst durch eine vorgenommene Familientheilung so zerschnitten worden seyn. 3) Wird sowohl von Sulgern, als auch von Crusius ausdrücklich gemeldet, daß der Berg Achalm, worauf Egino und Rudolf das Schloß dieses Namens bauten, damals erst erkauft und eingetauscht worden sey, welches zu erkennen gibt, daß sie ihren Stammsiz ursprünglich anderswo gehabt haben. Sulger stellte zwar die Sache so vor, als ob das Schloß Achalm schon vorlängst gestanden, und von den Grafen dieses Namens bewohnt worden wäre, aber nach und nach eine gänzliche Verwüstung erlitten, und hierauf eine Zeitlang andere Herrn bekommen hätte, bis es von dem Grafen Egino wieder eingelöset wurde. Man merkt aber leicht, daß das blos seine eigene Vermuthung ist, die auf keinem älteren Zeugniß beruhet, daher Crusius, der das, was er in den Handschriften des Klosters Zwifalten gefunden hatte, ohne weitere Ausschmückung anführt, nichts davon gedenkt. Mit dem Umstande, daß die oftgenannte beede Grafen vor Erbauung des Schlosses Achalm zu Reutlingen gewohnt haben, dünkt es mich ebenfalls nicht richtig zu seyn. Dann die Beschreibung, die von diesem Orte gemacht wird, zeigt nur allzudeutlich, daß Sulger hier aus keiner sichern Quelle geschöpft habe. Die Sache selbst ist auch an sich sehr
unwahr-

unwahrscheinlich, indem die Grafen damals ihre Wohnsitze gemeiniglich auf Burgen oder Schlössern hatten, wovon man zu Reutlingen keine Spur findet. Am allerwenigsten läßt es sich glauben, daß sie ein Dorf zu ihrem Aufenthalte gewählt haben sollten, das von allen Seiten ganz offen war, und gröstentheils andern Herrn gehörte. Alle diese Schwierigkeiten heben sich jedoch, wann man annimmt, daß die beede Grafen Egino und Rudolf, ehe sie das Schloß Achalm erbauten, zu Urach ihren Aufenthalt gehabt haben. Diese Muthmassung wird 4) dadurch bestätiget, daß der Ort Schlatt, wo Egino ein Gut hatte, das er nebst einer Summe baaren Geldes für den Berg Achalm gab, allen Umständen nach ganz nahe bey Urach gelegen war, ob man gleich heutigen Tages keine Ueberbleibsel mehr davon findet. Endlich 5) geben selbst die Namen der nachfolgenden Grafen von Urach und Achalm einen deutlichen Fingerzeig, daß beede ursprünglich Eines Geschlechts gewesen seyen, wie man in der Folge dieser Geschichte ohne mühsame Vergleichung leicht wahrnehmen wird.

Dem allem nach halte ich den älteren der oftgenannten beeden Brüder, nämlich den Grafen Egino, für den Stammvater der nachmaligen Grafen von Urach, den jüngern aber, nämlich den Grafen Rudolf, für den Stammvater der nachmaligen Grafen von Achalm. Die weitere Geschichte dieser Grafen theilt sich also in zween Abschnitte, davon der eine die Geschichte der Grafen von Urach, der andere aber die Geschichte der Grafen von Achalm in sich begreift.

I. Geschichte der Grafen von Urach.

Was nun den ersten Abschnitt betrift, so wird zwar Egino von Sulgern (23) ausdrücklich Graf von

(23) S. die Anm. 26.

von Urach genannt; ich zweifle aber, ob er sich selbst schon dieses Titels bedient habe, oder in Urkunden so genannt worden sey, weil es doch damals noch etwas ungewöhnliches oder wenigstens sehr seltenes war, daß sich die Grafen von den Burgen oder Schlössern benannten, wo sie ihren Aufenthalt hatten. Und daher mag es kommen, daß er an andern Orten, so wie sein Bruder Rudolf, Graf von Achalm heißt. Nichtsdestoweniger gibt das, was von seiner Verwandtschaft mit den folgenden Grafen und Gräfinnen von Urach gesagt wird, hinlänglich zu erkennen, daß er wirklich ein Graf von Urach gewesen sey. Ich will diesen Grafen Egino I. nennen, weil noch mehrere Grafen von Urach dieses Namens nachfolgen werden. Ob er selbst, oder erst seine Söhne und Nachkommen nach seinem Tode diejenige Ländereyen und Güter, die er bis dahin mit seinem Bruder Rudolf gemeinschaftlich besas, mit diesem getheilt, und welcher von seinen Nachkommen zuerst den Titel eines Grafen von Urach angenommen habe, davon läßt sich nichts mit Zuverlässigkeit sagen. Soviel ist gewiß, daß seine Nachkommen bald darauf als Grafen von Urach, so wie Rudolf und seine Nachkommen als Grafen von Achalm erscheinen. Sein Tod fiel nach allen Umständen ziemlich in die Mitte des eilften Jahrhunderts, und Crusius sagt, daß er zu Straßburg begraben liege. (24) Nimmt man diese beede Umstände zusammen, so hat es fast das Ansehen, daß er in den damaligen lothringischen Händeln das Leben eingebüßt habe. Wer seine Gemahlin gewesen sey, davon findet man keine Spur. Wann man jedoch die vorhandene Nachrichten mit einander vergleicht, so ergibt

---

(24) P. II. l. 8. c. 8. wo er meldet, daß Adelheid, die Gemahlin des Grafen Rudolfs von Achalm, cum *Eginone*, Liutoldi Comitis patruo, ihr Begräbniß daselbst habe. Dieser Egino kann nun kein anderer, als eben der Unserige seyn.

gibt ſich, daß er zween Söhne und eine Tochter gehabt
habe. Die Söhne waren Egino II. und Cuno, Cono
oder Konrad I. Die Tochter aber hieß Mathild
oder Mechtild.

Die leztere verheurathete ſich mit Mangold, einem
Grafen oder Herrn von Sümmetingen, der in einem
Treffen bey Bleichfeld unweit Würzburg, da er ſich
wider den K. Heinrich IV. brauchen ließ, das Leben
einbüßte. (25) Dieſes Treffen iſt ohnfehlbar dasjenige,

(25) Cruſ. P. II. l. 9. c. 20. Manegoldus de Sunemo-
tingen, nobilis, et *Mahtilt, ſoror Eginonis Comitis
de Urahe*, uxor ejus; duo filii ejus Egino et Udal-
ricus, Zwifalt. monachus; Mahtilt filia ejus, Zwifalt. monacha, dederunt monaſterio Zwifalt. apud
villam Altheim 4. manſus, apud Liſinhofen 2. m.
et alia. Manegoldus ille poſtea apud Wirziburc in
prælio interfectus eſt, cumque apud S. Stephanum
ſepultus eſſet, inſecuto tempore in capitulum Zui-
faltenſe translatus eſt, et juxta uxorem ſuam con-
ditus. Sulg. l. c. p. 42. Manegoldus Comes de
Sümmetingen cum anno abhinc 38. pro Adalberone
Epiſcopo Herbipolitano contra Henricum IV. prope
Wirzburgum, loco, quem Blaichfeldam nominant,
ſtrenue dimicans occubuiſſet, et ad D. Stephani
ædem eadem in urbe tumulatus eſſet, circa hoc tempus a filiis Eginone et Udalrico, monacho noſtro,
refoſſus, atque ad noſtrum templum deportatus eſt.
Contigit illi ſepultura juxta conjugem ſuam *Mathil-
dem* in capitulo, quæ fuit *ſoror Eginonis Comitis de
Urach*, cujus filia Mathilda, vulgo Matza, in Par-
thenæo Zwifaltenſi vitam religioſam agebat, quam
et alter fratrum Egino paulo poſt ad ejusdem inſti-
tuti profeſſionem eſt ſecutus. Hæc illuſtris familia
Comitum Sümmetingenſium, ita a domicilio dicto-
rum, cum illis avitus ſtemmatis titulus et origo ex
caſtro Neuſſenſi fuerit, apprime de nobis benemeri-
ta, contulit in villa Althemia ad Ruſſam fluvium
prope Sümmetingen manſus 4. quos Reinardus Ne-
crologiſta duas curias vocat, ad Linſenhofen manſus

nige, so den 11. Aug. 1086. zwischen dem K. Heinrich IV. und seinem Gegner, Hermann von Luxenburg, zum Nachtheil. des ersteren vorfiel. Und eben hieraus läßt sich nicht undeutlich schliessen, daß Mechtild eine Tochter Eginons I. und Schwester Eginons II. gewesen sey, da sie sonst nur überhaupt des Grafen Eginons von Urach Schwester genannt wird, ohne zu bestimmen, was für ein Egino gemeint werde. Sie war eine grosse Gutthäterin des nicht lang nach ihres Gemahls Tode von den Grafen von Achalm, ihren Vettern, gestifteten Klosters Zwifalten, dem sie unter andern mit ihren Söhnen, Egino und Ulrich, und einer Tochter Maza oder Mathild verschiedene Güter zu Altheim an der Rüß, Langenschammern, Ehingen an der Donau und Linsenhofen bey Neufen schenkte. In diesem Kloster wurde sie auch nachmals begraben; ja ihre Söhne, davon der eine ein Mönch zu Zwifalten war, gruben sogar nach dem Tode derselben ihres Vaters Gebeine, die indessen in dem Kloster bey St. Steffan zu Würzburg geruhet hatten, wieder aus, und brachten sie an eben dem Orte zur Ruhe.

Von ihren Brüdern trat Cuno oder Konrad I. in den geistlichen Stand, darinn er es bis zur Kardinalswürde brachte. Er bekleidete daneben viele Jahre die Stelle eines päbstlichen Legaten sowohl in den Morgenlän-

---

sus 2. ad Eingam (hodie Ehingam oppidum Austriacorum). molendinum unum, ad Scmmare (hodie Langenschameren) haud procul Althemio mansum medium. An einem andern Orte, nämlich P. I. p. 49. nennt Sulger die Gemahlin Mangolds von Sümmetingen Mathild von Neufen, und p. 40. *Mathild Comitissam de Sinimatingen et Neuffen*; welches ohne Zweifel deswegen geschieht, weil die Herrn von Sümmetingen und die Herrn von Neufen einerley Geschlechts seyn sollen. Sonst wird sie auch *Comitissa de Urach* genannt ibid. P. II. p. 116.

genländern als auch in Frankreich und Teutschland, wobey er sich als einen grossen Feind des K. Heinrichs V. zeigte, den er nicht nur im Jahr 1114. auf einer Kirchenversammlung zu Beauvais in Frankreich, sondern auch im J. 1119. zu Kölln am Rhein und zu Fritzlar mit dem Bann belegte. (26) Egino II. ist weiter nicht bekannt, als daß er mit einer Gemahlin, Namens Kunigunde, die nebst ihm in dem Kloster Zwifalten begraben ligt, vier Kinder zeugte, nämlich zween Söhne, Egino III. und Gebhard, (welchem leztern Crusius (27) noch zween Brüder gibt, Namens Anselm und Rugger, die aber das Geschlecht der Grafen von Urach offenbar nichts angehen,) und zwo Töchtern, Udilhild und Alberad.

Was nun zuerst die Töchtern anbelangt, so erwählte Alberad den geistlichen Stand, und wurde nach einiger Zeit Aebtißin zu Lindau. Sie legte jedoch diese Würde ums J. 1131. nieder, und begab sich in die Gesellschaft der Klosterfrauen, welche damals zu Zwi-

(26) Sulg. P. I. p. 53. Illustravit hunc annum (1114.) *Cuno, seu ut alii eum vocant, Conon, Eginonis Comitis Uracensis filius, Alberadae monialis nostrae, olim Lindaviensis Antistitae, patruus, S. R. Ecclesiae Cardinalis Praenestinus, et Summi Pontificis in Oriente Legatus, magnis meritis clarus, a quo in nationali Synodo Bellovacensi Henricus V. Imp. a fidelium communione ob vindicatam sibi contra fas ecclesiarum investituram exclusus est.* Naucler. Chron. Edit. Colon. de a. 1564. Tom. II. p. 190. *Hic quoque diebus Cuno Praenestinus, adhuc legatione Gelasii functus, Coloniae Teutonicorum conventum faciens, Henrici excommunicationem publicat, postea in Frideslare idem confirmat.*

(27) Paralip. c. 5. *Gebhardus, Canonicus Argentinensis, factus est Episcopus Spirensis a.* 1105. *Fratres habuit Anshelmum et Ruggerum, qui adhuc* 1136. *vixerunt.*

Zwifalten waren, wo sie auch nach ihrem Tode begraben wurde. (28) Udilhild aber verheurathete sich mit einem Grafen Friedrich von Zollern, und verewigte ihr Angedenken durch die Stiftung einer besondern Kapelle zu Zwifalten für die dortige Klosterfrauen, wozu sie nach und nach verschiedene Kirchengeräthe mit einigen Gütern zu Stetten, Engschlatt, Hardt, Strelchen und Danheim vermachte, daher sie auch nach ihrem Tode ihre Ruhestätte daselbst erhielt. (29)

Von

(28) Cruſ. P. II. l. 9. c. 6. *Alberat, Comitis Eginonis filia, et Gebehardi Strazburgenſis* (sollte Spirenſis heiſſen) *Pontificis* (a. 1130.) *germana*, quæ quondam fuerat apud Lindaugiam Abbatiſſa, faſtum ſuum ſive nobilitatem pro Chriſto depoſuit, et humeros ſuos juſſu domni Vdalrici Abbatis hoc loco ſuppoſuit. Cujus vitæ auſteritas, abſtinentiæ ſingularitas, patientiæ longanimitas, humilitatis ac taciturnitatis ſanctitas tanta erat, ut nemini priorum ſanctarum cedere judicaretur. Quam imitari ſtuduit et *germana ſua Udelhilt, conjux Friderici Comitis de Zolre.* Und c. 7. wo eines kleinen silbernen Kreuzes gedacht wird, quam dominus Folmarus Hirſaugienſis Abbas dedit dominæ *Udishildæ, Comitiſſæ de Zolre*, et illa *ſorori ſuæ Alberadæ*, (quondam Abbatiſſæ, noſtræ autem nunc monachæ,) donavit. Sulg. l. c. p. 77. Hoc circiter tempore (1131.) *Alberada, Eginonis et Chunigundis Comitum de Urach filia, Gebhardi Argentinenſis* (Spirenſis) *Epiſcopi ſoror*, et Abbatiſſa Lindavienſis, abdicatis perituris honoribus et deliciis in Zwifalenſi Parthenone ſacris virginibus adjungitur. Von ihrem Begräbniß zu Zwifalten sehe man die in der nächstfolgenden Anmerkung vorkommende Stelle aus Sulg. l. c. p. 82. seq. Ihr wird auch ibid P. II. p. 115. unter andern Personen, die zu Zwifalten begraben ligen, namentlich gedacht.

(29) S. die erstangeführte Stellen aus Cruſ. P. II. l. 9. c. 6. und c. 7. Add. c. 20. *Udilhildis*, Comitiſſa de Zolro, conſtruxit capellam S. Nicolai ad occaſum

in

Von den Söhnen Eginons II. trat gleichfalls der eine, nämlich Gebhard, oder Gerhard, wie er hie und da genannt wird, in den geistlichen Stand. Weil ihm jedoch das weltgeistliche Leben besser gefiel, als der Mönchsstand, so gieng er Anfangs in kein Kloster, sondern wurde im J. 1080. Domherr zu Straßburg. (30) Ja er hatte einen so grossen Haß gegen alle

in extremo monasterii Zwifalt. multisque ornamentis ac bonis donavit. In quadam ejus parte non consecrata cum matre sua Cunigunde, Comite de Urahia (retineo scripturam membranarum Zuifalt. MSt.) est sepulta. Eadem in majori monasterio vela duo depicta linea ad altare S. Crucis suspendit. Sulg. P. I. p. 82. seq. *Udilhildis, Comitissa de Urach, Friderici Comitis de Zollern, vulgo Maute dicti, uxor,* quæ et mater Cunonis et Adelberti monachorum nostrorum fuit, construxit et dotavit pro Sanctimonialibus nostris sacellum D. Nicolai, i. e. ecclesiolam ad finem sive introitum des Münsters zu Zwifalten versus aquilonem sitam, ac postea in parte ejusdem sacelli non consecrata una cum *sorore sua Alberada et matre Cunigunda* tumulata. Contulit huic ædiculæ a se exstructæ calicem cum casula et omnibus necessariis paramentis sacroque ornatu, hubam insuper ad Stetten, hubam ad Ungislatt, hubam ad Hard, aliam ad Striche, duas ad Danheim. Fuere duo supra memorati monachi nostri, Albertus et Cuno, filii Friderici senioris Comitis de Zollern. Genuerat jam ante *Udilhilda* piissima matrona præter geminam hanc prolem, Albertum sc. et Cunonem, alios duos filios, Eginonem, paterni Comitatus heredem, et Godefridum de Cimbren.

(30) Trithem. Chron. Hirs. Edit. S. Gall. T. I. p. 298. seq. A. MXCI. in die S. Petri ad vincula, quæ est prima mensis Augusti, convenerunt in unum fratres S. Congregationis, et *Gebhardum* priorem suum elegerunt in Abbatem hujus monasterii Hirsaugiensis, virum doctum, sapientem, et ad regimen animarum cunctorum judicio satis idoneum. Qui licet multum renitens, tandem precibus fratrum devictus humeros

alle Mönche, daß er denen von Hirſau einſt ihren Wein im Elſas mit Gewalt wegnahm. Allein auf Zure-

ros curæ paſtorali ſubmiſit, præfuitque annis XIV. et menſibus tribus, poſtea in Epiſcopum Spirenſis eccleſiæ ſublimatus. Natione fuit Teutonicus, patria Suevus. *nobili proſapia Comitum de Urach ortus.* — Anniis autem puerilibus in ſtudio literarum ſæcularium exactis, in eccleſia Argentinenſi Canonicus factus eſt; ubi cum divitiis et honoribus auctus quotidie apud ſe intumeſcens creſceret ſecundum ſæculum, in tantum converſionem horruit, ut hoſtis monachorum et diceretur et eſſet. — Quodam tempore vinum, quod S. Wilhelmo et Hirſaugienſi ſanctiſſ. Congregationi donatione fidelium creverat in Alſatia, Gebhardus prætenſam componens cauſſam violenter detinuit, et in uſus proprios convertit. Quod præſumere eo facilius potuit, quo illos cum S. Ecclelia ſentientes nullum a Rege habituros locum defenſionis certiſſime agnovit. Verum admonitus tandem ſuper temeritate ſua per bonos viros et Deum timentes, ſatisfacere læſis pro damno ſtatuit, et ob id Hirſaugiam venit. — Monachus factus res ſuas omnes monaſterio contulit, et in medio fratrum juxta conſuetudinem inſtitutionis monaſticæ innocenter et ſine querela religioſiſſime converſatus fuit. Qui cum ſanus aliquandiu viveret inter illos et incolumis, ut patientia ejus probaretur, coram omnibus languorem repente graviſſimum incidit, qui ultra unius anni ſpatium duravit. Motu namque membrorum usque adeo fuit deſtitutus, ut nec manum valeret ad os porrigere, nec ſe de uno latere in aliud movere. — Reſtitutus autem priſtinæ ſanitati (per Abbatem Wilhelmum) cum in omnibus ad puritatem regulæ monaſticæ probe et religioſe converſaretur, in Priorem S. Congregationis Hirſaugianæ per D. P. Wilhelmum conſilio fratrum conſtitutus eſt. — Cum vero Beatiſſimus P. Wilhelmus in conſtructione majoris coenobii multum et continue eſſet occupatus, tandemque cerneret optatum ædificii appropinquare finem, magno coepit æſtuare deſiderio, quatenus aliquas de S. Apoſtolo Petro poſſet habere veras indubi-

Zureben gottsfürchtiger Leute besann er sich eines Bessern, und reyßte, um sich wegen des Ersatzes zu vergleichen,
zur

dubitatasque reliquias, in cujus honorem novam ecclesiam statuit consecrandam. Consilio igitur accepto Gebhardum Priorem suum misit ad Urbanum Papam ejus nominis II. — post paucos menses ad Cluniacum, ubi postulatas D. Petri reliquias impetravit. — Postquam rediit ad Hirsaugiam, omnium consensu fratrum, ut diximus, Abbas in Wilhelmi locum constituitur. — Fuit autem Gebhardus Abbas vir perspicacis ingenii, et talis, qui natus ad principatum, et majoris dignitatis videretur, in gubernatione rei familiaris multum idoneus, et in cunctis agendis plusquam credebatur astutus. — Ad publica Regum et Principum consilia saepius vocabatur, quoniam prudentia et eloquentia fuit illustris, et morum integritate religiosissimus. — A. 1105. Rex Henricus Gebhardum hujus monasterii Hirsaug. saepe dictum Abbatem Spirensibus praefecit Episcopum. — Interea Gebhardus factus promotione regali Episcopus, animos fratrum per Gotfridum Comitem de Calba, Monasterii Advocatum, et alios complures sollicitare non cessabat, sed et per semetipsum rogabat, contestans et obsecrans, quatenus beneficiorum memores eum de Abbatia non propellerent, nec propterea quod Episcopus videretur, alium praeter ipsum Abbatem ordinarent. — Sed erant inter monachos Hirsaugianae Congregationis viri plures ingenio et experientia prudentissimi, quorum sagacitas dolos et machinamenta sapientiae consilio praevenit. — Sed posteaquam relicto monasterio Pontificatum assumpsit, magni mox nominis et famae gloriam aestimatione Principum amisit. Omnes illum nobiles et ignobiles, amici et inimici, domestici simul et extranei, contemnere, despicere et irridere coeperunt, tanquam hominem ineptum, superbum et vane gloriosum. — Die quadam Oppidani cum mulieribus et pueris, eo praesente et per fenestras domus audiente et vidente, in loco quodam, ubi manebat, choros ducebant, et cantilenas de ipso irrisorie compositas in ejus contumeliam publice cantaverunt. Sed non cessit eis in bonum;
nam

zur Zeit des Abts Wilhelms selbst nach Hirsau. Bey dieser Gelegenheit sahe er die damalige schöne Einrichtung

> nam milites et amici his contumeliis in Episcopum prolatis auditis, concurrentes fustibus cæsos illos subito in fugam converterunt, et ita tacuerunt. — Commendaverat illi Rex Henricus cum Episcopatu Spirensi etiam Abbatiam monasterii Lauriliensis. — A. 1110. Gebhardus, Ecclesiæ Spirensis Episcopus, diutinis vexatus doloribus, Pontificatum deserere statuit, et ad monasterium, unde venerat, redire. Cumque jam ordinatis omnibus, quæ ad viam necessaria videbantur, in curru sedens de monte S. Michaelis Ebernsperg dicto, ubi manere consueverat, iter inchoasset versus Hirsaugiam, rumor civitatem Spirensem subito replevit, quod eorum Pontifex fugeret ad Cœnobium, amplius non reversurus. Concurrentes igitur in multitudine copiosa, priusquam medium perfecisset iter Episcopus, circumdantes eum obnixe rogarunt, ne curam ovium suarum desereret, nec se ab illis elongaret. — Locus itaque manendi Bruchsal dictus eligitur. Ibi Pontifex Gebhardus, senio gravatus et morbo, mensibus duntaxat in hoc mundo tribus supervixit, nam ingravescente paulatim ægritudine tandem anno prænotato, prima videlicet die mensis Martii, ab hac vita transiens in Domino quievit. Cujus cadaver Spirenses, quemadmodum vivo promiserant, ad monasterium istud Hirsaugiense duxerunt etc. Cod. Lauresh diplom. ex Edit. Academiæ Theodoro-Palatinæ T.I. p. 223. seq Præfuit tunc Hirsaugiensi monasterio post Willehelmum *Gebehardus*, tum natalium splendore conspicuus, tum etiam consilii vivacitate in palato satis acceptus, cui se non tam fidelitatis quam ambitionis gratia familiarem exhibebat. Hoc optentu primo Laureshamensem Abbatiam, deinde Episcopatum Spirensem velut ex imperiali concessione vendicavit. — Tenuit ipsam Abbatiam (Laureshamensem) annis duobus, Spiræque sepultus est. Diese leztere Worte widersprechen dem, was Trithemius meldet, welcher jedoch allem Ansehen nach mehr Glauben verdient. Conf. Crus. P. II. l. 8. c. 9. und l. 9. c. 3. Lehmanns Speyrische Chro=

tung und Verfassung des Klosters, welche ihn bewog, da zu bleiben, und ein Mönch zu werden. Er war aber nicht lang zu Hirsau, als er eine Art von Gichtern oder Gliederkrankheit bekam, an welcher er über ein ganzes Jahr vieles zu leiden hatte, bis er endlich, wie man vorgibt, durch ein Wunder von dem Abt Wilhelm gesund gemacht wurde. Eine Weile hernach wurde er Prior, und im Jahr 1090. oder 1091. schickte ihn der Abt Wilhelm zu dem Pabst Urban II. nach Rom, wie auch kurz darauf zu dem Abt Hugo nach Clugny in Frankreich. Ehe er von da zurückkam, so starb Wilhelm den 4. Jul. 1091. worauf er den 1. Aug. an dessen Stelle zum Abt zu Hirsau erwählt wurde. Diese Würde bekleidete er 14. Jahre und 3. Monate mit vielem Ruhm. Endlich lies er sichs einfallen Bischof zu werden, und wandte sich deshalb an den K. Heinrich V. der ihm im J. 1105. zu dem Bistum Speyer verhalf, ihm auch noch die Abtey Lorsch dazu gab. Er gieng zwar damit um, die Abtey Hirsau ebenfalls zu behalten; allein diß konnte er nicht zuwegen bringen. Ein so ehrgeiziges und gewinnsüchtiges Betragen brachte ihn auf die lezte um allen seinen vorher erlangten Ruhm, und machte ihn dergestalt verhaßt,, daß er einmal zuhören mußte, wie ein ganzer Chor von Männern, Weibern und Kindern vor seinen Wohnzimmern vorbeyzog, und die bitterste Schmählieder über ihn absang, welche auch nicht eher aufhörten, als bis er seine Diener und Soldaten gegen sie ausrucken lies. Endlich wollte er wieder nach Hirsau zurückkehren, wurde aber unterwegs von seinen Speyrern angehalten, und genöthiget, zu Bruchsal zu bleiben, wo er kurz darauf, nämlich den 1. März 1110. mit Tode abgieng. Sein Leichnam wurde, wie er verlangt hatte, nach Hirsau geführt,

---

Chronik. B. V. Kap. 44. Sattl. histor. Beschreib. des H. W. Th. I. S. 112. Sachs Einleit. in die Gesch. von Baden Th. I. S. 177. u. f.

geführt, und daselbst in der Kirche vor dem Hochaltar begraben. Er wird sonst gerühmt als ein feiner und beredter Mann, der auch in der Heil. Schrift wohl bewandert gewesen seyn soll. Und vielleicht, wann man alle Umstände recht erwägt, hatte er nach der damaligen Zeit keinen Fehler, als daß er es mit dem kayserlichen Hofe, und nicht mit dem päbstlichen Stuhl hielt. Dem Kloster Hirsau schenkte er vermög des dortigen Traditionsbuches als Abt daselbst mit einem Bruder, der Egino genannt wird, einige Güter zu Owa (vielleicht Owen bey Kirchheim unter Teck) und Attenherd (vielleicht Pfundhart bey Weilheim, nicht weit von Owen). (31)

Diß ist nun Egino III. der andere Sohn Eginons II. von welchem aber weiter nichts bekannt ist. Daß er vermählt gewesen sey, ist aus einer Stelle des Trithemius (32) abzunehmen, da er eines Besuchs gedenkt, den Gebhard bald, nachdem er die Mönchskutte zu Hirsau angezogen, von der Gemahlin seines Bruders erhalten habe. Dann dieser Bruder kann kein anderer als Egino III. gewesen seyn, er müßte dann noch einen Bruder gehabt haben, von welchem man sonst nichts weißt. Wie sie geheissen, und ob er mit ihr Kinder gezeugt habe, davon wird auch nichts gemeldet. Doch scheint es, daß derjenige Graf Egino von

(31) Cruf. P. II. l. 10. c. 15. Domnus Abbas *Gebehardus et frater ejus Egeno, Comes de Urach*, tradiderunt monasterio Hirsaugiensi ad Owam et ad Attenherd unam salicam terram et 5. (8) hubas. Conf. Sattlers histor. Beschr. des H. W. Th. I. S. 112.

(32) Chron. Hirsaug. T. I. p. 300. Post dies paucos *uxor fratris Domini Gebhardi* cum multo comitatu suorum venit ad Hirsaugiam, et quoniam nulla ratione intra muros Coenobii mulieribus patebat ingressus, ad eam Gebhardus in sella gestatoria extra portam a ministris effertur etc.

von Urach, welcher um das J. 1157. dem Kloster Zwifalten einen mit Gold durchwirkten Teppich oder Vorhang schenkte, (33) und den man den IV. dieses Namens nennen kann, ein Sohn desselbigen gewesen sey.

Was Crusius hiernächst aus Rüxners Turnierbuch von einem Grafen Ulrich von Urach meldet, welcher im J. 1165. einem Turnier zu Zürch beygewohnt haben soll, (34) verdient keinen Glauben. So ist auch vermuthlich ohne Grund, daß eine Gräfin Agatha von Urach bald nachher mit einem Grafen Berthold von Lechsgmünd, welcher im J. 1223. mit Tode abgieng, in der Ehe gelebt habe. (35) Dann wann man die Sache recht besieht, so scheint es, daß es ein blosser Misverstand sey, der daher rühret, daß des erstgedachter Grafen Bertholds von Lechsgmünd Tochter, Agatha, den Grafen Berthold den jüngern von Urach zum Gemahl gehabt haben soll, wie weiter unten soll bemerkt werden.

Hingegen findt man gegen dem Ende des 12ten und im Anfang des 13ten Jahrhunderts wieder einen Grafen Egino oder Ego von Urach, welcher der Zeit nach ein Sohn Eginons IV. könnte gewesen seyn, und den ich den V. nennen will, wiewohl ihn Schöpflin, der von allen bisherigen Grafen und Gräfinnen von Urach

(33) Sulg. T. I. p. 133. *Egino Comes de Urach vel Fürstenberg monasterio Zwifalensi donavit cortinam auro contextam.* Daß er hier ein Graf von Urach oder Fürstenberg genant wird, kommt vermuthlich daher, weil nachgehends eine Linie der Grafen von Urach den Fürstenbergischen Titel annahm.

(34) Cruf. P. II. l. 11. c. 4.

(35) Brusch. Chronol. Monaster. German. præcipuorum fol. 23. wie auch Cruf. P. II. l. 9. c. 15. und P. III. l. 1. c. 3.

Urach nichts meldet, den I. nennet. Das erstemal wird er als Zeug angeführt in einer Urkunde vom Jahr 1175. da Herzog Welf von Bayern dem Kloster Weffenbronn auf den Fall seines künftigen Absterbens gewiffe Güter vermachte. (36) Einige Jahre hernach, nämlich im Jahr 1179. gibt Rüyner vor, daß er einem Turnier zu Kölln beygewohnt habe, (37) dem ich aber keinen Glauben beymeffen kann. Gewiffer ist, daß er sich im J. 1181. bey dem Kayser Friedrich I. zu Eßlingen aufgehalten, und daselbst den 18. May eine Urkunde, worinn diefer Kayser das Kloster Denckendorf in seinen Schuz nahm, als Zeug unterschrieben hat; (38) wie er dann auch mit gegenwärtig war, als Ulrich von Neuburg in eben diesem Jahr ein Lehen von dem Probst zu Solothurn empfieng. (39) Wieder trift man ihn im J. 1185. als Zeugen in einem Entscheidbrief Herzogs Friedrichs von Schwaben, aus Gelegenheit einer Streitigkeit zwischen dem Kloster Salmannsweiler und Konraden von Heiligenberg, (40) desgleichen im J. 1191. wie Crusius bezeugt, in einer Urkunde des Pfalzgrafen Rudolfs von Tübingen, (41) und,

(36) Mon. Boic. Vol. VII. p. 359. wo er *Egino Comes de Ura* heißt.

(37) Cruf. P. II. l. 11. c. 9. *Aego Uracensis Comes.*

(38) Befold. Docum. rediv. monaft. Wirtenberg. p. 456. seq. Petri Suev. Ecclesiast. p. 262. Conf. Sattlers hist. Beschreib. des H. W. Th. I. S. 112. und Schœpfl. Histor. Zar. Bad. T. I. p. 221. seq. *Comes Ego de Urach.*

(39) Tschudii Chron. Helvet. T. I. p. 90. Conf. Schœpflin l. c. Sachs Einl. in die Gesch. von Baden Th. I. S. 178. *Comes Egeno de Uren.*

(40) Hergott. Geneal. Habsburg. T. II. p. 196. seq. Conf. Sattler l. c. Schœpfl. l. c. p. 222. Sachs l. c. S. 178. u. f. *Egeno Comes de Urach.*

(41) Cruf. P. II. l. 12. c. 1. E. Comes de Urach.

und, wie Herr Sattler meldet, im J. 1196. in einem Kaufbrief an, da Berthold Maiſer, ein Dienſtmann der Gräfin von Calw, ein Gut zu Weiſſach an das Kloſter Maulbronn verkaufte. (42) Nachgehends finde ich in 19 Jahren nichts von ihm, bis er endlich den 19. oder 20 Jun. 1215. da K. Friedrich II. bey Ulm dem Kloſter Lorch ſeine Freyheiten beſtätigte, zugleich mit einem Sohne, deſſen Name aber nicht ausgedruckt iſt, (43) und ſo auch der Vater allein im Jahr 1217. da Pfalzgraf Rabado und ſein Bruder Heinrich, Graf von Ortenburg, mit dem Kloſter Waldſaſſen einen Tauſch wegen eines Guts zu Turſenreut trafen, wieder als Zeug angeführt wird. (44)

Sonſt wird dieſer Graf Egino V. bald Egino der ältere zum Unterſchied von ſeinem Sohn Egino VI. oder dem jüngeren, bald Egino mit dem Bart (45) genannt. Seine Gemahlin war Agnes, eine Tochter Herzogs Bertholds IV. und Schweſter Herzogs Bertholds V. von Zäringen, und ich irre vielleicht nicht, wann ich behaupte, daß er, wo nicht ſchon früher, doch wenigſtens im J. 1181. da er, wie oben gemel-

(42) Sattler l. c. S. 112. vergl. mit S. 162. und S. 202.

(43) Cruſ. P. III. l. 1. c. 1. Beſ. l. c. p. 727. ſeq. Conf. Petri Suev. Eccleſiaſt. p. 539. Sattler l. c. Schœpfl. l. c. Sachs l. c. S. 179. *Comes Egeno de Urahe et filius ſuus.*

(44) Hundii Bayriſches Stammbuch Th. II. S. 15. Conf. Sattler l. c. Sachs l. c.

(45) Dieſen doppelten Beynamen hat er z. E. in einer Urkunde vom J. 1258. da ſein Enkel, Graf Konrad von Freyburg eine von ihm dem Kloſter Tennebach gethane Schenkung beſtätiget, in Schœpfl. Hiſt. Zar. Bad. T. I. p. 235. und T. V. p. 229. ſeq. num. CXXXIV. *Comes Egino ſenior de Urach dictus cum barba.*

gemeldet, einer Belehnung Ulrichs von Neuburg von dem Probst zu Solothurn beywohnte, mit ihr vermählt gewesen, und eben aus Veranlassung dieser seiner Verwandtschaft mit dem Zäringischen Hause in dieselbige Gegend gekommen sey.

Uebrigens ist diese Heurath vornehmlich um beswillen merkwürdig, weil das gräfliche Haus Urach dadurch zu einem beträchtlichen Theil der Zäringischen Länder gelangte. Dann als Herzog Berthold V. im J. 1218. ohne Kinder starb, so waren seine beyde Schwestern, nämlich eben unsere Agnes, und Anna, die an Graf Ulrichen von Kyburg vermählt war, die nächste Erben seiner Verlassenschaft. Diese leztere kam auch ruhig zum Besiz der Zäringischen Länder in Helvetien und Burgund, ohne daß ihr, wie es scheint, von jemand etwas in den Weg gelegt wurde. Von den übrigen Zäringischen Ländern aber, welche Agnes bekommen sollte, eignete sich gleich nach dem Absterben Herzogs Bertholds der Kayser Friedrich II. einen Theil mit Gewalt zu, und die Herzoge von Teck, die von Albrechten, des lezten Herzogs von Zäringen Vaters Bruder, abstammten, machten auch Ansprüche, die sie hiernächst dem Kayser als Herzog in Schwaben gegen Bezalung einer Summe Geldes abtraten. Damit war besonders der oftgemeldten Agnes Sohn, Egino VI. oder der jüngere, nicht zufrieden, und weil der Kayser schlechterdings nicht nachgeben wollte, so wurde zu den Waffen gegriffen. Endlich nachdem sie einander wechselweise lang genug befehdet hatten, so söhnten sie sich zu Ulm mit einander aus, und der Kayser ließ den 6. Sept. 1219. von Hagenau aus einen Befehl an seine und des Reichs Städte ergehen, daß sie nunmehr, da er mit dem Grafen Egino von Urach ausgesöhnt wäre, alle diejenige, welche während dem Krieg aus der Stadt Freyburg und andern Orten sich

zu ihnen gethan hätten, wieder an ihn und seine Dienstleute zurückweisen, auch künftig niemand mehr bey sich
auf und annehmen sollten. Wegen der strittigen Zäringischen Länder aber wurde den 18ten eben dieses
Monats an dem nämlichen Orte ein Verglich geschlossen, kraft dessen Friedrich II. dem mehrgenannten
Grafen von Urach denjenigen Theil der Zäringischen
Erbschaft und Güter, den er von den Herzogen von
Teck erkauft hatte, soviel sie ihm davon mit Recht zu
kaufen hätten geben können, gleichsam schenkte, und
ganz zu eigen überlies, diejenige Leute und Güter aber,
die er ihm nicht schenken konnte, d. i. welche vorhin
Lehen waren, zu einem rechten Lehen mittheilte. Uebrigens sollte ein jeglicher Theil das, was er von den
hinterlassenen Gütern Herzogs Bertholds von Zäringen gegenwärtig innhätte, ruhig besitzen, wie sie es zur
Zeit ihrer Aussöhnung zu Ulm besessen hätten. Mithin bekam Graf Egino nicht alle Zäringische Güter,
an welche er Anspruch machte; doch wurde ihm nicht
zugemuthet, auf diejenige, welche der Kayser noch behielt, Verzicht zu thun, sondern ihm vielmehr auf Zukunft, wann er des Kaysers Gnade abwarten würde,
auch noch zu denselbigen Hofnung gemacht. (46) In-
wie-

(46) Albert. Argent. apud Urſtiſ. T. II. p. 99. Anno
1218. mortuo Bertoldo Duce Zaringiæ Cal. Maj.
uni sororio de Kiburg cessit dominium in Burgun-
den, alteri *Egenoni cum barba, Comiti de Urach*,
cessit inferius dominium. Cruſ. P. III. l. 1. c. 2.
A. 1218. vita excessit Berchtoldus V. Dux Zærin-
gensis, sine filiis. Itaque venerunt regiones ejus
duabus ipsius sororibus, *Agneti* et Annæ. Nupserat
illa *Uracensi et Fyrstenbergio Comiti Egoni vel Egenoni cum barba*, hæc vero Kyburgensi Comiti Wernhero. Bona igitur Berchtoldi Brisgoica et nigræ
silvæ Egoni obtigerunt, (al. Comitibus Friburgen-
sibus et Uracensibus,) Helvetica vero Burgundia
(Friburgum Uchtlandiæ, Burgdorff, Thun etc.)
Wern-

wiefern nun diese Hofnung erfüllt worden sey, kann ich nicht sagen. Aber das läßt sich aus allen Umständen schlies-

Wernhero (al. Landgraviis Kyburgensibus). Sulg. l. c. p. 180. A. 1218. naturæ debitum solvit Bertholdus Zæringæ Dux postremus, quia improlis. — Ejus bona duabus sororibus cessere, *Agneti* quidem, *Egonis Uracensis et Fürstenbergii Comitis uxori*, Brisgola et nigra silva, Annæ vero, Wernero Comiti Kyburgio denuptæ, Helveticæ et Burgundicæ possessiones. Schœpfl. Hist. Zar. Bad. T. I. p. 223. seq. Mortuo Bertoldo V. ultimo Zaringiæ Duce, *Agnetis* fratre, a. 1218. de bonis ab eo relictis, allodiis atque feudis, certatum est. Nonnulla Fridericus II. Imp. nonnulla Teccæ Duces, Zaringensium agnati, alia noster *Egeno*, alia Kiburgensis Comes occupaverunt. Tutiorem partem elegerunt Teccenses, qui Imperatori, ut Sueviæ Duci, pecuniam offerenti, aurem præbuerunt. At paulo post *filius Egeno* universa Zaringiæ bona, non solum quæ vi et armis, sed et quæ ære comparaverat Cæsar, repetiit, unicus, ut sibi videbatur, legitimus eorum per matrem heres. Nescio, quid Cæsarem Fridericum denique moverit, ut armis odiisque depositis honestissimam pacem *Egenoni* concederet. Facta Ulmæ reconciliatione Fridericus Hagenoam delatus VIII. Id. Sept. 1219. ad civitates suas earumque scultetos literas dedit, ut significaret eis, *Comitem Egenonem de Urach*, consanguineum suum, in gratiam se recepisse, homines cujuscunque conditionis, durante bello ex civitate Friburg. aliisque locis ad se transgressos, *Egenoni* ejusque ministerialibus restitui jubens, nec in posterum recepturum se promittens. Paucis post diebus XIV. Cal. Oct. omnis de successione Zaringica lis Hagenoæ quoque ita composita est, ut Egeno bona, quæ a Teccensibus Cæsar coëmerat, dono; alia, quæ donare ille non poterat, in feudum acciperet perpetuum. Quæ præterea Fridericus ex eadem hereditate tenebat, non tradita quidem sunt Egenoni, sed benigne promissa. Der kayserliche Befehl vom 6. Sept. 1219. und der Verglich zu Hagenau vom 18. ej. stehen in extenso ibid. T. V. p. 157. num. LXXXV. und LXXXVI.

schlieſſen, daß die Güter, welche die Grafen von Urach von der Zäringiſchen Verlaſſenſchaft bekamen, eben diejenige geweſen ſeyen, aus welchen nachgehends die beſondere Herrſchaften Freyburg und Fürſtenberg entſtanden ſind, davon jene in dem Breißgau, dieſe aber auf dem Schwarzwalde ligt. Dann wie man auf der einen Seite nicht die geringſte Anzeige findet, daß die Grafen von Urach vorher Güter in dieſen beyden Gegenden gehabt hätten, ſo weißt man hingegen zuverläßig, daß ſich die Herzoge von Zäringen weit daſelbſt ausgebreitet hatten. Es iſt auch die gemeine Sage aller Schriftſteller, daß nach dem Tode des lezten Herzogs von Zäringen deſſen Länder im Breißgau und auf dem Schwarzwalde den Grafen von Urach zugefallen ſeyen; daher von dieſer Zeit an mehrere Urkunden vorkommen,

LXXXVI. wo in dem leztern vornehmlich dieſe Worte zu bemerken ſind: Donamus proprietatem totam partem hereditatis illius et bonorum illorum, quam vel quæ de pecunia noſtra a Ducibus de Teck comparavimus, et quod ipſi de jure nobis vendere et dare potuerunt. Homines vero, nec non et alia qualiacunque bona, quæ ſibi nec potuimus nec debuimus de jure donare, ipſa jam dicto Comiti in rectum et legale feudum concedimus, titulo feudali perpetuo poſſidenda. Præterea quicquid tam nos quam prædictus Comes de bonis piæ memoriæ Bertoldi Ducis Zeringiæ in præſentiarum obtinemus, id uterque noſtrum pacifice poſſideat, ſicut ambo poſſedimus facta apud Ulmam inter nos reconciliatione. Et ſciendum eſt, quod *Comes E.* bonis, quæ tenemus, non renunciavit, ſed pro ipſis gratiam noſtram præſtolabitur, ſi aliquid ſibi facere velimus. Eidem quoque Comiti firma nos obligavimus promiſſione, quod de bonis ſuis nunquam ab heredibus ſuis præterea aliquid acquiremus, nec pro hoc ei guerram inferamus. Cf. Sattlers hiſt. Beſchr. des H. W. Th. I. S. 112. und Sachs Einl. in die Geſch. von Baden. Th. I. S. 141. und S. 179. folg.

kommen, worinn sich Egino VI. oder der jüngere nicht nur einen Grafen von Urach, sondern auch zugleich Herrn von Freyburg nennet.

Was noch weiter von Egino V. oder dem älteren zu sagen ist, bestehet darinn, daß er im J. 1220. als Vogt (advocatus) seiner Gemahlin Agnes eine Urkunde ausstellte, wodurch er die Schenkung eines Hofs und einer Mühle von einem Burger zu Freyburg an das Kloster Tennebach bestätigte; (47) desgleichen daß er den 27. Nov. 1228. zu Urach seine schriftliche Einwilligung gab, als seine Dienstleute Rudolf und Burkard, Gebrüder, Herbort der jüngere und Walther mit dem Zunamen Mulin, ein Gut Cimberbuch genannt, das von ihm zu Lehen rührte, an das Kloster Bebenhausen verkauften. (48)

Daß er im J. 1229. noch gelebt habe, ist deutlich daraus abzunehmen, daß sein Sohn Egino VI. noch in diesem Jahr der jüngere genannt wird, da hingegen von dem folgenden Jahr 1230. an dieser Beysaz aufhört. Wann man nun dazu nimmt, daß Crusius ausdrücklich meldet, er sey im J. 1230. mit Tode abgegangen, ob er es gleich nicht glauben will, sondern ohne Anführung eines Grundes dafür hält, daß er schon früher gestorben sey; (49) so sehe ich nicht ein, warum man

---

(47) Schœpfl. Hist. Zar. Bad. T. I. p. 224. nub T. V. p. 160. Num. LXXXVII. Sachs l. c. S. 181.

(48) Cruf. P. III. l. 1. c. 5. Conf. Sattler l. c. S. 113.

(49) Cruf. P. III. l. 1. c. 7. Obiisse dicitur hoc anno (1230.) etsi mihi ante videtur, *Comes Uracensis Egon vel Egino*. Die Freyburgische Chronik bey Königshoven S. 24. welche seinen Tod ins Jahr 1236. setzet, verwechselt ihn mit seinem Sohn Egino dem jüngeren.

man dieses Jahr nicht als das eigentliche Todesjahr unseres Eginons annehmen sollte.

Seine Gemahlin Agnes soll ihn nach Schöpflins Meinung überlebt haben, wiewohl der Beweis, den er aus einer Urkunde vom J. 1236. führet, da A. Gräfin von Urach und Freyburg den Klosterfrauen zu Villingen einen Hof daselbst zu eigen macht, (50) nicht hinreichend ist. Dann durch die hier angeführte Gräfin A. von Urach und Freyburg kann eben sowohl die weiter unten vorkommende Gräfin Adelheid, Eginons VI. oder des jüngeren Gemahlin, als unsere Gräfin Agnes verstanden werden. Daß sie sich aber zum zweytenmal mit einem Grafen Eberhard von Wirtenberg verheurathet haben soll, (51) ist vermuthlich eine Fabel, indem man in Urkunden und andern glaubwürdigen Nachrichten nirgends die geringste Spur von einer zweyten Vermählung unserer Agnes findet, zu geschweigen, daß sie bey ihres ersten Gemahls Tode schon ziemlich müßte bey Jahren gewesen seyn.

Die Söhne, welche Graf Egino V. mit dieser seiner Gemahlin zeugte, waren Cuno oder Konrad II. dieses Namens, und Berthold I. oder der ältere, sodann der schongenannte Egino VI. oder der jüngere, Rudolf und Berthold II. oder der jüngere, welchem einige noch zween Brüder, nämlich Otto und Engel-

---

(50) Schœpfl. l. c. T. I. p. 225. und T. V. p. 200 seq. num. CXI. *A. Comitissa de Ura et de Friburc.*

(51) Cruf. P. III. l. 1. c. 7. Steinhofers Wirtenb. Chron. Th. II. S. 127. Sattler l. c. S. 114. Sachs l. c. S. 182. Anm. r.

Engelschalk, geben. (52) Dieser beeden lezteren gedenkt z. E. Lazius, welcher behauptet, daß sie im J. 1177. als Grafen von Urach angeführt werden.(53) Allein ich muß gestehen, daß ich daran sehr zweifle, nicht nur weil die Namen Otto und Engelschalk in dem Geschlechte der Grafen von Urach sonst ganz unbekannt sind, sondern auch weil sich das J. 1177. nicht recht zu der Sache reimen will. Dann gesezt, daß sie in diesem Jahr in Urkunden vorkämen, so müßten sie damals doch wenigstens 18 Jahre alt, und also im J. 1159. geboren gewesen seyn. Ihre Mutter müßte folglich, wann man auch annehmen wollte, daß sie dieselbe noch vor ihrem zwanzigsten Jahr geboren habe, doch wenigstens im Jahr 1139. geboren gewesen, und mithin, wann sie die A. seyn sollte, welche im Jahr 1236. noch gelebt hat, beynahe 100 Jahre alt geworden seyn; davon nichts zu gedenken, daß Herzog Berthold IV. von Zäringen, der Vater dieser Agnes, selbst erst um die Mitte des zwölften Jahrhunderts anfangt bekannt zu werden, und also damals noch keine Tochter gehabt haben kann, die schon mehrere Jahre verheurathet gewesen wäre. Entweder sind also diese beede

(52) Die Geschlechtsfolge, welche Albert. Argent. apud Urstis. T. I. p. 99. anführt, ist offenbar unrichtig. S. Sattler l. c. S. 112. u.f. Münster in seiner Cosmograph. l. 3. p. 799. weißt nur von zween, Schöpflin und Sachs nur von drey Söhnen.

(53) Cruf. P. III. l. 1. c. 7. De Uraci Comitibus Lazius scribens: *Egeno*, inquit, *Comes de Urach*, sub Friderico I. Barbarossa floruit, qui ex filia Berchtoldi III. (IV.) Zæringiæ Ducis tulit 4. filios, *Ottonem et Engelscalcum*, Comites Uracenses, *Berchtoldum* Abbatem Lucernensem, et *Chunradum* Episcop. Portuensem ac Cardinalem tit. S. Ruffinæ. Porro *Otto et Engelscalcus* citantur in diplomatibus de a. 1177. Hæc ille. Conf. Cruf. Paralip. c. 5. und Sulg. l. c. P. I. p. 167.

beede Grafen Otto und Engelschalk, wie ich aller⸗
dings vermuthe, gar keine Grafen von Urach, oder
wenigstens doch keine Söhne Eginons V. und der
Agnes von Zäringen. Die andere fünf aber werden
hin und her nicht nur ausdrücklich Grafen von Urach,
sondern auch Eginons des ältern Söhne genannt,
wie die gleich nachfolgende Erzälungen beweisen werden.

  Um von den beeden ersten, Cuno und Berthold
dem ältern, anzufangen, die auch wahrscheinlicher
Weise die älteste waren, weil ihrer schon am frühesten
gedacht wird, so wird insgemein erzält, daß sie im J.
1198. mit ihrem Oheim, Herzog Berthold V. von
Zäringen, zu Kölln gewesen seyen, wo damals einige
Stände des Reichs versammelt waren, in der Absicht,
diesen Herzog zum Röm. König zu wählen. Wie nun
Berthold von da wieder abgereyßt sey, so habe er seine
beede Neffen als Geisel zurückgelassen, entweder zur
Versicherung, daß er sich gewiß wieder bey den ver⸗
sammelten Ständen einfinden wollte, oder, wie andere
melden, zum Unterpfand wegen ansehnlicher Schulden,
die er bey der Stadt Kölln gemacht hatte. Weil aber
Berthold nimmer zurückgekommen sey, auch seine beede
Neffen nicht gelöset habe, so haben diese lange Zeit in
der Gefangenschaft sitzen müssen. Diß habe sie veran⸗
laßt, ein Gelübd zu thun, wann sie wieder zu ihrer
Freyheit gelangen würden, daß sie sich dem Kloster⸗
leben wiedmen wollten, welches auch, nachdem sie sich
zulezt selbst losgekauft hätten, geschehen sey. Und also
sey Cuno in ein Cisterzienserkloster gegangen, und her⸗
nach Abt daselbst, ja auf die lezte Bischof zu Porto
und Kardinal geworden; Berthold aber habe als Abt
zu Salmannsweiler seine Tage beschlossen. (54)

K 3   Nun

(54) Naucler. Vol. II. fol. 205. Bertoldus Dux de
 Zæringen tunc nominatus fuit in Regem. — Cum-
                 que

Nun wird zwar diese ganze Erzälung von Herrn Sattler für ungegründet und fabelhaft ausgegeben. Ich

> que præfatus Dux de Zæringen diffideret de expensis ad obtinendum imperium, rediit ad gratiam Regis Philippi, accepitque ab eo beneficia, quæ sibi conferre curavit, qui et homagium sibi fecit, ac fidelitatem et vades, nepotes suos, *Cunonem et Bertoldum, filios Egonis Comitis de Urach*, quos apud Coloniam pro expensis obligaverat, qui compulsi, cum non solverentur, se redemerunt. Ex his Cuno postea factus est monachus, et Abbas Cisterciensis, inde Romæ factus est Cardinalis Portuensis, alter Bertoldus factus est Abbas in Lutzirach. Nam in periculo captivitatis constituti ambo promiserunt, si liberarentur, ad monachicam vitam se ituros. Cruf. P. II. l. 12. c. 7. Contra Philippum electus est Coloniæ Dux Zæringiæ Bertoldus, qui propter Regni expensas nepotes suos, *Conradum vel Cunonem et Bertoldum, filios Eginonis Comitis de Urach*, Coloniæ obligaverat, nec postea redemit. Ipsi vero se plurimo redemerunt, polliciti in captivitate, ubi liberi facti essent, monasticæ se vitæ addicturos. Itaque Cuno factus est Cisterciensis monachus, et postea Abbas, tum Cardinalis Portuensis et S. Rufinæ; Bertholdus vero Abbas in Luzirach. Und Paralip. c. 5. Egeno vixit sub Friderico Barbarossa, circa 1180. Filii ejus ex filia Berchtoldi III. (IV.) Zæringiæ Ducis, Otto et Engelscalcus, quos citari ait Lazius 1177. Comites Uracenses. Deinde *Berchtoldus*, Abbas Lucernensis, et *Conradus*, Episcopus Portuensis ac Cardinalis tit. S. Rufinæ. Sulg. l. c. p. 167. Bertholdus Zæringiæ Dux cum nepotes suos, *Cunradum et Bertholdum, Eginonis Comitis Uracensis filios*, reip. Coloniensi ob æs alienum oppignorasset, neque eos postea redimeret, ipsimet suis impensis sese in libertatem asserere sunt coacti, voto in captivitate concepto, ubi liberi evasissent, monasticæ vitæ sese addicturos. Itaque Cunradus (qui et Cuno) factus Cisterciensis primum Abbas, tum Cardinalis Portuensis S. Rufinæ fuit. Bertholdus vero insulam monasterii Salemitani, aut ut aliqui, Lucellensis obtinuit. Schœpfl. Hist. Z. B. T. I. p. 153

Ich will auch nicht in Abrede seyn, daß, wann man alle Nachrichten gegeneinander hält, manche Widersprüche und Verschiedenheiten herauskommen, welche anzuzeigen scheinen, daß wenigstens nicht alle Nebenumstände richtig seyen. Soviel aber bleibt doch gewiß, daß die oftgenannte Söhne Eginons V. wirklich den geistlichen Stand erwählt haben. Dann was Cunen oder Konraden betrift, so wird er in einer Urkunde vom J. 1226. die hernach vorkommen wird, ausdrücklich Bischof zu Porto und Kardinal der Römischen Kirche genannt. Und im folgenden J. 1227. findet man

p. 153. A. 1198. Coloniensis et Trevirensis Præsules, ut et quidam Episcopi, una cum Henrico Palatino Rheni convenerunt Andernaci et Coloniæ, vocaverunt Bertholdum, ut eum in Regem eligerent. Venit, sed intelligens, Henrici VI. filium Fridericum'et fratrem Philippum potentiores habere fautores, deliberandi sibi petiit tempus, obsidesque reliquit, reversurum se die constituto promittens, sed non rediit. Hosce Obsides Nauclerus gen. XL. fol. 205. scribit fuisse *nepotes ex sorore Bertoldi Agnete, Comitis Uracensis uxore*, quorum nomina *Cuno et Bertoldus*, qui se denique redemerint. Addit, Cunonem dein factum esse Abbatem Cisterciensem, inde Cardinalem Portuensem. Bertoldus autem factus est Abbas in Lützirach (Tennebach). In captivitate eos promisisse ait Nauclerus, ad monasticam vitam se ituros, quum ad libertatem redierint. Und p. 225. Sunt, qui Bertoldum V. Zaringensem, in Regem Romanorum a. 1198. eligendum, *duos ex sorore sua Agnete nepotes, Cunonem et Bertholdum*, Electoribus obsides dedisse scribunt, religione sacramenti deinde obstrictos, ut ex custodia Coloniensi dimissi coenobia ingrederentur. Cunonem Prædicatorum Eslingæ, Bertoldum Salernitanum, Sueviæ monasteria, intrasse tradunt. Ita Michaël Praun, Consil. Badens. in Badischer Heerschild MS. in tabulario Bada-Durlac. et Wollebius in Chron. Würtemb. MS. Conf. Sattler l. c. S. 114. Sachs l. c. S. 184. u. f. der auch eine hieher gehörige Stelle aus Tschudi Th. I. S. 99. anführt.

man benselben unter andern Kardinälen mit folgenden Worten verzeichnet: Frater Conradus, Egenonis de Urach, Suitonum Dynastæ, filius, monachus. (55). Woraus man zugleich abnehmen kann, daß er vorher in einem Kloster müsse gewesen seyn, weil er hier ein Mönch genannt wird. Und mithin hat auch das, was sonst von ihm gemeldet wird, desto grössere Wahrscheinlichkeit, nämlich daß er Anfangs ein Cisterzienser mönch, und hernach Abt in einem Cisterzienserkloster gewesen sey, ehe er die Würde eines Bischofs und Kardinals erlangt habe. Was man noch weiter von ihm findet, ist, daß ihn der Pabst Honorius III. im J. 1224. als Legaten nach Teutschland gesandt habe, wider die Türken das Kreuz zu predigen, bey welcher Gelegenheit er auch einen Besuch in dem Kloster Hirsau machte. (56) Er soll sogar in den Vorschlag gekommen seyn, selbst Pabst zu werden, diese hohe Würde aber sich abgebeten haben. (57) Sein Bruder Berthold I. oder der ältere wurde ums Jahr 1210. Abt zu Tennebach, oder Dennebach im Breißgau. (58)
Im

(55) Sattler l. c. S. 115.

(56) Trithem. Chron. Hirsaug. T. I. p. 534. Anno prænotato (1224.) Papa Honorius *Conradum Portuensem Episcopum, Cardinalem S. Rufinæ*, Legatum pro cruciata in Germaniam destinavit, qui per Sueviam descensurus ad Coloniam præsens monasterium Hirsaugiense in propria persona visitavit. Conf. Godofred. Monachus ad a. 1224. in Freber. Scriptor. rer. German. T. I. p. 393. Chron. August. ibid. p. 520. Crus. P. III. l. 1. c. 4. Schœpfl. T. I. p. 226. Sachs l. c. S. 183. u. f.

(57) Sachs l. c. S. 183.

(58) Schœpfl. l. c. p. 226. Nititur hoc assertum fide Anonymi in vita B. Hugonis ord. Cisterc. qui *Bertoldum* istum Abbatem *filium sororis Ducis de Zeringen* diserte vocat, ejusque *patrem* dicit *Comitem de Urach.*

Im Jahr 1215. erhielt er die Abtey Lützel unweit Basel, (59) und endlich im Jahr 1240. die Abtey Salmannsweiler, wo er im folgenden Jahre 1241. starb. (60)

Des dritten Bruders, Eginons VI. oder des jüngeren, wird im J. 1215. zum erstenmal gedacht, da er in einem schon angeführten Bestätigungsbrief der Frey-

Urach. Illustrem quoque Bertoldi prosapiam Fridericus II. Imp. in diplomate Hagenoæ IV. Id. Mart. 1214. Tennebacensibus dato, nec non Hermannus et Fridericus Badenses a. 1215. indicant, quando consanguineum suum dilectum eum appellant. Conf. Sachs S. 185. u. f. welcher insonderheit zeigt, daß dieser Berthold schon im J. 1210. Abt zu Tennebach gewesen sey.

(59) S. die in der Anm. 54. angeführte Stellen. Conf. Schœpfl. Hist. Z. B. T. I. p. 226. welcher sich deshalb auf Bernardini Fast. Lucellenses p. 161. seq. beruft; und Sachs l. c. S. 185. in der Anm. x. Daß er aber nicht erst im J. 1221. wie Bernard. meldet, sondern bereits etliche Jahre früher, und zwar gerade im Jahr 1215. Abt zu Lützel geworden sey, erhellt einestheils daraus, daß er noch in diesem Jahr als Abt zu Tennebach angeführt wird, anderntheils aber aus einer in Schœpfl. Alsat. diplom. P. I. num. CCCXCIX. p. 328 seq. abgedruckten Urkunde von dem nämlichen Jahr, wo er schon als Abt zu Lützel erscheint; wiewohl es mir einigermaßen zweifelhaft vorkommt, ob der hier genannte Abt Berthold zu Lützel der nämliche sey, der bis dahin Abt zu Tennebach war, da ihn Gr. Friedrich von Pfirt *fratrem uxoris suæ* Hilvidis, *Comitissæ Ferretensis,* nennt, von welcher Hilvid in den Familien-Nachrichten der Grafen von Urach sonst nichts anzutreffen ist.

(60) Brusch. Chronol. monast. Germ. præcip. fol. 106. Crus. P. II. l. 9. c. 10. wo er ausdrücklich *Comes de Urach* genannt wird; Sulg. l. c. p. 167. Schœpfl. Hist. Z. B. l. c. p. 225. Sattlers histor. Beschr. des H. W. Th. I. S. 114.

Freyheiten des Klosters Lorch zugleich mit seinem Vater als Zeug vorkommt. (61) Dann wiewohl der Name des Sohnes hier nicht ausgedruckt ist, so kann doch nicht wohl ein anderer als eben dieser Egino VI. darunter verstanden werden. Vier Jahre hernach, nämlich im J. 1219. findet man ihn wieder unter dem Namen Eginons des jüngeren in einem Freyheitsbrief des Kaysers Friedrichs II. für die Stadt Nürnberg. (62) Und im folgenden Jahr 1220. stellte er gleich seinem Vater, jedoch in seinem eigenen Namen, und als Erbnachfolger seines Oheims, H. Bertholds V. von Zäringen, in der Regierung zu Freyburg im Breißgau, eine Urkunde aus, worinn er die mehrgedachte Schenkung eines Hofs und einer Mühle von einem Burger zu Freyburg an das Kloster Tennebach ebenfalls bestätigte. (63) Was hieben die meiste Aufmerksamkeit verdient, das ist der Titel eines Herrn von Freyburg, welchen sich Egino der jüngere neben dem Titel eines Grafen von Urach in der lezteren Urkunde das erstemal beylegt, auch in der Folge öfters also gebraucht, da hingegen sein Vater, Egino der ältere, und seine Brüder insgesamt fortfuhren, sich allein Grafen von Urach zu schreiben. Daraus läßt sich nicht unsicher schliessen, daß Egino der jüngere von dieser Zeit an seine Wohnung zu Freyburg im Breiß-

(61) S. die Anm. 43.

(62) Tolner. Cod. diplom. Palat. p. 68. num. 80. Conf. Sattler l. c. S. 112. Vermuthlich ist er auch derjenige Graf Egino von Urach, welcher in dem nämlichen Jahr den 11. Sept. in einem von dem K. Friedrich II. der Stadt Straßburg zu Hagenau gegebenen Freyheitsbrief als Zeug angeführt wird. Schœpfl. Als. diplom. P. I. num. CCCCXIV. p. 339. *Egeno Comes de Ura.*

(63) Schœpfl. T. I. p. 224. seq. und T. V. num. LXXXVIII. Die Urkunde fangt an: Nos *Egino Comes de Urach, Dominus castri de Friburc* etc.

von Urach und Achalm. 155

Breißgau aufgeschlagen, oder sich doch wenigstens der Regierung in den dortigen Landen am meisten angenommen habe, ohne aber eine eigentliche Theilung mit seinen Brüdern zu treffen, davon wenigstens nirgends die geringste Spur zu finden ist.'

Im Jahr 1221. den 17. May erlaubte eben dieser Graf Egino der jüngere einem seiner Dienstleute, Eberharden von Haslach, dem Kloster Tennebach von seinen eigenen Leuten zu schenken, wen er wollte. (64) Einige Jahre hernach fiel er bey dem Kayser Friedrich II. in Ungnade, vermuthlich weil er es mit seinen Gegnern hielt, wurde aber im J. 1226. von demselben, als er in Italien war, aus besonderer Liebe und Achtung gegen seinem Bruder Cuno, Kardinal der Römischen Kirche und Bischof zu Porto, der vielleicht für ihn gebeten hatte, wieder zu Gnaden angenommen; doch mußte er versprechen, einen Kreuzzug in das gelobte Land mitzumachen, welcher aber nachgehends von sich selbst unterblieb. (65) In der schon angeführten Urkunde vom 27. Nov. 1228. da Egino der ältere in den Verkauf eines Guts, Cimberbuch genannt, an das Kloster Bebenhausen willigte, wird auch zugleich der Einwilligung dreyer von seinen Söhnen gedacht, unter welchen Egino der jüngere von Freyburg zuerst stehet, und erst nach ihm Rudolf und Berthold; (66)
wor-

(64) Schœpfl. T. I. p. 225. und T. V. p. 164. num. LXXXIX. wo er wieder *Egino Comes de Ura, Dominus castri de Friburc* heißt. Conf. Sachs l. c. S. 186.

(65) Schœpfl. T. I. p. 225. seq. und T. V. p. 170. seq. num. XCIII. wo ihn der Kayser nur *Eguenouem Comitem de Hura*, und seinen Bruder *C. Portuensem Episcopum, S. R. E. Cardinalem*, nennet.

(66) Cruf. P. III. l. 1. c. 5. cum nostrorum liberorum conniventia voluntateque, videl. *Egenonis junioris*
de

woraus zu schliessen ist, daß er unter diesen dreyen der älteste gewesen sey. Um diese Zeit entstunden sehr verderbliche Händel zwischen dem Bischof Berthold zu Straßburg, aus dem Hause der Herzoge von Teck, und den Grafen von Pfirt, welche drey Jahre hindurch währten, und in die unser Graf Egino auch verwickelt wurde. Was man jedoch von näheren Umständen, die hieher gehören, weißt, besteht blos darinn, daß er es mit der Parthey der Grafen von Pfirt gehalten, und in einem Treffen bey Blodelsheim zwischen Breysach und Basel nicht weit vom Rhein, da der Bischof die Oberhand behielt, ziemlich eingebüßt habe. (67) Während dieser Händel wurde im Jahr 1229. von dem nämlichen Egino ein Streit zwischen dem Kloster St. Blasii auf dem Schwarzwalde und Heinrichen von Gephingen, Ritter, wegen des Kirchensatzes zu Uttenweiler beygelegt, und sein Ausspruch von dem Bischof zu Kostanz bestätiget. (68) Auch schenkte er, vermuthlich in dem nämlichen Jahr, dem Kloster Allerheiligen auf dem Schwarzwalde einige Güter zu Algisweiler und Oberkirch, welche Guta von Remchen und ein gewisser Ritter Heinrich bisher inngehabt hatten. (69)

Von dem folgenden Jahr 1230. führt Schöpflin eine Urkunde an, darinn der Römische König Heinrich, ein

---

de Friburch, Rudolphi et Bertholdi Comitum de Urach. Conf. Sattler l. c. S. 113.

(67) Urstis. Chron. Basil. p. 120. seq. Trithem. Chron. Hirs. T. I. p. 539. Crus. P. III. l. 1. c. 5. Schœpfl. T. I. p. 228. Sachs l. c. S. 156. und 187.

(68) Hergott. Geneal. Habsburg. T. II. p. 237. Schœpfl. l. c. p. 227. seq. Sachs l. c. S. 187. *ab E. iuniore Comite de Urach.*

(69) Schannat. Vindem. literar. Coll. I. p. 150 seq. Schœpfl. l. c. p. 227. Sachs l. c. S. 187. *Comes Egino iunior de Urach et Dominus de Friburg.*

ein Sohn des K. Friedrichs II. bezengt, daß er allen Unwillen habe fahren laſſen, den er gegen dem Grafen Egino wegen Gefangennehmung einiger Juden bey Freyburg gefaßt hätte. (70) Merkwürdig iſt hier, daß Egino nimmer, wie bisher, Graf von Urach und Herr zu Freyburg, ſondern Graf von Freyburg genannt wird; welches jedoch, wie es ſcheint, blos um der Kürze willen geſchiehet, indem er in den folgenden Urkunden bald mit dieſem, bald mit dem bisherigen Titel vorkommt. So wird er z. E. in einer Urkunde vom 15. Febr. 1234. da der Röm. König Heinrich in Sachen die Bergwerke und den Wildbann im Breißgau betreffend zu Frankfurt am Mayn einen Ausſpruch gegen den Marggrafen Hermann von Baden zum Vortheil des Bißthums Baſel und deſſen Lehenmannes, unſeres Eginons, thut, ſchlechthin Graf von Freyburg, (71) und kurz darauf, da ihn eben derſelbe zu Eger mit den Flüſſen Remchenthal, Wiſen, Brigen, Kinzechen bis Gengenbach, und namentlich Milenbach, Elzach, Triſam, Brege und der Donau bis nach Emmendingen (ſo heiſſen die Worte der Urkunde) ſamt allen Bächen, welche von gemeldten Flüſſen aufgenommen werden, belehnt, alſo daß er Macht haben ſollte, was er daſelbſt oder in den anligenden Bergen von Gold oder Silber finden würde, nach Lehenrecht in ſeinen Nutzen zu verwenden, Graf von Freyburg und Urach, (72) hingegen da er in dem nämlichen

Jahr

(70) Schœpfl. l. c. p. 228. und T. V. p. 175. ſeq. num. XCVI. Sachs l. c. S. 187. *Comiti Egenoni de Friburc.*

(71) Schœpfl. T. I. p. 228. und T. V. p. 189. ſeq. num. CIV. Sachs l. c. S. 188. *Egino Comes de Friberc.*

(72) Id. T. I. p. 228. ſeq. und T. V. p. 190. ſeq. num. CV. Sachs l. c. S. 188. *Comes Egeno de Friburg et de Urach.*

Jahr mit seiner Gemahlin Adelheid dem Kloster Tennebach einige Weinstöcke schenkt, von Gottes Gnaden Graf von Urach und Herr zu Freyburg genannt. (73)

Nicht lang vor seinem Tode bekam unser Graf Egino Zwistigkeiten mit seines Oheims, Herzogs Bertholds V. von Zäringen, Wittwe Clementia, und nahm ihr nicht nur das Schloß Burgdorf und andere Güter, welche sie von ihrem verstorbenen Gemahl zum Wibbum empfangen hatte, hinweg, sondern sezte sie auch selbst gefangen. Der Kayser Friedrich II. trat jedoch ins Mittel, und entschied die Sache zu Mainz im August 1235. dahin, daß Egino seine Muhme wieder in Freyheit setzen, und ihr alle ihre Güter zurückgeben mußte. (74) Er baute auch noch im Jahr 1236. das Schloß oberhalb Freyburg auf dem untern Theil des Berges, um die Stadt desto besser im Zaum halten zu können, welches nachgehends zu vielen Händeln Anlaß gab, starb aber gleich in eben diesem Jahr, und wurde in dem Kloster Tennebach begraben. (75)

Daß er eine Gemahlin, Namens Adelheid, gehabt habe, ist aus dem erst angeführten Schenkungsbrief vom J. 1234. zu ersehen. Was nun ihr Herkommen betrift, so meldet nicht nur Crusius, sondern auch die Freyburgische Chronik, daß sie eine geborne von

---

(73) Id. T. I. p. 229. und T. V p. 194. seq. num. CVII. Sachs l. c. S. 188. *Egino Dei gratia Comes de Urach et Dominus in Friburc.*

(74) Schœpfl. T. V. p. 198. num. CIX. wo er *Comes E. de Hurach* heißt.

(75) Id. T. I. p. 229. Sachs l. c. S. 189.

von Urach und Achalm.

von Neufen geweſen ſey. (76) Und durch dieſe Heurath ſcheint ein Theil der jetzigen Stadt Nürtingen an das Haus Urach gekommen zu ſeyn. Sie gebar ihrem Gemahl 4 Söhne, deren in der Folge mit mehrerem wird gedacht werden, und ligt bey ihm zu Tennebach begraben. (77)

Der vierte Bruder Rudolf iſt ſehr wenig bekannt. Gleichwohl kommt er in der mehrmals angeführten Urkunde vom J. 1228. da ſein Vater Egino V. zu dem Verkauf des Guts Cimberbuch an das Kloſter Bebenhauſen ſeine Einwilligung gibt, zwiſchen zween andern Brüdern, Egino dem jüngern von Freyburg und Verthold, namentlich vor. (78) Ohne Zweifel iſt er auch der nämliche, deſſen hernach im J. 1254. gedacht wird, da er Frater Rudolphus quondam Comes de Urach heißt, woraus man mit Recht ſchließet, daß er ſein Leben in dem geiſtlichen Stande beſchloſſen habe. (79)

Was

(76) Chron. Friburg. a Schiltero editum p. 24. wo ſie *Adelheidis Comitiſſa de Niſſen* genannt wird, und Cruſ. P. III. l. I. c. 2. wo ſie *Adelhaidis filia Comitis de Neiffen*, und noch einmal *Niſenſis Adelhaita* heißt. Dieſer leztere meldet auch P. III. l. I. c. 11. daß Egon Fyrſtembergenſis et Friburgenſis Comes cum *uxore ſua Neiffenſi* im J. 1235. einem Turnier zu Würzburg beygewohnt habe. Cf. Schœpfl. l. c. p. 230. Sachs l. c. S. 189.

(77) Schœpfl. l. c. p. 229.

(78) Cruſ. P. III. l. I. c. 5. Sattler l. c. S. 113.

(79) Cruſ. P. III. l. I. c. 7. Vixerunt ex Comitibus Uracenſibus (inquit Gabelcoverus) adhuc 1254. Berchtoldus cum uxore Agatha, quamvis ſine liberis, et Rudolphus, qui ſe *Fratrem Rudolphum quondam Comitem in Ura*, vocat, in literis hoc anno ſcriptis. S. auch weiter unten, da von der Veräuſſerung der Grafſchaft Urach Nachricht gegeben wird.

Was endlich Berthold II. oder den jüngeren anbelangt, so bin ich meines Wissens der erste, der dem Grafen Egino V. oder dem älteren zween Söhne dieses Namens zuschreibt, aber, wie ich hoffe, nicht ohne zureichenden Grund. Dann in den obengemeldten Bestätigungsurkunden über die Schenkung eines Hofs und einer Mühle von einem Burger zu Freyburg an das Kloster Tennebach vom J. 1220. führt Egino der ältere Bertholdum minorem filium suum, und Egino der jüngere Bertholdum minorem fratrem suum als Zeugen an. (80) Und in der schon dreymal berührten Urkunde vom J. 1228 die das Gut Cimberbuch betrift, wird unter Eginons des ältern Söhnen nach Egino dem jüngern von Freyburg und Rudolfen auch eines Grafen Bertholds von Urach gedacht. (81) In diesen beyden Stellen kann nun unmöglich der vorhergehende Berthold verstanden werden. Dann derselbige war, wie gemeldt, schon ums J. 1210. Abt zu Tennebach; bey diesem aber trift man nicht die geringste Spur an, daß er ein Geistlicher gewesen wäre. Es gibt auch der Umstand, daß er seinen beeden Brüdern, Egino dem jüngern und Rudolfen, nachgesezt wird, nicht undeutlich zu erkennen, daß er jünger als sie gewesen sey; da doch derjenige Berthold, welcher oben bereits vorgekommen ist, vermuthlich älter war, als diese seine Brüder, zu geschweigen, daß er ihnen als ein Geistlicher allemal würde vorgesezt worden seyn. Ja der Ausdruck minor entscheidet vollends die Sache ganz, dann dieser zeigt unstreitig an, daß Egino der ältere einen älteren Sohn, und Egino der jüngere einen älteren Bruder, Namens Berthold, gehabt habe, von welchem dieser jüngere Berthold zu unterscheiden sey.

Was

(80) Schœpfl. T. V. p. 160. seq. num. LXXXVII. und LXXXVIII.
(81) Cruf. P. III. l. 1. c. 5. Sattler l. c. S. 113.

von Urach und Achalm.

Was man sonst von ihm weißt, ist, daß er dem Kloster Bebenhausen im J. 1236. einen Hof zu Raitwangen schenkte. (82) Nachgehends wurde er mit seinem Bruder Rudolf aus Gelegenheit der Händel zwischen dem Kayser Friedrich II. und dem Pabst Gregorius IX. in den Bann gethan, aber im Jahr 1240. wieder davon losgesprochen. (83) Als er endlich der Welt müde war, so gieng er als ein Layenbruder (conversus) in das Predigerkloster zu Eßlingen, welchem er auch einige Güter schenkte, die nachgehends Graf Eberhard der Durchleuchtige von Wirtenberg gegen andere Güter oder Einkünfte zu Ulbach eintauschte. Hier starb er, und wurde in der Klosterkirche vor dem St. Katharinenaltar begraben. (84)

Jezt

---

(82) Sattler l. c. S. 113. Daß hier nicht der obige Berthold I. oder der ältere zu verstehen sey, erhellet daraus, daß er sich in der Urkunde von Gottes Gnaden Graf Bertbold von Urach schreibt, welches anzeigt, daß er kein Geistlicher gewesen ist. Daß aber auch nicht der weiter unten vorkommende Berthold III. verstanden werden könne, ist daher abzunehmen, daß dieser im Jahr 1236. die Regierung noch mit seinen Brüdern gemeinschaftlich führte, wann anders nicht ihr Vater selbst damals noch gelebt hat, und also dem Kloster Bebenhausen für sich allein ohne ihre Einwilligung nichts hätte schenken können.

(83) Joann. Aventini Excerpta ex Alberti Bohemi Actis in Oefelii Scriptor. rerum Boicar. T. I. p. 790. und p. 798.

(84) Cruf. P. III. l. 1. c. 3. *Uracensis Comes Berchtoldus, Comitatu dimisso, contulit se ad Prædicatores Esslingenses, ut conversus, ibique obiit, et in illorum claustro ante S. Catharinæ aram humatus est.* Conf. id. l. c. c. 7. Steinhofer l. c. S. 127. Sattler l. c. S. 114. und Schœpfl. l. c. T. I. p. 225. wo dieses von seinem Bruder Cuno gesagt wird, welches aber nicht seyn kann, indem dieser schon Kardinal war, ehe das Predigerkloster zu Eßlingen gebaut wurde.

Beytr. zur Wirt. Gesch.   L   Daher

Jezt ist noch übrig, daß ich von Eginons VI. Söhnen das Wichtigste melde. Diese waren Konrad III. Berthold III. Heinrich und Gottfried, welche alle vier mit einander, obgleich nur mit den Anfangsbuchstaben C. B. H. und G. in zwo Urkunden des Klosters Tennebach vorkommen, da sie demselben erstlich im Monat Julius 1237. zugleich mit ihrer Mutter Adelheid, und dann wieder an Philippi und Jakobi (das Jahr ist nicht ausgedruckt) für sich allein, einen jährlichen Zinß von zwölf Schillingen aus einem Plaz zunächst bey Freyburg, darauf eine von Egino VI. kurz vor seinem Tode gestiftete Capelle gebaut wurde, nachliessen. (85) Woraus zu erhellen scheint, daß sie Anfangs die Regierung gemeinschaftlich mit einander geführt haben. Nachdem aber ihre Mutter Adelheid gestorben, und Gottfried, der jüngste Bruder, in den geistlichen Stand getreten war, wie er dann bereits im J. 1238. als Capellanus Papæ, (86) und hernach in den Jahren 1270. und 1275. als Domherr zu Kostanz vorkommt: (87) so theilten sich die drey andere

Daher es eine blosse Verwechslung der beeden Brüder zu seyn scheint.

(85) Schœpfl. T. I. p. 230. und T. V. p. 201. seq. num. CXII. und CXIII. Suchs Th. I. S. 189. Hieher gehört auch, was Herr Sattler l. c. S. 113. meldet, daß a. 1238. Graf Konrad von Freyburg und seine Brüder, Gebhard, welcher Capellanus Papæ genannt werde, und Graf Berthold von Urach samt ihrer Mutter Adelheid, Gräfin von Freyburg, und Urach, zu ihrer und ihres Vaters, Graf Egons, Seelen Heil dem Predigerorden einen Plaz zu einem Klosterbau geschenkt haben. Welches vielleicht bles ein unrichtiger Auszug aus den angeführten Tennebachischen Urkunden ist, indem wenigstens kein Graf Gebhard von Urach um diese Zeit gelebt hat, sondern anstatt dessen Gottfried gesezt werden muß.

(86) S. die nächstvorhergehende Anmerkung.
(87) Schœpfl. T. I. p. 230. seq.

andere in ihres Vaters Güter. Konrad bekam die Güter im Breißgau, und blieb zu Freyburg, wo sich schon sein Vater meistens aufgehalten hatte. Berthold erhielt, wie es scheint, die Hälfte der Grafschaft Urach samt demjenigen Theil von Nürtingen, den Adelheid ihrem Gemahl zugebracht hatte, und nahm seinen Sitz zu Urach. Heinrich trug die andere Hälfte der Grafschaft Urach mit den Gütern auf dem Schwarzwalde davon, und wählte das Schloß Fürstenberg zu seinem Aufenthalt.

Die Grafschaft Urach mit dem ebengedachten Antheil an Nürtingen kam jedoch bald in fremde Hände. Dann Heinrich vertauschte im J. 1254. die Hälfte seines Antheils an dem Schloß Urach und aller derjenigen Güter, welche er zwischen der sogenannten Schlattersteig und dem Schloß Urach hatte, samt der halben Grafschaft, die ihm von seiner Mutter durch Erbschaft zugefallen war, (88) an den Grafen Ulrich mit dem Daumen von Wirtenberg um die Hälfte der Burg und Stadt

(88) Et insuper donavit (Henricus) ei (Ulrico) dimidiam partem omnium, quæ habet inter clivum, qui vulgariter vocatur Slatersteige, et castrum Urach, et Comitiam, quam habet ex hæreditate materna, dimidiam dedit ei, heißen die Worte der Urkunde, wie sie Herr Sattler in seiner histor. Beschreib. des H. W. Th. I. S. 113. anführt. Es dünkt mich aber fast, daß mit dem Wort materna ein Fehler vorgegangen sey, und daß es paterna heißen sollte; es wäre dann, daß man mit Herrn Saub l. c. S. 190. das materna durch großmütterlich übersetzen wollte. Dann Heinrich hatte die Grafschaft Urach nicht von seiner Mutter, sondern von seinem Vater oder Großmutter geerbet. Von einer andern Grafschaft aber, die er von seiner Mutter geerbt hätte, kann nicht wohl die Rede seyn. Uebrigens wäre zu wünschen, daß Herr Sattler die Urkunde, die vermuthlich im Herzoglichen Archiv zu Stutgardt ligt, ganz hätte abdrucken lassen.

Stadt Wittlingen mit ihrer Zugehörde, wozu Berthold seine Einwilligung gab, da hingegen sowohl unser Heinrich, als auch Graf Ulrich von Wirtenberg versprachen, daß sie ihn mit seiner Gemahlin Agatha, welche insgemein für eine Tochter des weiter oben genannten Grafen Bertholds von Lechsgmünd ausgegeben wird, (89) auf dem Schloß Urach ruhig leben lassen, und ihn an seinem Antheil nicht beschwehren wollten, welchem Verspruch auch der oben angeführte Rudolf, ihr beeder Oheim, beywohnte. Daneben versprach Heinrich, wann Graf Ulrich von Wirtenberg männliche Erben bekäme, daß er ihm die andere Hälfte seines Antheils an der Grafschaft Urach um 310. Mark Silbers ebenfalls zu lösen geben wollte. (90)

Ehe diß geschahe, so starb Berthold, ohne Kinder zu hinterlassen. (91) Ob er nun bereits zu seinen Lebzeiten auch einen Theil seiner Güter an Wirtenberg verkauft oder verschenkt habe, ist nicht bekannt. Soviel aber weißt man, daß der Römische König Richard mit den Lehen, die durch seinen Tod dem Reich heimgefallen waren, den 26. Aug. 1260. den obgemeldten Grafen Ulrich von Wirtenberg belehnt habe. (92)

Und

(89) Brusch. l. c. fol. 23. Crus. P. II. l. 9. c. 15.

(90) Steinhofer Th. II. S. 140. Sattlers hist. Beschreib. des H. W. Th. I. S. 113. u. f. und Gesch. des H. W. unter den Grafen Th. I. S. 634 in welcher lezteren Stelle 3100. anstatt 310. Mark Silbers stehen, welches aber vermuthlich nur ein Druckfehler ist. Cf. Sachs l. c. S. 190.

(91) Crus. P. III. l. 1. c. 7. Sattlers hist. Beschreib. des H. W. Th. I. S. 114.

(92) Die Belehnungsurkunde steht in Gebauers Leben K. Richards p. 373. num. 29. wie auch in Herrn Sattlers Gesch. des H. W. unter den Grafen Th. I. S. 708. u. f. lit. E. Conf. Histor. Beschreib. des H. W. Th. I. S. 114. Sachs l. c. S. 189. u. f.

von Urach und Achalm.

Und was insonderheit desselben Güter zu Nürtingen betrift, so hat man Nachricht, daß Graf Eberhard der Durchleuchtige von Wirtenberg und das Kloster Salmannsweiler sich nachgehends im J. 1294. verglichen haben, Zeugen abhören zu lassen, was Graf Berthold von Urach und die Herrn von Neufen für Gerechtigkeit daselbst gehabt hätten, damit man wüßte, was den Grafen von Wirtenberg, welche Bertholds Antheil an sich gebracht hatten, und was dem Kloster Salmannsweiler, welches deren von Neufen Antheil besas, eigentlich gehörte. (93)

Endlich im Jahr 1265. überlies auch Heinrich vollends die andere Hälfte seines Antheils an dem Schloß Urach mit allem, was dazu gehörte, an Wirtenberg. Wenigstens bekennt er in einer Urkunde, welche bald zu Anfang dieses Jahrs zu Eßlingen gegeben ist, daß ihn Graf Ulrich von Wirtenberg für das Schloß Urach gänzlich befriediget habe. (94) Die Burg und Stadt Wittlingen, davon Heinrich die Hälfte im J. 1254. für die Hälfte seines Antheils an dem Schloß Urach eingetauscht hatte, kam ebenfalls bald wieder ganz in Wirtenbergische Hände, ob man gleich die Art und Weise nicht angeben kann. Dann vermög des im J. 1286. geschlossenen Friedens zwischen dem K. Rudolf I. und Graf Eberharden dem Durchleuchtigen von Wirtenberg mußte dieser dieselbe nebst der Burg Rems Marggraf Heinrichen von Burgau, Graf Burkarden von Hohenberg und Schweickhern von Gundelfingen auf zwey Jahr zur Versicherung

(93) Sattlers histor. Beschreib. des H. W. Th. I. S. 127.
(94) Steinhofer Th. II. S. 128. wie auch S. 150. u. f. Sattler l. c. S. 115. und Gesch. des H. W. unter den Grafen Th. I. S. 634. Sachs l. c. S. 190.

rung zustellen, daß er nichts wider den gemachten Frieden unternehmen wollte. (95)

Auf solche Weise hatte nunmehr die Herrschaft der Grafen von Urach an und auf der Alb ein Ende. Den Titel eines Grafen von Urach hatte Konrad III. schon gleich von der Zeit an, da er die gemeldte Theilung mit seinen Brüdern machte, gänzlich abgelegt, und dafür auf beständig den Titel eines Grafen von Freyburg angenommen. Berthold III. führte zwar den Titel eines Grafen von Urach fort, starb aber, wie bereits angeführt worden ist, ohne Kinder. Heinrich wird schon in den Jahren 1254. und 1265. aus Gelegenheit der Veräusserung seines Antheils an der Grafschaft Urach Graf von Fürstenberg genannt. Und wiewohl er nachgehends im J. 1270. nochmals mit dem Titel eines Grafen von Urach und Herrn zu Fürstenberg vorkommt, so ist doch dieses das leztemal, daß man den Titel eines Grafen von Urach antrift; dann nach diesem kommt er nie mehr anders, als mit dem Titel eines Grafen von Fürstenberg vor. Es kamen also anstatt des Geschlechts der ehmaligen Grafen von Urach gleichsam zwey neue Geschlechter auf, nämlich das Geschlecht der Grafen von Freyburg und das Geschlecht der Grafen von Fürstenberg, davon das eine nachgehends im 15ten Jahrhundert ausgestorben ist, das andere aber noch bis auf den heutigen Tag blühet, und jezt die fürstliche Würde bekleidet. Soviel von dem ersten Abschnitt dieser Geschichte, oder von den Grafen von Urach.

---

(95) Cruſ. P. III. l. 3. c. 8. Steinhofer Th. II. S. 181. Sattlers Geſch. des H. W. unter den Grafen I. Fortſetz. S. 14. u. f. mit der Beyl. 10. S. 10. u. f.

II. Geschichte der Grafen von Achalm.

In dem zweyten Abschnitt, welcher von den Grafen von Achalm handelt, muß ich nun zuerst bemerken, daß Rudolf, der Stifter dieser gräflichen Linie, in einer Urkunde des Klosters Zwifalten, welche Crusius in seiner Schwäbischen Chronik anführt, (96) ausdrücklich Graf von Achalm genannt wird. Hieraus schliesse ich, daß er nach seines Bruders Tode mit dessen hinterlassenen Kindern die Güter, welche sie vorher gemeinschaftlich besessen hatten, getheilt, und nach Vollendung des Schlosses Achalm seinen beständigen Sitz hier genommen habe. Dann wiewohl Sulger (97) meldet, daß er sich zuweilen auch zu Dettingen aufgehalten habe, so sehe ich doch dieses für eine blosse Muthmassung an, die auf keinem weiteren Grunde beruhet, als daß zween von seinen Söhnen, die in ihrer Jugend starben, daselbst begraben wurden. Wann noch irgend etwas daran ist, so möchte es das seyn, daß er sich zu Lebzeiten seines älteren Bruders, der zu Urach wohnte, und so lange zu Dettingen aufhielte, bis das Schloß Achalm dergestalt fertig wurde, daß es von ihm bewohnt werden konnte. Die schongemeldte Urkunde gibt uns zugleich Nachricht von einem sonderbaren Handel, den er wegen einiger Güter zu Derendingen (einem Dorfe bey Tübingen) und Undingen (einem Weiler im Klosteramte Pfullingen) hatte. Es waren nämlich zwey Geschwistrige, denen ehmals diese Güter gehörten, ein Bruder und eine Schwester. Die Schwester wird Avia genannt, welches vermög einer in der Handschrift beyge-

---

(96) P. II. l. 8. c. 8. p. 270. *Rudolpho Comiti de Achalmin.*

(97) Annal. Zwifalt. P. I. p. 1f. *Rudolphus — extructa arce Achalmia etiam in pago Dettingen habitavit, ubi cum duobus filiis Hunfrido et Beringero post fata aliquandiu quievit.*

beygefügten Anmerkung ein eigener Name seyn soll, wiewohl es auch die Grosmutter der vorhin genannten Gebrüder von Mieringen bedeuten könnte. Crusius nennt sie am Rande eine Gräfin von Achalm, jedoch ohne weiteren Beweis, und wahrscheinlicher Weise aus einer blossen Vermuthung, weil nachgehends gesagt wird, daß ihr Bruder ein Blutsfreund des Grafen Rudolfs gewesen sey, welches aber viel zu allgemein ausgedruckt ist, als daß man etwas bestimmtes daraus schliessen könnte. Kurz die Schwester wurde auf Anrathen, und vielleicht aus Eigennuz ihrer Freunde in die Lombardey verheurathet; der Bruder aber blieb zu Hause. Weil er nun beständig krank war, so überlies er die gemeldte Güter dem Grafen Rudolf von Achalm, seinem Blutsverwandten, unter der Bedingung, daß er ihn lebenslang mit allem Nothwendigen versorgen sollte. Unversehens kam die Schwester, die nach einiger Zeit sich von ihrem Manne trennete, zurück, und wollte die Güter wieder haben. Rudolf machte billige Einwendungen; zulezt aber mußte es doch nachgeben. Er verglich sich also mit ihr, daß er ihr ein Gut zu Immenhausen und fünf Huben zu Undingen gab, wofür sie auf die übrige Güter Verzicht leistete. Sonst hatte Rudolf, welcher insgemein der ältere genannt wird, eine Gemahlin, Namens Adelheid, die nach einigen eine geborne von Wülflingen, nach andern aber eine geborne von Mömpelgard war. (98) Durch diese Heurath scheint Rudolf die Güter
im

(98) Crus: P. II. l: 6. c. 10. Hoc tempore vivebat *Humfridus de Mompelgart* (scribente Herman. Aedituo *avunculus Luitoldi et Cunonis, Suevicorum Comitum de Achalm.* Qui a Pontifice factus erat Archiepiscopus Ravennæ etc. Und l. 8. c. 8. ex antiquis membraneis libellis Zwifalt. Rudolphus, de castello Achalmen, cujus uxor erat *Adelhaidis, de castello Wilfelingen, al. Mumpelgart,* ut in margine
mem-

im Turgau bekommen zu haben, von welchen in der Folge Meldung geschiehet. Man begrub ihn Anfangs zu Dettingen unter Urach; seine Gebeine wurden aber nachgehends in das Kloster Zwifalten gebracht, und daselbst bey andern von seiner Familie beygesezt. (99) In diesem Kloster stehet folgende Innschrift von ihm:

Rudolphus Comes ab Achalm, pater Fundatorum,
floruit
Anno Christi 1039. circiter.
Achalmiæ castro Natalium vetustatem debeo,
Illa mihi restauratæ Molis
Magnificam Novitatem.
Sub Conrado Salico, potentia et Nobilitate
Germanos inter proceres
Nemini secundus fui:
Et
Ut pleno me Cornu Fortuna perfunderet,
Corona beavit, gloria Filiorum,

L 5 Quæ

membranæ scriptum erat. — Rudolphus senior fratrem habuit nomine Eginonem: *Adelhaidis* vero conjux, *fratrem Hunfridum, Ravennæ Episcopum.* Sulg. P. l. p. 11. Rudolphus, qui fundatoribus nostris ex *Adelhaida Comitissa Montis Peligardi,* (alias etiam de *Wülfflingen*) *Hunfridi Ravennatum Archiepiscopi sorore,* pater fuit etc. Und p. 12. Circa ann. 1028. vixerit oportet Liutho Comes de Mümpelgard sive Wülflingen, (ut historici nostri scribunt, utique quod utriusque castri Dominus fuerit,) et Wiliburga ejus uxor, *parentes Hunfridi et Adelhaidis, quæ postea Rudolpho Comiti Achalmio nupta,* mater fuit nostrorum Fundatorum. — *Hunfridus Fundatorum Avunculus Comes de Mümpelgard* ex Henrici III. Cancellario Imperiali, Ravennæ in Italia Archiepiscopus factus, postquam is cum Papa aliquamdiu haud prorsus convenisset, ei tamen fuisset reconciliatus, circa a. 1051. veneno sublatus est.

(99) S. die Anm. 97. und 101.

Quæ funt DEI, DEO fortiter
Contra Cæsarem Schismaticum
Asserentium. (100)

Seine Gemahlin erhielt ihr Begräbniß bey dem Dom-stift zu Straßburg, welchem sie mit ihrem Bruder Hunfried die Probstey Emburach und ein Dorf Sab-sach schenkte. (101)

Der Kinder, die sie mit einander zeugten, waren zehen an der Zahl, nämlich 7 Söhne, Hunfried, Beringer, Rudolf der jüngere, Egino, Werner, Cuno und Luitold, desgleichen 3 Töchtern, Willi-birg, Mechtild und Beatrix. Die zween erste von den Söhnen, Hunfried und Beringer, starben jung, und bekamen ihre Ruhestätte im Anfang zu Det-tingen, wo auch ihr Vater eine Zeitlang begraben lag, bis sie nachgehends mit einander in das Kloster Zwi-falten gebracht wurden. (102) Daselbst findet man von jenem folgende Innschrift:

Hun-

---

(100) Sulg. l. c. p. 7. seq.

(101) Crus. P. II. l. 8. c. 8. *Adelhaida*, quæ cum fratre suo Hunfrido, Ravennate Episcopo, Præpo-situram Emburach et villam Sabsach Artinensi (soll ohnfehlbar Argentinensi heissen) Ecclesiæ contulit, ibi ipsa cum *Eginone, Liutoldi Comitis patruo*, et fi-liis suis, *Werinhero* Episcopo, *Eginone* et *Rudolpho*, (juvenili in ætate occiso in contiguis locis,) in Ecclesia S. Mariæ ante altare S. Laurentii humata quiescit: maritus vero *Rudolphus* Zuisalti jacet. Sulg. l. c. p. 12. *Adelhaidis* — quiescere fertur una cum filiis suis *Wernero* Episcopo Argentinensi, *Egi-none* et *Rudolpho*, in juventute occiso, in Basilica Argentorati ante altare S. Laurentii.

(102) Crus. P. II. l. 8. c. 12. wo es von dem Grafen Cuno heißt: Postea, Coenobio exædificato, juxta Patrem Rudolphum et fratres *Hunfridum ac Berin-gerum*

Hunfridus Comes ab Achalm, Frater Fundatorum.
Dum vixi,
Patria fortunæ pila fuit;
Ludiones Papa et Cæſar,
Ferali chaſmate divulſi.
Utri faverim, omitte quærere;
Sanctiorem in partem et pietas me,
Et fratrum exemplum traxit:
Ac ne vacillarem, cito vitæ ſubtraxit
Fatum. (103)

Von dieſem aber:

Beringerus Comes ab Achalm, Frater Fundatorum.
Laudum mearum ſummam cape:
Inter malos pius fui.
Temporum vitia plures in corruptelam traxere,
Non me.
Communes inter patriæ diſcordias
Prætextam non laceravi,
Mature vivis cum Fratre exemptus,
Quia cito virtutis curſum emenſus. (104)

Rudolf der jüngere, den Sulger (105) blos dem Namen nach anführt, wurde ebenfalls frühzeitig, und zwar, wie es ſcheint, im Elſas oder in derſelbigen Gegend erſchlagen. (106) Wenigſtens meldet Cruſius, daß

gerum in capitulo (etiam Capitolium vocant) venerabiliter ejus oſſa humata ſunt. Conf. die in der Anm. 97. aus Sulgern angeführte Stelle.

(103) Sulg. l. c. p. 9.
(104) Id. l. c. p. 9. ſeq.
(105) l. c. p. 11.
(106) Cruſ. P. II. l. 8. c. 8. *Rudolfus* in juventute occiſus.

daß er zu Straßburg bey seiner Mutter Adelheid und seines Vaters Bruder Egino begraben lige. (107) Zu Zwifalten trift man kein Denkmal von ihm an, welches vielleicht eben daher kommt, daß er nicht daselbst begraben wurde.

Egino besas ansehnliche Güter im Elsas, wo er sich auch meistens scheinet aufgehalten zu haben. (108) Er war ein steifer Anhänger des Kaysers Heinrichs IV. büßte aber darüber das Leben ein, und wurde, wie sein erstgedachter Bruder, zu Straßburg begraben. Ursache genug, daß man auch von diesem weiter nichts zu Zwifalten findet. Seine Gemahlin soll Sophia geheissen, und nach seinem Tode einen Konrad von Habechisburg (vielleicht Habspurg) geheurathet haben; wer sie aber sonst gewesen sey, ist nicht bekannt. Seine Güter im Elsas fielen auf sein Absterben zum Theil seinem Bruder Luitold zu, woraus ziemlich wahrscheinlich erhellet, daß er keine Kinder hinterlassen habe.

Werner trat in den geistlichen Stand, und wurde zulezt Bischof zu Straßburg, wiewohl er in einigen Verzeichnissen der dortigen Bischöffe nicht stehet, das jedoch niemand befremden wird, sobald man weißt, daß er

---

(107) S. die Anm. 101.
(108) Cruf. P. II. l. 8. c. 8. *Egino*, qui possessiones in Alsatia habebat. Uxor ei fuit *Sophia*, quæ post eum Conrado de Habechisburg nupsit. — Filii Rudolphi Werinherus Episcopus et frater ejus *Egino* Imp. Henrico IV. adhæserant, et in eo schismate perierant. Ideo non fuerunt eorum nomina libris Zwifaltensium monachorum inscripta, sicut cæterorum anniversaria, qui cum Pontifice fecerant. S. auch, was sein Begräbniß zu Graßburg betrift, die Anm. 101. Sulger P. I. p. 11. sagt nur kurz: *Egino Comes*, multarum in Alsatia possessionum Dominus, schismatis impetu in transversum actus est.

er von dem Kayſer Heinrich IV. gerade zu derjenigen
Zeit in dieſe Würde eingeſezt wurde, da die Streitigkeiten zwiſchen ihm und der Römiſchen Kirche auf das
höchſte geſtiegen waren. Dieſer iſt es, von welchem
Trithemius, (109) jedoch ohne Anzeige ſeines Ge-
ſchlecht, erzält, daß ihm der Kayſer aufgetragen habe,
die Mönche zu Hirſau wegen ihres Ungehorſams zu
züchtigen, und das Kloſter zu zerſtören, worüber er
aber, da er eben zu Pferd ſteigen, und den Anfang
der Verwüſtung machen wollte, plözlich dahin geſtürzt,
und auf eine fürchterliche Weiſe geſtorben ſey. Hierauf
beziehet ſich auch die Innſchrift, die ihm zu Zwifalten
gemacht wurde, wobey zugleich das Jahr angegeben
wird, da ſich dieſe Geſchichte zugetragen haben ſoll:

Wernerus Comes ab Achalm, Frater Fundatorum,
Epiſcopus Argentoratenſis.
Fratribus natu minimum, Fortuna
Me voluit Maximum:
Avitas ſtellas, ne ſolum fulgerent in Galeis,
Sacras in Inſulas extulit.
Argentinenſem Cathedram nactus,
Subitaneo funere vitæ curſum abſolvi,
Schiſmatis afflatus peſte,
Anno 1089. (110)

Sein Begräbniß ſoll bey den Begräbniſſen ſeiner Mutter, ſeines Oheims, und ſeiner Brüder Rudolfs und
Eginons zu Straßburg ſeyn. (111)

Die

(109) Chron. Hirſaug. Edit. S. Gall. T. I. p. 305. wo
er ihn im Eifer Wernherum Epiſcopum Argentinenſem, Simoniacum et ſceleratiſſimum virum, S. Ro-
manæ Eccleſiæ publicum hoſtem, Capitaneum et
factionis Principem nennt. S. auch die nächſtvorher-
gehende Anmerkung.
(110) Sulg. l. c. p. 10.
(111) S. die Anm. 101.

Die beede übrige Söhne Rudolfs des ältern, nämlich Cuno und Luitold, überlebten endlich alle ihre Brüder. Des ersteren wird schon im J. 1056. gedacht, da ihm der K. Heinrich III. kurz vor seinem Tode den Bischof Gebhard von Regenspurg, der sich wider ihn empört hatte, zur Verwahrung übergab, den er auch eine Zeitlang zu Wülflingen und Stöffeln gefangen hielt, bis er mit dem Kayser wieder ausgesöhnt wurde. (112) Der andere aber kommt das erstemal als Zeug in einer Urkunde vom 9. Oct. 1075. vor, da K. Heinrich IV. dem Kloster Hirsau seine Privilegien und Güter bestätigte. (113) In den weitaus-
sehen-

(112) Cruſ. P. II. l. 6. c. 12. aus Zwifaltischen und andern Nachrichten: A. 1055. Gebehardus Ratisbonenſis Epiſcopus et Welfus Charinorum Dux facultatem redeundi ex Italia nacti ab Imperatore in patriam redierunt. Quibus ignorantibus milites ipſorum adverſus Imperatorem conjuraſſe dicuntur, cum certe illi non ignoraverint. — Henricus deinde ex Italia per Bavariam reverſus, Natalitia (anni 1055.) apud Turegum celebravit, ibique Marchionis Othonis filiam Henrico filio suo desponsavit. Gebehardum Epiſcopum Ratisbonenſem, laeſae Majeſtatis convictum, *Achalmenſi Comiti Cunoni* cuſtodiendum commiſerat, qui eum Wulfilingae et Stofelae aliquandiu captivum tenuit, ſed Caeſari poſtea reconciliatum, honorifice ad ſua remiſit. Sulg. l. c. p. 25. Hic *Cuno* quondam Gebhardum Ratisbonenſem Epiſcopum ab Henrico III perduellionis reum declaratum ſibique commiſſum diu captivum in caſtro ſuo Wüllingen, et poſtea Stoffelae detinuit, donec inde Scopulam translatus tandem Auguſto reconciliaretur. Conf. Trithem. l. c. T. I. p. 196. ad a. 1056. Eodem anno Gebhardus Ratisponenſis eccleſiae Praeſul, Imperatoris Henrici patruus, et hoſtis occulte peſſimus, deprehenſus et convictus in cuſtodiam mittitur, ſed juſſu nepotis miſericorditer, quod non meruerat, tractatur: non multo poſt, non ſolum veniam et liberationem promeruit, ſed etiam ad priſtinum ſuae dignitatis gradum reſtitutus fuit.
(113) Beſ. Doc. red. mon. Duc. Wirtenb. p. 513. ſeq. *Comes Luitoldus de Achelm.*

sehenden Händeln, welche hiernächst zwischen diesem
Kayser und der Römischen Kirche ausbrachen, hielten
es die beede Brüder mit der leztern Parthey, worüber
sie jedoch an etlichen Orten, vornehmlich im J. 1080.
da sie mit dem auf des Pabsts Anstiften zum Römischen
König gewählten Herzog Rudolf von Schwaben wider
den rechtmäsigen Kayser zu Felde lagen, vieles Volk
einbüßten. (114) Besonders verlor Luitold, vermuthlich bey der Gelegenheit, da er den von dem Kayser vertriebenen Bischof Albrecht zu Würzburg in
seinen Schuz nahm, (115) alle seine Güter in Ostfranken, die er bisher von dem Bißthum Würzburg
zu Lehen getragen hatte, welche zusammen über 1000.
Stücke (mansus) betrugen, wofür er jedoch dem
Kayser hinwiederum die Veste Nürtingen entriß. (116)
Dieses

(114) Cruf. P. II. l. 8. c. 4. Rudolphum juverant *Achalmenses quoque Comites Cono et Luitoldus*, qui multis suorum militum amissis domum redierunt. Und c. 8. Dicit autor vetustæ cujusdam membranæ Zwifaltensis, Bertoldus nomine, qui fuit tertius Abbas hujus loci, (monasterii Zwifaltensis) et 1148. scripsit, Henricum IV. quinquies esse victum, nempe ad Unstrut, Strovve, Elstir, Hochstetin, Wirciburc, quibus in locis etiam *Liutoldum et Cononem* (ejus hostes) multos suorum amisisse. Wie auch c. 12. Adversatus fuit et ipse (*Cuno*) et *frater Liutoldus* Regi Henrico IV. In prælio autem 1080. anni, quo Rudolphus Rex occubuit, ambo multos suorum amiserunt.

(115) Sulg. l. c. p. 13. Adalberonis Herbipolitani Episcopi, — qui ea tempestate apud Luitholdum Achalmium feudatarium suum Cæsaris injuria exul degebat.

(116) Cruf. P. II. l. 8. c. 15. Henrico Regi Nurtingam et alia ipsius eripuit, ac præsidio fortiter tenuit. Nam is ei villam Bachilingam, Nortzingam, et quicquid in orientali Francia beneficio Episcopatus Wirtzburg. habebat, (plus mille mansus) abstulerat.

Dieses Nürtingen lag nur etliche Meilen von Achalm am Neckar, und hatte ehmals einer gewissen Beatrix gehört, die vielleicht, wann man die Sache genauer untersucht, aus dem Geschlechte der Grafen von Urach und Achalm oder der Herrn von Neufen war, und dasselbe ihrem Gemahl, dem Niedersächsischen Grafen Uto, zubrachte. Weil es aber diesem zu weit entlegen war, so vertauschte er es noch zu ihren Lebzeiten an den K. Konrad II. (117) Es blieb demnach ein unmittelbares kayserliches Kammergut, bis es, wie gemeldt, dem K. Heinrich IV. von dem Grafen Luitold von Achalm mit Gewalt entrissen wurde. Ob es hernach von den erstgenannten Grafen an die Herrn von Neufen verkauft worden, oder wie es sonst an dieses Haus gekommen sey, läßt sich nicht bestimmen. Soviel ist gewiß, daß es in der Folge den Herrn von Neufen gehört hat, von welchen es im 13ten Jahrhundert zum Theil, und vermuthlich durch die obengemeldte Heurath des Grafen Eginons VI. von Urach mit Adelheid von Neufen an das Haus Urach, und endlich nach und nach an Wirtenberg kam. Was die Ostfränkische Güter betrift, die dem Grafen Luitold von Achalm durch den K. Heinrich IV. weggenommen wurden, so weißt man weder, wie dieser Graf Luitold dazu gekommen sey, noch worinn sie eigentlich bestanden haben. Der Zwifaltische Geschichtschreiber, von welchem Crusius die angeführte Nachricht entlehnt hat, nennt zwar die Orte Bachllingen und Nortzingen. Allein seine Worte sind

lerat. Tunc enim, quod quisque rapere poterat, suum esse dicebat. Conf. Sulg. l. c. p. 4. und p. 34.

(117) S. Des Herrn geh. Rath Hoffmanns zu Tübingen diplomatische Belustigung mit des Niedersächsischen Grafen Utonis und H. Heinrichs des Löwen an die Kaysere Konrad II. und Friedrich I. vertauschten Schwäbischen Gütern Nürtingen und Baden. 4. Tüb. 1760.

sind ein wenig zweydeutig, daß man nicht recht verstehen kan, ob diese Dörfer auch in Ostfranken oder anderswo gelegen haben. Ueberhaupt weiß ich dieselbe in keiner Erdbeschreibung oder Landkarte zu finden. Dem sey nun, wie ihm wolle, so waren die beede Grafen Cuno und Luitold damals schon ziemlich bey Jahren. Sie dachten also, wie sie sich durch gute Werke den Weg zu dem Himmel bahnen möchten. In dieser Absicht schenkten sie dem Kloster Hirsau 10 Huben nebst ihrem Antheil an der Kirche und ein Raufeld zu Tagelfingen, wodurch allem Ansehen nach das Dorf Neckarthalfingen oberhalb Nürtingen zu verstehen ist. (118) Daran hatten sie aber nicht genug, sondern sie entschlossen sich hiernächst, im J. 1089. ein eigenes Kloster zu stiften, das den Namen Zwifalten erhielt, und jezt ein unmittelbares Schwäbisches Reichskloster ist. Diesem Kloster, welches mit Benediktiner Mönchen aus dem Kloster Hirsau besezt wurde, schenkten sie nach und nach den grösten Theil ihrer Güter, als nemlich den Ort Zwifalten selbst, der nicht weit von den Gränzen des Herzogthums Wirtenberg gegen der Donau hin ligt, mit 4 Mühlen und 4 nahegelegenen kleinen Dörfern, Bach, Brunnen, Stainkart und Gowberg, desgleichen 5 benachbarte Stücke Waldes,
einen

(118) Cruf. P. II. l. 10. c. 15. aus dem Hirsauischen Traditionsbuch: *Luitolfus et frater ejus Cuno*, *Comites de Achalm*, ad Tagelfingen (Talfingen) 10. H. et suam partem de ecclesia, et 1. salicam terram, sc. monasterio Hirsaugiensi dederunt. Sulg. l. c. p. 4. *Luitholdo*, utique propositi hujus primario authori, animus primum fuit, tantum parte aliqua bonorum apud Hirsaugienses, quorum tunc eximia sub B. Wilhelmo Abbate sanctimoniæ fama erat, Deum sibi propitiandi, et funeri suo sepulturam præparandi.

einen groſſen Theil des Berges Tutisbuch oder Tuchs-
buch zwiſchen dem Kloſter und der Donau, die Hälfte
des ſogenannten Emerbergs morgenwärts von dem Kloſter, die Dorfkirche zu Zwifalten, dahin die Orte Brei-
tenfeld, Bach, Brunnen, Stainfart, Grut, Sun-
derbuch, Wimsheim, Gowberg, Gauingen, Hulfſtet-
ten, Geiſingen, Hohenberg, Hohenhülben, Katzen-
ſteig, Eilenhauſen und Upfelmär eingepfarrt waren,
davon aber die meiſte abgegangen ſind, mit den dazu
gehörigen Zehenden, den gröſten Theil des Dörfleins
Haitenhuſen, (vielleicht Hattenhofen,) einen Theil des
Dorfs Ober Wilſingen, und die Kirche zu Degernfeld,
mit vielen leibeigenen Leuten benderley Geſchlechts, welches alles vorher ihr Bruder Werner inngehabt hatte,
in deſſen Stelle ſie nach ſeinem Tode eintraten. Be-
ſonders aber ſchenkte Luitold demſelben die Hälfte des
Weilers Undingen, ſo jetzt zu dem Wirtenbergiſchen
Kloſteramte Pfullingen gehört; 14 Manßmade,
(manſus,) eine Mühle, und die nicht gar lang vorher von ſeinem Bruder, dem Biſchof Werner zu
Straßburg, eingeweihte St. Nikolauskapelle zu Altenburg, einem nunmehr ganz geringen Orte im O. A.
Tübingen; die Hälfte der Kirche und ein Raufeld von
4 Manßmaden zu Onſribingen, jetzt Oſerdingen, in
eben dieſem Oberamte; 12 Huben, wie auch 2 Stücke
Waldes, 2 Mühlen und die Hälfte der Kirche ſamt
dem Zehenden zu Derendingen, allernächſt bey Tübingen; die Kirche St. Blaſii auf dem davon noch ſogenannten Bläſberg bey Tübingen, mit 2 Manßmaden
an gedachtem Berge und einem Manßmad bey Kres-
bach oder Krespach oberhalb Derendingen; 10 Manßmade zu Scephbuch, einem unkenntbaren Orte; ein
Manßmad zu Dußlingen oberhalb Tübingen; 4 Huben
zu Stubichahe, einem unbekannten Orte; 2 Huben zu
Sickenhauſen im O. A. Tübingen; ein Manßmad zu

Neu-

Neuhausen an der Erms im O. A. Urach; 2 Manß=
made und eine Wiese zu Pfullingen, einer Wirtenber=
gischen Amtsstadt; 3 Mühlen zu Ober= und Unterhau=
sen im O. A. Pfullingen; 6 Huben, 2 Mühlen und
einen Wald von mehr als 20 Manßmaden zu Wims=
heim, einem vermuthlich abgegangenen Orte; 2 Huben
zu Immenweiler, welches auch vermuthlich nimmer
vorhanden ist; 4 Manßmade zu Willingisengen oder
Willfingen, im Gebiet des Klosters Zwifalten; ein
Manßmad zu Buchhausen, einem unbekannten Orte;
den vierten Theil der Kirche, ein Raufeld mit 5 Wein=
bergen, 4 Weingärtner mit ihren Gütern, den dritten
Theil des Fährgeldes über den Rhein, und den Zehen=
den von 3 Huben zu Lupinis, d. i. Laufen am Rhein,
der Stadt Schafhausen in Helvetien gegenüber; zwei
Weinberge und einige Raufelder mit gewissen Rechten
und Einkünften zu Flasconis, d. i. Flaach und Foßach,
vielleicht Scutzach, nicht weit von gedachtem Laufen in
dem heutigen Canton Zürch, und endlich ein Gut zu
Ebirlsheim, d. i. Ebersheim im Elsas, einem Dorfe,
so dem Domkapitel zu Straßburg zustehet, welches
Luitold mit andern Gütern von seinem Bruder Egino
geerbt hatte. Von dem Grafen Cuno aber bekam
das Kloster zu Neuhausen an der Erms und Kohlberg
im O. A. Neufen 30 Manßmade, eine Mühle und
zween Wälder; zu Stublch und Kachunrain, die mir
unbekannt sind, 2 grosse Wiesen und einen Weinberg
von 70 Morgen, die jedoch nicht alle gebaut waren,
nebst verschiedenen Waldungen, Waiden und Obst=
gärten, alles zusammen 64 Manßmade; zu Buch im
Thurgau 20 Manßmade nebst der Pfarrkirche daselbst;
zu Dietinkofen oder Dettikhofen im Thurgau 12 Manß=
made samt dem vierten Theil der Kirche und verschie=
denen leibeigenen Leuten; wie auch endlich den vierten
Theil des Fischfangs in einem Fluß, der Lindimacus
genannt

genannt wird. (119) Alles das zusammen belief sich nach Sulgers Berechnung auf mehr als 300. Stücke, (mansus,) die Mühlen, Kirchen, Zehenden, Weinberge, Wälder, Wiesen und leibeigene oder andere Leute nicht mitgerechnet, (120) woraus erhellet, wie ansehnlich die Güter der Grafen von Achalm müssen gewesen seyn, und in was für Gegenden dieselbe gelegen haben. Eben dieser Sulger meldet, daß sich Luitold im J. 1091. selbst eine Hütte zu Zwifalten erbaut habe, um seine übrige Lebenstage vollends unter den dortigen Mönchen zuzubringen. (121) Doch gab er damals noch nicht alle weltliche Geschäfte auf, wie er dann nicht nur mit seinem Bruder Cuno Sorge trug, daß die gemeldte Stiftung des Klosters mit allen dazu gethanen Schenkungen im J. 1093. von dem Pabst Urban II. bestätiget wurde, (122) sondern auch mit eben demselben bey einer Zusammenkunft zu Bempflingen, einem Dorfe im O. A. Urach, den Grafen Werner von Grüningen, ihr beeder Schwester Sohn, wegen seiner Ansprüche an die dem Kloster Zwifalten geschenkte Güter durch einen Verglich abfertigte, wovon weiter unten das Nähere wird gesagt werden. (123) Nachdem aber Cuno nicht lang hernach auf seinem Schloß Wülflingen an einer 14tägigen Krankheit gestor-

---

(119) Cruf. P. II. l. 8. c. 8. wie auch, was insonderheit die Güter zu Laufen betrift, ibid. c. 12.

(120) Annal Zwifalt. P. I. p. 16.

(121) Ibid. p. 22. Ab hoc anno Nodgeri Abbatis primo (1091.) manfit cum fuis Zwifaltensibus, perpetuus, extructo sibi tuguriolo, Luitoldus fundator.

(122) Cruf. P. II. l. 8. c. 12. Sulg. l. c. p. 23.

(123) Cruf. P. II. l. 8. c. 12.

storben war, (124) so scheint es, daß er sich allmählich ganz in die Ruhe begeben habe. Er erbte zwar nach dieses seines Bruders Tode alle dessen Güter, allein einen Theil derselben überlies er durch Verglich seiner Schwester Mechtild Söhnen; (125) die übrige verschenkte er auch vollends an das Kloster Zwifalten.

(124) Bertold. Constant. ad a. 1092. apud Urstis. T. I. p. 367. In Alemannia *Cuno Comes de Wulfelingen*, strenuissimus miles S. Petri, diem clausit extremum Idib. Octobr. Crus. l. c. ad a. 1092. Obiit hoc anno (qui erat quartus a fundatione Zuifaltensis monasterii) illustris *Comes Achalmensis Cuno* 17. Kalend. Novemb. (cum 14. dies aegrotasset,) in castro suo Wulfilingen, jam senex. — De ipso Versus est: Cuno Comes moritur: hoc Coenobio tumulatur. Anno MXCII.

Alio tamen in loco inveni, eum sexto fundationis monasterialis anno mortuum esse, id est, 1094. Christi. Und l. c. c. 15. Frater ejus (Liutoldi) *Cuno* jam ante obierat in castello suo Wuluelingen, anno fundationis V. Sulg. l. c. p. 24. ad eundem annum 1092. Obiit non multo post XVII. Calend. Novemb. diem suum *Cuno illustris Comes*, exantlata 14. dierum gravi corporis infirmitate, jam grandaevus in castro suo Wülflingano Turgoviae. Man siehet hieraus, daß sowohl der Tag als das Jahr seines Todes verschieden angegeben wird. Was nun den Tag betrift, so ist kein grosser Unterschied, dann Id. Octobr. ist der 15te, XVII. Cal. Nov. aber der 16te October. Das Jahr 1092 aber kann nicht wohl das richtige seyn; dann in der Urkunde, da der Pabst Urban II. die Stiftung des Klosters Zwifalten bestätiget, und die den 20. Apr. 1093. datirt ist, werden noch ausdrücklich *Liutoldus et Cuono Comites* genannt, ohne die geringste Anzeige, daß Cuno bereits wäre gestorben gewesen. Und so kommen auch in dem Verglich zu Wempflingen, der gleichwohl kein Datum hat, noch beede Brüder vor. Ob übrigens das fünfte oder das sechste Jahr nach der Stiftung des Klosters Zwifalten richtiger sey, kann ich nicht entscheiden.

(125) Cruf. P. II. l. 8. c. 12.

ten. (126) Die Schirmsvogtey über das Kloster, wozu er ebenfalls ein Recht gehabt hätte, und die ihm nach Cunons Absterben, welcher sie bisher verwaltet hatte, von dem ganzen Konvent angetragen wurde, nahm er Alters halber gar nicht an, sondern gab den Mönchen den Rath, daß sie in Gegenwart vieler damals zu Ulm anwesenden Fürsten und Stände, welche zu dem Ende unter freyem Himmel bey Rotenacker, einem Wirtenbergischen Dorf an der Donau, zusammenkamen, den Herzog Welf von Bayern, der das benachbarte Schloß Warstein an der Lauter besas, dazu erwählten, bey welcher Gelegenheit zugleich alle vorgemeldte Schenkungen nochmals auf das feyerlichste bekräftiget wurden. (127) Endlich gieng Luitold den 18. Aug.

(126) Bertold. Constant. l. c. p. 367. Ejus (Cunonis) bona frater ejus Lutolfus hereditario jure possedit, etsi jamdudum seculari militiæ abrenuntiaverit Nec hoc utique fecit ea intentione, ut ad seculum rediret, sed potius, ut prædictum monasterium eisdem bonis melioraret. Conf. Sulg. l. c. p. 24.

(127) Cruf. P. II. l. 8. c. 8 Has donationes eorum Bavariæ Dux Guelfo et alii Principes, conventu apud Rotinakir habito, solenniter ratas habuerunt. Und c. 12. Cum mortuo Cunone monasterio præesse Luitoldus per valetudinem non posset, præfecit ei Advocatum de consensu Abbatis et Conventus Ducem Bavariæ Guelphonem, prælecto autem ante ei diplomate libertatis et commodorum hujus loci. Sulg. l. c. p. 25. Cunone rebus humanis exempto jus Advocatiæ seu defensionis monasterii, quod ad finem vitæ fideliter et paterne administraverat, ad Luitholdum et suomet pondere et conventus voluntate inclinabat. Sed is ætate gravis et corporis infirmitate depressus, ut vix baculo sustentante ægrum arthritide corpus traheret, cumprimis vero sanctæ quietis suos inter filios amans, consilium dedit, istud officium Guelphoni id nominis IV. Bavarorum ac Noricorum Duci, interque Imperii Principes

18. Aug. 1098. oder nach Bertholds von Kostanz Zeugniß 1099. ebenfalls mit Tod ab, und wurde, wie sein Bruder Cuno, deſſen Leichnam er von Wülflingen hatte herabführen laſſen, zu Zwifalten begraben, (128)

pes potentiſſimo deferrent, qui Monaſterii Advocatum tamdiu ageret, quamdiu bene: cætera penes Monaſterium manente ex Pontificio privilegio poteſtate libera alium eligendi, quando et quoties monaſterii ratio aut Advocati negligentia poſtularet; id quod ſolenniter factum eſt, producto et adprobato Pontificis diplomate, in Conventu magno totius Imperii Principum apertis in campis ſub dio, uti ſupra memini, inter Rottnaker et Ulmam habito. Ipſus tunc præſens fuit Dux Guelpho, et delatam tutelam cum conditionibus haud gravate ſuſcepit. Quo in Conventu etiam confirmatæ ſunt donationes Fundatorum ſuperius adductæ. Conſenſere libentius patres in Advocatum Bavarum, quod is noſtra in vicinia ad Lutram fluvium arcem haberet Warſtein, ex qua et defendere monaſterium, et ex ejus fundo ligna cædua ad novam monaſterii fabricam conferre poſſet. Vorher p. 17. hatte Sulger gemeldet: Porro hæ donationes paulo poſt, anno nimirum 1093. ſolenni ritu confirmatæ ſunt in campo ad villam Danubianam Rottnaker coram Welphone Bavarorum potentiſſimo Duce, cæteriſquæ Imperii Principibus ad colloquium illuc ex Ulma Suevorum, quo comitiorum cauſa convenerant, evocatis. Das Jahr 1093. aber halte ich für unrichtig, und glaube nach Zuſammenhaltung aller Umſtände, daß man dafür das Jahr 1095. ſetzen müſſe.

(128) Bertold. Conſtant. ad a. 1092. l. c. p. 367. *Cuno Comes de Wulfelingen* — in monaſterio, quod ipſe cum fratre ſuo *Comite Luitolfo* in proprio allodio fundaverant, honorifice ſepelitur. Und ad a. 1099. l. c. p. 377. ſeq. *Luitolfus Comes* bonæ memoriæ, jam diu æger pedibus, ſed in cauſſa S. Petri contra ſchiſmaticorum pravitatem propugnator indefeſſus, tandem ex ſeculari dignitate in monachicam religionem transmutatus, feliciter migravit ad Dominum

XV.

wo ihnen folgende Grabschriften gemacht wurden, nämlich dem einen Bruder:

Cuno mihi nomen fuit, Achalm clara propago:
Frater germanus sed Luitoldus erat.

Cum XV. Cal. Sept. in monasterio, quod ipse in proprio allodio de propriis fundavit, et in quo se ipsum monachum fecit, honorifice sepelitur. Cruf. P. II. l. 8. c. 12. Sepelivit eum (*Cunonem*) Zwifaltam advectum frater *Liutoldus*, quanquam et ipse jam cygneo capite ac podagricus, juxta S. Petri altare, secus introitum popularis ecclesiae, humentibus oculis, jussitque imaginem Crucifixi supra eum in pariete depingi. Postea Coenobio exaedificato juxta patrem Rudolfum et fratres Hunfridum ac Beringerum in Capitulo (etiam Capitolium vocant,) venerabiliter ejus ossa humata sunt. Und c. 15. Decimo fundationis anno Coenobii Zuifaltensis nondum elapso, (ut in MSt. membranis est,) *Liutoldus Comes*, graviori correptus infirmitate, — obiit 1098. Domini, 15. Kal. Septemb. ac sepultus est in Capitulo, in sepulcro patris et fratrum suorum. Sulg. l. c. p. 24. Obiit *Cuno* in castro suo Wülflingano Turgoviae: cujus corpus inde a fratre *Luitholdo* Zwifuldam adductum juxta introitum ecclesiae parochialis, monasteriali nondum extructa, tumulatum est versus altare S. Petri. Postea vero intra Mausolaeum parentis sui Rudolphi et fratrum Hunfridi atque Beringeri, erecto Monasterio, repositum in Capitulo fuit. Und p. 33. seq. Degebat tunc inter monachos *Luitholdus Comes* Fundator, devecta aetate, et effoeti corporis infirmitate sensim ad extremam vitae lineam devolutus. Decimus octavus dies Augusti hoc anno (1098.) fatalis illi fuit. — Sepultus est in Capitulo in mausolaeo patris ac fratrum suorum. Ita de Luitholdo promiscue scriptores nostri synchroni. — Habet Luitholdum nostrum suo in martyrologio Arnoldus Wion, et Buzelinus in Menelogio ad dictum ejus obitus diem. Bertholdus Constantiensis erravit in supputatione temporis, quando illum anno proxime hunc sequente defunctum scripsit.

Cum quo fundavi hoc in honorem Virginis almæ
   Ipse monasterium rite, favente Deo.
Prædia cum villis, cumque agris pascua, silvas,
   Donavi. Hic, lector, nostra sepulcra vides.

Dem andern aber:

Ex Achalm Comes illustris Luitoldus habebat,
   Consilio, populis et ditione potens.
Qui pertæsus opes mundi, qui coelica quærens
   Regna monasterium hoc construo mente pia.
Donavique agris, villis et censibus amplis:
   Mox cellam Monachus ingrediorque meam. (129)

Ausserdem stehen in gedachtem Kloster folgende Innschriften:

Luitholdus Comes ab Achalm Fundator Monasterii
   A. C. 1089.
Arduam ut virtutem arduus exploraret Campus,
   Cum Cæsare Henrico, potenti cum hoste,
      Potenter me fata collisere.
   Furiale schisma belli tubam inflavit:
      Ponente tandem turbine,
   Post bella ut respirarem suavius,
   Domum Pacis ad Aquas Duplices
      fundavi.

---

(129) Crus. l. c. c. 15.

Cui
Poſtquam mea omnia,
Me ipſum ut impenderem, balteum poſui,
Monachum indui,
Mortalitatem exui,
Placide, ſancte
XV. Calend. Septembr.
Anno Chriſti 1098.

Und:

Cuno Comes ab Achalm alter cum priore fratre
Fundator
eodem Chriſti Anno 1098.
Titulos qui ſcire meos laudumque elenchos cupis,
Luitholdi Fratris trophæa perlege,
Par me cum illo pro Eccleſia ſtudium,
Pari in felicitatis arena
Verſavit.
Manu, conſilio, opibus,
Dum vixi, Eccleſiæ Miles fui.
Ut fortibus aſſueta factis dextra
Etiam in toga virtuti militaret,
Communibus cum Fratre expenſis
Numini, Numinisque Matri
Cœnobium fundavi;
Cœlum non alia ex Arce validius expugnaturus,

Quam unde quotidianis in Cœlum jaculis
Victrix oratio pugnat.
Ob. XVII. Calend. Novemb.
1092. (130)

Daß Luitold unverheurathet geblieben sey, sagen die Zwifaltische Nachrichten ausdrücklich. (131) Ob Cuno auch keine Gemahlin gehabt habe, daran möchte man vielleicht zweifeln; es wird aber gleichwohl gemeldet, daß seine Güter nach desselben Tode an seinen Bruder Luitold gefallen seyen, welches wenigstens anzeigt, daß er keine Kinder hinterlassen habe.

Von den Schwestern soll Beatrix in den geistlichen Stand getreten, und Aebtißin zu Aschau oder Eschau im Elsas gewesen seyn. (132) Dieses Kloster lag auf einer Insel zwischen dem Rhein und Ellfluß oberhalb Straßburg, ist aber vorlängst eingegangen. Da es von dem Bißthum Straßburg abhieng, so möchte es wohl seyn, daß ihr Bruder, als Bischof zu Straßburg, sie dahin gebracht hätte. Die zweyte, Mechtild oder Mathild, heurathete den Grafen Cuno von Lechs-

---

(130) Sulg. l. c. p. 8. seq.

(131) Id. l. c. p. 33. Fuit Luitholdus vere beatus in omni vita sua, et jam in sæculari habitu admodum religiosus, nec uxorem neque concubinam habens omnino: permansit castus et humilis.

(132) Id. l. c. p. 11. Beatrix sororum tertia sub regula D. Benedicti Dei servitium professa Aschoviæ in Alsatia Abbatissam egit.

Lechsgmünd, dem sie verschiedene Kinder gebar. (133) Die dritte aber, Namens Willibirg, wurde mit einem Heßischen Grafen, Wernern von Grüningen, vermählt, (134) und gebar ihm einen Sohn, der auch Werner von Grüningen genannt wird. (135)

Dieser jüngere Werner ist es, welcher an die Güter, die seine beede Oheime, Cuno und Luitold, dem Kloster Zwifalten geschenkt hatten, von seiner Mutter her Anspruch machte, daher sie sich zu Bempflingen dergestalt mit ihm verglichen, daß sie ihm die Hälfte der Dörfer Dettingen und Metzingen unter Urach, mit der Hälfte der dortigen beyden Kirchen, wie auch die halbe Kirche zu Ehningen bey Reutlingen, mit einem Stück Feldes daselbst, desgleichen fast alle ihre Dienst-

(133) Cruf. P. II. l. 8. c. 8. *Mechtildis* mater fuit Burcardi, Ottonis, Cunonis et Bertholdi, ex Comite Lechsgmyndensi. Und l. 9. c. 20. *Machtilt*, soror Liutoldi Comitis, nupsit Cononi Comiti de Lechisgimundo, genuitque ex eo Othonem Comitem, Cononem Horburgensem, Burchardum Episcopum Traiectensem, et Bertholdum. Sulg. l. c. p. 11. *Mechtildis* matrimonio juncta Cunoni Comiti de Lechsgmünd, mater fuit Burcardi Episcopi Trajectensis. Uns p. 83. *Mechtildis Achalmiæ*, fundatorum nostrorum soror, Cunoni Comiti de Lechsgmünd nuptui tradita est.

(134) Sulg. l. c. p. 11. Ex horum sororibus (filiabus Rudolphi) *Wiliburga* Wernero Comiti Græningensi e domo Wirtenbergica fuit denupta. Conf. die nächstvorhergehende Abhandlung, wo von diesem Grafen Werner nähere Nachricht gegeben wird.

(135) Cruf. P. II. l. 8. c. 8. *Willibirga* fuit mater Werinheri (Wernheri) Comitis de Gruningen.

Dienstleute nebst dem Schloß Achalm überliessen, wofür er auf alle weitere Ansprüche Verzicht leistete. (136) Die Söhne, welche Mechtild ihrem Gemahl, dem Grafen Cuno von Lechsgmünd, gebar, waren Burkard, Otto, Cuno und Berthold. Die zween erstere kamen nach des Grafen Cunons von Achalm Tode ebenfalls mit einer Ansprache zum Vorschein. Ob sie nun gleich bereits mit dem halben Dorf Wittlingen auf der Alb, dem Weiler Bichishausen unweit Zwifalten und einem Hofe Namens Herzinach am Rhein abgefertiget waren, so gab ihnen doch ihr einziger damals noch lebender Oheim, der Graf Luitold von Achalm, das Schloß Wülflingen mit allen dortigen Leuten und Gütern, desgleichen einen Hof zu Buch, den sie sich besonders von ihm ausgebeten hatten, unter der Bedingung dazu, daß sie weiter keine Forderung machen sollten. (137)

Also

(136) Cruſ. P. II. l. 8. c. 12. Conventu habito in oppido Biemphelingin, prædicti duo fratres (Cuno et Luitoldus) ſic cœnobio caverunt, quod *Græningenſis Comes Wernherus, filius ſororis eorum Willibirgæ*, (quæ præter cæteros conſanguineos videbatur jus habere ſuccedendi in bona, quæ ejus germani monaſterio tradiderant,) ſponte ſua ſe abdicavit hoc Cœnobio, et bonis ei traditis omnibus, ſacris reliquiis coram allatis, jurejurando per manum Ottonis ſui clientis, gregarii ſc. militis, confirmans. Ideo huic nepoti ſuo Wernhero tradiderunt dimidiam eccleſiæ partem apud Tettingen, et eandem villam dimidiam. — Etiam tradiderunt ei dimidiam partem villæ, quæ Metzingin dicitur, cum dimidia parte eccleſiæ, nec non dimidiam partem eccleſiæ apud Eningin, cum una ſalica terra in eadem villa. Inſuper pene cunctos apparitores et milites ſuos cum caſtello, ſuo Achalmin dicto etc.

(137) Cruſ. P. II. l. 8. c. 12. Domino Cuonone Comite

Also waren nun die Güter der Grafen von Achalm noch vor dem Ausgang des eilften Jahrhunderts ganz und gar veräussert und zerstreuet. Den grösten Theil derselben hatte das Kloster Zwifalten bekommen; einige kleinere Stücke wurden den Söhnen der oftgenannten Gräfin Mechtild zu Theil, die sie jedoch nachgehends auch wieder veräusserten. (138) Das Schloß Achalm selbst mit den dazu gehörigen Leuten und Gütern gerieth in die Hände des Grafen Werners des jüngern von Grüningen, der auch, wie es scheint, nach seiner beeden Oheime, Cunons und Luitolds, Absterben den Titel da-

mite ex hac vita migrante, cum frater ejus Liutoldus folus effet fuperftes, atque hereditas domus patris ejus et omnium fratrum ad eum folum deveniffet, venerunt ad eum duo fratres germani, Burcardus videl. et Otto, filii fororis ejus Machtildis, de Horeburc, et rogaverunt eum, ne tanto parentum fuorum patrimonio privarentur. Quibus tametfi nulla fors pro confuetudinariis legibus obveniret, quippe quibus ex materna dote dimidia pars villæ, quæ Witilingin nominatur, et optima curtis juxta Rhenum, Herzinach nomine, penes Zwifiltenfes quoque villa, quæ Bichineshufin dicitur, in hereditatem deveniffet; tamen prædictus Liutoldus Comes, eorum avunculus, fapienti ufus confilio, — cum confenfu atque conniventia Noggeri Abbatis, omniumque fratrum, tradidit eis caftellum, Wulvelingen nuncupatum. cum univerfis prædiis ac militibus fuis, in eadem regione conftitutis, nec non et curtem, Buoch cognominatam, quam ipfi magno annifu precabantur fibi donari. Quod fecit ea conditione, quatenus et ipfi hoc loco (Cœnobio) cunctisque bonis, quæ vel ipfe, vel frater ejus Cuono, aut alius quisquam huic monafterio contuliffet, omniuo fe perpetim abdicarent.

(138) Cruf. P. II. l. 9. c. 20. Sulg. L c. p. 83.

davon annahm, (139) aber allem Ansehen nach keine Kinder hinterlies.

Was man sonst von einem Grafen Ramuold oder Ramwold von Pfullingen und Achalm, einem Brudersohn des obengemeldten Bischofs Wolfgangs zu Regenspurg, der im J. 1115. als Abt zu St. Emeran gestorben seyn soll, (140) wie auch von einem Grafen Otto Heinrich, desgleichen von einem Grafen Albrecht von Achalm, davon jener im Jahr 1165. einem Turnier zu Zürch, dieser aber im Jahr 1179. einem Turnier zu Köln beygewohnt habe, (141) ja noch im 13ten Jahrhundert von einer Gräfin Agnes von Achalm, welche als die zwote Gemahlin eines Grafen Hermanns von Gröningen angegeben wird, (142) und fast zu gleicher Zeit wieder von einem Grafen Albrecht von

---

(139) Cruf. P. II. l. 9. c. 20. *Werinherus de Achalmen* dedit (monasterio Zwifalt.) 1/2 M. in villa Eningen. Conf. Sulg. l. c. p. 67.

(140) Bef. Mon. Virg. sacr. p. 334. seq. in not. *S. Ramwoldus, alii Ramvoldus, vel alias Rainvoldus, Comes de* Pfullingen *et* Achalm, patruelis S. Wolfgangi episcopi Ratisbonensis, factus Abbas S. Emerani, biennio cæcus, miraculo ad sepulchrum S. Emerani visum recepit, tandem febricula correptus, a. 1115. Cal. Iul. ætatis 100. mortuus est, cum 26. annos, 5. menses, 17. dies rexisset. Sulg. l. c. p. 53. A. 1115. obiit Ramuoldus Comes de Pfullingen et Achalm, patruelis S. Wolfgangi Ratisbonensium episcopi, fundatorum nostrorum consanguineus, et Abbas ad S. Emeranum; qui per biennium cæcus, ad sepulchrum ejusdem S. Martyris visum recepit.

(141) Cruf. P. II. l. 11. c. 4. und c. 9.

(142) Id. P. II. l. 9. c. 5.

von Achalm, der mit dem Grafen Eberhard dem Durchleuchtigen von Wirtenberg in einen Krieg verwickelt gewesen sey, (143) findet, ist theils offenbar erdichtet, theils eine bloße Verwechslung unterschiedener Familien. Wahrscheinlicher ist es, daß mit dem genannten Werner der Name der Grafen von Achalm gänzlich erloschen sey. Wenigstens trift man Spuren an, daß das Schloß dieses Namens um die Mitte des zwölften Jahrhunderts den Herzogen von Bayern, im nachfolgenden dreyzehenten Jahrhundert aber dem Kayser und Reich zugehört habe.

(143) Id. P. III. l. 3. c. 7. 8. und 15.

Tab. I.

Tab. I.

Stammtafel der Grafen von Urach.

Egino I. der Stammvater aller folgenden Grafen von Urach.	Rudolf, Stammvater der Grafen von Achalm. S. Tab. II.		
Egino II. Gem. Kunigund.	Cuno oder Konrad I. Kardinal und päbstlicher Legat, um 1114.	Mathild oder Mechtild, vermählt mit Mangold von Sulzmeringen, der 1086. umkommt.	
Egino III. Gem. N. N.	Gebhard, Domherr zu Strasburg 1080. Abt zu Hirsau 1091. Bischof zu Speyer 1105. stirbt 1110.	Udilhild, vermählt mit Graf Friedrichen von Zollern.	Alberad, Aebtißin zu Lindau, nachgehends Klosterfrau zu Zwifalten, um 1131.
Egino IV. um 1157.			
Egino V. mit dem Bart, oder der ältere, 1175. stirbt 1230. vermählt mit Agnes, des lezten Herzogs von Zäringen, Bertholds V. Schwester und Erbin.			
Cuno oder Konrad II. 1198. Bischof zu Hernach zu Lützel, Porto und Kardinal 1224. u. f. 1240. † 1241.	Berthold I. 1198. Abt zu Tenebach 1215. von Urach zu Freyburg 1220. und endlich zu Salmansweiler Gem. Adelheid von Neusen.	Egino VI. oder der jüngere, Graf von Urach u. Herr stirbt 1236.	Rudolf, Graf 1228. 1254.	Berthold II. stirbt im Predigerkloster zu Eßlingen.
Konrad III. Graf von Freyburg, von welchem die Grafen von Freyburg herstammen.	Berthold III. Graf von Urach, stirbt um 1260. ohne Kinder. Die Grafschaft Urach kommt an Wirtenberg, 1254. 1260. und 1263.	Heinrich, Graf von Fürstenberg, von welchem die Grafen von Fürstenberg herstammen.	Gottfried, Capellanus Papæ, 1238. Domherr zu Straßburg 1270. 1275.

Beytr. zur Wirt. Gesch.

Tab. II.

Stammtafel der Grafen von Achalm.

- **Egino I.** Stammvater der Grafen von Urach. S. Tab. I.

- **Rudolf**, der erste Graf von Achalm. Gem. Wellheid von Wülflingen oder Wrömpelgard.
  - **Egino, Gem. Sophia.**
    - **Hanfried, u. Peringer starben jung.**
    - **Rudolf der jüngere, ebenfalls.**
  - **Werner, Bischof zu Strasburg.**
  - **Bх: Cuno und Luitold,** stiften 1089. das Kloster Zweifalten. Jener stirbt um 1091. dieser 1098. oder 1099.
  - **Beatrix,** Vertissin zu Eschau im Elsas.
  - **Mechtild,** vermählt mit Graf Cuno von Rechs-gmünd.
  - **Willibirg,** vermählt mit Graf Werner dem ältern von Grüningen.
  - **Werner der jüngere,** Graf von Grüningen, hernach von Achalm, der letzte Graf dieses Namens.

III.
Wahrhafte Beschreibung,

was sich mit der Namhafften Vestung Hohen-Asperg, deroselben plocquierung, Belägerung und endlichen Uebergab, von dem Augusto des 1634. Jars bis zum Augusto folgenden 1635. Jars fürnemblich zugetragen,

von

M. Wendel Bilfinger,

damaligen Specialsuperintendenten und Stadtpfarrer zu Marggröningen.

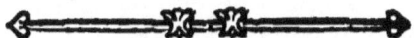

Aus der Handschrift des Verfassers.

III.
1634.
Aug. 27.

Geschahe die grosse Schlacht bey Nördlingen, in welcher die Kaiserischen das Feld behalten, und die Schwedische ein grosse Niderlag erlitten, insonderheit die ganze Infanterj ruinirt, † Schwedischer Feld-Marschalck Gustavus Horn gefangen, alle Bagage, Stuckh und Munition im stich gelassen worden.

28.

Morgens gegen tag umb 1. Uhr hat man 3. Losungs-Schüß (und bald darauf wider 3.) uf der Vestung Hohen Asperg gethon, daß die umbligende Mannschaft mit ihrer aufferlegten Wehr sich daselbs samlen solte. Darauff dann ein grosse Flucht und schrecken im ganzen Land sich erhabt, und wussten die Leut nit, wo auß und an.

29.

Nachts hat man ufm Asperg wegen einer grossen Brunst einen Schuß aus eim groben Stuckh gethon: und seind diesen Tag mehrertheils Räht von Stuttgard hinweg nacher Strasburg gezogen.

30.

Und folgenden Tag ist das königl. Schwedische Volckh mehrertheils bey Gröningen fürüber gezogen, haben den Bauren sehr vil pferd genommen, man hat aber die Thor alda zu Gröningen zugehalten.

Eod.

† Darunter allein bey 4000 Würtenbergischer Unterthonen gwesen. Relat. Francof. p. 18.

III. Beschreibung, was sich mit der

Eod. Ist Ihro Fürstl. Gnaden Herzog Bernhard von Sachsenweimar, Herr General Rheingrav Otto Ludwig, (welcher hernacher zu Speyr Todes verfahren) Johann Heinrich von Offenburg, und Ludwig Rösch, Commissarii, uf Asperg ankommen, und weil diser platz also qualificirt, daß Herzogs Bernhards Aussag nach ein gantze Armée darvor könnte aufgehalten werden, als haben Sie Rüdigern von Waldo, Obersten Leutenant über die Schwedische Artollery, alhier zu eim Commendanten hinderlassen, solches hauß vor den Kaiserlschen zu defendieren. Es hat gemelter Herr Obr. Leutenant 2. gefangene Jesuiten mit sich heraufer gebracht, welche er als Geisel vom Collegio zuo Landshuot bey sich hatte, wegen restierenden gelts, so gedachts Collegium ihme an einer Contribution noch hinderstellig geblieben. Zur Besatzung (neben der ordinarj Quardj und Zusatz vom Landvolckh) ist etlich commendiertes Rheingrävliches Fußvolckh von dem Leib Regiment uf Asperg gelegt worden, darüber commendierte Hanß Philipps von Flerscheim, Major. Der Commissarius uf der Vestung war Jeremias Godelman. Die Herrn Generales seind selbigen abends widerumb hinweg nacher Biettigkeim marchiert, und daselbsten übernachtet.

31.

Ist die Rheingrävische Guarnison uf 500. Mann starckh, gut Volckh, in die Vestung eingezogen, und haben anfahen ihre hüttlin uf dem Wahl zu bawen. Und ist hierauff des Commendanten Hofstaat angangen.

Sept. 2.

Hat man auff der Vestung ein Schuß auß eim Falconetlin gethan, wegen der überraisenden Soldaten, so die Leut geplündert.

Sind

Sind Herzog Bernhards 4. Leibpferd alhero gebracht worden.

4.

Sahe man ein grosse Brunst gegen Schorndorff.

Eod. hat Herr Commendant die benachbarte Amptleut von Biettigkeim, Brackhenheim, Güglingen, Sayenheim, Vayhingen, Gröningen, Lewenberg, Böblingen und andern orten, was dißseits des Neckhers gelegen, uf Asperg beschrieben, und mit ihnen wegen Liferung der Victualien gehandelt.

5.

Wollten etliche Cornet Tragoner mit gewalt zu Gröningen einbrechen, welcher wegen man ein Stuckh auff Asperg gelöst, und ist die Kugel weit über das Rieth herein gangen.

Eod. sahe man abermahls ein grosse Brunst gen Schorndorff.

7.

Ist ein Ordinanz Reutter von Lauffen uf der Vestung ankommen.

Eod. ist ein Obr. Wachtmeister uf der post mit 8. pferden von Eßlingen alhier ankommen.

8.

Bin Ich mit Weib und kind neben Herrn vogten, Burgenmeistern und mehrertheils der Burgerschafft uf Asperg geflohen, weil nunmehr die gfahr sehr groß, wie Ich dann disen Tag Schreiben vom Guardj Capitein von Asperg empfangen, und darinnen gewarnet worden, neben andeuttung, würde Ich selbigen Tags nit kommen, so würde Ich kein Logiament mehr kriegen. Und haben wir die folgende Nacht 9. grosser underschiedlicher Brunsten gesehen, darunder dan sollen gwesen sein Waiblingen, Echterdingen, Haimbsen, Türckhnen, Schmiden und andere ort.

9.

9.

Morgens frueh haben 2. Croaten biß an den Berg heran gehawen, und recognoscirt, also das Capitein König, so die wacht beym Landvolckh gehabt, auß Musqueten fewer auff sie geben lassen. Und hat man disen Tag 3. Stuckh loßgebrant.

10. und 11.

Hat das kaiserisch Volckh hauffenweiß angefangen, bey Asperg füruberzuziehen. Seind in einer Nacht 5. Regiment in Gröningen gelegen, mit der Obrigkeit daselbsten umb ein gwiß gelt uf etlich vil 100. Gl. accordiert, so wolten Sie der Statt mit der plünderung verschonen, aber als man ihnen das gelt dargeschossen, und Sie solches empfangen gehabt, haben Sie die Soldaten in die Statt gelassen, welche alles außgeplündert, grossen muthwillen und Schand mit dem Weibervolckh getriben, bey 25. personen iämerlich ermordet, etlich 100. guter pferd hinweggenommen, auch etliche personen mit sich gefangen hinweggefüert, darunder gwesen Herr Stattschreiber, Hanß Jacob Riegger, der lateinische Præceptor, *M. Melcher in Arena*, Georg Binder Kanttengiesser, und andere mehr, sonderlich Weibspersonen. Insgemein haben Sie die arme leut sehr übel geprügelt, daß Sie beynahe alle entlauffen, und die Statt lassen lehr und oed stehen. Es hat aber manchen das außreissen nit helffen mögen, dann die Soldaten den flüchtigen armen leutten nachgeeilet, sie in den Weinbergen und Wälden gesucht, auch mit hunden nach ihnen, wie nach dem Wild, gehetzt. Hat mans dann überkommen, so ist wunder zu sagen, wie übel und unchristlich mans tractirt mit prügeln, rütteln, schraufen, und allerley marter und pein, nur daß man gelt auß ihnen erzwingen köntte, da es doch mehrertheils schon hingegangen, zu welchem Unglückh dann leider nit wenig geholffen etlicher meinaydiger Underthonen verrätherey, und Dieberey,

berey, welche wann Sie ihren Mittbürger umb Leib, Leben, Haab und gutt bringen kennen, so hetten sie sich nit weder vor Gott noch vor Menschen geförchtet oder geschämpt. Man hat auch dise zween tag über ettliche underschiedliche Brünsten gesehen, under denen auch gwesen seind Oßweil und Bissingen, beede Gröninger Fleckhen, deren ieder zum halben theil abgebrant worden. Auch seind dise zween tag über ieden 2. thut 4. Schüß aus Stuckhen gethon worden.

12.

Ist der ganze völlige March des kaiserischen Volckhs uf beeden seitten des Aspergs fürübergegangen uf Gröningen und Bietrigkeim zuo, und hat ungefahrlich umb Mittag etlich kaiserisch commendiert Fuoßvolckh von Obr. Enckhenfurts Regiment einen anfall uf den Fleckhen Under Asperg gethon, einen Schwedischen Leütenant, so mit etlich Rotten Musquetierern darinn gelegen, heraußer gejagt, und das Dorff eingenommen, sonderlich sich der Kirchen impatroniert, uf welche man aber mit Stuckhen dapfer fewer geben, und Sie auß der Kirchen widerumb herauß getriben, hernacher sie sich in die häuser, fürnemblich in die Keller, verschlupfft, und den Asperger wein anheben zu versuchen.

Selbigen Vormittag, als Leüttenant Mühlnarckh noch im Fleckhen gelegen, ist ein kaiserischer Trompeter ankommen, welcher im Namen des Ungerischen Königs (wie er vorgeben) die Vestung auffgefordert, so solle den geflohenen Bürgern und Underthonen Schutz und Schirm, den Soldaten aber gut Quartier mitgetheilt werden. Es hat aber vorgemelter Leutenant ihne Trompetern mit schimpflichen Wortten abgewisen, Er und sein König sampt desselben Crabaten sollen sich fortmachen.

Hier-

Hierauff, als sich das kaiserische Volckh ie mehr und mehr genähert, haben die Schwedische das grosse Holtzhauß, welches mitten am Berg gestanden, darinnen gar vil Bawholz gelegen, angezündt und hinweggebrannt.

Man hat auch disen Tag 200. Bauren uf dem Asperg bewehrt, mit newen Musqueten versehen, und selbige zwischen die Soldaten uf den pasteyen und Aufsenwerckhen eingetheilt.

Ungefährlich umb 12. Uhren Mittags hatt Ihre König. May. in Ungarn in der person mit dero Generaln Leutenanten Herrn von Tieffenbach im Osterholtz gehalten, und die Vestung Asperg besichtiget. Als aber dessen ohnwissend, aber doch wegen andern straifenden gsindlins Herr Commendant Waldo uf der Vestung von dem Runden thurn mit Carthaunen und Feldschlangen gegen gemeltem Holtz angefangen zu spihlen, und die kugeln uf dem Feld vor dem Wald nidergangen, hernach aber erst in das Holtz hinein getroffen, und ein groß gerassel an den Bäumen gemacht, das mans auch auff der Vestung hören können, als hat sich der König gschwind wider auff dem Holtz darvon gemacht. Diß hat Ihre königl. May. selbigen abends zu Bässigkeim, alba das Hauptquartier gewesen, ob dem Nachtessen selber referiert.

Nachmittag hat man von der Vestung einen Ausfall uf das kaiserische Volckh, so im Dorff gelegen, gethon, durch 2. Trouppen, deren 1. Capitain Riva, den 2. Leutenant Zorn gefüert, die haben im hinabgehen den Berg umbzogen, und seind durch die Weinberg hinab geschlupfft, biß an die Häuser. Ain Vorstknecht von Egloßheim, welcher im ersten Trouppen gewesen, hat den ersten schuß gethon, und einen kaiserischen Soldaten hinderm Tisch durchs fenster hinein erschossen, darauff gieng es an ein Schlessen und

Schla-

Schlagen, und iagte man die kaiserische aller orten auß
den heusern, durch die gassen und Winckhel, und seind
selbige in voller Flucht schon zum Flecken hinauß gebracht worden, aber ein starckhe Troup zu pferd kame
ihnen eylends zu hilff, (welche hinder dem Osterholtz
bißhero gehalten, und die Schwedische darvon nichts
gewißt haben,) die iagten die Schwedische widerumb
über kopff und Hals durch das Dorff herdurch der Vestung zuo. Under werenden Scharmützel hat man
stetigs und ohn Underlaß mit groben Stuckhen, Doppelhackhen und Musqueten uf das Dorff fewer gegeben,
darduch, wie man hieoben gesehen, den Kaiserischen
2. pferd gefällt worden. Ein kaiserischer Reutter hat
den Schwedischen Leutenant Zornen bey dem kopff erdapt, ihme den huot samt dem federbusch hinweggenommen, Er hat sich aber von ihme hinweggerissen,
und noch einen kaiserischen Musquetierern, welcher einen
Schwedischen Soldaten gefangen hatte, nidergestossen,
und den gefangnen ledig gemacht. Von den Kaiserischen seind etlich geblieben, und verwundt: uf Schwedischer seiten seind 3. geblieben, einer verwundet, und
dem Commendanten ein Stuck Junckher gefangen worden. Und haben also die Kaiserische selbige Nacht das
Dorff Asperg innbehalten, morgens aber stillschwei-
gender weiß verlassen, aber 8. häuser angezündt und
abgebrant, auch des Commissarii Godelmans Gutschen wolgeladen mit sich hinweggefüert. Es haben
selbige Soldaten hernacher (wie ein fürnemmer gefangner hieoben außgesagt, allwegen 6. miteinander umbs
leben spihlen müssen, daß darvon einer sterben solle,
weil Sie das Dorff Under Asperg so schandlich wider
verlassen.

13.

Haben 10. Schwedische einen Außfall gegen Gröningen gethon, uf die 50. kaiserische knecht angetroffen, deren theils nidergemacht, die andere mit sich gefangen

fangen herauff gebracht, darvon einer gstorben, die andern sich undergstellt.

Eod. ist Sebold Neher, Cornet under Schavelitzky, so in Nördlinger Schlacht gefangen worden, uf den Asperg herauff kommen, und hat einen Frantzosen, welcher ihne zuvor gefangen hatte, mit sich gebracht, daß er hernach sein gefangner sein müessen. Der ist etlich tag alhier gelegen, darnach ledig gelassen worden, wie weit er aber kommen, ist mir unbewußt.

14.

Haben die Officier abermals einen Außfall gen Gröningen gethon, uff die 30. Soldaten, so sich verspähtet, nibergemacht, und gefangen, darunder ein Corporal, welcher sich undergestelt.

15.

Haben die Rheingrävische bey dem Dorff Asperg 13. Italiener und ain fraw nibergemacht.

Eod. hat man ein Losungs Schuß auß eim Stuck gethon.

Eod. hatt man Korn und wein zu Gröningen abgeholet.

Eod. haben die geflohene Leut uf Asperg dem Commendanten einen Beyschuß an gelt gethon, als 1639. gl. 12. crtz.

16.

Haben die Schwedische zu Thamb Fouterage abgeholt: und hat man disen Tag zu Gröningen über 20. personen begraben, welche im kaiserischen Durchzug daselbsten jämerlich seind umbgebracht worden.

17.

Seind alle personen, so vil auff der Vestung gewesen, auß geheiß des Commendanten auffgeschriben worden.

18.

Hatt man auff einen Trouppen Reutter fewr geben auß einem Falconetlin.

19.

Haben die Schwedische uf der Hasen Jagt 2. kaiserische Reutter, deren der eine ein Wagen Meister under des Obersten Nicola Regiment, so zu Marppach sein Quartier hatte, gefangen und herauffer bracht.

21.

Hat der Cornet Sebold einen kaiserischen Musquetierer bey Möglingen nidergeschossen.

22.

Ist dreymahl auß Stuckhen fewer geben worden, uf etliche fürüber straiffende Kaiserische Reutter.

23.

Ist obgenantter gfangne Frantzoß lebig gelassen worden.

25.

Abermahls uf straiffende Reutter ein stückhlin gelösst.

27.

Haben alle geflohene Manspersonen uf der Vestung ohne Underschied, geistlich und weltlich, schanzen und palissaden tragen müessen, das dan der Herr Commendant auch selber gethon, und haben wir disen Tag den graben zu den Newen palissaden zwischen der eüssern porten und dem Newen Ravelin machen müssen, allwegen 2. personen ein stuckh 10. schuoh lang und 5. schuch tieff, Ich hatte zum gsellen D. Röschen.

28.

Haben die Kaiserische umb den abend das Dorff Thamb an vilen ortten zumahl angezündt, inner 2. stunden uf dem grund abgebrantt, darinnen etlich
1000.

1000. schl. Früchten zunicht gemacht, auch etliche personen erschlagen, verwundt und hinweggefüert, darunder auch der Schultheiß gewesen, welcher sich hernach mit gelt wider ledig gemacht.

29.

Hat man einen Außfall auff die kaiserische Reutter gethon, welche vom Egerten hof und Bissingen herüber biß an Asperg gestraifft haben.

30.

Hab Ich auß Befelch Herrn Commendanten der Soldatesca das erstemahl ufm platz in der Vestung under dem freyen himmel geprediget. Textus Prov. 18. vers. 10. der Nam des Herrn ist ein vestes Schloß ꝛc. Und war meine Canzel ein Feld Trommel, darauff ich das Buch gelegt.

Eod. ist ein lothringischer Trommelschlager herauffkommen, wegen etlicher gfanguer, sie außzulösen.

Octob. 1.

Uf den Abend bin ich beynahend von 13. Crabaten erdapt worden, bey den Weinbergen im Rieth, als Ich gehn Gröningen hinein gehen, und folgenden Morgen drinnen predigen wöllen, Ich bin aber durch Gottes gnad ihnen durch die weinberg entrunnen. Sie ritten selbige Nacht nacher Gröningen, und forderten eine starckhe Ranzion, oder tröweten der Statt mit fewr, also haben Sie gelt darvon gebracht.

3.

Zogen die Schwedische mit einer starckhen Convoy nacher Gröningen von Asperg auß, korn und Mehl aldorten abzuholen, auff welche im herauß Ziehen 2. kaiserische Trouppen Reutter starckh angehawen, aber umb etwas zu spath kommen, uf welche man vom Berg auß einem Stuckh fewr geben.

5.

Haben die Kaiserische das dorff Glattbach angezündt, und etliche leut zu Ebertingen nidergehawen.

Eod. haben die Schwedische Officier einen anschlag uf das dorff Hofen gemacht, den Edelmännischen Vogt und Schultheissen mit sich gefangen herauffer gebracht, welche sich hernach mit einem Stuckh gelt (die Sag war von 4000. talern) wider erlediget.

Eod. hat Peter Häring, Fenbrich über die Solmische Compagny mit Joh. Bernhard Wächtern, Burgern von Gröningen, sollen nach Schorndorff reitten, damit diser wegen etlicher Spähn, so er mit dem Herrn Commendanten hatte, daselbsten etlich pferd werben könnte. Aber so bald sie auß der Vestung kommen, ist der Wächter vom pferd gesprungen, in die Weinberg entschlupfft, außgerissen, und sich hernacher zu Stutgard zu den kaiserischen geschlagen, böse händel angestelt, wie er dann mit verlognen wortten wegen der 2. gfangnen Jesuiten, daß Sie übel solten tractiert worden sein, schier das ganze Ministerium zuo Stutgardten in grosse gfahr gestürzet, und dessewegen ein Secretarius von Stutgardten sampt einem Trompeter gehn Asperg geschickht worden, aber der pur lautere Ungrund befunden worden, wie dann die Jesuiten selbsten mit aigen handen solches bezeuget. Es hat auch gemelter Wächter etliche Schreiben auff die Vestung an seine bekantte abgehen lassen, in welchen er sie ermahnet, die Vestung auffzugeben, weil ohne das Hohenwiel sich auch schon ergeben habe, welches dann auch ein grobe Unwarheit gwesen, weil sich gemelter ort noch länger als 3. Jar hernach auffgehalten: dise und andere erbare stückhlin mehr hat diser Wächter angestelt.

O 6.

6.

Ist ein Schwedischer Leutenant von Schorndorff mit 5. Reuttern alhier ankommen.

7.

Haben die kaiserische Reutter die 2. Scheuren im Banholtz abgebrantt, in welchen man zuvor den banhirschlin, so in gemeltem Holtz eingespant, winttersjeit zu essen geben.

Eod. seind etliche Officier zu pferd nacher Geysingen (Junckhern Schertlin gehörig) gezogen, wein und früchten abzuholen, Im Zuruckhraisen haben Sie einen, so von Gmünd, Item den Schultheissen von Löchgöw, N. Jmlin, und den raisigen Schultheissen von Grossen Ingerscheim, Johann Steeben, ufm weg erdapt, und gefangen herein gebracht, die seind zimlich lang hieoben gesessen, biß sie wider ledig worden.

Eod. seind dem Cornet Sebold 2. Reuter von seiner Compagnj wider kommen, so ihme vor Nördlingen auch seind gefangen worden, aber itzo entrunnen. Als hieoben gemelte gefangne ledig gelassen worden, hat der von Gmünd 200. Ducaten, der Schultheiß von Löchgöw 50. Ducaten erlegen müessen: der von Grossen Ingerscheim ist ohne Ranzion außkommen, haben doch alle ihre pferd müessen dahinden lassen.

8.

Haben die Schwedische abermahln einen außfall auff Geysingen gethon, und daselbsten frucht und wein geholt. Und ist selbigen abend Ein Schwedischer Under Officier bey der Hauptwacht ausserhalb der Vestung in den tieffen graben hinab bey der Bruckhen zu tod gefallen.

9.

9.

Ist ein Schwedischer Cornet Reütter von dem Obr. Tubadel von Schorndorff zu Under Asperg angelangt.

Eod. haben etliche unserer Musquetierer bey der Nacht etwas uf Biettigkeim tentiert, daselbsten in der herberg vorm Thor einen kaiserischen Cornet, so ein Crabat, angetroffen und nidergeschossen.

10.

Geschahe ein Außfall gegen Bissingen wegen ettlicher kaiserischer Reütter, welcher wegen man auch ein Stücklin loßgebrant. Disen Tag ist auch ein Kay. Trommelschlager alhero kommen.

11.

Seind die Französische Reütter wider hinweg gezogen nacher Schorndorff, welche 2 Tag zuvor daher kommen waren, man kont sich mit ihnen nit betragen, so hatten sie auch keine bequeme Quartier.

12.

Seind 30. Kaiserische Reütter nacher Gröningen kommen, und 3. auß ihnen alda zur salva guardj ligen blieben.

Eod. hatt man die künstlich schöne feld Schlangen auffgefüert, welche Herzog Friderich von Wirtemberg giessen lassen, und scheüsst am Gewicht 12 Pf. eisen.

13.

Haben sich die kaiserische Reüter, so zu Bissingen logierten, so nahe an den Asperg gemacht, das man einen außfall zu pferd auff sie gethan, und mitt Stucken unter sie gespihlt Siebenmahl, und hat man sonderlich, als sie wider abgetriben gwesen, mit der schönen feldschlangen einen schuß ihnen nachgethon, deren kugel weit über die Thammer weinberg hinüber gegangen.

14.

14.

Seind denen von Gröningen widerumb 21. pferd von den kaiserischen genommen worden.

Eod. nachts umb 10. Uhren hat man uf Asperg zweymahl auß 4. Carthaunen und 100. Musqueten salve geschossen, weil selbigen Tags Schreiben von Strasburg von herzog Bernharden und unserm gn. Landsfürsten eingeliefert worden, daß man uns bald entsetzen wölle.

15.

Ist ein starcker kaiserischer March wider zuruck das land herauffer gangen, darvon allein auff 1000. pferd gehn Gröningen kommen.

Eod. haben die Schwedische Soldaten einen außfall gehn Egloßheim gethon, und daselbsten fuotter geholt.

Eod. bey der Nacht hatt sich der himmel auffgethon, gegen Meridie, als wann es starckh wetterleuchtete.

16.

Seind die gefangne gegen einander außgelößt worden, die kaiserische hat ein Trompeter abgeholt, aber wegen der Schwedischen ist der Regiments-Trommelschlager geschickht worden. So hat man disen Tag wegen straiffender Reuter einen Schuß auß grobem Stuckh gethon.

17.

Den Soldaten uf offnem platz geprediget, ex deut. 4. v. 34. 40. wie auch zuvor den 10. hujus ex 1. Petr. 5. v. 8.

18.

Hat ein Regiment Kaiserischer Reuter von Gröningen und Biettigkeim einen Einfall in das dorff Asperg gethon, daßelbig in etlichen orten angestechkt, sonderlich in der kirchen, strohwisch an die Stüel gebunden, und angezündt, man hatt aber alsbalden einen

starck-

starckhen außfall auß der Vestung auff sie gethon, und von dem Berg mit Stuckhen, Doppelhackhen und Musqueten starckh unter sie gedonnert, und wider abgetriben. Selbigen Tags hat sich beynahend ein gantz Regiment pferd gehn Möglingen gelegt, dardurch die plocquierung diser Vestung ie lenger ie ernstlicher angefangen. Auff den abend hat ein starckher Troupp den Berg gantz umbritten, recognosciert, und sich endlich gehn Gröningen hinein gemacht.

19.

Ist der Erlahof von den kaiserischen angezündet und verbrant worden. Auch hat man eine grosse Brunst gegen Calw zu gesehen.

Eod. hat M. Joh. Jacob Herrenberger, pfarrer zuo Thamb, den Soldaten ufm platz geprediget, Esa. 43. v. 27.

20.

Hat man gar starckh hören schiessen auß groben Stuckhen, welches man vermuthet, daß es solte gegen Schorndorff gwesen sein.

Eod. ist den Schwedischen ein kuntschaffter von den kaiserischen gefangen worden, welcher sich aber bald wider loß gemacht.

Eod. ist Rittmeister Joh. Donawer alhie ankommen.

Eod. eine grosse Brunst uf Backhnang zuo.

Eod. hat ein Messpriester zu Gröningen Meß gehalten, und ein kind getaufft.

21.

Ist der halbe Mond vor der hauptporten alhie fertig worden, welchen der Herr Commendant uns etlich tag hero mit newen gräben, brustwehren, pallisaden und auffziehender Bruckhen auffwerffen lassen, darauff dann selbigen Abend 2. grosse Carthaunen, solchen Mond damit zu defendieren, auff dem wahl der Vestung seind auffgefürt worden, mit welchen beeden uf der Seitten her man solch new werckh bestreichen kontte, das erste Stuckh hielt im gewicht 6661. Pf. war ein 5. vierthel Carthaunen, und war gegossen Ao 1554. schoß am gewicht uf 65. Pf. eisen. Das andere Stuckh so ein 3. viertel Carthaun, und gegossen war Ao 1568. hielt im gewicht 6273. Pf. und schoß 36. Pf. eisen. Zu disen Stuckhen mussten die Battereyen besser gelegt, und die Schießzangen oder Schießlöcher in der Mauren erweittert werden: und seind also uf disen tag auff der gantzen Vestung rund auff dem wahl auffgefürt gwesen 40. Stuckh, groß und klein, darunter etliche Mörser und fewerhund gewesen, wie in der Specification hieunden folgen wird.

Eod. umb 9. Uhren in der Nacht haben die Kaiserische Reutter abermahls das dorff Asperg angezündet, darüber einer gefangen, und alsbald von den Schwedischen erschossen worden, (welche auch starckh uf die kaiserische außgefallen,) daß ihm all sein klaid am leib verbronnen.

Eod. eine starckhe Brunst auff Stamheim oder Fewrbach zu gesehen ist worden.

Und dann so seind disen Tag dem Commendanten abermahls Schreiben zukommen, von Speyr und Schorndorff, darinnen wir ehester hilff und entsatzung vertröstet worden. Aber laider vergebenlich.

22.

Ist ein kaiserischer Trompeter uf den Berg kommen, und haben die kaiserische Reuter abermahls bey den Thammer Weinbergen biß zum Asperger hochgericht herzu gestraifft, daß man sie mit Stuckhen, auß welchen man dapffer fewr geben, wider abgetriben.

Eod. hat man angefangen, etliche häuser im dorff Asperg abzubrechen, und das holtz herauffer auff den Berg zu tragen.

23.

Hatt man 2. feld Stücklin in das dorff hinab geführt, derer iedes 6. Pf. eisen geschossen, und under **Herzog Joh. Friderich** Ao 1628. gegossen worden, willens, den Kaiserischen damit abbruch zu thuon, man hat es aber nit rahtsam befunden, derowegen gleich selbigen abend solche widerumb herauff gezogen.

Eod. haben wir Zeittung empfangen, daß unser Volckh, welches uns entsetzen solte, sich dem Land widerumb nahete: Aber laider im außgang anderst befunden.

Eod. hat man mit Trommeln umbgeschlagen, alle hund auß der Vestung abzuschaffen, Ursach, es war des Tags zuvor ein Hund wüetig worden, und besorgte man grösser Unglückh.

24.

Ist der Herr Commendant auff parole hinauß geritten zu einem kaiserischen Ritt Meister, N. Kupfferschmid genant, so seiner durch Schreiben begert, weil Sie zuvor einander lange Zeit bekant gwesen, itzo aber iener sein quartier zu Gröningen hatte, Als Sie nun eine gute Weil mit einander Sprach gehalten, einen Trunckh gethon, und beede partheyen wider fridlich von einander, und also der Herr Commendant mit den seinigen dem Berg zugeritten, hat Ritt Meister Donawer mit Capitein Mühlnarckhen einen unnöthigen Zanckh angefangen, als aber Herr Commendant solchem steuren, und Sie beede zur rhuo weisen wöllen, ist ihme unversehens wider seinen willen das pistol, so er in händen gehabt, loß gangen, und ihme Donawern die kugel durch den kopff gefahren, daß er alsbald tod geblieben. Des andern tag, nemblich den

25.

ist Er in der kirchen zu Under Asperg begraben worden. Textus Concionis Eccles. 9. v. 12. Er

ist stattlich mit Musquetierern hinweg begleitet, und
2. mahl salve geschoßen worden.

26.

Ist in der Vestung umbgeschlagen worden, daß
sich alle, so nicht uf ein halb Jar proviantiert seyen,
hinauß machen sollen. Auch hat man disen Tag 2. Botten nacher Nürnberg abgefertiget.

27.

Seind vil Cornet Reuter zu Marppach und
selbiger Revier auffgebrochen, und ihren March nach
Schwäbischen Hall genommen. Auch seind selbigen
Tags die Kaiserische Reuter zu Thamb eingefallen,
Futerage geholt, etliche Bauren übel verwundet, und
2. nidergeschoßen, und mit den wägen nach Bietrig-
heim gefahren, alda Sie Quartier gehabt.

28.

Am Tag Simonis et Judæ, Morgens frühe,
haben die Reuter abermahls gar starckh biß an den
Berg gestralfft, und in das Banholtz geritten, Man
hat aber starckh mit Stucken uf sie hinauß geschoßen,
18 mahl. Nachmittag haben Sie ein Einfall zuo
Egloßheim gethon, fuoter geholt, uf welche aber die
Schwedische hinaußgesetzt, und Sie widerumb darauß
gejagt. Auch haben Sie an Thamb gesezt, aber
auch vertriben worden.

29.

Hat man Cammer Recht gehalten über einen Soldaten von herrn Maiors Flerscheims Compagnj, welcher sich dem Officier widersetzt, und die Musqueten
Ihme entgegen gesetzt, der ist condemniert worden, daß
die Musquetierer ihne archibusieren sollen, Ihme ist
ein Prediger zugeben worden, der ihne trösten solte,
Er hatt aber gäntz und gar nichts betten kennen, ist
demnach auff den platz gefüert, an die ufgerichte Saul
hin-

hingeſezt, und ihme die Augen verbunden werden, alsdann hat das Adenliche frawenzimmer ihne erbetten,
darauff ihme gnad widerfahren, und das leben geſchenckt
worden, dergeſtalt, daß er abends, als die hauptwacht
auffgefüert worden, dreymal durch die Spißruoten gejagt, hernacher aber wider under der Soldateſca ge-
duldet worden. Er war zu Newen Statt an der
Hart daheimbd.

Eod. haben die Soldaten Jungen eine unzüchtige
Metz nackhend außgezogen, und zur Veſtung hinauß-
geiagt.

30.

Hat man auß einem groſſen Stuckh einen Schuß
nach einer kaiſeriſchen Troup Reuter gethou.

31.

Iſt ein Trompeter von Stutgard kommen, mit
Schreiben von Ihrer königl. May. in Ungarn, die
Jeſuiter, die uf Aſperg waren, betreffend: darunder
auch ein Schreiben, ſo von allen Geiſtlichen zu Stutgard unterſchriben worden, darinnen begeret wurde,
daß herr Commendant gemelte Jeſuiter ohne alle ent-
geltung ledig laſſen wolte, ſonſten ſtienden Sie zu
Stutgardten in groſſer gefahr. Sie haben aber zur
antwort bekommen, weil Er Commendant vor Regen-
ſpurg wider den getroffnen Accord ſeye außgeplündert
worden, als werde man ihne nit verdenckhen, wan er
die Jeſulten bey handen behalte, biß Sie ihme die
verſprochne 2000. gl. erlegt, umb welcher wegen Er
Sie von ihrem Collegio zu Geiſel, und nit für gefangne habe, oder die Stuttgardter ſollen Mittel hierzu
ſchaffen: oder aber ihme ſeine zu Stutgardt gefangne
Officier ledig machen. Es iſt aber auff diß Schreiben
keine weittere antwort erfolget.

Diſen Tag iſt gar vil Volcks marchiert von Biettigkeim auß uf Sachſenheim zue.

Difen Abend umb 9. Uhren ist der Kuchen Meister uf der Veſtung Georg Koch von Suntheim, ſo ſonſten Bawmeiſter uſm Erlahof war, und mit hertzog Julio-Friderichen von Wittemberg ſehr weit in frembden Landen geraiſet, als er von der Kuchen ſeim Logiament zu gangen, uf der gaſſen erwürgt und umgebracht worden. Es ſeind zwar folgenden Tags 2. Soldaten auß der Weinmariſchen Compagni deſſentwegen eingezogen worden, welche auch hart graviert, und beßwegen in die eyſen geſchlagen, darinnen Sie auch in die 18. Wochen gelegen, aber endlich wider loßgelaſſen worden. Es hat zwar der Todte geſchweiſſt, als man ſie über ihn geführt.

Novemb. 1.

Hat man ein fewr Mörſel uf den Wahl und 2. Regiment Stückhlin auff die Newe porten geführt, welche erſt diß Jars 1634. gegoſſen und gemacht worden.

Eod. iſt abermahls ſehr vil Volckhs marchiert, von Schwiebertingen gegen Möglingen und von Biettigkeim gegen Gröningen, alda Sie rendevous gehalten, und hernacher Vayhingen zuo gezogen. Auch hat man einen Botten gehn Nuernberg abgefertiget: und ſeind widerumb Brieff ankommen von Straſburg von unſerm gnädigen Landsfürſten und Herrn.

2.

Obige erwürgte kuchen Meiſter begraben worden.

Eod. etliche Soldaten gefangen worden, welche den Bauren Vich abgenommen und geſchlachtet haben.

Eod. iſt das dorff Under Aſperg von den Soldaten gantz und gar außgeplündert worden.

Selbigen abend iſt in des Kuchen Schreibers Logiament ein fewr außkommen, welches leichtlich groſſen ſchaden

schaden gethon hette, wann man nit bey Zeitten mit starckher müeh dem Unglückh begegnet were. So ist auff etliche Straiffende Reutter ein Stuckh gelöst worden.

3.

Ist der Regiments Trommenschlager (Rheingrävisch) begraben worden, so Febri ardente gestorben.

Eod. haben die Kaiserische den Geysinger wald angezündet, und vil daran verbrennt.

Eod. haben die Schwedische das dorff Asperg vollends außgeplündert, einem Todten das Beth, darauff er noch gelegen, und vilen leüthen die klaider weggenommen.

4.

Vor Mittag haben etlicher der Schwedischen Officierer knecht mit etlichen pferden einen Ritt gehn Eglosheim gethon, Willens, fuotter und Stroh zu holen, die haben aber daselbsten ohngefähr und ohnwissend uf die 150. pferd angetroffen, welche von Marppach dahin kommen waren, gleichesfals fuotter und Stroh zu holen, und hatten bey sich etliche Burger von Marppach, mit welchen die Asperger gleich händel bekommen, und ist es an ein Schlagen gangen, in welchem gezänckh die Schwedische Meister worden, (ob ihr gleich gar wenig, und nit über 8. bewehrt gewesen,) und haben der kaiserischen etlich nidergeschossen, 4. gefangen herauff gebracht, und auff 40. pferd erobert. Under den gfangnen ist ein Quartier Meister gwesen, so sich unbergstelt, von den andern gfangnen seind hernach 2. gestorben. Nachmittag hatt man uf der Vestung auffgesezt, was reutten konnte, und so vil man pferd hatte, und seind also unsere Officier, Reutter und Dragoner in 70. starckh in 2. Trouppen außgeritten, und sich wider gehn Eglosheim gemacht, und alda wider etliche kay. Reuter angetroffen, denselben

ein

ein Caleſſch, ſo wol mit früchten belaben gweſen, abgelagt: Im Zuruckh reitten ſeind Sie Möglingen zuo uf die kay. Reutter gegangen, haben aber ſelbige nit attaquieren dörffen, weil ihrer zuvil, der Schwediſchen aber zu wenig geweſen, und ſeind ienen alsbald von Gröningen auß vier ſtarckher Trouppen Reutter zu hülff geſchickht worden. Diſe haben in vollem Carrier ſo nahend an das dorff Aſperg heran gehawen, das man 9. Stuckh under Sie loß gebrandt, auch mit Muſqueten ſtarckh under ſie geſchoſſen, und alſo wider abgetrieben. Diſer ſtarckhe Außfall hat verurſachet, daß die Kaiſeriſche hernacher deſto ſtärckher wacht gehalten, dann Sie nit anderſt vermeint, wir haben einen ſuccurs von Reuttern auß Schorndorff überkommen, wie es dann folgender tagen von Stuttgard und Lewenberg alſo hieher geſchrieben worden. Folgende Nacht ſeind mehrertheils Bauren von Eglosheim hinweg an andere ort gezogen, weil Sie weder von freunden noch feinden einige rhuo hetten, ſondern von beeden partheyen außgeplündert wirden.

5.

Hat man uf die kaiſeriſche 2. Schüß auß Stückhen gethon.

Eod. iſt ein kayſ. Trompeter von Gröningen herauß kommen, anbringend, der Commendant daſelbſten, Auguſtin Oswald von Liechtenſtein, Obr. leutenant über das Vitzdomiſche Regiment zu pferd und Commenthur zu Horneckh, begehre zu Junckhern Wernern Dieterich von Münchingen uf parole heraußer zu kommen, etlicher ſachen halber mit ihme zu ſprechen, welches dan auch gleich ſelbigen Tags geſchehen: diſer Commenthur hatt auch Schreiben mit ſich gebracht, ſo von den 3. Burgermeiſtern zu Gröningen underſchrieben, in welchen alle anweſende perſonen uf der Veſtung, ſo gehn Gröningen gehörten, mit

Namen

Namen auffzaichnet waren, und ernstlich citiert, uns alsbalden von dem Berg hinab und haim zu begeben, darunder auch etliche waren, die schon albereit verstorben, mit denen war es zu spaht. Es hat auch Ehrgemelter Junckher Münchinger mir in specie solches angezeigt, daß besagter Commenthur meiner Sonderlich begehre: darneben aber gleich vermeldet, Es würde zwar Herr Commendant Waldo niemand wider seinen Willen auffhalten, sondern einen leden in sein heimet ziehen lassen, aber von unsern mobilien, so wir uf die Vestung geflehnet, keinem das wenigste nit folgen lassen. Also stunden wir zwischen Thür und Angel, und erinnerten wir uns desienigen Schreibens unsers gn. Landsfürsten und herrn, von welchem droben sub dato den 14. Octobris meldung geschehen, darinnen dem Comnendanten von Strasburg auß befohlen worden, den armen geflohenen Underthonen, geistlich: und weltlichen, Burgern und Amptleuthen, beweglich zuzusprechen, daß Sie getrew an ihrem Landsfürsten bleiben, uf der Vestung sich beysamen halten, Sich eine kleine Zeit gedulden, biß Sie entsetzt würden, das wolten Ihre F. G. ins künfftig in allen gnaden gegen Sie erkennen. Worauff nun, ob schon etliche darvon gezogen, wir andere in Gottes Namen uns resolviert, unsern gl. Landsfürsten zu underthönigen ehren bise vertröstete hilff und entsetzung in gedult zu erwartten, darüber wir auch leib und leben, haab und gut, in die Schantz geschlagen, welches uns dann übel belohnet worden, dann der mehrertheil under uns ellendiglich gestorben, die übrige, so hinauß kommen, haben an ihren verlassnen güettern nichts mehr funden, und welches am schmertzlichsten gethon, haben wir grosse feindschafft bey unsern glaubensgenossen und Mittunderthonen auff uns geladen, die uns auch mehr als die Soldaten selbsten geplündert und verderbt haben, und noch in vil andere weg verfolgt. Mich aber in Individuo betref-

betreffend, hat Herr Commendant mir under augen gesagt, weil Er anietzo dem Hertzog von Wirtemberg diene, und aber die Soldatesca ins gemein keinen Regiments pfarrer habe, als müesse ich alda verbleiben, und solche Stell versehen, (ohnangesehen mehr geistliche vorhanden gwesen, so wolte er doch von mir nicht ablassen) wie er dan in auffgebung der Vestung dessen zu wahrem gezeugnuß under seiner handschrifft und pittschafft mir einen Abschied ertheilet, so hieunden an seinem ort folgen wird.

6.

Ist ein fewr Mörsel auff das Newe Ravellin vor der porten auffgefüert worden.

Eod. haben Capitein **König** und **Apotheckher von Waiblingen** einen wagen mit hew vom dorff herauffer fürren lassen, der ist under der eussern newen porten vom wachtfewer angezündet worden, und gantz verbronnen.

7.

Haben uf 100. pferd von **Gröningen** herausser nahe an den Berg gestraifft.

8.

Kriegten wir Schreiben von **Stutgardt**, darin under andern begriffen, daß es daselbsten vil Newer Amptleut gebe: Item die Theologi alda wegen unserer gefangnen Jesuiter in grosser gefahr: und werde daß fürstliche Schloß fein sauber außgeleehret.

9.

Gegen Abend hatt es zimlich starckh geplitzet oder wetterleuchtet.

10.

Hatt es ein wenig geregnet, da es zuvor in 10. oder 12. wochen gantz truckhen wetter gewesen. Dise Nacht haben die hohe Officier alhier die Martins Nacht
zim-

zimlich gehalten: hergegen seind die kaiserischen in das verbrantte dorff Thamb eingefallen, einen Mann nidergemacht, etliche verwundt, und etliche weiber hinweggefüert.

11.

Der erste Schnee gefallen, und den Schwedischen ein kuntschaffter gefangen worden.

12.

Ist ein kundtschaffter von Entzweyhingen uf Asperg ankommen, referierend, das die kaiserische mit den armen leuthen zu Vayhingen und Entzweyhingen übel umbgehen, daselbsten haben Sie einem Metzger die Ohren abgeschnitten. Selbigen abend hatt ein Rheingravischer Officier die Thüren im gang bey herrn Capiteins Ampt Stuben mit einer axt eingehawen. Und seind disen Tag die kaiserische zu Thamb gewesen, und fuotter alda abgeholt.

13.

Haben die kaiserische abermahlen Fuoterage wegen einen einfall zu Thamb gethon, und die pferchhütten daselbsten auff dem feld abgebrant. Nachmittag aber seind die Schwedische zu pferd und fuß auff Egloßheim außgezogen, hew und Stroh abzuholen, weil aber die Kaiserische Reutter zu Möglingen sich gleich herauß gemacht, und die zuo Gröningen quartierend sich auch sehen lassen, als haben die Schwedische unverrichter sachen wider abziehen müessen, und hat man sie bey Zeitten vom Berg durch einen losungs Schuß gewarnet. Selbigen abend seind die Kaiserische so nahend an den Berg geritten, daß man einen Schuß auß eim grossen Stuckh under sie gethon.

14.

Nachmittag haben unsere Officier und Reutter auff die kaiserische vor Möglingen gestraifft, und mit ihnen schar-

scharmutzie:t, seind iener etliche von den Schwedischen beschädiget, und dem Kaif. Leutenant sein pferd geschossen worden. Und hat man 4. Stuckh under Sie loßgebrannt.

Auff den abend ist ein starckher March Kayf. fußvolckh uf Gröningen zu gangen, von dannen auff Vayhingen, und war das geschrey, der könig in Ungern seye desselben tags zu Stuttgard auffgebrochen, und habe seinen weg mit ungefahr 348. wägen mit grossem Gut beladen außer dem Land gegen Oesterreich genommen. Disen Tag und folgende Nacht haben unsere Reutter auff dem feld umb den Berg her straiffen müeßen, wegen der kaiserischen, so hin und her umbgeritten.

15.

Hat man einen starckhen Außfall uf das dorff Thamb gethon, darinn die Kaiserische etlich wägen und Karren mit hew geladen, nacher Biettigkeim füeren wöllen, und haben erstlich die Schwedische guten fuccefs gehabt, daß die Kaiserische Reutter über kopff und hals außgerissen, alle wägen und Kärren ufm freyen feld stehen lassen, darvon die unsern einen wagen herüber bis zwischen Thamb und Asperg gebracht, als aber den Kaiserischen eilender succurs auß Gröningen zukommen, und Sie beeder orten mit Macht uf die Schwedische angehawen, hat man ihnen ein losungs Schuß ufm Berg zur warnung gethon, darauff Sie sich reteriert. Es haben zwar die fußknecht mit Musqueten, Doppelhackhen und 2. Regimentsstückhlin, so sie mit sich gefüert, dapfer fewr geben under die kaiserische Reutter, und dardurch etliche beschädigt, auch etliche pferd erobert, und mit sich herauff gebracht, aber auch brüber eingebüest 4. Reutter, deren der eine erschossen, die 3. gefangen worden, darunder der Quartier Meister gewesen, welchen die Schwedische den 4. diß zuvor zuo Egloßheim erdapt hatten: der geschoss'e

Reut-

Reutter iſt den 18. biß hernach geſtorben. Den eroberten Wagen ſampt dem hew hat man uſm feld verbrennt.

Folgende Nacht ſeind die Kaiſ. auß Biettigkeim abermahls zu Thamb eingefallen, und das fuotter vollends hinweg gefüert.

16.

Uf die Nacht hat es ein ſtarckhes Chaſma mit weiſſen und fewrigen Stromen gegen Septentrion gegeben, welches ſchier die ganze Nacht hindurch geweret, und iſt endlich der groſſe Theils deſſelbigen von Mittag her ehe vergangen als der kleinere Theil, ſo von Mitternacht her ſich bewegt: biß hat ſich eine Nacht zuvor und hernach auch umb etwas merckhen laſſen.

Erſtgemelte Nacht ſeind vil Tragoner gehn Gröningen hinein kommen, welche aber bald wider fortgezogen.

17.

Iſt vil kayſ. Volckh von Gröningen auß Zaylbron zu marchiert, hatten bey ſich 4. Stuckh Gſchüz.

18.

Haben die Reutter von Biettigkeim abermahls fuoter zu Thamb abgeholet.

Eod. hat Herr Commendant Aviſo von Nuernberg gehabt, darinnen under anderm begriffen, daß innerhalb 2¼ Monat uf 21000. Menſchen daſelbſten geſtorben.

19.

Kayſ. Vizdomiſche Reutter widerum uf fouterage zu Thamb geweſen, und daſſelbig nach Gröningen gefüert, haben auch einen Schwediſchen gefangen hinweg gefüert.

Auff den Abend begab ſich zwiſchen den Schwebiſchen und Kayſeriſchen ein Scharmüzel ohnfern von Möglingen, daß man von der Veſtung 16. Stuckh under sie loßgebrant, biß man Sie von einander gebracht. Und ist heut disen Tag des herrn Commendanten Furier, Opperman genant, gehn Schorndorff zu Obersten Tubadel geritten.

20.

Ist ein Troup Reutter von Gröningen auß nacher Biettigkeim marchiert, die haben bey Thamb 2. personen gefangen und gleich nidergeschossen. Hernacher ist ein starckhe Cavallery mit vil pagage das land herauffer kommen, auch Gröningen zu gangen.

Eod. hat man uf der Vestung starckh inquiriert über einen Soldaten, so truchen auffgehawen und geplündert hatte.

21.

War ein ungestümmer verwirrter Tag von winden und Regen.

Eod. seind 2. Newe Carthaunen, so noch niemahln gebraucht worden, auß dem kiefferhauß ins Zeughauß gefüret worden, weil man den franckhen und gefangnen Soldaten im kiefferhauß ein Stuben gebawen.

Eod. ist den Schwedischen ein kundtschaffter von den kaiserischen gefangen worden.

22.

Hat man ein weibsperson an den Stockh geschlagen, da es zimlich starckh geschneyet, ohngefahrlich nach einer Stund Sie zur Vestung hinauß gejagt.

Eod. haben wir abermahls vergebenliche Bottschafft und Vertröstung überkommen, als wan unser entsaz nit mehr fern solte sein.

23.

Als die Kays. Reutter nahe am Osterholtz herumb gestraifft, hat man einen Schuß auß einer Carthaunen vom runden Thurn uf sie gethon.

Eod.

Eod. ist ein Asperger Mann wider von Stutgard kommen, welcher neben andern etlich tag daselbsten gefangen gwesen, weil Er victualien aufkaufft, und auff den berg tragen wöllen.

Eod. seind Reutter mit futerwägen von 3. orten, nemblich von Möglingen, Bissingen und Eglossheim, uf Gröningen gangen, und starckh zugefüert.

Eod. hat man ufm hof in der Vestung ein Corps de Garde auffgeschlagen.

Auff den abend, als die Wacht ufgefüert worden, haben die Musquetierer ein Schwedisches salve geschossen, wegen einkommener guten Avisen.

24.

Haben die Kays. Reutter auß Gröningen und Biettigkeim ein starckhen Außfall auff Eglossheim gethon, daselbsten fuoter und anders mit vielen wägen abgeholt, man hat 4. Stuckh auff sie gelösst.

Eod. haben wir Zeittung auß der Pfaltz gehabt, daß die Schwedische Haidelberg belägert haben.

Wir haben aber auch disen Tag innen worden, daß die kaiserische Schorndorff belägert, und selbigem mitt schiessen und fewrwerffen mächtig zusetzen thuen, wie wir dann disen gantzen Tag, wie auch vorgehende und folgende Nacht eine grausame grosse Brunst deren Refier Schorndorff zu gesehen, vermuthlich, es möchte Schorndorff sein, wie dann laider hernach der Außgang bezeuget hat.

Eod. sahe man auch eine Brunst gegen Nußdorff.

Eod. ist zu Gröningen ein wag mit hew zwischen der keltern und Schloß verbronnen, gab ein sehr dickhen rauch.

25.

Ist uns ein kundtschaffter widerkommen, so zuvor ben 21. diß von 4. kaiserischen Reutter gefangen worden. Nachmittag haben die kaiſ. Reutter ſtarck hin und wider geſchwirmpt.

Eod. iſt Cornet Sebold zu einem Leutenant von Gröningen uf parole hinauß geritten. Selbige nacht iſt gemelter Cornet hinweggeritten, willens, zu der Schwediſchen armee ſich widerumb zu begeben, weil Er aber wegen der ſtraiffenden kayſ. Reutter nit fortkommen kennen, als iſt er bald wider zuruckh und auff den Berg kommen. Selbige Nacht haben die kaiſeriſche Reutter in 3. Trouppen ſtarkh umb den Berg gehawen, und ſich an den Stangenbronnen gemacht, darüber lermen gemacht, und auß Muſqueten fewr uf ſie geben worden.

26.

Am morgens, als man ben Bronnen beſichtiget, hat man befunden, daß Sie den Bronnen vergifftet haben, derowegen hat man ihne alsbald anfahen außzuſchöpffen, und drinnen ein Schächtellin gefunden, in welchem noch vil gelben Arſenici geweſen, beſſgleichen auch vil am Boden des Bronnen gefunden worden. Bey diſer außſchöpffung hat ſich morgens im Nebel ein poß zugetragen, in dem etliche Reutter von den Unſern auß dem dorff herauff dem Bronnen zu geritten, bey welchem der herr Commendant neben andern Officieren geſtanden, haben ſie vermeint, Es ſeyen Kaiſeriſche Reutter, derwegen ſie eilends in zimlicher Confuſion den Berg hinauff geſtigen. Alſo haben die kaiſeriſche alle Bronnen umb die Veſtung herumb verderbt, etliche mit Stein außgefült, in ander Todte Roß geworffen, und diſen Stangenbronnen zum andern mahl vergifftet, welches dann ritterliche Thatten geweſen.

Selbige Nacht umb mitternacht Ist unser Furier Opperman wider von Schorndorff uf bem Berg ankommen, mit der unglücklichen Zeittung, daß dise Statt auß der Zargen herauß verbrennt, darüber Obr. Tubadel accordiert, und mit seinem Volckh abgezogen seye. Hie hat man ein exempel, was es für grossen Schaden bringe, wann man gutem Raht nit folget, und verdächtige gefährliche schädliche kriegs Jnstrumenten in offnen orten ligen last, das sie dem feind zu theil werden, darmit hernach groß Unglückh verursachet wird, daß die arme unschuldige leut gleichsam mit ihren eignen wehren geschlagen werden. Es hat der Commendant uf Asperg bald nach seiner ersten ankunfft in erfahrung gebracht, daß ein gute anzahl von fewrkugeln zu Stutgard im Zeughof ligen, derowegen hat er alsbalden einen hohen Officier von den Rheingrävischen mit wagen und pferden dahin geschickhet, bemelte feurkugeln abzuholen, damit Sie seinen feinden nit zu theyl würden. Man hat sie aber nit folgen lassen, unangesehen damals noch kein einiger Kays. Soldat der enden gewesen. Sie seind aber hernach darzuo gutt gewest, das Hailbronn und Schorndorff dardurch angezündt und verbrennt worden.

27.

Als wir von obengemeltem Furier verstanden, daß nunmehr der Rayßen nechster tagen an uns sein werde, so hat man sich morgens frueh angefangen darzu zu schicken, hin und her in der Vestung kelter Zübern mit wasser gefült, grosse Misthauffen zusamen getragen, welche in der Mitten tieff oder hohl gemacht worden, Newe Schantzen und Palissaden zugeicht, hand Granaten gefült, die fewr aimer verschwelt, darzu etlich rotten Bauren bestellt, und was dergleichen mehr gwesen.

Umb den Mittag ist zimlich vil kayſ. Volckh von Stutgard her uf Gröningen zuo gezogen, hatten vil pagage wägen bey ſich: Junckher Münchingers knecht brachte kuntſchafft von Marppach, daß General Maior Vizdom, deſſen Volckh zu Gröningen und Biettrigkeim quartierte, dem Obriſten Nicola nacher Marppach geſchrieben, Er habe bey Nacht den Aſperg zweymahl umbritten, und wol recognoſciert, könne aber nit befinden, daß es Ihrer kayſ. May. ietziger Zeit rahtſam ſeye, diſen Berg mit gwalt anzugreiffen, und weil man nit minieren könne, werde es vil mühe, arbeit, koſten und Zeit erfordern.

Es iſt ſelbigen tags auch ein kayſ. Trompeter von Gröningen alhier ankommen, mit begehren, General Maior Vizdom wolte zum Commendanten uf parole herauſſer kommen, welches aber hernacher verblieben: Er brachte abermahl Schreiben mit ſich, darinnen alle Gröninger leut citiert wurden, ſich baheimbden einzuſtellen.

Eod. die nach Mittag ſeind 15. fliegende Cornet kayſ. Volcks nahe bey Heütingsheim fürüber das land hinunder gezogen.

28.

Iſt der Kayſ. Trompeter abermals mit einer zimlich ſtarckhen Convoy herauſſer kommen, und wolte die Gröninger leut abholen, aber wir traweten nicht: und hoffeten noch immerdar vertröſteter maſſen auff einen entſatz und erlöſung, dieweil wir ohne daß ſchon ganz und gar baheimbden verderbt waren.

Eod. haben die Soldaten auff der Veſtung etliche Truchen und Stippich auffgehawen und geplündert.

Eod. iſt der Rheingräviſche Regiments Proſoß begraben worden, welchen etliche tag zuvor der herr Commendant übel verwundet gehabt.

Folgende Nacht haben wir vil Wachtfewr gesehen, um Gröningen, Bissingen, Zimmern, Biettigkeim, und derselben orten herumb.

Eod. hat man den Wahl innwendig der Vestung fleissig säubern lassen.

29.

Ist ein Trompeter ankommen wegen des gefangenen von Gmünd.

Eod. Ist der pulvermacher uf der Vestung begraben worden.

Eod. Sahe man ein grosse Brunst in der pfaltz auff Eppingen zuo.

Eod. seind die von Biettigkeim, so noch uf der Vestung waren, auch durch ein Schreiben heim citiert worden.

Gegen abend ist Cornet Sebold zu eim kayserischen Corporal uf parole hinauß geritten.

Dise Nacht sahe man wider hin und her vil Wachtfewr.

30.

Haben die kaiserische den Möglinger pferch hinweg gebrannt.

Eod. haben die Schwedische einen kaiserischen Currier gefangen, so von Schorndorff kommen, der hatte etliche Schreiben bey sich an herrn General Commissarium, Reinhard von Walmenrode, folgenden Inhalts: daß die Burgerschaft, geflohene vom Adel und Geistliche, noch daselbsten eingeschlossen, flehenlich bitten, man solte sie doch abziehen lassen, weil Sie alda nit mehr bleiben köntten, wegen mangel des holtz und der Mühlinen: weil auch noch täglich vil keller einfielen: der hunger und Sterbend einreisse: Es seyen über 4000. fuoder weins durch das fewr zu grund gangen: noch uf 460. fuoder ungefährlich vorhanden. Der geistlichen seyen 25. noch in der Statt: und lige das Butlerische Regiment zur Guarnison drinnen.

Eod.

232 III. Beschreibung, was sich mit der

Eod. haben etliche Rheingrävische Soldaten ufm Asperg in des Zeugwarts keller gebrochen, und vil victualien darauß genommen, über welche man folgenden tags inquiriert, aber umbsonst.

Decemb. 1.

Morgens frueh hat sich ein Compagnj Tragoner nahe am Banholtz sehen lassen, uf welche die Schwebische einen Außfall gethon, mit ihnen scharmutziert, und weil mit ihrem Reutter einem das pferd gestürtzt, als ist er von den kaiserischen gefangen und hinweg geführt worden. Man hat vom Berg auß Canonen 2. Schüß under Sie gethon.

Nachts umb 10. Uhren hat es starckh geplitzet.

2.

Morgens frueh sind Junckher Münchingers Botten widerkommen, welche er vor 3. Wochen nacher Strasburg geschickht hatte, die brachten Brieff von unserm gn. Landesfürsten und herrn, wie auch von Hertzog Bernharden von Saxen Weinmar, daß Sie uns bald entsetzen wolten.

Eod. Seind herrn Obr. Leutenant Waldo als Commendanten etliche seiner Officiere von Stutgard kommen (Leutenant Sutor, Leutenant Pleß, Cornet Wiltenstein, Fendrich Waldo) sampt ihren Dienern, welche eine Zeitlang aldorten gefangen gehalten worden, Sie seind aber bey Nacht uf dem Bollwerckh über die Mauren herausser kommen, und von eim Bürger von Stutgardten bey eiteler Nacht uf den Asperg geführt worden.

Eod. hatt man 6. Schüß auß Stuckhen in den Egloßheimer See gethon, welchen die benachbarte Bauren auß antrib der Soldaten abgelassen, und darinnen gefischet haben. Folgende Nacht haben die Soldaten ins herrenkieffers keller eingebrochen, und vil

Schmaltz,

Schmaltz, ayer und anders herauß genomen. Es seind auch disen vergangnen tag die kaiserische Reutter trouppenweiß hin und her marchirt: Auff den abend haben die Schwedische Reuter die kays. Schiltwacht bey Möglingen hinweg gejagt, uf welche aber alsbald die gantze wacht herausser gesetzt. Disen gantzen Tag hat man starckh hören auß Stuckhen schiessen, wie zu vermuthen, vor Haidelberg. Gegen abend seind etliche Crabaten beym Berg fürüber passiert. Mitten in der Nacht hat es starckh geplitzet.

3.

Morgens haben die Kaiserische Reutter auß Gröningen einen starckhen außfall gethon. Und seind disen tag uf dem Asperg ankommen 3. Stuckh Officiers, ein Leutenant, Fendrich und Corporal, welche von dem Tubadelischen Volckh, so von Schorndorff außgezogen, entrunnen, dann ihnen die kaiserische den accord nit gehalten, Sie betrüeglicher weiß 6. tag umbgefüert, hernacher erst gezwungen sich underzustellen, oder solten nidergemacht werden: Und seind alle Officier dabey gefangen genommen worden.

Eod. haben die kays. Gröninger Reutter fuoter zu Pflugfelden geholt.

Eod. hat man widerumb 5. Schuß auß Canonen in den Egloßheimer See gethon, darauff die Schwedische Officier zu pferd außgefallen, und 2. Burger von Biettigkeim, so darinnen gefischet, gefangen herein gebracht. Und war der eine übel geschlagen.

Folgende Nacht haben wir vil wachtfewer gesehen, umb Biettigkeim und Bessigkeim.

4.

Seind den Schwedischen 10. Soldaten gefangen worden, welche auff der fuoterung außgewesen.

Eod.

Eod. seind bey 1000. pferd mit 10. Stuckh Geschütz und andern pagage wägen von Biettigkeim uf Geysingen und weitters land herauff marchiert.

5.

Haben die kaiserische Reutter die pferchhütten zu Bissingen angezündet und verbrant: Ist auch ein Trompeter von den kaiserischen uf der Vestung gewesen, wegen etlicher gefangnen gegen andern außzulösen. Und seind wider 2. gefangne Officier von Stutgard alhero kommen, so außgerissen.

Eod. uf den abend umb 8. uhren, hat es zimlich starckh geplitzet und gedonnert.

6.

Morgens früeh umb 2. Uhren hat der pulvertinger hof anfahen zu brennen, und ist mehrertheils eingeäschert worden. Und ist vil fußvolckh das land herunder uf Gröningen und Bissingen gezogen.

7.

Schickht der herr Commendant einen Trommelschlager nacher Gröningen, und uf der Vestung richtet man allenthalben Pechpfannen auff. Folgende Nacht hat man die kaiserische Schiltwacht bey den Weinbergen überfallen, und fewr auff sie geben.

8.

Morgens früeh um 3. Uhren haben die Kaiserische zu pferd und fuoß (darzu etliche Burger zu Gröningen gezwungen worden) den fleckhen Aspergt an etlichen ortten angefallen, und mit fewr angesteckht, da dann abermahlen die beste und schöneste heuser und Scheuren hinweg gebrant worden. Es war ein grausam und schröckhlich fewr, in einem mächtig dickhen Nebel und starckhen wind, welcher die fewr funckhen heüffig in die Vestung hinein getriben, das es einem rechten fewrigen Regen gleich gesehen, und sehr förchtlich anzuschawen war, weil es sonsten gar finster gewesen.

weſen. Auch ſeind in ſolchem Einfall in der finſtere die kaiſeriſche Reutter und Muſquetierer ſelbs an einander geraßten, und auff einander loßgebrant.

Nach Mittag iſt ein Trompeter vom feind kommen, und Schreiben an herrn Commendanten und Münchingern gebracht, und den Aſperg darinnen auffgefordert.

In erſtgedachtem Einfall haben die kaiſeriſche in 4. Trouppen den fleckhen umbhebt, 2. Schwediſche Reuter gefangen bekommen, ehe ſie aber angezündet, haben Sie die arme Bauren zuvor gewarnet, Sie ſolten ſich in ſichere ort begeben und fliehen, und wan die Kayſ. das ſelb Spißl nit zu bald gerüert hetten, ſo weren alle Schwediſche, ſo noch im dorff gelegen, ihnen zu theyl worden. Diſen und folgenden Tags hat das dorff immer fort gebronnen wegen ſtarckhen Winds.

9.

Iſt ein Troupp Tragoner hart an den Berg geritten, daß man auß eim Stuckh darauff geſchoſſen. Iſt auch der Schwediſche Trommelſchlager wider von den Kayſeriſchen zuruckhkommen, brachte mit, daß Sie uns ſehr mit der Belägerung tröheten.

Eod. hat herr Commendant, was noch an heuſern übrig war in den beeden Fleckhen Aſperg und Thamb, vollends hinweg brennen laſſen, in welchem weſen der kirchen Thurn zu Thamb auch eingeäſchert worden, ſampt Glockhen und Uhrwerckh ruiniert.

10.

Iſt vil kaiſeriſch Volckh bey Gröningen fürüber uf Riexingen marchiert. Diſen Tag uf den Abend iſt dem Commiſſario Godelmann ſein ſchöne bhauſung, ſo allein noch zu Under Aſperg übrig gweſen, von den Kayſeriſchen abgebrant worden.

Eod.

Eod. seind von Obr. leutenant Liechtenstein, Commendanten zu Gröningen, Schreiben an Junckhern Münchingern einkommen, darinnen er ihne vetterlich ermahnet, er solte sich mit weib und kindern ab der Vestung begeben, dann Er habe Befehle von dem kays. General leutenant Gallas, den Asperg mit allem Ernst anzugreiffen, solte nun dise Vestung mit stürmender hand erobert werden, so würde keines Menschen verschonet werden. Es ist aber ihme zur anttwort worden, Er solte nur kommen, kraut und loth solle ihm mitgetheilt werden, so vil uf der Vestung vorhanden seye.

11.

Ist abermahls ein Bott von Speyr ankommen mit vergebenlichen Vertröstungen, unser Entsatz seye uf den beinen, und werde nechster Tagen vorhanden sein, darumb dann auch der herr Commendant, als man die Wacht auffgefüert, von allen Musquetierern und 4. Stuckhen ein Schwedisches doppelt Salve schiessen lassen.

Eod. hat man etliche Schreiben ausserhalb der Vestung nache am Berg im weg und auff gesteckhten pfählen gefunden, darinnen die Schwedische Soldaten von den kayserischen Officierern zu Gröningen zur meuteration und abfall angeraizt wurden, nemblich Sie solten ihren Officierern die häls brechen, die Vestung außblündern, und ihnen den kaiserischen überliefern, So wolten Sie ihnen gutte Quartier und 3. Monat Sold geben. Darauff alsbalden hiesiger Commenbant die gantze Soldatesca in Beiseyn aller Rheingrävischen Officier zusamen gefordert, ihnen solche attentata euferig vorgehalten, trewlich darvor gewarnet, und zur Beständigkeit ermahnt, mit Versprechen, Er und andere Officier wolten bey ihnen leib und leben auffsetzen, und ob Gott will, Sie bald widerumb frisch und gesund auß der Vestung außfüeren: Auch des andern

bern Tags einem ieden 1. Reichs Thaler raichen laſſen.
Darauff die Soldaten mit auffgehabnen Händen ihnen
trew und hold zu ſein verſprochen. Man hat auch dergleichen verrätheriſchen Schreiben eines durch etliche
Reutter ufs feld hinauß geſchickht, uf ein pfahl geſteckht,
und der kayſ. Wacht zu Möglingen zugeſchryen, Sie
ſoltens äbholen, und ihrem Obr. Leutenant nach Gröningen bringen, darinnen ihme mit ſchimpflichen
Worten diſes unerbare zumuthen fürgeruckht worden.

12.

Hat man in der Veſtung ein danckpredig gethon,
daß uns Gott bißhero ſo gnedig beſchützt und erhalten.

Eod. hat Herr Commendant ein Trüchlin eröff-
nen laſſen, mit Urkundt in beyſein etlicher perſonen,
darinnen über 1000. gulden gweſen, dem Mayer uſm
pulvertinger hof gehörig, welche er hernacher gegen
die Soldaten außtheilen laſſen. Es giengen auch ſel-
tzame Reden von belägerung des Berges, und ließ ſich
diſen Tags vil Volckhs ſehen, ſo von hoheneckh ufwarts
gezogen. Und haben die kaiſeriſche Reuter von Marppach und Gröningen den Flecfhen heutingsheim
gantz außgeplündert.

13.

Hat Sich ein Sergant auß hauptplödigkeit übel
in den hals verwundt.

Eod. haben die hund in der Veſtung ein iämerlich geheul und würgen undereinander angefangen, ſo
lang gewehret, und haben Sie einen ſtarckhen Metzger-
hund erwürgt.

Eod. umb 10. Uhren hat man über einen Soldaten Cammer Recht gehalten, ihne zum tod verur-
theilt, welcher auch alsbald archibuſiert worden. Sein
Verbrechen war, daß er in voller weiß böſe und meut-
macheriſche wort außgeſtoſſen, nemblich ehe er wolte
einen

einen Thaler nemmen, ehe müeste er außreissen und zum Schelmen werden: Er war von Ruffach, päpstischer Religion, ihme hat ein Jesuiter zugesprochen, Er hat seine Seel Jesu Christo trawlich befohlen.

Eod. Vor Mittag haben sich vil Reutter am Banholtz sehen lassen, uf welche man 10. Stuckh gelöfft, Nach mittag seind sie abermahls nahe an den Berg geritten, daß man widerumb etlich Schüß auß groben Stuckhen under sie gethon, und 2. pferd gefällt. Darauff auch unsere Reutter außgefallen, und die kayf. in grosser Confusion durch das verbrante dorff Thamb hindurch geiagt, als Sie aber von den ihrigen gschwind entsetzt worden, und die unsere widerumb zuruckh gejagt, Seind sie widerumb von den Schwedischen Musquetierern, so hierzwischen in die weingärtten hinunder geschlichen, mit einem starckhen salve empfangen und abgetriben worden. Und diß ist der erste Tag gewesen, das die kaiserische Reutter zu Thamb in der Kelter wacht gehalten, und also die Schwedige ie lenger ie enger eingetriben haben.

14.

Ist dem Apotheckher von Waiblingen in einem Außfall sein pferd von den Kaiserischen vor Möglingen erschossen worden.

Eod. seind vil pagage wägen von Biettigkeim das land herauffer gefüert worden.

Eod. hat man vor der Morgenpreblg auß Befelch herrn Commendanten die Letaney gebetten, und die Leut ernstlich zum Gebett ermahnet, weil an ietz knopf und spitz beysamen stehe, und unser gefahr sehr groß seye.

Dise folgende Nacht ist ein franckher Soldat in der Hauptblödigkeit von dem wahl durch ein Schießloch hinauß in den Graben hinunder gesprungen, da er am allertieffsten ist, und hat ihme doch nichts geschadet, ist

hernd.

hernacher bald wider restituiert worden, und nach auffgebung der Vestung mit andern Soldaten frisch und
gesund abgezogen.

15.

Ist von Biettigkeim auß ein königlicher Befelch herauffer kommen, darinnen den Amptleutten ge-
botten worden, sich widerumb zu ihren ämptern zu begeben.

Eod. Nachmittag ist einem kayserischen Reutter
bey Thamb sein pferd von einem Schwedischen erschossen worden. Man hat auch mit eim Stuckh under
die kays. geschossen.

Eod. hat uf der Vestung in der hauß Schney-
berey das kemmet gebronnen, welches aber bald gelöscht worden.

Eod. Ist ein Baur von Under Asperg, der
Wasser in des Commendanten kuchen geführt, von selbigem pferd zu tod geschlagen worden.

17.

Zündeten die kaiserische Reutter die kelter zu
Thamb an, sie wolte aber nit brennen.

Eod. Zogen 2. Trouppen Reutter von Gröningen uf Mönchingen: ander fußvolckh von Riexingen uf Schwiebertingen: die Asperger Soldaten
fischeten im Nechsten See bey Asperg, als aber etliche
kaiserische Reutter von Möglingen herab auff Sie
angehawen, ist gleich ein Rheingravischer Soldat sampt
seinem weib außgerissen und übergelauffen.

18.

Haben die Schwedische Soldaten zu Roß und
fuoß einen starckhen Außfall uf die kais. wacht bey
Thamb gethon, welche aber alsbalden hilff von Möglingen und Bietigkeim überkommen, und die Schwedische wider zuruckh getriben, welche auch bey nahend
mitten under die kayserischen gerahten weren, wan nit
der

der Herr Commendant mit etlichen Rotten Musquetierern sie entsetzt hette, in diesem Scharmützel haben sich die Schwedische hertzhafft gehalten, ihrer seind etlich erlegt, und ein pferd mit sich herauffer bracht, welches alsobald dem Apotheckher von Waiblingen verehret, und er also wider beritten gemacht worden. Man hat auch mit Stuckhen under die Kaiserische gespihlt. Den Reutter, der auff dem eroberten pferd gesessen, hat Leutenant Mühlnarckh mit eim langen Rhor tod geschossen.

19.

Ist herrn pfarrers zu Aspertz haußfraw begraben worden. Diesen gantzen Tag sahen wir eine grosse Brunst uf lauffen zuo.

Nachmittag seind die Schwedische Soldaten zu fuoß außgefallen, ein hasen Jagt angestelt, und underdessen beede Kays. Wachten zu Thamb und Möglingen unruhig gemacht.

Eod. gieng ein Regiment Reutter mit etlichen feld Stückhlin von Stutgard uf Gröningen zuo, von dannen nacher Riexingen.

Disen Tag haben die Kays. angefangen, 4. Reutter Schiltwachten umb den Aspertz zu halten.

Eod. ist herrn Commendanten ein Bott von Speyer kommen, Balthaß Frickh genant, so ein Burger zu Under Aspertz war, der brachte Schreiben von unserm gn. Landsfürsten und herrn, darinnen wir wider ehester hilff vertröstet worden. Und hatte diser Bott noch einen Zettel oder Decret, daß man ihme auff Aspertz solle widerfahren lassen 4. Simrj Rockhen, 3. schl. Dinckhel, und ein halben Eimer weins, das wolten Ihre Fürstl. Gn. in der Rechnung passieren lassen.

20.

Hat die Kays. Wacht zu Thamb den Schwedischen die 2. pferd hinweg genommen, die Wasser uf
ben

den Berg gefüert haben, darüber der Sergant, so mit etlichen Musquetierern im dorff Asperg die Wacht gehalten, in die eyſen geſchlagen worden: Auch hat die Möglinger Wacht herüber geſezt, und die Rheingräviſche Soldaten, ſo im euſſern See gefiſchet, uf den Berg gejagt.

21.

Auff den abend gar ſpath ſeind die kayſ. Reutter in 3. Trouppen ins dorff Asperg eingefallen, ſobald man aber einen Schuß auß eim doppelhackhen under ſie gethon, wider außgeriſſen, folgenden Morgen, als die Schwediſche Wacht wider hinunder gangen, haben Sie ein huot und ſchönen band-degen gefunden, und dabey nahe bey der kirchen zimlichen Schweiß oder blut geſpüret, darauß abzunemmen gweſen, daß ſolcher Schuß nit leer abgangen. Folgender Zeit, als der Berg auffgeben worden, haben wir erfahren, daß ſolche perſon genent worden, Junckher Kohler, gebürtig von Rotenburg am Neckher, ſo ſich beym Commenthur von Liechtenſtein als ein Vetter auffgehalten, der iſt damals durchſchoſſen worden, und an ſolchem Schuß zu Gröningen geſtorben, aber nach Rotenburg gefüeret, und daſelbſt begraben worden.

22.

Vor Mittag ſeind wägen und Volckh von Büttigkeim das land hinauff marchiert. Nachmittag ſeind die ſentinella uf der Veſtung im innern hof und ufm halben Mond vor der porten ufgeſchlagen worden. Die kayſeriſche haben diſen Tag mehrertheils mit ſchieſſen zugebracht, dann es war ihr Newer Jars Tag. Nachmittag ſeind auch unſer Officier auffm Haſen Jagen geweſſt, dardurch abermahls beeden kayſ. Wachten zu Thamb und Möglingen arbeit gemacht worden.

23.

Hat man vil Munition wägen von Stutgardt uf Gröningen und Riexingen zu füert.

Eod. ist ein Tupadelischer Musquetierer uf den Berg kommen, welcher von den kayserischen gezwungen worden sich underzustellen, der ist aber ihnen zu Marppach wider außgerissen, und sampt seiner Ueberwehr herauffer entrunnen.

So ist disen Tag auch ein Trompeter von Gröningen alhie gewesen, wegen eines gefangnen, ihn gegen andern außzuwechslen, oder für ihne 100. Thaler zu bezahlen.

Nachmittag hats einen Scharmützel abgeben zwischen den kayserischen und Schwedischen bey Thamb, so einander zu pferd dapfer herumb gedummelt: Unterdessen aber ist etlichs fußvolcks vom Berg hinab nacher Eglossheim gelauffen umb beüttens oder mausens willen, darvon aber etliche zu kurtz kommen, und von den Kays. erdapt worden. Sie seind aber in wenig Tagen alle miteinander wider kommen. In dem Scharmützel bey Thamb seind etliche kays. Reuter zwischen einander gar steht hinweg geritten, welches ein guts anzaigen war, daß Sie gebrennt worden. So haben auch die Möglinger Reutter in das dorff Asperg gesetzt, denen aber die Musquetierer den hundssprung wider gewisen.

24.

Morgens früeh seind gar vil Kays. mit wägen, Reutter und fußvolck gehn Pflugfeld gezogen, und selbiges fleckhlin vollends außgeplündert.

Eod. haben die Kays. Reutter zu Thamb nahe an den Berg biß zum verbrantten holtzhauß gestraifft, und als sie uf der Seitten gegen dem hochgericht hinunder geritten, ist einer darvon erschossen worden.

Eod.

Eod. ist der Regiments Trommelschlager gehn Gröningen geschickht worden.

Eod. ist ein Musquetierer uf den Berg kommen, so den Kayß. zu Hofen außgerissen war.

Eod. etliche von unsern Bauren und kuntschafftern, so gehn Marppach gangen, und daselbsten victualien einkauffen wöllen, seind verrahten, gefangen, und gleich vor dem Thor nidergeschossen worden.

25.

Verbrandten die kayß. ein hauß und Stall, so noch zu Thamb überig gewesen.

Nachmittag hat man auß doppelhackhen starckh fewr geben, under die straiffende kayß. Reutter, welches dann ohne schaden nit abgangen.

Eod. ist der Schwedische Trommelschlager wider kommen.

26.

Haben die kayß. Reuter den gantzen Tag umb den Berg geschwirmt, und hat man vormittag zwar nur mit Musqueten, nachmittag aber mit doppelhackhen under sie flankuiert, dardurch ein pferd gefält worden. So haben uf den abend etliche Reuter von Möglingen her ufs verbrandte dorff Asperg angehawen, seind aber von den Musquetierern abgetriben worden, und ihnen ein pferd gelähmt. Eben umb selbige Zeit haben diserseits die zu Thamb, was von der kirchen noch auffrecht gestanden, vollends hinweg gebrant.

Eod. hat man auff der Vestung 2. Regiments-Stückhlin uf die aussenwerckh hinauß gefüert.

Eod. hat der Regiments Trommelschläger ufm platz einen andern Trommelschlägern erstochen.

27.

Gar früeh haben die Schwedische zu pferd und fuoß einen außfall gethon, mit den kaiserischen bey Thamb starckh scharmütziert, auch hat man mit

III. Beschreibung, was sich mit der

Stuckhen 8 mahl vom Berg uf die Kayſ. geſpihlt. Diſe ſeind aber von 3. Trouppen auß Biettigkeim ſecundiert worden.

Nachmittag hat Herr Commendant abermahls einen außfall mit etlichen Reuttern uf die Wacht vor Thamb gethon, und eine Zeitlang mit ihnen ſcharmüziert.

Diſen Tag ſeind etliche wägen von Gröningen nach Stuttgard gefüeret worden.

Eod. iſt ein wüetiger Hund in der Veſtung umbgelauffen und erſchlagen worden.

28.

Seind die Kayſ. zu Gröningen und Biettigkeim ligend den ganzen tag unruwig geweſen, biß an den Berg geſtrailfft, daß man mit Doppelhackhen und Stuckhen 14 mahl under ſie geſchoſſen, welches geweret biß in die finſtere Nacht hinein, daß man auch endlich die Muſquetierer uf ſie auß commandiert, welche Sie abgetriben, etlich verwundet, und mit guter Verrichtung wider herauff kommen.

29.

Morgens früeh hat man ein Brunſt uf Hailbrom zu geſehen. Und iſt dieſen Tag das ſcharmützieren zwiſchen den kayſ. und Schwediſchen Reutter immerdar fortgangen, biß auff den abend etliche Aſperger Officier weitter darzu kommen, ſie abgetriben, und jenen ein pferd und einen Reutter geſchoſſen. Auch hat man 4. Schüß auß der Schönen feldſchlangen under Sie gethon. Deßgleichen als etliche kayſ. Reutter ins dorff Aſperg eingefallen, ſeind ſie von den darinnen ligenden Rheingräviſchen Muſquetierern wider hinauß gejagt worden.

30.

Abermals am morgens hat man etlich Schüß auß döppelhackhen auff die ſtraiffende kayſ. Reutter gethon.

Eod.

Eod. seind nach einander 3. Regenbogen gestanden.

Man hat auch vom Berg ein außfall uf die Thammer wacht gethon. Und haben selbigen abend die Kayserische die kelter zu Thamb angezündet, welche aber von sich selber wider verloschen.

31.

Gegen Tag seind etliche Schüß auß doppelhackhen uf die kayf. Reutter gethon worden.

Nachmittag vil wägen, mit Reuttern und fußvolckh beglaittet giengen von Stutgard herab uf Gröningen, und dann fürter das land hinunder, daß wir selbige Nacht vil wachtfewr hin und wider gesehen.

Disen Nachmittag haben abermahls die kayf. und Schwebische miteinander schärmußiert, also daß sie gar undereinander vermischt worden, und man mit 5. Stuckhen frid machen müessen. Disen Tag hat man den tiefen weg zwischen den weinbergen verhawen und vergraben.

1 6 3 5.

Jan. 1.

Am Newen Jars Tag morgens frueh hat man auß 5. Stuckhen, auch die Musqueteria mit etlich 100. Schüssen das Newe Jar angeschossen. Darauff bald 3. kayserische Reutter sich präsentiert, welche der Asperger Wacht schimpfflich zugeruoffen, es seind aber etliche Rheingräwische Musquetierer drunden in eim graben verborgen gelegen, die fewr uf die Reutter geben, daß einer darvon geschossen, und das pferd under ihme geblieben ist. Nach Mittag seind wider 2. Trouppen Reutter nahe an den Berg kommen, uf welche auß 2. Falconetlin fewr geben worden. Auch haben etliche uf das dorff angehawen, als man die verwalterin von Biettigkeim begraben, welche von den Musquetierern abgetriben worden.

2.

Seind sehr vil wägen von den kaiserischen hin und her auff und abwerts gefahren.

3.

Haben die kayſ. Reutter bey Thamb abermahls einen ſchandlichen Brieff mit einem hundsohr auff einen Stecken geſteckht, welchen die Aſperger Nachmittag abgeholet.

4.

Wider vil Volckh mit wägen hin und her gefahren: und haben die kayſ. Reutter 2. Scheurlin, so noch zu Thamb geſtanden, abgebrannt, auff welche auch, als Sie dem Berg zu nahe kommen, etliche Schuß auß Musqueten gethon worden.

Eod. iſt ein Aſperger Maurer zu Egloßheim von den kayſ. erſchoſſen worden.

5.

Seind etliche gefangne von Stutgard alhero kommen.

Eod. iſt M. Joh. Rudolph Stenglin, pfarrer zu Biſſingen, auff Aſperg vergraben worden, welchen alle hohe Officier zu grab begleittet haben.

6.

M. Johannes Schadäus, pfarrer zu Under Aſperg chriſtenlich begraben. Seind etlich wägen mit Reüttern hin und her geſehen worden.

Die Wacht zu Thamb ſtraifft an den Berg heran.

Eod. Hanß Schöpff, herrenkieffer uf Aſperg vergraben.

8.

Diese vergangene Nacht haben die Soldaten auff der Vestung in etlichen-underschiedlichen ortten eingebrochen, Zingschirr und essende speisen hinweg genommen: Nachmittag seind die Thammer Reutter nahe an den Berg geritten, daß man 4. Schüß auß groben Stuckhen under sie gethon.

9.

Haben die kays. Reutter zu Gröningen und Biettigkeim den flackhen Möglingen an suotter gantz außgeplündert. Nachmittag hat ein Rheingräfischer Fendrich, Namens Wilhelm Solzheim von Braunschweig, auß Capitein Mühlnarckhs Compagnj, uf die Thammer Schiltwacht angehawen, und hinweg geiagt, auff welchen aber alsbalden die gantze kays. Wacht der enden herauβer gesezt, das er sich reterieren müessen.

10.

Wird Möglingen abermahls geplündert.

Eod. haben die Soldaten uf Asperg dem gewessnen Capitein daselbsten, Caspar Eckstein, ein kalb gestohlen.

Nachmittag seind gar viel wägen von oben herab das land hinunder gangen, mit einer starckhen Convoy zu roß und fuoß, hatten das ansehen, als wan es proviant und Munition wägen gwesen.

Eod. Ist ein Trommelschläger vom Berg gehn Stuttgardt geschickht worden, welchen aber die kayserische gefangen und behalten.

Eod. haben die Weinmarische Soldaten, so ihre paracquen oder hüttlin under dem Trappen hatten, darauff die fewr Stückhlin stehen, ein fewr verwarloset, dardurch bey nahe der gantze Trappen in gfahr der einäscherung gerathen were, ist aber bald gelöschet worden.

Eod.

Eod. ist der Schultheiß von Under Asperg, Hannß Glauner, vergraben worden.

11.

Ist dem Obersten Leutenant Kastner sein Diener von der Reutter Wacht zu Thamb gefangen worden, welches also zugangen, die Jungen in der Vestung ritten hinauß, und tranckhten die Pferd, und haweten also miteinander uf die Kays. Schiltwacht zu, die risse gschwind auß, aber die ganze Wacht kame herauß, und iagte die Jungen wider zuruckh, in dem nun das Pferd mit obigem Diener gestürzt, ist er gefangen worden, das Pferd aber herauffer geloffen. Es kamen darauß die Kaiserische nahe an den Berg, aber wurden von Musquetierern abgetrieben.

Eod. forderte man abermahls die Jesuiter ab durch Schreiben, Sie gehn Stutgardt zu lassen.

12.

Lagen bey 400. Kays. Fußknecht zu Bissingen übernacht, namen ihren weg uf Tübingen.

13.

Nachmittag ist ein gantzes Regiment Fußvolckh von Biettigkeim auff Thamb zu gezogen, von darauß nacher Stutgardt, man hat vom Berg mit Stückhen starckh under Sie gespihlt.

14.

Zog wider fremd Volckh hin und her: die Soldaten uf der Vestung haben uf dem Kornboden eingebrochen, und etlich Stippich, darinn geflehnete sachen, außgeleert: deßgleichen Junckher Münchingern das Sauerkrautt auß dem Keller hinweg genommen. Und seind wider Schreiben von Stutgard eingelifert worden, die Jesuiter betreffend. Damals galt uf dem Berg das Pfund Schmaltz 16. Batzen, das Pf. Fleisch 3. Batzen.

15.

15.

Hat man alle geflohene leut auß befelch herrn Commendanten auff der Veſtung auffzeichnet, und deren 350. gſunde und 114. kranckhe befunden. Auch hatt die ſchwere hauptkranckheit damals grauſam in der Veſtung graſſiert, daß under dem Zuſatz vom Landvolckh und andern geflohenen manchen tag 4. 5. oder mehr perſonen geſtorben, daß man täglich zu begraben hatte, und hat man die todte zum theil hinab uf den kirchhof im dorff geführt, mehrertheils getragen, mit oder ohne Baaren, uf Butten und kreben, und muſſte man gmeinglich ſtarckhe Convoy haben, wegen der ſtraiffenden kayſeriſchen Reutter, welche offt nach an den kirchhof geritten. Auch ware einsmahl die Noth gar groß, weil die Todtengräber alle gſtorben, und man die Todten in die kirch hinein etlich tag müeſſen auffeinander ſtellen.

Fod. hat der Obr. Leutenant den wein auff der Veſtung wider Inventieren laſſen, und mehr nit als 118. Aimer, ſo der herrſchafft zuſtändig, befunden, da doch täglich uf die Soldateſca 1. fuoder, und uf die Tafel 18. oder 19. Imj auffgangen.

Eod. uf den abend hat man durch offentlichen Trommelſchlag in der Veſtung außruoffen laſſen, daß ſich niemand außer ſeinem Logiament, nach dem man den Zapffen abgeſchlagen, ſoll finden laſſen.

16.

Morgens früeh ſeind die Rheingräviſche knecht außgefallen nacher Egloßheim, und fuotter geholt, und haben under deſſen etliche kayſ. Reutter in der kirchen zuo Aſperg gehalten, aber ſich nit merckhen laſſen. Deſſgleichen ſeind nachmittag mehrertheils Officiers gegen die kayſ. Wacht bey Thamb außgeritten, und mit deren Scharmütziert, und iſt Capitein Mühlnarckh mit dem pferd geſtürzt, doch ohne ſchaden.

Eod.

Eod. auff den abend hat ein kemmeth ufm Schloß gebronnen.

17.

Etlich wägen und Reutter hin und her gezogen. Die Thammer Reutter kamen an den Berg. Herrn Commendanten Cammerdiener hat sich Evangelisch erkläret, und das h. Abendmahl empfangen. Die Kaiserliche haben den Schwedischen ein Weib zu Egloßheim gefangen, welche doch hernach wider ledig worden.

18.

Nachmittag hat man etlich Schüß auß Falconetlin auff die Thammer Reutter gethon, welche an den Berg gestraifft.

19.

Etwas Still, nur daß sich die ordinarj Wacht sehen liesse.

20.

Ist der Bott von Speyr kommen, und hat von unserm gn. Landsfürsten und Herrn an den Commendanten Schreiben gebracht, in welchem wir abermahls der hilff vertröstet wurden.

Nachmittag hat man die fewr Mörsel loßgebrant, und wider frisch geladen. Auch haben die Berg Officier die kayß. Wacht vor Thamb zerstöbert.

21.

Seind die kayß. Reutter hin und her geschwirmt. Und nachmittag haben etliche derselben hinder dem Banholtz auff die Asperger wägen und pferd gelaustert, wan dieselbe hinab kämen, Holtz zu holen, daß sie sie wolten hinweg nemmen, darauff aber alsbald, weil man den possen gemerckht, die Bergsleut zu fuoß und pferd außgefallen, und iene gar unsauber abgetriben, und ob schon 3. Trouppen von Gröningen und Thamb den kayserischen zu hilff kommen, hat man ihnen doch

mit

mit 3. Stuckhen und handrohren den ruckhweg gewisen.

22.

Ist ein Soldat wider auff den Berg kommen, welchen die kayſ. Reutter zu Gröningen etlich tag zuvor gefangen hatten, ietzo aber ihnen wider entronnen.

23.

Ist bey Nacht frembd Volckh am Berg fürüber marchiert.

Eod. hat man durch Trommelschlag außgeruoffen, und ernstlich verbotten, daß keiner kein faß oder Zuber mehr verhawen oder verbrennen solle.

24.

Die Schwedisch-Rheingräviſche Officier haben ein Jagen angestelt, darinn 3. wild und etlich hasen gefangen, im Banholtz, und kontens die Kaiſ. nit wehren.

Eod. herr Commendant hat mir anzeigen lassen, mich alle Tag bey der Tafel einzustellen, welches Ich aber modeste recusiert, und wegen vilen predigens accuſiert.

Eod. Herrn Commendanten sein leib Schütz gestorben.

25.

Straiffen die Kaiſ. Reutter zu Thamb hart an den Berg, uf welche etliche rotten Musquetierer commendiert worden, die haben einen Reuter sampt dem pferd gefelt.

26.

Vor Mittag haben mehrertheils Officier uf der Vestung einen außfall auff die kayſ. Thammer Wacht gethon, da es dan gar ernstlich angangen, die kayſ. Reutter seind ihnen in 50. pferd starckh entgegen kommen, und mit verhenckhten Zaum angesezt, also daß Sie gar vor der faust an einander gerahten, daß Capiteln

piteln Dieterich Baser einem kayſ. Reuter den piſtol
uf die Ripp gſtoſſen, und loßgebrant, daß ienem ſein
rother Rock angefangen zu brennen. Heinrich Bez,
Leutenant von Cap. Herpels Compagnj, hat einen uf
die haut gebrant, welcher aber alsbalden die kugel herauſſer gezogen, ihme wider nachgeworffen, mit folgenden wortten: hie haſt dein kugel wider. So haben
auch die Rheingräviſche Muſquetierer dapfer fewr under ſie geben.

Nachmittags iſt vil Volckhs bey Thamb fürüber
gezogen, under welche man vom Berg mit 5. Stuckhen
geſpihlt, und ſeind die Schüß wol angangen, und getroffen, wie wir dann des andern tags hernach kuntt-
ſchaft kriegt haben, daß im erſten außfall 4. durchſchoſſen worden, deren der eine gleich geblieben, der
übrigen 3. keiner darvon komme. Nachmittag aber
durch die Stuckh einem ein hand abgeſchoſſen, und etliche verwundet worden, welches Tragoner geweſen, und
das Land hinunder gefüert worden.

Eod. hat man mit allen Trommeln in der Veſtung umbgeſchlagen, daß kein Soldat mehr über die
gefleẖnete Truchen brechen ſolle, bey leibs ſtraff.

27.

Hat man Cammer Recht gehalten über den Regiments Trommelſchlager Conrad Häfner von Warm-
bronn, Lewenberger ampts, ſo zuvor den 26. 1obris
einen andern Trommelſchlager erſtochen gehabt, darauff
ihme auch angezeigt worden, Sich zu Gott zu ſchickhen,
und das h. Abendmahl zu empfahen.

Eod. wie auch den folgenden

28.

ſeind abermahls vil wägen hin und wider gefüert
worden, auch hat die kayſ. Wacht zu Möglingen uf
Asperg angehawen, welche aber von den Schwediſchen
Muſquetierern dapfer abgetriben, und in zimlicher
Confuſion aufs weitte feld hinauß gehetzt worden.

Deſſ-

Deßgleichen hat man disen Tag das gefälte Urtheil über den Trommelschlager wellen exequieren, und ihne archibusieren, weil aber ein ansehnliche fürbitt von Geistlichen, weltlichen Beampten, Burger Meistern, frawenzimmer und Soldaten für ihne geschehen, ist ihme das Leben geschenckht worden. Doch abends, als man die Wacht auffüeren wellen, hat er müessen dreymahl durch die Spißruotten lauffen, und ist er zimlich hart gehalten worden.

Eod. uf den abend haben 3. Rheingrävische Officier, als 2. Leutenant, Peter Bart und Gotfrid von Mihlnarckh, und ein Fendrich, Wilhelm Solßheim, die gantze Thammer wacht im abzug angerennt, und windig gemacht, das also bald ihrer 16. uf diese 3. angesetzt, aber es war nit rahtsam zu fechten.

Eod. ist D. Paulj Dascrs, Medici auff der Westung, Haußfraw, begraben worden.

29.

Giengen sehr vil posten eilends das Land auff und ab, und stralfften die Thammer Reutter hart an den Berg heran.

Eod. hat man die Truchen im Zeughauß verpitschiert, weil die Soldaten abermahls etliche Nächt zuvor darinnen eingebrochen u. geplündert.

Eod. Sahe man eine Brunst gegen Eßlingen.

Eod. haben 3. fürüber reisende kays. Musquetierer das Schaafhauß zu Gröningen, darinnen Sie übernachtet, angezündet, und ist der eine darinnen verbronnen.

Eod. hat man den Bau Meister auff der Westung, Johann Braunen von Stutgardt, vergraben.

30.

30.

Morgens früeh seind etliche Bauren und weiber kommen, und Victualien gebracht, das Pf. Schmaltz umb 16. Batzen; ein Pfund fleisch umb 3. batzen, ein Pf. Seiffen umb 1½ gulden.

Auch seind disen Tag die botten widerkommen, welche zuvor nacher hohen Aurach und Neiffen seind geschickht worden.

Deßgleichen hat man der Thammer Schiltwacht arbeit gemacht.

31.

Ist die Kayf. Schiltwacht zu Thamb abermahl von den Schwedischen Officiern verjagt worden.

Febr. 1.

Ist Isaac Distler, Burger Meister zu Bietigkeim, uf der Vestung begraben worden.

Eod. seind etliche Rheingrävische Officiers uf die Thammer Schiltwacht außgefallen, und Sie verjagt.

Eod. seind 6. personen, so das land herauffer kommen, von den kayf. Reuttern zu Thamb gefangen worden.

2.

Seind etliche wägen von Bietigkeim uf Gröningen gangen.

Eod. haben die kayf. Reutter biß an den Berg gestrailfft.

Eod. ist Johann Schmautz, Burger Meister zu Asperg, und Jacob Deüchler, Zeugwart uf der Vestung, begraben worden.

3.

Ist ein Trompeter von Gröningen ankommen, mit Schreiben an herrn Commendanten, und wolte des Diaconi von Gröningen, *M. Christophori Osiandri*, weib und kinder abholen. Underdessen haben

ben die kayſ. Reutter von Möglingen uf das verbrantte dorff Aſperg angehawen, ſeind aber von den Rheingräviſchen Muſquetierern und 2. gelöſten ſelbſtücklin widerumb abgetriben worden.

4.

Gieng ein Troupp Reutter von Biettigkeim auff Gröningen, und machten ſich die Thammer Reutter unnütz.

5.

Morgens frueh haben die Aſperger Soldaten fuoter zu Egloſſheim geholt. Nachmittag aber ſeind etliche Officier und Soldaten zu pferd und fuoß außgezogen, theils nach Egloßheim, theils nach Thamb, im widerkehren ſeind die kayſ. Reütter von Thamb, Gröningen und Möglingen in 200. ſtarck auf die Schwediſche geſtoſſen, da ſie dann beederſeits dapffer fewr auffeinander geben, und hat man mit 3. Stucken und Muſqueten ſtarck under die kayſeriſche geſpihlt, daß etliche Reutter verwundt, und ihnen ein pferd geſelt worden. Es waren der Aſperger nit mehr als 8. zu pferd, hielten ſich aber gar wol.

Auff den abend ſetzten die kayſ. Reutter mit etlichen underſchiedlichen Trouppen ins dorff Aſperg, wurden aber durch das grobe Gſchütz (mit 15. Schüſſen) gſchwind fortgewiſen.

Diſen Nachmittag haben die kayſ. Reutter etliche Aſperger leut uf elm Rüebenacker überfallen, darvon Sie einen Jungen und ein weib nidergeſchoſſen, ein weib übel gehawen, ein weib und Jungen hinweg geführt, diß waren damals ihre Ritterliche Thatten.

6.

Hat man uf dem Berg ſtarck hören ſchieſſen, als wann es auß Stucken geſchehe: folgende Nacht hat man auß vilen wacht fewrn bey Gröningen und dem
gehör-

gehörten Marchier Trommelschlag abnemmen können, das zimlich vil Volckhs fürüber gezogen.

Eod. ist Capitain Mühlnarckh hinauß geritten, und die Schiltwacht bey Thamb hinweg gejagt.

Eod. haben die kayf. Reütter zu Thamb von dem abgebrantten Kirchen Thurn daselbsten etliche Schütz auß doppelhacken nach den Schwedischen gethon.

7.

Nachmittag ist vil Reütterey beederseits des Bergs das Land hinab gegangen, uf welche 3. Schüß auß grossen Stuckhen gethon worden.

Es seind die Reutter zu Thamb in gutter anzahl herausser gefallen, aber nichts Tentieren dörffen.

So haben die Schwedische Officier im Banholtz gejagt, und ein graw wild gefangen, auch auff den abend haben Sie bey Eglossheim einen kayserischen packhwagen überfallen und geplündert, die fuorleut aber haben außgesetzt, und mit den pferden entritten.

Deßgleichen haben selbigen abend die kayf. Reutter von Thamb und Möglingen nahe an den Berg heran gesetzt, daß man etliche Schüß mit Stuckhen under Sie gethon.

Eod. Ist auff der Vestung gestorben Jeremias Godelmann, Commissarius.

8.

Ist Leutenant Mihlnarckh von den kayf. in eim außfall geschossen worden in den hals, doch nit tödlich, und hat man ihme die kugel herauß geschnitten, der Schuß geschahe auß einem langen rhor, das tribe etlich kugeln, deren die andern ihme am kopff hingestraifft.

9.

Ist vil Volckh das land hinunder gezogen.

Burger Meister von Bietrigkeim, Johann Groß, uf der Vestung begraben.

Die kayſ. Reutter fangen bey Aſpergern 3. Jungen, welche aber als bald durch die außlauffende Muſquetierer wider erlediget worden.

Ein Burger von Gröningen wird gefangen uf den Berg gebracht, aber des andern Tags wider ledig gelaſſen.

Diſen Nachmittag haben die Schwediſche Officier den kayſ. in einem Scharmützel einen Schönen Tigerhund abgejagt und herauff gebracht.

10.

Haben die kayſ. noch 2. übrige heuſer zuo Thamb vollends abgebrant: darnach etlichmal uff den Stangenbronnen angeſetzt, darbey ſie einen Jungen gefangen und hinweg geführt.

11.

Haben 2. Officier, ein Cornet und Leutenant miteinander geraufft. Und ſeind die kayſ. nahe an den Berg geritten, daß man auß 2. Stuckhen fewr uf ſie geben.

12.

Groſſe Brunſt zu Frewdenthal.

So zogen etliche Regimenter kayſ. Volckh das Land herauff, uf welche man auß 1. Stuckh fewr gegeben.

Und haben die Thammer Reutter ſo nahe an den Berg heran geſezt, daß etliche Rotten Muſquetierer uf ſie commendirt worden, welche mit Schieſſen Sie wider abgetriben, und ſeind 2. Regiment Stückhlin uf ſie gelöſt worden.

13.

Haben die kayſ. den Aſpergern zwiſchen Benningen und Beyhingen 3. Männer nidergehawen, welche Victualien uf den Berg tragen wöllen.

Und ſeind dieſen Tag 2. gefangne uf dem Berg kommen, welche zu Gröningen außgeriſſen haben.

14.

Scharmützel zwischen den kayſ. u. Schwebiſchen bey Tham: in welchem dem Weinmariſchen Trompeter ſein pferd geſchoſſen worden, iſt gleichwol auff der kayſ. ſeitten auch nit leer abgangen, man hatt 5. Schüſſ auß Stuckhen under Sie gethon.

Eod. hat man ſtarckh inquiriert über diejenige, ſo Truchen auffgebrochen und geplündert haben.

15.

Haben etliche kayſ. Reutter den hohlweg bey den Weinbergen herein geſetzt, und ein Stuckh brot uf ein pfahl gesteckht, auff welche etliche Rheingräviſche Muſquetierer außgeſchickt worden, darauff der lermen angangen, ſo zimlich lang gewehret, nicht ohne ſchaden beeder partheyen.

Eod. hat man abermahls auff der Veſtung für die Officier und Soldaten Gelt begert.

16.

Iſt Cammer Recht gehalten worden über die Soldaten, ſo die Truchen geplündert.

So iſt ein Huor durch die Jungen zur Veſtung hinauß gehawen worden, welche hernach mit Verrätherey vil Unglückhs der Veſtung verurſachet.

Auch iſt ein baur von Aſperg, ſo im Banholtz holtz gehawen, von eim kayſ. Reutter überfallen, und ſehr übel verwundt worden, daß er des andern tags geſtorben.

17.

Haben 6. Rheingräviſche Muſquetierer von der Leib Compagnj mit einander umbs Leben ſpihlen müeſſen, weil ſie Truchen geplündert, dann einer muſſte davon ſterben, hats verſpihlt ein Junger kerle auß der undern Pfaltz gebürtig, der auch gleich archibuſiert worden, die andere aber ſeind auff den abend durch die Spißruoten geiagt worden.

18.

Ist Wilhelm Haugen, kellers uf Asperg, haußfraw begraben worden.

Disen Tag frueh am morgens seind etliche Musquetierer vom Berg hinab in die weingärtten gelegt worden, die haben uf die Thammer wacht gewartet, als nun ein Reuter ohne sorg daher kommen, ist er also empfangen worden, daß er den huot dahinden gelassen, auch vom pferd absteigen, und dasselb in der hand hinweg füeren müessen, weil es getroffen worden.

19.

Haben die kayf. Reutter im Rötenackher gelagt. Underdessen seind die Schwedische außgefallen, und die Wacht vor Thamb hinweg getriben. So ist ein Trompeter ankommen wegen des gefangnen von Gmünd, ihne außzulösen.

Auch seind etliche Soldaten und Jungen von Asperg nach Egloßheim geritten, fuotter zu holen, da dann eben zugleich auch etliche von den kayf. daselbsten gewesen, umb gleicher Ursach willen, und hat doch kein parthey die ander gewisst, ob sie schon beederseits Schiltwachten gehabt haben, bise nemblich die kayf. unden im dorff, die Schwedische aber oben drinnen.

20.

Morgens frueh haben die kayf. in 30. pferd starckh in das dorff Asperg und auff die kirch zugehawen, als man aber ihrer durch den Nebel und Schnee wahrgenommen, und auß eim groben Stuckh uf sie fewr geben, seind sie wider durchgangen. Darauff gleich ein starckhe parthey Musquetierer auß den kellern herfür krochen, welche sich darein versteckht hatten, auff die Schwedische zu lauren, aber ihr anschlag wurde zu wasser. Und seind doch selbige Nacht vil weiber und Jungen von den Aspergern auch in eim andern keller

im dorff verborgen gelegen, welche fuoter zu Egloßheim geholt, deren doch die kayſ. nit innen worden.

21.

Die kayſ. lagen im Oſterholtz. Die Schwediſche
Officier aber fallen auß, und ſcharmützieren mit den
kayſ. Reuttern bey Möglingen.

22.

Reutet ein einiger knecht vom Berg hinab, und
jagt die Thammer Schiltwacht hinweg.
Eod. hat Oberſter Leutenant Caſtner, ſo bißhero Calviniſch gweſen, ſich Lutheriſch erkläret, und
das h. Abendmahl empfangen.

23.

Seind alle botten widerkommen, welche man den
Tag zuvor hatte hinweggeſchickht, weil ſie vorm feind
nit fort kommen könten. So ſeind 2. groſſe Trouppen Reuter von Gröningen uf Biettigkeim gangen.
Und haben die kayſ. Reuter zu Thamb biß ins Banholtz geſtraifft, uf welche die Muſquetierer vom berg
dapfer geſchoſſen.

24.

Am morgens ſehr früeh iſt ein blinder Lermen gemacht worden durch löſung eines fewrbölers: hernach
am tag iſt vil Volcks zu pferd und fuoß von Ricxin-
gen uf Gröningen, Möglingen, Egloßheim,
und von dannen nacher Marppach marchiert.

25.

Seind etlich botten von Stutgard ufm Berg
ankommen.

26.

Iſt durch offentlichen Trommelſchlag außgeruoffen
worden, das kein Soldat ohne des Obr. Leutenants
erlaubnuß ein pferd mehr Metzgen ſoll, noch ein Burger eins verkauffen.

Eod.

Eod. Seind Artollerey wägen von Gröningen uf Stutgard gangen.

27.

Als eine Gutsch bey Thamb fürüber gegen Gröningen gefahren, hat man einen Schutz auß der schönen Feldschlangen darnach gethon.

Eod. seind etliche Officier des Herrn Commenbanten nach Nüernberg geraisst, als der Schwartze Leutenant zu pferd, der Cornet Wildenstein, Furier Oppermann mit 2. knechten.

Eod. ist der wein in der Vestung wider auffgezeichnet worden.

Eod. M. Joh. Schönwalter, pfarrer zu Egloßheim, uf der Vestung begraben.

28.

Als die kayf. im Osterholtz gelagt, hat Herr Commenbant einen Schuß auß einer Carthaunen under Sie gethon: darauff die Schwedische Officier zu pferd außgefallen, und die wachten von dem berg zuruckgetrieben, im herauffer raisen haben Sie einen schönen grawen hund auffgefangen, so den kayf. entlauffen, und mit sich herauff gebracht. Bey Thamb gieng es damahls zimlich hart her im scharmützieren.

Mart. 1.

Seind Bauren uf den Berg kommen, die Victualien gebracht haben.

Nachmittag seind die Rheingrävische Officier neben etlichen Musquetierern uf die Thammer Wacht außgefallen, von denselben bey dem Asperger hochgericht ein pferd geschossen, daß es alsbald gefallen, und der Reutter zu fuoß darvon geloffen.

Folgende Nacht hat man ein starcke Brunst dem Schwartzwald zu gesehen.

2.

Haben die Kayſ. Reutter im Banholtz geſtralfft, und den Schwediſchen einen Jungen gefangen, es ſeind aber alsbalden etliche Muſquetierer uf Sie außgeſchickht worden, welche Sie widerumb auß dem holtz geſagt.

2.

Hat man auß befelch des Herrn Commendanten etliche käſten, Truchen und Schreinlen eröffnet, underm Schein, als wan man Seiden waar darinnen ſuchte.

Gegen abend ſahe man ein groſſe Brunſt gegen Lechgöw.

Leutenant Pleſſ macht die Thammer wacht unruwig.

Eod. wolten 3. Soldaten von den Kayſ. außreiſſen, und zu den Schwediſchen überlauffen, wurden aber erdapt, und gleich nidergeſchoſſen.

4.

Hat man auß 3. Stuckhen uf die Thammer Wacht fewer geben, und haben die Schwediſche Officier mit ihnen ſcharmütziert, da dann ein ſtarckher Kayſ. Troup die Aſperger zuruck getriben, und hat ein kayſ. Reutter eine kantten mit Newen wein uf das feld geſetzt, mit Vermelden, ob ein Schwediſcher ſo küen ſeye, und dieſelbige abholen dörffe: als iſt Cornet Waldo hinan gerent, die kantten mit einem Streithammer auffgehoben, und darvon gefüert, dieſelbe aber alsbald mit alten wein wider füllen laſſen, abermals hin geritten, und an das vorige ort geſetzt, welche die kayſ. auch abgeholt haben.

Auff den abend iſt ein Soldat uf dem Berg in den tieffen graben hinab zu tod gefallen.

5.

Iſt ein Cornet kayſ. Reutter fürüber marchiert.

Eod.

Eod. haben die zu Thamb den Aspergern 2. weiber gefangen. Deßgleichen hatt man heut und gestern gar starckh hören mit Stuckhen spihlen. Nachmittag ist die Wacht zu Thamb von den Aspergern verlagt worden. gegen der Nacht sahe man groß wetterleuchten. In der Nacht wurde lermen, und mußte die gantze Soldatesca in der wehr sein.

Disen vergangnen tag seind alle Battereyen uf der Vestung renoviert und repariert worden. Im außfall uf die Thammer wacht ist den kayf. ein pferd zu schanden gemacht worden. Es haben aber die kayf. bey der Nacht biß an die Newe porten herauffer gestraifft.

6.

Zoge von 14. Regimenten kayf. Volckh das land hinunder, so commandiert worden. Die Jungen vom Berg holeten suotter zu Egloßheim, under dessen scharmützierten die Officier mit der Thammer Wacht.

7.

Ist Paul-Sigismundus Castner von kleinen Jngerschein, gewessner Obr. leutenant, uf der Vestung gstorben, und begraben worden in die kirch zu Under Asperg, die leich haben 23. Roten Musquetierer hinab beglaittet: under dem geleüth ist der Schwengel auß der grössten glockhen herab gefallen: als man ihn in das grab hinab lassen wöllen, ist uf der einen Seitten der boden gewichen, und seind die Corporäl mit ins Grab hinein gefallen. Und da die Musquetierer ufm kirchhof Salve gschossen, (darzu uf der Vestung 3. Stückhlin gelößt worden) haben die kayf. Reutter schier biß an die kirch heran gehawen, aber wegen der starckhen Convoy dörfften Sie nit gar herzuo.

Disen Tag haben die Asperger abermals zu Eglosheim fuotter geholt: und einen bauren, so sie gefangen, mit sich herauffer gebracht.

8.

Ist ein Trompeter von Gröningen uf den Berg kommen, welcher die pfarrerin von Vayhingen uf den Fildern abgeholt.

Eod. haben die Soldaten einen frembden Mann gefangen, welcher vil Schreiben bey sich gehabt, den hatt man nach Mittag wider lauffen lassen.

Eod. war ein grösse Brunst über hochdorff hinüber, dem Schwartzwald zuo.

Eod. hat man ein Schuß auß eim Stuckh uf eine Troupp Reutter bey dem osterholtz gethon.

Eod. hat der Cornet Sebold die kays. Wacht zuo Möglingen unruwig gemacht.

Eod. Ist ein Soldat uf der Vestung außgerissen, unnd gleich der Thammer Schiltwacht zugeloffen: deme alsbalden sein weib gefolgt, aber wider ertapt, und zuruckh in die Vestung geführt worden, welcher man gleich die klaider außgezogen, und darmit Capiteins Mihlnarckhen Leibschützen angezogen, der also in weibskleidern (und ein fewr Rohr underm Schurtz tragend) zur Vestung hinauß, auch der kays. Schiltwacht vor Thamb zu geloffen, welchem von fernem etliche Musquetierer nachgeeilt, als wann Sie ihne fangen wolten, So bald nun die kays. Wacht solchen handel ersehen, und meineten nit anderst, dann es lieffe dem außgerissnen Soldaten sein weib nach, Seind alsbald zween Kays. Reutter ihme entgegen geritten, auff welche der Soldat fewr geben, das eine pferd getroffen, daß es gleich ufm weg umbgefallen, der Reutter seinen huot dahinden gelassen, welchen der Soldat mit sich genommen, darauff auch die gantze kays. Wacht herauffer gesetzt, aber von den andern Musquetierern

wider

wider zuruckh gelagt worden. Hierüber die kayſ. dermaſſen erzürnt, daß Sie gleich den überläuffer nidergeſchoſſen haben.

9.

Seind etliche Rheingräviſche Officier ſampt ihren Jungen gehn Egloſsheim geritten, fuotter und Stroh zu holen, in dem kommen 2. kayſ. Reutter von Stutgard, und raiſen bey Egloſsheim fürüber, welchen alsbald die Asperger nachgeiagt und gefangen, der eine war des kayſ. General Commiſſarii, Reinhards von Walmerode, Hofmeiſter, Philipp Rörrer, der ander gab ſich für ſeines Sohns Præceptorem auß, Sie hatten vil Brieff bey ſich, und ſonderlich ein ſchönes pferd, welches ſchon dem General Gallas verehrt war, aber es bliebe dem Commendanten Waldo.

Eod. hat man uf dem Berg angefangen kolen zu brennen.

Eod. Seind den Aspergern 2. Jungen gefangen worden.

Eod. uf den abend Iſt ein kayſ. Leutenant von der Wacht zu Möglingen mit 10. pferden in das dorff Asperg eingefallen, aber von den Musquetierern übel empfangen worden, dann er ſein pferd und einen ſeiner Reutter im Lauff gelaſſen, die übrige ſich geſchwind auß dem Staub gemacht.

10.

Iſt Cammer Recht gehalten worden über 2. Soldaten, welche über vilfältig Verbott bey Nacht ein pferd nidergewürgt und gemetzget, ſo dem Weinmariſchen Fenderich N. von Obernitz zugehört.

Auch iſt des ienigen Soldaten weib, ſo vor 2. Tagen außgeriſſen, durch die Jungen zur Veſtung hinauß gelagt worden.

Eod.

Eod. uf den abend umb 10. Uhren hat es ein starckhes Chasma in der lufft gegen Stutgard abgeben.

11.

Vormittag ist die Execution gegen erstgemelten 2. Roßdieben fürgenommen worden, die haben mit einander spihlen müessen, deren der eine 11. der andere 8. geworffen, diser letste war auß der Gravschafft Mümpelgart, und wurde gleich darauff archibusiert: der ander aber nach mittag durch die Spißruoten gejagt.

12.

Ist den Schwedischen ein Magd widerkommen, die vor disem gefangen worden, und bißher zu Bietigkeim gefangen gelegen. Auch haben disen Tag die Rheingrävische einen außfall uf die kayf. Wacht bey Thamb gethon, da Capitein Mihlnarckh den Trouppen gefüert.

14.

Haben die Schwedische Officier im Banholtz gejagt, ein wild und einen hasen gefangen: under dessen hat man mit den kayf. scharmütziert, und ist ein Schuß auß der schönen feldschlangen uff sie gethon worden, under werendem disem handel ist ein kayf. Cornet mit 2. Reuttern nahe bey Egloßheim fürüber geritten, welche die Schwedische ersehen, ihnen nachgesetzt, und alle 3. gefangen herauff gebracht. Selbigen abend haben Sie auch auff etliche proviantwägen gestrafft, so ihnen aber entgangen. Folgende Nacht ist des herrn Obr. leutenants Furier Oppermann wider von Nüernberg kommen, der zuvor den 27. Februarii dahin geritten. Auch hat man selbige Nacht einen botten gefangen, so von Stutgard nach Bessigkeim geschickht worden, umb zu erfragen, wo des General Commissarii Walmenrode Hofmeister und Præceptor hinkommen, welche aber uf der Vestung gefangen sassen.

15.

Morgens frueh seind 15. gefangne, darunder ein Obr. Wachtmeister Kosbot, etliche Leutenant und andere Officier, von Stutgard alhero kommen, welche daselbsten auß der kays. gefängnuß entrunnen. Sie gehöreten under Herzog Wilhelms von Saxen Weinmar Regiment, und seind zu Würzburg gefangen, und gehn Stuttgard gefüeret worden.

16.

Zog vil kays. Volckh beeder seits des Berg das Land hinunder, gegen Thamb hat man 3. Schuß auß Stuckhen nach ihnen gethon, und seind etliche Schwedische Officier sampt ihren Jungen gehn Eglossheim geritten, fuotter und stroh zu holen, biß nun die Jungen mit ihrer Ladung fertig worden, haben die Officier nit fern vom dorff einen kays. Quartier-Meister vom Rittbergischen Regiment sampt einem Adiutanten gefangen bekommen, welche etlich Stuckh golds in hohem werth bey sich gehabt haben. Und weil solch Regiment gleich hernach gefolgt, als hat man den außgefallenen vom Berg ein losung Schuß gethon, darauff Sie sich reiteriert haben. So ist disen Tag eines ordinarj Quardjknechts Haußfraw wider alhero kommen, welche eine Zeitlang zu Biettigkeim gefangen gwesen.

17.

Morgens frueh seind Bauren uf die Vestung kommen, welche fleisch gebracht haben, die referierten, das General Gallas mit allem kays. Volckh das Land hinunder ziehe, den Schwedischen, so Speyr wider eingenommen, zu begegnen.

Nachmittag haben die Asperger einen außfall gehn Eglossheim gethon, welchen gleich die Möglinger Wacht nachgesetzt, seind aber von den Aspergern auß dem feld gejagt worden. Uf den abend zoge vil kays. Volckh

Volckh bey dem Berg fürüber das land hinunder, uf welches etliche Schüß auß Stuckhen gethon worden. Auch hat ein Jung von der Vestung disen Tag ein pferd von Egloßheim herauff gebracht, so den kayß. abgenommen worden.

18.

Abermahls etliche Regimenter Kayß. Volckh fürüber marchiert. Ist herrn Stattschreibers von Biettigkeim haußfraw begraben worden.

Kam ein kayß. Trompeter wegen der gefangnen, Sie eintweder mit gelt oder durch andere gefangne außzulösen.

Eod. war ein grosse Brunst zu Frewdenthal.

20.

Johann Martin Ayen, Vogt zu Biettigkeim, begraben.

21.

Ist ein starckhe Convoy von Reuttern von Biettigkeim uf Gröningen bey Thamb fürüber gangen, (welche den Graven von Sultz sollen beglaittet haben) darauff die Asperger zu pferd und fuoß außgefallen, da es dann einen starckhen Scharmützel abgeben, uf der kayß. seitten ist geschossen worden ein Wachtmeister und noch etliche Reutter und pferd: uf der Schwedischen seitten der Junge Waldo in ein Schenckhel, deßgleichen 3. pferd, Capitein und Leutenant Mihlnarckhen, und dem Schwarzen Leutenant zuständig, man hatt auch starckh mit 5. Stuckhen under sie geschossen.

Eod. hat man dem herrn Commendanten uf der Vestung widerum 1000. Thaler liefern müessen.

22.

Ist ein kayß. Trompeter uf den Berg kommen wegen etlicher gefangnen, sie abzuwechslen. Und seind vil wägen von Stutgart uf Gröningen gangen.

23.

23.

Haben 2. leutenant mit einander geraufft.

Stattschreiber von Biettigkeim uf Asperg begraben worden.

Seind etliche personen, so Victualien uf den Berg tragen wollen, bey dem osterholtz von den kaiserischen ergriffen und nidergemacht worden. Wie dann etliche tag zuvor die Möglinger wacht gleichesfalls den Schwedischen 6. bauren gefangen.

Eod. hat Capitein Mühlnarckh die Thamber wacht unruwig gemacht, welche aber starckh uf ihne außgefallen, Ihme seind aber auch als bald ein Rott Musquetierer nachgeschickht worden, welche die außgefallene Reutter wider gehn Thamb hinein geiagt haben.

24.

Seind auff begehren eines Trompeters Capitain Baser und leutenant Peter Bart uf parole hinauß geritten zum kayf. Rittmaister, Ferdinand Händel, mitt ihme wegen des gefangenen Walmerodischen Hofmeisters und Præceptoris der Ranzion halben zu tractieren. Uf den Abend ist der Schwedische Regiments-Trommelschlager mit eim Schreiben gehn Möglingen geschickht worden. Bald darauff wird lermen im feld gemacht von der Möglinger Schiltwacht, darauff der gantze Troup ins feld geruckht, und haben die Schwebische Musquetierer dapfer auff sie fewr geben.

25.

Haben die Schwedische Soldaten einen Bauren gefangen, so brieff nach Backhnang tragen sollen, ihne aber gleich wider lauffen lassen. Nachmittag haben die Schwedische Officier in den weinbergen geiagt, und etliche hasen gefangen, welches die kayf. zu Thamb sehen, aber nit wehren können. Dann die Schwedische
Mus-

Muſquetierer underm Commando Leutenant Mühlnarckh ſtarckh ſewr uf ſie geben.

Uff den abend haben die kayſ. zu Thamb nahe
bey dem Banholtz einen frembden Mann nidergeſchoſſen,
und, wie vermuothlich, ihme Schreiben abgenommen,
welchen zwar die Aſperger Reutter gleich beſichtiget, aber
nit erkennen kennen, Sie hielten ihne aber für ein botten von Strasburg kommend, weil in ſeinem hembd
ein Newer Strasburger und Wirtemberger halber batz
vernehet waren, folgenden tags hat man ihn ins Banholtz vergraben.

26.

Morgens haben die kayſ. Reutter bis ans verbrantte holtzhauß am Berg geſtraifft, die ſeind aber
mit Muſqueten abgetrieben worden, und iſt einem ein
pferd geblieben. Nachmittag als die Möglinger Reutter zerſtrewet ufm feld umbgeritten, hat herr Commendant Waldo einen Außfall auff Sie gethon, und hinweg gejagt. Auff den abend haben die gemelte Möglinger Reutter vil hauffen pfähl in den weinbergen
verbrantt.

27.

Iſt ein kayſ. Tragoner zu den Schwediſchen
übergelauffen, weil er auch zuvor under ihnen gedient.

28.

Vormittag haben die Schwediſche Soldaten zu
pferd und fuoß einen außfall uf Egloßheim gethon,
fouterage zu holen, under deſſen iſt vil kayſ.Volckh die
Straß herab uf Egloſſheim zu gezogen, mit deren
theils die Schwediſche zimlich ſcharmützieren müeſſen,
biß die Jungen mit den pferden und wägen wider ſicher
an den Berg gelangt. Uf den abend haben die kayſ.
zu Möglingen den Aſpergern zween Jungen gefangen,
welche nach Salaat außgangen waren. So haben etliche Reutter vom Berg die kayſ. biß ins oſterholtz gefolgt:

folgt: und hernach die Wacht von Thamb hinweg getriben.

29.

Haben etliche Schwedische knecht mit fewrrohren die Thammer Schiltwacht hinweg gejagt. Deßgleichen so haben Leutenant Pleß und Cornet Sebold die Möglinger Wacht ins feld gelockhet, und eine Zeitlang uf parole zusamen geritten.

Folgende Nacht seind vil wachtfewr gesehen worden.

30.

Als die kayſ. Reutter zu Thamb ihre pferd ohne fern vom Berg uf einer wisen waiden laſſen, und Sie samentlich bey einander ufm boden gelegen, und kurtzweil getriben, hat man auß der schönen feldschlangen einen Schuß under Sie gethon, da ſie dann gar hurtig wider auff den pferden gewesen, aber eines ist ligen blieben, und eim Reutter ein schenckhel abgschoſſen worden. Nachmittag haben etliche Officier hinauß geſetzt, Leutenant Schill und Fenderich Solzeim uf Tham, Capitain Baser, Mühlnarckh und Leutenant Bart uf Möglingen, und haben beeder ſeits den kaiſerlichen zu schaffen gemacht. Auff den abend eine Brunſt gegen Stetten.

31.

Iſt die Thammer Schiltwacht durch den Solmiſchen Fenderich, Peter Häring, hinweg gejagt worden. Darauff der ganze Troup herauß geſezt, aber von verſteckhten Musquetierern wider zuruckh gewisen worden, nit ohne schaden.

Man sahe eine Brunſt uf Scheckhingen und fewrbach zu. Und iſt zimlich vil Volckh das land herauffer marchiert.

April.

April. 1.

Vor Mittag haben die Asperger zu pferd und fuoß auff die Möglinger Schiltwacht hinauß gesetzt, welche auff dem feld herumber gestraifft, und sie verlagt. Nachmittag haben gemelte Schwedische Asperger Officier und etliche Musquetierer zuo pferd und fuoß mit den kayſ. Reuttern bey Thamb zimlich lang scharmütziert, biß Sie endlich auff guotte parole zusamen getretten, und Sprach gehalten, und einen truncfh gethon, under deſſen der kayſ. Obr. Wachtmeister vom Vitzdomtbiſchen Regiment, N. von Remchingen, seine Reutter mehrertheils zuruckh uf Thamb commendiert: Endlich als sie wider von einander geritten, hatt sich durch einen Schuß, so von eim kayſ. Corporal geschehen, (etliche wollen, es seye ex composito zur Verrätherey also angeordnet gwesen) ein Unwill erhebt, daß beede partheyen an einander gerahten, und gleich der ganze Troup zu Thamb den kayſ. zu hilff kommen, daß es ein gutte weil gar hartt hergegangen, biß man mit Regiments Stückhlin von der Vestung under die kayſ. fewr geben, und die Rheingrävische Musquetierer ihren Officieren succurriert, sonsten es ohne Zweifel grössern schaden verursachet: in diſem lermen ist uf Schwediſcher Seitten Maior, Hanß Philips von Flerscheim, uf der rechten seitten durch und durch, doch nicht tödtlich, geschoſſen; Capitain Mühlnarckh durch einen Stich vornen in Leib übel verwundt, daß er am Siebenden tag hernach gestorben: der Muſter Schreiber gleich nidergehawet: zween Muſquetierer übel verwundt: uf der kayſ. seitten der Maior von Remchingen in Schenckhel geschoſſen, etlich pferd gefelt und verwundt, etliche gewehr, Sattel und Zeug sampt des Remchingers Huott (den er doch des andern tags wider abholen laſſen) dahinden gelassen, und auf die Vestung getragen worden. Dise unglückhselige parole hat gemacht, daß
man

man hernacher desto behuotsamer gwesen, und nit mehr
so leichtlich getrawet hat. Wie es dann für sich selbsten
gfährlich ist, mit eim feind vil gmeinschafft haben.

2.

Ist ein kayſ. Trompeter uf dem Berg ankommen,
so 3. gefangne mit sich gebracht, der eine war Leutenant Heinrich Bezen Jung, der ander gehörte dem
Obr. Leutenant Castner zuo, gegen welchen wider 3.
andere gefangene ledig gelassen worden, disen tag seind
2. Schüß auß groben Stuckhen uf fürüberraisendes
Volckh gethon worden.

3.

Haben die kayſ. Reutter zu Möglingen ein Corps
de Garde auffgericht uf dem feld.

4.

Etliche der Schwedischen Officier scharmütziert mit
der Wacht zu Thamb, als dise aber dem berg zu nahe
kamen, seind sie mit Doppelhackhen und Musqueten
übel empfangen worden. In disem außfall haben sich
wolgehalten die Leutenant Barr, Zorn, Schill, Ros-
both, und Fenderich Soltzheim.

5.

Haben etliche Officierer und Musquetierer mit
beeden kayſ. Wachten zu Möglingen und Thamb zu
thuon gehabt, dapfer und hertzhafft auffeinander loß
gebrant, und hat sich vor andern der Solmische Fenderich Häring wol gebraucht.

Uf den abend haben etliche fewrröhrer die Thammer wacht noch einmahl verjagt.

6.

Hat die kayſ. Reutterwacht bey Nacht den Aspergern etliche weiber und Jungen gefangen, darunder des
Leutenants Wagners fraw gewesen, so von Stuttgart herun-

herunder geraiſet (iſt hernach den 30. Aprilis wider zu Gröningen ledig worden.)

Eod. Iſt abermahls ein Scharmützel fürüber gangen zwiſchen den Schwediſchen und kayſeriſchen bey Thamb, in welchem dem Leutenant Pleſſen und Fenderich Soltzeini ihre pferd geſchoſſen worden, auch hat man mit 1. Stuckh und Musqueten under die kayſ. ſewr geben.

Eod. am morgens früeh haben etliche kayſ. Iragoner umb den Berg gehawen, und nach den Schiltwachten geſchoſſen. Auch hat die kayſ. Wacht zuo Möglingen uſs verbrannte dorff Aſperg angeſetzt, aber mit Doppelhackhen abgewiſen worden.

So ſahe man diſen Tag eine groſſe Brunſt in der reſier Pfortzeim.

7.

Iſt vil Volckhs hin und wider marchiert. Die kayſ. Reutter zu Thamb ſtraifften biß an den Berg heran, das man 2. Stuckh auff ſie gelöſſt, und etliche Musquetierer ſampt etlichen Conneſtabeln und Doppelhackhen uf ſie außcommendiert, endlich haben die officier, darunder Leutenant Pleſſ und Furier Oppermann, Sie vollends abgetriben. Under deſſen haben etliche Schwed. Musquetierer auß dem holen weg dapffer uff die Thammer Schiltwacht geſchoſſen.

Eod. haben die kayſ. im Oſterholtz geiagt, da under deſſen ein ſtarckher Troupp Reutter bey Egloſſheim wacht gehalten.

8.

Iſt abermahl ein Troup Reutter am Berg fürüber marchiert: Auch kam ein kayſ. Trompeter, und löſete herrn General Commiſſarii von Walmenrods Hofmeiſtern und Præceptorem mit 100. Ducaten. Selbigen abends haben die kayſeriſche den Fleckhen Egloßheim angezündt, und auff den halben theil abgebrantt, auff welche etliche Schüß auß groben Stuckhen gethon worden.

9.

Morgeus frueh haben die kayſ. Reutter an den Berg heran geſtraifft, auff welche als balden etliche Rotten Muſquetierer commendiert worden, hernach haben die kayſ. in den weinbergen gejagt.

Uf den Mittag ist Capitain Philipp Jacob von Mühlnarckh begraben worden, in beglaittung 19. Rotten Muſquetierer, und loßbrennung 4. Stuckh Gſchütz. Under deſſen die kayſ. Reutter ſtarckh ufs dorff Aſperg angehawen, aber von denen darinn ligenden Muſquetierern wider abgetriben worden.

Eod. ist ein Trompeter von Gröningen kommen wegen etlicher gefangnen: Inſonderheit aber auch, daß herr Vogt von Gröningen, ſo ſich der Zeit auff Aſperg enthielte, einem kayſ. Rittmeiſter, Fernand Händel genant, welcher zu Gröningen im Ampthauß ſein Quartier hatte, ſolte 100. Thaler erlegen, weil er ihme ſeine Amptsſachen bißhero verwaret hette. Da Er Rittmeiſter ihme ſelbſten doch die belohnung wol gemacht, in dem er herrn Vogt ſein Silbergſchirr auß dem tieffen Rabbronnen gezogen und hinweg genommen.

Eod. iſt herrn Commendanten Waldo ein Tragoner widerkommen, welcher in der Nördlinger Schlacht gefangen worden.

Nachmittag hat die Thammer wacht hart an den Berg heran geſezt, uf welche die Rheingräviſche Muſquetierer außgefallen, welche den kayſeriſchen 2. pferd geſchoſſen, daß das eine gleich ligen blieben.

Uf den abend hat ſich die Möglinger wacht auch herbey gemacht, aber auch von den Muſquetierern wider ins freye feld gejagt worden.

10.

Seind 2. Trompeter von den kayſ. alhero kommen, einer von Gröningen, den gefangnen von Gmünd betreffend: der ander vom Rittbergiſchen Regiment wegen des gefangnen Adiutanten und Quartier-Meiſters.

Diſen Tag war eine Brunſt zu Frewdenthal. Auch haben die kayſ. Reutter von Thamb den Aſpergern einen kleinen Jungen, ſo nit mehr als 6. Jar alt, uf dem feld nidergeſchlagen, und ihme ein ohr abgehawen, das war ein Ritterliche That. Deſſgleichen ſelbigen abends das dorff Egloßheimb wider angezündet, darinnen doch kein Menſch mehr gewohnet.

11.

Kam ein Trompeter von Gröningen, welcher etliche weiber (darunder die alt herrenkiefferin) abgeholt. war eine Brunſt zu Egloßheim, Haßlach und Benningen.

Iſt zimlich vil Volckhs an beeden ſeitten des Berg das land hinunder gezogen, darauff etliche Aſperger Reutter außgefallen, und ihnen nachgeſezt, die haben erſtlichs einen Commiſſarium, ſo ein Capitain und vom Adel, namen *Franciſcus de Alteriis*, auß der Statt Rom gebürtig, und ein gelehrter Latinus, mit vilen briefen ſampt ſeinem poſtillion gefangen herauff gebracht, dieſer ward vom General *Piccolomini* verſchickt: Bald darauff bekamen ſie einen Jungen Graven, Georg Adam von Walſtein, ſo ein Ritt Meiſter, des kayſ. Generaliſſimi naher vetter, mit 2. dienern und 6. Muſquetierern vom Böckhiſchen Regiment (deren einer doch gleich nidergeſchoſſen worden, weil er der Schwediſchen Garniſon uf Hohen-Aurach ſchimpfflich nachgeredt.) Seind auch etlich andere, ſo ſich verſpäthet, nidergemacht worden.

Eod.

Eod. ist der Schwedische Regiments Trommelschlager gehn Biettigkeim geschickht worden.

12.

Marchiert abermahls vil Volcks, welchen die Asperger nachsezen, und fangen einen kays. Curier, 2. Reutter und 10. Musquetierer. Fenderich Heering und Johannes Schipper, Apotheckher von Weiblingen, iagen die Möglinger Schiltwacht hinweg, darauff die ganze kays. Wacht herauß gesezt, und ein Zeitlang mit den Schwebischen Musquetierern scharmüziert.

13.

Die Asperger holen fuotter zu Eglossheim, under dessen haben Leutenant Pleß und Johann Schipper, Apotheckher, einen kays. Reutter, so sein quartier zu Gröningen gehabt, gefangen, und uf den Berg gebracht. So zoge disen tag vil Volckh das land hinunder, und bey Eglossheim fürüber. Darauff dann Nachmittag etliche Schwebische Officier zu pferd außgefallen, und bey den Felben zu Eglossheim 4. kays. musquetierer nidergemacht, 5. sampt eim Jungen uf den Berg gebracht: So ist hierzwischen Leutenant Barth mit Fendrich Volzeim den holen weg hinaußgegangen, und fewr uf die Thammer Schiltwacht gegeben, das Sie den huot fallen lassen, welchen Volzeim mit sich darvon getragen. Die Wacht zu Möglingen hat den Aspergern einen Jungen gefangen, welcher aber 2. tag hernach wider kommen, hat referiert, daß ihn der Müller zu Möglingen verrahten habe, daß er bey nahe wider wer gefangen und ermordet worden.

Eod. seind 3. bauren, so Victuallien uf den Asperg tragen wöllen, von den kays. nidergemacht worden.

14.

Morgens frueh haben die Schwedische zu pferd und fuoß einen außfall uf Egloßheim gethon, daselbsten souterage geholt, im Zuruckraisen haben ihrer etliche, darunder Leutenant Barth und Mühlnarch neben Fenderich Voltzeim gewesen, hinder dem Osterholtz herumb gehawen, und auff die Möglinger Schiltwacht zugeritten, an welche sie ohngewarneter sachen, sonderlich weil Voltzeim eine rote Scharppen an gehabt, so nahe kommen, das die Schiltwacht nit mehr entreutten kennen, gleichwohl die ankommende angeschryen, Was Volckhs? welche aber geantwortet: Sie seyen kayserisch: vom Vitzdomischen Regiment, under Obr. Wachtmeister Remchingern, so zu Biettigkeim loglere: haben darneben der Schiltwacht weitter zugesprochen, Sie solle gute Sorg haben, es seyen Schwedische Reutter ver enden enthalben: So bald aber das erste glied diser Abdenturiern fürüber gwesen, haben gleich zween andere disen Schiltwächter bey beeden armen erwischt, und ihn also mit gwalt fort, und der kays. Wacht vor der nasen hinweg uf Asperg gefürt. Darauff zwar die kayserische in grosser anzahl außgefallen, aber nichts mehr erlagen mögen.

Umb Mittag seind vil wägen und fußvolckh das land hinunder beym Berg fürüber gezogen.

Uf den abend ist ein Compagnj fußvolckh vom Goltschischen Regiment bey Egloßheim fürüber marchiert, welchen die Asperger Reutter nachgehawen, Es seind aber gleich die Officiers von der Compagnj außgerissen, und das Volckh hat sich gehn Zeutingsheim reteriert, im Zuruckkehren haben die Asperger noch etliche angetroffen, die sich von vorgedachter Compagnj verspäthet, deren 8. oder 9. nidergemacht, und 18. gefangen herauff gebracht: deßgleichen haben Sie auch 2. Reutter erdapt, den einen erschoffen, den andern sampt den 2. pferden mit sich gebracht. Auch haben

etliche

etliche kayſ. Reutter von Möglingen wider ein hauß zu Egloſſheim verbrennt, und den Aſpergern ufm feld ein Magd gefangen, nacher Gröningen geführt, welche doch 2. tag hernach wider entrunnen, und uf den Berg kommen. Auch iſt diſen Tag der Schwediſche Regiments Trommelſchlager gehn Gröningen geſchickht worden. So hat man diſen Tag etliche groſſe Brunſten geſehen gegen Eſſlingen, Lechgöw, Heilbronn. Und ſeind alle früchten, ſo noch uf der Veſtung gelegen, geſtürzt worden.

15.

Iſt herr General Gallas das land hinunder geraiſet, und zu Gröningen über Nacht gelegen: folgende Nacht haben die Schwediſche Aſperger zu pferd einen außfall in das dorff Weſten gethon, die kayſ. ſalva Guardj daſelbſt abzuholen, davon Sie 2. nidergemacht, 9. Reuter ſampt 14. pferden mit ſich hinweg geführt, under deſſen aber haben die kayſ. zu Möglingen von diſem außfall kundtſchafft überkommen, und den Aſpergern in zimlicher anzahl zu roß und fuoß bey Egloſſheim vorgewartet, und in der ruckhkehr ſtarckh under ſie fewr geben, das die Schwediſche gezwungen worden, etliche ihrer gefangnen Reutter niderzumachen, alſo daß Sie nur einen Reutter und 6. pferd uf die Veſtung gebracht, die übrige Reutter und pferd ſeind ihnen wider abgetrungen worden. Der Schwediſchen zwar iſt keiner geblieben, aber ein Reutter übel gehawen, des Capitäns *Riva* Furier in ein arm geſchoſſen, und dem Leutenant Pleſſen ſein pferd gefält worden. Selbige Nacht haben die kayſeriſche zweymahl an den Stangenbronnen gewölt, aber allweg von den Muſquetierern auff der eüſſern Wacht abgetrieben, und iſt ein kayſ. Muſquetierer von den Aſpergern durch beede Schenckhel geſchoſſen worden, daß man ihn nacher Gröningen tragen müeſſen.

16.

Hat die kayſ. Wacht von Möglingen ihre Todten zu Egloſsheim begraben, hernacher ufs verbrannte Dorff Asperg angehawen, ſeind aber mit Doppelhacken abgetriben worden. Umb Mittag ſeind vil Reutterey und wägen von Gröningen nacher Biſſingen gangen, uf welche man nahe bey Thamm auß Stucken fewr geben, deren Schüß wol angangen. So hats diſen tag etliche Brunſten das Land hinunder geben, und wie wir hernach erfahren, ſo hats zu Erligkeim, Botenen, Hofen und groſſen Garttach gebronnen. Auch iſt ein Trompeter von Bietigkeim ufm Berg geweſen, und den gefangenen von Gmünd (wie die Sag war, mit 200. Ducaten) außgelöſſt. Eod. iſt der Schwediſche Regiments Trommelſchlager wegen etlicher gefangnen, ſo uf Asperg lagen, nacher Candſtatt, Eſſlingen und Reutlingen geſchickht worden. Und hat man die gefangne im Stockhauß auffgezeichnet, deren 53. befunden, von denen ſich folgends etliche undergeſtellt.

17.

Hats an etlichen orten das Land hinunder gebronnen, wie dann abermahls die kayſ. ein hauß zu Egloſsheim abgebrant. Und haben Sie dieſen Tag zu Egloſsheim angefangen zu ſchantzen, ſelben abzuhawen, und gräben auffzuwerffen, auff welche man ſtarckh auß Stucken geſchoſſen, daß darburch die Bauren auß den gräben geiagt worden, welche aber als balden von den kayſ. Reuttern, ſo wacht gehalten, mit bloſſen degen wider zur arbeit angetriben worden. Darauff dann die Asperger zu pferd einen außfall gethon, und eine gute Zeit mit ienen ſcharmütziert, es wären aber die Asperger zu kurtz kommen, wan ſie nit von ihren Muſquetierern weren entſetzt worden. Deßgleichen haben die kayſ. zu Thamb diſen tag angefangen ein Schantz auffzuwerffen und bäum zu fellen.

18.

18.

Fuoren die kayſ. fort mit ſchanzen bey Thamb und Egloſſheim: Die kayſ. Wacht zu Möglingen hat einen krancken bauren knecht nidergeſchoſſen, welcher vom Berg nach Möglingen gehen wöllen. Eod. haben ſich 12. gfangne undergſtelt: Ein gefangner Reutter aber ſich ſelbſten mit 5. Ducaten gelöſſt. Auch iſt der poſtillion loß gelaſſen worden, welcher mit dem Piccolominiſchen Curier gfangen worden.

19.

Marchierten Reuterey und wägen uſm feld hin und her. Eod. haben die kayſ. zu Egloſſheim und Thamb, auch Möglingen Corps de Garde uf dem feld auffgericht. So iſt ein Trompeter von Biettigkeim und ein Trommelſchlager vom Böckhiſchen Regiment ankommen wegen etlicher gefangnen.

20.

Iſt ein kayſ. Muſquetierer gfangen worden, welcher doch gleich ſelbigen tags ohne entgeltnuß wider lebig gelaſſen worden.

Eod. war ein ſehr groſſe Brunſt in der revier gegen Brackhenheim.

21.

Schwirmete Volckh zu pferd hin und her. Und ſahe man den gantzen tag 6. groſſe Brunſten das land hinunder, wurde auch Egloſſheim wider angezündet. Auff den abend thätte ſich ein Reutter herfür von der Möglinger Wacht, der pravierte mächtig, dem wurde aber der hochmuth gelegt, und ſein pferd, ehe er von den ſeinigen kont ſecundiert werden, von eim Schwediſchen Muſquetierer getroffen, daß es gleich darnider gefallen, er aber ſich hurtig zu fuoß darvon getrollt.

Eod.

Eod. ist wider ein Trommelschlager vom Böckhischen Regiment ankommen: hingegen der Schwedische der gefangnen wegen hinweg geschickht worden.

22.

Marchierte vil Volckhs hin und her. Uf den abend hat man ein Schuß auß der schönen feldschlangen auff die keltern zu Thamb gethon. Disen gantzen Tag ist ein kayſ. Leutenant mit 8. Musquetierern zu Under Asperg in einem keller gelegen, der sich aber nit merckhen lassen, und haben ihne die Schwedische auch nicht funden. Eod. haben die kayſ. das Banholtz angezündet, welches ein zimliche Zeit gebronnen, bis mans wider gelöscht. Eod. als ein Asperger Burger, so uf dem feld gewesen, unnd gearbeitet, uf einen kayſ. Reutter, welcher uf ihne zugeritten, auß einem fewr Rohr wöllen schiessen, ist die Schwantzschrauben herausser, und ihme in den kopff gesprungen, und sehr übel verwundt, welcher aber doch wider curiert worden.

23.

Morgens früeh haben sich etliche kayſ. Musquetierer in die keller zu Under Asperg versteckht, ihre Reutter aber hinder den selben gehalten, und also auff unsere ankommende Wacht gewartet, Nach dem nun die Schwedische 4. Rotten Musquetierer hinab marchiert, haben die kayſ. alsbald fewr auff sie geben, also daß gleich einer erschossen, ein anderer auch nach versprochenem quartier mit einer partisanen tödlich gestossen, uf der kayſ. seitten ist auch einer gebliben, so ein Musquetierer, auch ein Reuter fürn kopff geschossen worden, und ein pferd gefelt. Die übrige hat man mit Stuckhen und Doppelhackhen abgetriben. Gleich darauff ist Maior, hantz Philipps von Flersheim mit etlichen Musquetierern dem Banholtz zugeritten, haben aber alsbald kayſ. Volckh darinnen gespürt, darauff

auff sie sich wider zuruckh begeben, hernacher ohngefahrlich umb 9. Uhren hat man mit 3. starckhen Trouppen Musquetierer einen außfall ins Banholtz gethon,
den ersten hat gefüert herr Maior von Flerscheim,
den andern Capitän Baser, den dritten Leütenant Bez.
als Sie nun ein wenig hinein kommen, haben Sie
gleich die kays. angetroffen, hinder einem hag ligend,
die haben als balden angefangen, uf die Asperger ein
starckhes salve zu geben, aber mehrertheils zu hoch gelöfft: uf welches dann die Asperger mit ihren Musqueten
auch ernstlich geantwortet, und manlich angriffen, also
daß die kays. Officier zuerst, darnach ihr Volckh ins
außreissen kommen, und hetten die Schwedische vil ni-
dermachen kennen, (weil sie sehr begierig zum nach-
lagen gewesen) wann sie sich nit wegen der anfallenden
kays. Reutter hetten müessen beysamen halten, dann so
bald das schiessen im wald angangen, haben gleich die
kays. Reutter zu Eglossheim in 30. und die zu Thamb
in 40. pferd herausser gesetzt, und auffs holz angehawen, seind aber von den Aspergern Reutern und
etlichen Rotten Musquetierern, welche Leutenant Mühlnarckh commendiert, in guter ordre auffgehalten, und
endlich wider zuruckh getriben worden. Im abzug der
Kays. auß dem wald hat man gesehen, das ihrer Musquetierer bey 200. gewesen, ohne die Reutter, so ihnen
aller orten zuhilff kommen. Den Schwedischen ist ein
Musquetierer zu anfang des Scharmüzels erschossen
worden, der Kays. aber seind etlich gelieben, welche
Sie selbsten gleich hinweg geschlaifft und begraben haben. Nachmittag haben die Asperger ihren Musquetierer auch begraben.

Uf ben abend hat man zu Under Asperg alle
keller häls mit Steinen und holzwerckh außgefült oder
eingeworffen.

24.

Haben die Kayſ. abermahls vil ſtärcker im Banholtz geſchantzt, und nachmittag mit etlichen Reuttern und Muſquetierern in die weingärten bey dem Asperger hochgericht ſich begeben, von darauß mit den Rheingräviſchen Muſquetierern, ſo beym Stangenbronnen geſchantzt, und ihn mit palliſaden umbſetzt, ſcharmütziert, under welche man mit Doppelhacken und Stucken geſpihlt, und ſeind diſen tag der kayſ. 2. geblieben.

Eod. iſt Leutenant Schielen Jung von Gröningen kommen, ſo den 6. Aprilis gefangen worden.

25.

Seind die kayſ. gar ſtarck im Banholtz geweſen, zu roß und fuoß, und hielten allenthalben gute Schiltwacht. Under deſſen ſeind vil Reuter und wägen beederſeits des Bergs das Land hinunder marchiert.

Nachmittag haben die Asperger einen Außfall uſs Banholtz gethon mit 2. Trouppen Muſquetierern, deren die eine von Capitän Riſa, die ander von Leutenant Zorn (welcher in diſem Scharmützel uf ſeinen huot geſchoſſen worden) commandiert wurden, die legten ſich unden an den Asperg in die Weingart und weg, gerad gegen dem Banholtz über, das nur das wißlin zwiſchen ihnen und dem Banholtz war, darauff alsbald Lermen gemacht worden, und haben ſich die kayſ. Muſquetierer in groſſer anzahl vom Banholtz herfür gethon, und hinder das groſſe hag am Wald gelegt, darauff dann das Schieſſen beederſeits mit groſſer furj angangen, auch hat man vom wahl und den Mittnächtiſchen Paſtchen der Veſtung als vom Willkomm, Newen Ravelin, Schützen und wintereck mit Stucken und Doppelhacken hefftig under die kayſ. geſchoſſen, daß Sie ſich endlich vom Hag hinweg, und beſſer in den wald hinein hinder die dicke Bäum reterieren müeſſen, welches

ches alles über ein Stund gewehret hat. Under deſſen hat auch die kayſ. Thammer wacht mit 20. pferden herauſſer geſetzt, den ihrigen hilff zu thuon, Seind aber von den Aſperger Reutern, so etliche Muſquetierer bey ſich gehabt, auffgehalten worden, daß Sie unverrichter ſachen wider heimreütten müeſſen. Schwediſcher ſeiten iſt ein Muſquetierer geblieben, 2. geſtraifft, dem Leutenant Pleſſen ſein pferd in fuß geſchoſſen. Uf der kayſ. ſeiten ſeind 2. pferd geſchoſſen, und etliche in zimlicher anzahl zu fuoß erſchoſſen, wie man dan Sie hat ſehen hinweg ſchlaiffen, under welchen auch ein Officier mit eim weiſſen federbuſch geweſen. Und hat in diſem Scharmützel der Vorſtknecht ufm Egloſſheimer See ſein beſtes gethon, mit ſeinem Doppelhacken. Vor Nachts, da es ſchon dunckhel geweſen, ſeind etliche der Rheingräviſchen Muſquetierer mit einem Serganten hinab ins Banholtz gelauffen, etliche Schüß hinein gethon, und den kayſ. lermen gemacht, die haben etliche Todten ſehen hinder dem groſſen Hag ligen. Umb Mitternacht ſeind wider etliche Muſquetierer mit ſewe Rhoren hinab geſchlichen, loß gebrandt, und die kayſ. widerumb unrüewig, und ihnen zu ſchaffen gemacht, deren iedem der herr Commendant, als Sie wider herauff kommen, einen Reichsthaler verehrt. Nach etlichen Tagen iſt der Schwediſche Regiments Trommelſchlager von Canſtatt kommen, der referiert, daß man die bſchädigte uf wägen nacher Canſtatt und Stutgardt gefüert, under welchen ein fürnemmer officier geweſen, welchen Sie nit nennen wöllen. In erzehltem Scharmützel hat ſich folgender ſeltzamer Schuß begeben, als 4. kayſ. Muſquetierer einen ihrer Cameraden, ſo nidergeſchoſſen worden, wolten hinweg tragen, ſcheüſſt eine bekantte perſon von der Veſtung mit einem Doppelhacken under Sie, daß gleich einer under ihnen uf den andern Todten hinfelt, und ligen bleibt, die übrige 3. haben gſchwind reiß auß gemacht.

26.

26.

Seind etliche wägen von Gröningen nacher Stutgard gangen.

Eod. Jagten die kayſ. im Oſterholtz.

Folgende Nacht ſeind etliche Aſperger Muſquetierer ins Banholtz commendiert worden, die haben dapfer fewr geben, und lermen gemacht.

Eod. ſahe Man eine Brunſt gegen Jllingen.

27.

Uf den abend hat man 2. botten hinweg geſchickht zu unſerm gn. landsfürſten gehn Strasburg, deren der eine von der Thammer wacht hefftig verfolgt worden, (hat ſich aber doch hernach den 8. Junii wider eingeſtelt,) der ander aber entrunnen, und ſelbige Nacht wider uf den Berg kommen.

Auch haben dieſelbige Nacht die kayſ. im dorff Under Aſperg einen Einfall gethon, und die keller, ſo man vor etlichen tagen mit Stein und holtz außgefült, wider eröffnet, deſſgleichen haben Sie die bronnen hin und her im dorff eingeworffen, uf welche man auß eim Stuckh, ſo 12. Pf. eiſen geſchoſſen, fewr geben, und in dem Banholtz lermen gemacht. Deſſgleichen iſt die Soldateſca uf der Veſtung die gantze Nacht in Beraittſchafft gelegen.

28.

Haben die kayſ. an dem nähern See vor Mittag das Thamb durchgraben laſſen, vermeinend hierdurch den belägerten das waſſer zu nemmen, daß Sie ihre pferd nic mehr darein reitten könnten.

Under deſſen hat Cornet Sebold ſampt einem furier die Möglinger Wacht attaquiert, daß dem Cornet ſein pferd gſchoſſen worden.

Eod. iſt der Regiments Trommelſchlager widerkommen.

Eod.

Eod. ist dem Leutenant Mühlnarckhen sein Jung mit 2. pferden zu kayſ. gefallen.

Eod. zeücht vil Volckhs das land herauffer.

Eod. hat man mit doppelhackhen mächtig ins Banholtz fewr geben.

Eod. ist der Regimenrs Trommelschlager gleich wider mit etlichen gefangnen, darunter der eine Jesuiter gwesen, nacher Candstatt geschickht worden. So ist auch der Quartier Meister vom Rittbergischen Regiment ledig gelassen worden.

Eod. ist ein kayſ. Officier im Banholtz durch beede backhen geschoſſen worden.

Eod. haben die kayſ. das erste mahl uf freyem feld vor dem Asperg Schiltwacht gehalten.

29.

Wurde ein Trommelschlager nach Gröningen geschickht.

Eod. haben Leutenant Bart und Fenderich Voltzheim uf die kayſ. Wacht vor dem Banholtz angeſetzt, und selbige beynahend erdapt, ſie in das holtz hinein gejagt, darauff dann die kayſ. als bald zu pferd und fuoß herauß gefallen, aber ohne ſchaden widerum heimgezogen. Nachmittag hat man auß doppelhackhen und Musqueten starckh auff einander fewr geben, ſeind den kayſ. etlich pferd geschoſſen worden. Uf Schwediſcher Seitten iſt eim Soldaten ein doppelhackhen zerſprungen, darburch ihme die linckhe hand übel zerſchmettert worden. In folgender Nacht haben die kaiſ. an den Stangenbronnen geſetzt, die palliſaden eingeriſſen, und abermahls den Bronnen vergifft, auch starckh fewr herauffer geben, darburch ein Rheingräviſcher Soldat uf der Paſtey willkomm erſchoſſen worden, man hat aber auch ſtarckh under ſie fewr gegeben, und wider abgetrieben. Die Brieff, in welchen das gifft eingewickhelt gweſen, und im Bronnen gefunden worden, ſeind an den kayſ. Obr.

Obr. Wacht Meister Remchingern überschriben gewesen, mit welchen man ihne biser heroischen That überwisen. Vor demselbigen abend, ehe dan die Schwedische Wacht auß dem dorff Asperg abgezogen, haben etliche kays. Reutter under sie gehawen, und Sie hinweg gejagt, biß man ihnen vom Berg zu hilff kommen.

Eod. ist die Newe pallisaden port oberhalb der Newen Steinern porten ufgericht worden.

30.

Morgens frueh haben die Schwedische Soldaten eine Newe Schantz und Lauffgraben oberhalb des Stangenbronnens (welche etliche tag zuvor angefangen) vollends außgemacht. So hat man auch den Stangenbronnen anfangen außzuschöpffen, und widerumb zu säubern, da dann das gifft gelb Arsenicum, heuffig darinn gefunden worden. Die pallisaden umb den Bronnen hat man tieffer eingegraben.

Eod. ist ein Trompeter von den kays. alhie ankommen, wie auch ein Trommelschlager, wegen der gefangenen.

So seind 2. gefangne weiber den Aspergern officiers gehörig, so bißhero zu Gröningen gefänglich enthalten worden, alhero kommen, welche sich mit 50. Thaler ranzioniren müessen.

Nachmittag hat man mit Stuckhen und doppelhackhen ins Banholtz starckh fewr gegeben.

War auch Scharmützel zwischen den Aspergern und kays. Musquetierern zu Möglingen.

Nachts ist der herr Commendant Waldo mit 8. Rotten Musquetieren ins Banholtz hinab gangen, und uf die kays. schiessen lassen, die wolten sich aber nit auß ihrem Vortheil begeben.

May. 1.

Morgens frueh ist herr Obr. leutenant abermahls mit etlichen Musquetierern ins Banholtz gangen, und under die kays. schiessen lassen, die wolten aber nit heraus. Darauff seind über 100. wägen von Biettigkeim nacher Stutgardt gefahren. Nach mittag haben etliche Schwedische Officier mit den kays. scharmütziert, und ist dem Furier Opperman sein pferd gefelt worden, Leutenant Pleß und ein kays. Cornet haben einander die pistol umb die köpff geschlagen, Pleß ist geschossen worden, aber nit gfährlich, der Cornet aber durch den arm. Auch haben 2. Asperger Musquetierer den kays. auff der waid 2. pferd genommen, man hat mit 6. Stuckhen starckh under die kay. geschossen.

2.

Kamen morgens frueh vil bauren, brachten allerley Victualien. Fenderich Voltzheim lagt die kays. Schiltwacht vor dem Banholtz hinweg, uf welchen die kays. starckh fewr gegeben, denen hat man aber mit doppelhackhen und handrohren wider geantwortet. Capitein Kneuß und Leutenant Roßboth raufften miteinander.

3.

Seind beederseits Musquetierer starckh aneinander gewesen, und haben die doppelhackhen wolgetroffen, daß es uf kays. seiten ohne schaden nit abgangen. 1. todt.

Eod. Ist ein Trommelschlager gehn Biettigkeim und Gröningen geschickht worden, die gefangne betreffend.

4.

Hat Capitein Kneuß mit herrn Maior Roßboth und Fenderich Marcthaler geraufft. Seind die Schwedische Musquetierer abermahls an den kays. gewesen. So seind 2. gefangne Witzthomische Reutter gegen einen gefangnen Metzgerknecht zu Gröningen ledig gelaſſen worden.

Eod. iſt des Herrn Commendanten knecht uf der fuoterung durch ſein eigen fewr Rohr übel geſchädigt worden.

5.

Morgens frueh haben die kayſ. angefangen, einen lauffgraben auffzuwerffen von den Möglinger weinbergen an dem dorff Aſperg zuo: auff welche man von dem wahl auß eim groben Stuckh 5. und auß eim Falconetlin (der Happich genant, ſo 1. Pf. eiſen geſchoſſen, und Anno 1588. gegoſſen worden) vom verbrantten holzhauß bey den Aſperger weinbergen 14. Schüß gethon, und ſie alſo widerumb von der arbeit gejagt. Nachmittag haben die Schwediſche Muſquetierer auß dem dorff Aſperg ſtarckh under die kayſ. ſo bey dem Newen lauffgraben ſich ſehen laſſen, geſchoſſen, daß man alsbald einen hinweg gefüert hat. Auff der andern ſeitten dem Banholz zuo haben ſich die kayſ. zu fuoß herauſſer gemacht, die ſeind aber mit doppelhackhen und einem Regiment Stückhlin wider ins holtz getriben worden; diſen Tag hat ein Trompeter den gefangnen Rittbergiſchen Adiutanten abgeholt: Capitän Kneuſſ raufft ſich mit Leutenant Wagner.

Uf den abend, als die kayſ. wider ins Banholz gezogen, hat man 2. groſſe Stuckh under ſie gelöſt. Es iſt auch diſen tag der hiebevor weggeſchickhte Jeſuiter wider kommen, aber wegen ſeiner Ranzion kein gelt gebracht.

6.

Vergangne Nacht und diſen Morgen haben die kayſ. bey den Möglinger weinbergen neben dem New angefangenen lauffgraben eine Schanz uf den äckhern ufgeworffen, und zu beeden enden mit Schantzkörben verſtellt. So bald nun diß uf der Veſtung iſt war genom-

genommen worden, hat man gleich mit Stuckhen darauff gespihlt, da dann die Schüſſ also angangen, daß alle arbeiter abermahls darauß und darvon gelauffen.

Nachmittag hat man uf die kayſ. im Banholtz fewr geben.

Auf den abend haben die kayſ. bey Egloſſheim etliche Morgen weingarts die reben abgeſchnitten und verbrant.

Diſen Tag ſehr frueh iſt Leutenant Pleſſ, Cornet Sebold und ein Corporal von Aſperg hinweg zur Armee verraiſſt.

7.

Den ganzen Tag haben vil baurn auß antrib der kayſ. Soldaten in den Möglinger weingärten die reben abgeſchnitten, wie auch folgende Nacht, da ſie abermahls etliche Morgen ſelbs verderbt. Nachmittag haben Sie den Aspergern die fuoterung verwehren wöllen, ſeind aber mit Muſqueten und doppelhackhen abgetrieben worden, und iſt damals ein kayſ. Corporal zu pferd im lauff geblieben. Man hat auch auß Stuckhen 5mahl nach den bauren geſchoſſen. Fenderich Voltzheim iſt mit etlich Rotten Muſquetierern hinab commendiert worden, welchen aber die kayſ. Reutter bey nahend erdapt hetten. Diſen Morgen iſt ein Weinmariſcher Soldat, ſo verruckht im kopff gweſen, zum Laden hinauß zu tod gefallen. Diſen abend haben die kayſ. angefangen ein newe Schanz auffzuwerffen uf den äckhern gegen dem oſterholtz zuo.

8.

Als man erſtgedachter Schanz beym Oſterholtz uf der Veſtung anſichtig worden, iſt das Schieſſen auß groben Stuckhen von dem runden thurn gleich darauff angangen, welches auch den ganzen Vormittag continue gewehret, und iſt ſolches ohne der armen Bauren ſchaden nit abgangen.

Eod. sahe man ein grosse Brunst gegen Neuffen.

Eod. hat des haußschneiders kemmet abermals gebronnen, welches durch ein wäsch angezündet worden.

Nachmittag sahe man 3. Brunsten gegen dem Schwartzwald. Damals haben die Asperger zu roß und fuoß ein starckhen außfall gethon, uf die Newe Schantz bey dem osterholtz, herr Obr. leutenant füerete die pferd, Capitän Baser den ersten Trouppen zu fuoß, Fendrich Blockh den andern, und Fenderich Obernitz den dritten, mit disen haben die kays. auch zu roß und fuoß starckh scharmütziert, und hat man sich beeder seits mannlich gehalten, So ist under werendem Scharmützel ohnauffhörlich mit Stuckhen, hagelgschütz und doppelhackhen von der Vestung under die kays. so hart angetrungen, gespilst worden, das es zimlichen schaden gethon, wie wir hernach erfahren haben. Uf Schwedischer seiten ist Gottlob niemands gebliben, allein ist ein Soldat durch die hosen, und einem andern das pantheller vom leib geschossen worden.

Auff den abend ist der eine Jesuiter abermahls zu den kays. ins Banholtz geschickht worden, und haben abermahls die kays. vil Reben in den Eglossheimer weingärtten verbrantt.

9.

Den gantzen tag haben die kays. starckh gearbeitet an fortification und erweitterung ihrer new angefangnen Schantz bey dem osterholtz, daran sie noch einen langen lauffgraben angehenckht: Sie haben auch den Schwedischen das fuoter verwehren und abnemmen wöllen, seind aber übel angeloffen, wegen der Rheingrävischen Musquetierer. Auch haben die kays. disen tag ein ander Schantz auffgeworffen under den weidenbäumen bey Eglossheim.

Nachmittag und auff den abend hat man aller orten von der Vestung uf die kays. mit Stuckhen gespihlt,

spihlt, als ins Banholtz, gegen Eglossheim, und dem osterholtz, So seind die Leutenant und Fenderich Barth, Mühlnarck und Volzheim außgefallen, und die kays. Wacht bey dem hochgericht hinweg gejagt.

Disen Tag hat man 2. grosse Brunsten das Land hinunder gesehen.

Eod. hat man ein Newe Carthaunen auß dem Zeughauß auff den wahl zu dem runden Thurn gefüert, welche gegossen worden Anno 1619. under herzog Joh. Friderich von Wirtemberg: hielt im gewicht 8097. Pf. und schoß an eisen 50. Pf. ist gleich selbigen tags etlichmahl under die kays. loßgebrant worden.

10.

Morgens frueh haben die kays. das dorff Oßweil angezündt. Darnach ein Corps de garde bey den Eglosheimer weidenbäumen auffgeschlagen. Nachmittag hat man mit den grössten Stuckhen hefftig gegen der Osterholtzer Schanz geschossen. Und ist eim kays. Reutter sein pferd abgelagt worden, weil es mit ihme gefallen. Und noch 2. pferd geschossen.

11.

Morgens frueh seind abermahls etliche Bauren ufm Berg ankommen, die brachten neben allerhand Victualien auch die gute (aber vergebenliche) Zeittung, daß die belägerten wurden ufs ehest entsetzt werden. Under dessen arbeitteten die kays. gar embsig an der Schanz beym Osterholtz, und derselben mächtig langen angehenckhten Lauffgraben.

Eod. ist der Schwedische Regiments Trommelschlager wider kommen, der zuvor den 21. Aprilis hinweg geschickht worden.

Eod. hat sich ein gefangner im Kugelhauß under herrn Maiors Slerscheim compagnj undergestellt, so aber gleich hernach wider außgerissen.

Eod.

Eod. Ist ein Trompeter von Bietigkeim kommen, und den gefangnen Cornet mit 60. Ducaten außgelöst und abgeholt.

Eod. war ein grosse Brunst gegen Bennigkeim.

12.

Vergangne Nacht haben die kayf. ihren Lauffgraben bey dem Osterholtz vollendet, und mit eim kleinen Schäntzlin beschlossen, auch wider ein newe Schantz mitten uf den abgeschnittenen Egloffheimer weingärten angefangen, und mit Schantzkörben umbsetzt. Darauff man als bald von der Vestung mitt Stuckhen gespihlt, und die wacht darauß verjagt. Es seind auch dise Nacht etliche Bauren der Unsern, so nach Victuallen gehen wöllen, von den kayf. gefangen worden, deren einer, so einen kayf. Musquetierer zu tod geschlagen, wider entronnen.

Nachmittag sahe man 2. grosse Brunsten, die eine umb Vayhingen, die ander über Biettigkeim hinüber.

So ist disen tag ein Trompeter ankommen, welcher 19. gefangne, so alle vom Goltzischen Regiment gewesen, außgelöst, und für ieden 10. Thaler bezahlt hat.

Folgende Nacht seind die kayf. ins verbrantte dorff Asperg eingefallen, zum theyls die häger nidergehawen, zum theils die Luckhen, welche die Schwedische den tag zuvor mit abgehawenen weidenbäumen für der Reuter einfall verlegt, wider eröffnet, auff welche man aber umb Mitternacht einen außfall gethon, und Sie über kopff und hals ihren Schantzen zu gejagt.

Eben zu anfang selbiger Nacht haben die Schwedische Officier einen anschlag auff die kayf. Wacht beym Bauholtz angestelt, selbige ins holtz hinein gejagt, und einen darvon nidergeschossen, darauff grosser lermen seits entstanden, welcher entlich mit Stuckhen und hagelschiessen wider gestillt worden.

13.

Morgens frueh haben die kayſ. 3. personen gefangen, welche Victualien von Lewenberg uf die Weſtung tragen wöllen, die ihnen doch widerumb, aber mit hinderlaſſung ihrer waaren, entrunnen. Hernach haben die Schwediſche einen gefangnen Muſquetierer mit ſeim weib uf den Berg gebracht: deſſgleichen nach mittag einen Bauren von Sachſenheim, ſo den kayſ. ſchanzen müeſſen.

So hat man biſen Tag etliche Brunſten das land hinunder geſehen. erſt genannter gefangne Muſquetierer hat ſich gleich undergeſtelt, dann er zuvor auch under den Schwediſchen geweſen, und erſt zu Würzburg ihnen abgefangen worden. Den Bauren aber hat man des folgenden tags wider lauffen laſſen.

14.

Morgens frueh hat man wargenommen, daß die kayſ. einen zu Under Aſperg an ein baum gehenckht, als man nun erkundigung eingezogen, iſts geweſen ein armer gſell, epilepticus und Simpel von Aſperg, daran ſie zwar ein ſchlechte ehr eingelegt. Und weil man vergangne nacht die kayſ. abermahls ſtarckh auß dem dorff Aſperg verjagt, hat man morgens einen huot und grawen Reut Mantel gefunden, welche ein flüchtiger dahinden gelaſſen. So hat man auch wider dapfer fewr uf die kayſ. geben auß Muſqueten und doppelhackhen.

15.

Den gantzen tag iſt eüferig von der Weſtung uf die kayſ. Schanzen auß Stuckhen fewr geben worden, durdurch groſſer Schaden geſchehen. So ſeind auch wider 2. new gefaſſte Stückhlin uf die wähl geſüert worden.

16.

16.

Haben 2. Schwedische Musquetierer den kayſ. 2. pferd uf der wayd hinweg genommen: So hat man mit doppelhackhen under die kayſ. geſchoſſen. Einen kayſ. Musquetierer ſampt 3. bauren hat man gefangen, und einen darvon nibergeſchoſſen.

17.

Iſt ein kayſ. Trommelſchlager vom Böckhiſchen Regiment wegen der gefangnen uf der Veſtung geweſen, So iſt diſen tag ein Bott von Ulm ankommen, welcher den 7. biß dorthin geſchickht worden zum Obr. Hofkirch, bracht mit ſich gute Vertröſtung (aber vergebenliche). Der geſtrigs tags gefangne Muſquetierer ſtelt ſich under, aber die bauren ließ man lauffen.

18.

Thatte man 2. Schüß auß groben Stuckhen ins Banholtz: herrn Maiors Flerſcheim und Capiteins Riva diener jagten die Thammer Schiltwacht hinweg, darauff völliger lerma worden, und die kayſ. Reuter und Muſquetierer aller orten uf die Schwediſche außgeſchickhte parthey, welche Leutenant Zorn commendiert, angefallen, ſtarckh mit einander ſcharmütziert, man hatt die Schwediſche mit Stückhen ſecundieren müeſſen, und diſes gezänckh hat zimlich lang geweret: den kayſ. ſeind 2. pferd und 2. Muſquetierer geſchoſſen, und noch einer von eim doppelhackhen geſellt worden. Uf Schwediſcher ſeitten iſt ein iung erſchoſſen worden.

Eod. am Morgens hat man 3. Sonnen am himmel geſehen.

Nachmittag hat man einen groſſen fewr Mörſel hinauß geführt, uf ein new Blockhhauß.

19.

Iſt ein Tragoner Trommelſchläger vom Burggraven von Dona wegen etlicher gefangnen ankommen.

men. Nachmittag haben die kayſ. zu pferd uf die Schwediſche, ſo auff der fuoterung geweſen, angehawen, wider welche der Fendrich Soltzheim mit Muſquetierern commendiert worden, und iſt das Schieſſen mit Stuckhen, doppelhackhen und Muſqueten mit macht angangen, den kayſ. iſt ein Muſquetierer erſchoſſen worden.

Eod. ſahe man eine brunſt gegen dem Michelsbergg. folgende Nacht haben die kayſ. ein newe Schantz bey den Gröninger weinbergen im grund gegen Thamb angefangen, und folgende tag ernſtlich daran gebawet.

20.

Als man auff der Veſtung die früchten vom pferch (eine behauſung alſo genant) hinüber uf den kornboden gefüert, haben die Soldaten mit gwalt in den pferch getrungen, vil truchen und fäſſer auffgeſchlagen, die Beth, leinwaht, kleider und anders hinweg genommen: und eben biß iſt auch geſchehen mit etlichen Truchen im Zeughauß. Diſen tag hat man 3. Schütz auß Stuckhen ins Banholtz gethon, und haben die kayſ. die auff der fuoterung außgerittne Schwediſche angefallen, aber durch die doppelhackhen und Muſqueten wider abgetriben worden.

Eod. iſt ein doppelhackh zerſprungen, und zween beſchädigt.

21.

Haben die kayſ. fleiſſig gearbeitet an ihrer Schantz bey den Gröninger weinbergen, darzu die benachbarte Bauren holtz auß dem Rötenackher und Banholtz zutragen müeſſen, uf welche man auß doppelhackhen den gantzen tag geſchoſſen, auch 26. Schütz auß Stuckhen under ſie gethon. Auff den abend iſt ein ſtarckhs Regiment zu pferd das land herauff bey Gröningen fürüber gangen.

Eod. ist der Junge Waldo, Tragoner Fenderich, gestorben.

22.

Hat man 4. Schüß aus Stucken ins Banholtz gethon, und haben die Asperger auff der fuoterung einen kays. Soldaten gefangen bekommen: bald darauff einen weingärtner von Stutgardt, so schanzen müessen, auch auff den Berg gebracht, welchen man gleich nach mittag wider lauffen lassen, der ist aber von den kays. nider gemacht worden. Capitán Riva knecht wurde disen tag in die Schuo geschossen.

23.

Morgens gegen tag hat man einen außfall gethon, welchen Cap. Riva, Leut. Zorn und Fendr. Voltzheim commendiert, so bald man aber den Berg hinunder zum verbrantten Zimmerhauß kommen, hat man wargenommen, daß die kays. selbige Nacht den holen weg nahe beym Zimmerhauß zwischen den weinbergen eingenommen, mit Schanzkörben besetzt, wie auch beeder seits ein guten platz in die weinberg hinein hinder den körben schon einen Lauffgraben auffgeworffen, die körb selbsten zum theils mit Faschinen, erben, Stein gefüllt, und zwischen die körb vil pickhen gelegt, auch ihre Musquetierer vor den körben her dem Berg zuo sich in ein Lauffgraben und guotte Vortheil gelegt gehabt: Auch haben die kays. Officiers ihren Soldaten und Bauren dapffer zugesprochen, sie Sollen arbeiten, so wöllen gute Beuten machen. darauff dann das Scharmützieren angangen, und haben die Schwedische Musquetierer ihren feind im ersten angriff gleich auß seim Vortheil gejagt, ihnen hüet, mantel, schauffeln, pickhel, hawen abgenommen, und weren die Schwedische vom Berg bald entsetzt worden, sie hetten ohn Zweiffel die kays. miteinander damals auß disem newen werckh vertriben, wie dann die kays. Soldaten schon

ihre

ihre wehr von sich geworffen haben, und geflohen seind, der Schwedischen seind 4. geschädigt worden, 2. seind gar geblieben. Die kayf. haben zimlich vil eingebüeſſt, und seind ihnen vil verwundt worden, wie dan folgenden tags etliche hinweg getragen worden. Herr Maiors von Flerscheim sein Sergant hat 3. mit eim sewr Rohr zu tod geschlagen. So haben die kayf. unauffhörlich mit handrohren uf die Veſtung sewr geben, dardurch etliche Soldaten uf den auſſenwerckhen verwundt worden, der gröſſte Schad aber über die arme Ziegel uf den Tächern hinauß gangen. es waren der kayf. bey 800. in diſem newen werckh, wie solches die gefangne hernach außgesagt haben. Da es nun tag worden, und der kayf. starckhe newe gegenwehr vor augen gſtanden, welcher wegen es ohnmüglich gweſt, wider uf den kirchhof ins dorff hinab zu kommen, ohn angesehen, daß dem verſtorbnen Fendrich Waldo der enden sein grab ſchon gemacht gweſen, als haben wir ihne umb 9. Uhr Vor Mittag in das kirchlin uf der Veſtung, so gut wir könt haben, in ein doppelt Baar eingſchlagen und begraben.

Nachmittag hat man mit 18. Rotten Musquetierern einen außfall uf die kayf. gethon, welche Capitain Baſer und Leutenant Mihlnarckh commendiert, da dann beeder seits, als sie gar nahe in den weinbergen zuſamen, gar ſcharpff geſchoſſen worden: die kayf. lagen in ihrem Vortheil, und wolten ſich nit mehr vertreiben laſſen, So waren Sie auch gar ſtarckh, zu fuoß und zu pferd, da hergegen die Schwediſche ſchier gantz keinen Vortheil mehr hatten. Von der Veſtung hat man diſen tag 106. Schuſſ auß groben Stuckhen gethon, welche zimlichen ſchaden in den kayf. werckhen gethon, In dem andern außfall iſt Fendrich Hering durch ein arm, und etlichen weibern, so waſſer bey dem Stangenbronnen holen wöllen, durch die gelten geſchoſſen worden. Man hat auch auß Fewr Mörseln

Stein

Stein geschossen, sind aber nit wol abgangen, und nur den Aspergern selbsten schaden gethon, wie dan einem Rheingrävischen Furier der eine arm davon entzwey geschlagen worden. Und seind uf disen Tag der Schwedischen 14. beschädiget worden. Folgenden Abends hat man widerumb einen anschlag uf die Kayf. vorgehabt, ist aber gewisser Ursachen halben verblieben.

24.

Haben die kayf. ihre Schanz in den weinbergen ie länger ie mehr befestiget, man hat aber von der Vestung mit handrohren und doppelhackhen ohn auffhören sewr auff geben, auch 39. Schüß auß Stuckhen gethon, deßgleichen etlichmahl mit hagel under sie geschossen, daß sich keiner dörffen blickhen lassen. Es haben gleichwol die kayf. auß ihren lauffgräben auch immer geschossen, aber keinen schaden gethon, als eim Soldaten uf der Vestung an huot gestraifft, und einer Magd beym Stangenbronnen durch die hand geschossen.

Folgende Nacht hat man einen außfall ins Banholtz vorgehabt, selbiges haag abzuhawen, als aber Leutenant Bez mit seinen Musquetierern dahin kommen, hat er befunden, daß die kayf. Musquetierer gar starckh hinder dem haag in eim lauffgraben gelegen, unnd auffgepasst, auch auff 200. pferd in 2. Trouppen nahe darbey gehalten. also hat man zu ersparung des Volckhs auß gut bedunckhen herrn Maiors wider den willen herrn Commendanten wider müessen abziehen, weil mans für unmüglich gehalten, einem starckhen feind, der in eim guten Vortheil ligt, mit wenigem Volckh etwas fruchtbarliches abzuerhalten, ohne grossen Schaden der geringern parthey. Es hat sich gleichwol ein officier von den weinmarischen mit einer halben pickquen an einen kayf. Reutter gemacht, und ihne übel verwundt, wie solches an der blutigen pickquen abzunemmen

men gwesen, welche mehr als einer Spannen lang schweissig oder blutig gwesen. Folgenden Montag, als den

25.

Ist nichts sonderlichs fürgangen, als das man zu beeder seits mit handrohren und doppelhackhen uf einander fewr geben, und den kays. mit einem doppelhackhen ein Musquetierer nidergeschossen worden.

Eod. ist auch der erste Soldat uf den Newen kirchhof bey den palisaden gelegt worden. Dan weil wir von den kays. ganz eingesperrt, nit mehr uf den kirchhof ins dorff hinunder kommen kontten, mussten wir nothhalben einen newen Gottesackher uf dem Berg außerhalb des Grabens an den newen palisaden anfangen, uf welchen biß zur Uebergab der Westung ohngefährlich 50. personen begraben worden.

26.

Frueh ist mit eim Regiment Stückhlin den kays. ein Mann erschossen worden.

Eod. ist ein Trommelschlager von den kays. uf dem Berg ankommen.

Eod. ist der Italienische gefangne Capitein uf parole ledig gelassen worden.

Gegen der Nacht hat man 10. Schüß auß Stuckhen ins Banholz gethon, und sonsten den tag über uf die kays. in der Newen Schantz beym verbrantten holzhauß vil geschossen. So haben die Asperger im Lauffgraben oberhalb des Stangenbronnens geschanzt, und mit palissaden besetzt. Summa, disen tag 35. Schütz auß Stuckhen.

27.

Hat man die Asperger Reutknecht und Jungen, so frotter geholt, hinden an der Westung bey dem Blockhauß, Luog ins Land, hinab auff die wisen durch die palissaden gehen lassen, als solches die kays.

Reutter innen worden, haben Sie in 30. pferd starck uf sie angesetzt, aber vom Berg durch die Musquetierer abgetriben worden, und als man einen Schuß mit Carthunen under Sie gethon, haben Sie hurtig außgerissen.

Eod. hat ein kayf. Musquetierer in ein Stuck uf der Vestung hinein geschossen.

Disen tag seind 45. Schüß auß Stucken geschehen.

28.

Seind sehr vil wägen das land hinunder gangen, und ist ein außfall auff die kayf. geschehen, in welchem ernstlich zusamen gevonnert worden, ein Rheingrävischer Corporal ist durch den Schenckhel, den kayf. aber einer gar erschossen worden, welchen Sie auch gleich hinweg getragen. Folgende Nacht haben die Asperger Soldaten abermals beym Stangenbronnen geschanzt, und den weg hinab mit eim flügel oder Mantel einer Zelten verblendet, uf welche die kayf. im Banholtz starck fewr geben, dise aber mit dergleichen wider geantwortet. Disen tag seind 21. Schüß auß groben Stucken geschehen.

29.

Sahe man ein Brunst gegen Schorndorff. Nachmittag war Scharmützel zwischen den kayf. und Schwedischen, und seind den kayf. 4. tod gemacht worden, auff der Schwedischen seiten ist niemand beschädigt worden. so hat man 10. Schüß auß Stucken gethon.

30.

Ist eim kayf. Reutter sein pferd von eim Asperger Musquetierer gefellt worden.

Eod. hat man uf der Vestung von den gefangnen kuntschafft kriegt, daß dise wochen den kayf. in den weinbergen über 100. personen erschossen und bschädigt worden, darunder 2. Leutenant geblieben, und einem

Corporal der kopff mit einer Stuckhkugel hinweg geschossen worden. Nachmittag, als man mit Stuckhen gespihlt, (deren 10. Schüß disen Nachmittag geschehen) und ein Counstabel eine Carthaunen wider laden wöllen, ist das pulver, als ers mit der Ladschauffel ins Stuckh hinein geschoben, angangen, (auß was ursachen, hat man nit wissen können) welches ihne gleich zu tod geschlagen, daß ihme der Leib entzwey, und sein Magen in den graben hinunder gefallen, die schueh von füessen gerissen, und die klaider umb etwas verbrennt worden.

31.

Haben die kayf. Reutter ihr Zelt im grund abgebrochen, und sich nit vil sehen lassen, die Ursach wuste man damals noch nicht, man hat aber hernach erfahren, daß sie mehrertheils hinweg gefordert worden. Nachmittag haben etliche Asperger Musquetierer sich hinauß gewagt, und einen kayf. Musquetierer gefangen, und herauff gebracht, der sagte auß, daß man den tag zuvor ihrem Obr. Wachtmeister, der das fuoßvolckh commendiert, den kopff mit einer grossen kugel hinweg geschossen. Ihre Reütter seyen mehrertheils fort: uf 300. zu fuoß weren noch zugegen, welche mehrertheils in der grossen Schanz in den Asperger weinbergen legen, in der Schanz uf den abgeschnittenen Eglossheimer weingärtten seyen nit gar vil: So haben Sie auch 2. feldstücklin in der grossen Schanz, und erwarten noch dergleichen 4. von Biettigkeim. Hierauff hat man

Jun. 1.

morgens früeh umb 2. Uhren einen Außfall auff die Eglossheimer Schanz gethon, den Vorzug hatte Leutenant Mühlnarckh, die seconde Capitain Riva und Fendrich Volzheim. Die Schanz war starckh, gantz umb und umb verbawt, oben mit einer Brustwehr,

wehr, so 11. Schuch dickh gewesen, mit einem graben auſſen her, und der grab mit palliſſaden umbſetzt, in die Schantz war nur ein enger kleiner Eingang, darüber ein auffziehendes brückhlen, darinn lagen 26. Soldaten, under welchen 3. Corporal, die Schwediſche trangen mit gwalt hinein, ſchoſſen, ſchlugen und ſtachen alles nider, was nit Quartier begerte, alſo daß der kayſ. nit über 2. darvon kommen, uf den Berg ſeind gebracht worden 13. gfangne, 7. doppelhackhen, 2. kurze wehr, 3. Thonnen pulver, etliche Muſqueten, Lunten und anders: Under diſem Lermen haben nur 7. unſerer Reutter das kayſ. Reutter Quartier, ſo nahe bey dieſer Schantz geweſen, angefallen, ſelbige Reutter, deren 15. gweſen, über kopff und hals hinweg gejagt, und einen darvon gefangen bekommen. Nach verrichter diſer Sach ſeind die Aſperger Reutter und fuoßgänger wol und glücklich durch Gottes gnad wider uf der Veſtung angelangt, und haben die Officier ſelbſten bekent, das Gott der Herr ſonderlich glückh geben, dann ihrer nit mehr als ein einiger in ein ſchenckhel geſchoſſen, und Leutenant Mühlnarckh am huot geſtraifft worden. da doch hergegen die kayſ. in eim mächtigen Vortheil gelegen. Als es tag worden, ſeind gleich ander Soldaten zu Roß und fuoß von der Veſtung auß under Leutenant Bezen commendiert worden mit vilen pechcräntzen neben etlichen Bauern, mit ſchaufeln und hawen, die haben obengemelte Egloffheimer Schantz, deßgleichen das benachbarte Reuter Quartier (ſo treffenlich ſchön gebawet gweſen) zuſampt der Schantz beym Oſterholtz angezündet, und ſo vil holtzwerckh darinnen geweſen, in grund verbrennt. Darauff die kayſ. in 30. oder mehr pferd ſtarckh mit verhenckhtem Zaum angefallen, die Schwediſche von der arbeit abgetriben, darbey zugleich ein ſtarckher platzregen mit eingefallen, welcher beede partheyen von einander gebracht. Auff den abend diſes tags hat man etliche feldſtückhlin von Biettigkeim

in

in der kayſ. groſſe Schantz gebracht, (welche gleichwol hernach weiter fort gefüert worden) auff welche man vom Berg mit Stuckhen hefftig geſpihlt, und iſt dißmahls ein kayſ. Capitän geblieben.

2.

Haben die Schwediſche der kayſ. Schantzen abermahls angezündt. Leutenant Barth und Fenderich Voltzheim haben den kayſ. ihr Schiltwacht beym Banholtz erſchoſſen. Nachmittag hat man abermahls zu pferd under Leutenant Mühlnarckh, und zu fuoß under Leutenant Barth ſampt etlichen Bauren einen außfall gethon, die Schantzen ſampt den körben beym Oſterholtz anzuzinden und zu ſchlaiffen, Es haben aber die kayſ. in 70. pferd ſtarckh ſchnell uf ſie angeſetzt, daß Sie unverſehens undereinander vermiſcht worden, dermaſſen daß ſie einander die piſtol umb die köpff geſchmiſſen, des Capitäns Riva knecht iſt ſehr gfährlich in den Leib geſchoſſen, (daran er den fünfften tag hernach geſtorben,) ein kayſ. Corporal aber auff die linckhe Bruſt getroffen, daß er in puncto tod vom pferd gefallen, ſeine kleider und pferd uf den Berg gebracht, und er wider ſeiner Camaraden willen auſſen an der Veſtung begraben worden.

Auff den abend iſt ein kayſ. Trommelſchlager ankommen, brachte mit ſich den Italieniſchen Capitän, ſo newlich uf parole hinweg gezogen war, zuſampt einem gefangnen Trompeter, Hertzog Bernharden gehörig, ſo ledig gelaſſen wurde. Man hat dieſen, wie auch vorgehenden Tag vil Schütz auß Stuckhen under die kayſ. gethon.

3.

Hat man den gefangnen Graven, Georg Adam von Wallſtein, deßgleichen den Italieniſchen Capitän, Franciſco de Alteriis, mit noch 7. Soldaten vom Walbeliſchen Regiment, ſo vor 3. tagen gefangen worden,

worden, wider ledig gelassen, theils uf Ranzion, theyls
gegen außwechslung anderer gefangnen. Junckher
Münchinger hat dem Graven ein pferd verehrt, und
sie mit einander bezecht fortziehen lassen, als man zuvor etlich Stund lang uf parole zusamen getretten,
und Sprach gehalten hatte.

4.

Morgens früeh seind botten auff den berg kommen, brachten neben den Victualien auch Brieff von
unserm gn. Landsfürsten, in welchen wir abermahl ehester hilff (aber umbsonst) vertröstet wurden. disen
gantzen Tag marchierte gar vil kayf. Volckh das Land
herauffer, bey Gröningen, Bietigkeim und Marppach fürüber, der ruoff gienge, eintweder für Ulm
oder in Tyrol, welches die Frantzosen eingenommen
hetten. Nach mittag hat man starckh under die kayf.
plockquierer geschossen, und einem ein pferd gefellt.

5.

Seind etliche Schwedische Musquetierer hinauß
gangen, und bey den Egloffheimer weingärtten einen
kayf. Soldaten angetroffen, der ein fäßlin mit wein in
das Banholtz tragen wöllen, den haben sie nidergemacht, und das fäßlin zur außbeütt mit sich herauffer
gebracht. Es haben damals die kayf. in ihren Schanzen sehr grossen hunger gelitten, daß Sie in etlich
tagen kein brot gehabt, daher die Soldaten sehr schwü-
rig worden, und sich des weglauffens verlauten lassen,
also haben Sie die Vestung mit ihrem eignen hunger
außhüngern wollen. Disen tag ist abermahls vil kayf.
Volckh marchiert, und hat man wider mit Stuckhen
in der kayf. grosse Schantz gespihlt: Auff den abend
in einem zimlichen platzregen ist ein starckher Trouppen
kayf. fuoßvolckh in die Schantz gezogen, uf welche mit
Musqueten und doppelhackhen eüferig fewr geben worden. Disen tag hat man gemerckhet, daß die kayf.
mehrer-

mehrertheils falsche, als gläserne und Trahtkugel geschossen.

6.

Haben die kayſ. gar starckh auß Musqueten uf die Veſtung geſchoſſen, und iſt mir beym Troth eine kugel hart am kopff fürüber geflogen.

Eod. ſeind den Aſpergern etliche Botten bey Marppach gefangen worden. Und kriegten wir kuntſchafft, daß der Berg dißmahls mehrertheils mit Landvolckh plocquiert ſeye.

7.

Seind die Aſperger zu pferd außgefallen in 20. ſtarckh, welche Leutenant Mühlnarckh geführt, Leutenant Zorn aber mit 50. Musquetierern ihnen gefolgt, die haben die kayſ. Reuter auß ihrem Quartier hinderm Oſterholtz hinweg gejagt, als aber ihnen alsbalden von Möglingen auß ein starckher ſuccurs von 70. oder 80. pferden zuhilff kommen, haben die Schwediſche weichen müeſſen, und iſt Mühlnarckh durch den rechten Schenckhel oben, da er am dickheſten, den kayſ. aber etliche pferd geſchoſſen worden. Mühlnarckh hat endlich ſein Leben an diſem Schuß eingebüeſſt, weil ihme das Rohr entzwey geſchoſſen gweſen, und wegen mangel der Medimentorum nit kennen curiert werden, auch der Brand darzu geſchlagen. Under erſtgemelten Scharmützel ſeind etliche Schwediſche Furier Schützen in der kayſ. Schantz beym Oſterholtz eingeloffen, darinnen vil eiſerne kugeln gefunden, und ſelbige uf den Berg herauffer getragen.

8.

Iſt der Bott von Aſperg, Balthaß Frickh, ſo vor etlich wochen, nemblich den 27. Aprilis zu Herzog Bernhard geſchickht worden, wider zuruckh kommen, und brachte Schreiben von Ihre Fl. Gn. darinnen wir abermahls der hilff vertröſtet worden, darauff man abends auß Stuckhen und Musqueten ein Schwediſches Salve geben.

Umb diſe Zeit war groſſe Theurung uf dem Aſperg, es galt 1. henn 2. gl. 1. Pf. Schmaltz 1. Reichsthaler. 1. Ay 10. crṫr. 1. Pf. Fleiſch 24. crṫr. 1. Maß wein 30. crṫr. 1. Vlg Salz 4. gl.

Eod. iſt den kayſ. einer in ihrem lauffgraben erſchoſſen worden. Nach mittag hat man vil Schutz auß Stuckhen in die groſſe Schantz gethon, darburch zimliche löcher gemacht. So iſt ein fraw von den kayſ. weil ihr Mann uf dem Berg gefangen lag, hieher über gelauffen.

Eod. hat man den botten wider nach Straßburg angefertiget.

9.

Iſt ein Rheingräviſcher Soldat, ſo waſſerſüchtig, ſampt ſeinem weib ledig gelaſſen worden, daß er mit eim paſſzedel fortziehen können, den haben die kayſ. nach Möglingen beglaittet.

Man hat etliche Schütz auß Stuckhen under die kayſ. ins Banholtz und in die groſſe Schantz gethon, weil ſie zu pferd ſtarck ſich haben ſehen laſſen, und geſtrallfft. Folgende Nacht haben die kayſ. dreymahl zu pferd an den Stangenbronnen geſetzt, ſeind aber allweg von Fendrich Voltzheim, ſo die euſſer hauptwacht gehabt, mit ſeinen bey ſich habenden Musquetierern abgetriben worden, nit ohne Schaden der kayſ.

10.

Iſt mit boppelhackhen geſpihlt, und den kayſ. gegen abend ein pferd gefelt worden.

11.

Hat man mit handrohren beeder ſeits geſchoſſen, und iſt den Schwediſchen ein Musquetierer, aber nicht tödtlich, getroffen worden. Den kayſ. iſt die Schiltwacht ſampt 2. pferd von den Aſpergern gefelt: So iſt

ist auch einer Magd, welche waſſer auß dem Stangenbronnen geholt, durch die gelten gſchoſſen worden. Auff
den abend hat man ſtarckh mit Stuckhen in die groſſe
kayſ. Schantz geſpihlt. Auch haben Sie ein newe
Schantz mit körben beym Oſterholtz angefangen zu
bawen.

12.

Haben die kayſ. abermahls den Schwediſchen das
graß wehren wöllen, ſeind aber von den Muſquetierern
wider abgetrieben worden, und haben die kayſ. ein pferd
im lauff gelaſſen. Nach mittag haben die kayſ. ſtarckh
uf die Veſtung geſchoſſen, da dan ein knäblin von einer
verflognen kugel getroffen, das es bald hernacher gſtorben. Zuo Möglingen iſt ein Reutter Corporal mit
ſeinem pferd propter Sodomiam ufm freyen feld ver-
brent worden.

Eod. iſt Anna Dorothea von Reitzenſtein,
herrn Obr. Leutenant Caſtners Wittib, uf den Berg
bey den palliſaden vergraben worden.

Eod. haben ſich 4. gefangne undergeſtelt. Folgende Nacht ſeind 3. Soldaten von Major Fler-
ſcheims Compagnj, ſo vor etlich Tagen uf parthey außgangen, wider kommen, und haben die Möglinger
Reutter Schiltwacht mit ſich herauffer gebracht, und
noch underwegs einen kayſ. Tragoner nidergemacht.

Eadem nocte haben die kayſ. nahe am Berg
eine groſſe wiſen mit Bethfedern überſeet, und hierdurch den Aſpergern das graß oder fuoterung verderbt.

13.

Iſt ein Bott von Ulm kommen, welcher den
4. biß dahin geſchickht worden: gleich folgende Nacht
hat man wider einen nach Ulm: einen andern nach
hohen Aurach: und einen Trompeter zur Armee ver-
ſchickht.

Eod.

Eod. haben die kayſ. den Aſpergern ein Magd gefangen.

14.

Hat man ein newe Steegen für die pferd in den graben uf der Weſtung gegen Egloſſheim mit 2. kleinen anhangenden und auffziehenden brücklen gebawet, und durch die palliſaden kleine Thürlin gemacht, damit man auß und ein kommen köntte.

Eod. Capitän Kneüß, Furier Oppermann, ein Quartier Meiſter, Muſterſchreiber und Tragoner ziehen hinweg gehn Nuernberg. So tractierte man diſen Tag etwas mit den kayſ. wegen etlicher gfangner Bauren.

15.

Iſt ein kayſ. Trommelſchlager uf der Weſtung geweſen, darauff Leutenant Barth und Fenderich Voltzheim zu einem kayſ. Fenderich uf parole hinauß gangen. Vergangne Nacht haben die kayſ. angefangen, einen Lauffgraben gegen dem Stangenbronnen auffzuwerffen, uf welche aber die Aſperger Muſquetierer ſtarckh fewr geben, und alſo ſolch werckh widerumb eingeſtellt.

16.

Iſt abermahls ein Trommel Schlager von den kayſ. uf dem Berg geweſen, welcher 4. gefangne vom alt-Sächſiſchen Regiment außgelöſſt, ſo in der Egloſſheimer Schantz den 1. hujus gefangen worden. Auff den abend hats ein Scharmützel zwiſchen beeden partheyen abgeben, da dan uf ieder ſeitten einer getroffen worden. Und hat man mit groben Stuckhen gar ſtarckh in die kayſ. groſſe Schanz geſchoſſen, nit ohne ſondern ſchaden, weil die Schütz trefflich wol angegangen.

17.

Seind abermahls etliche Stuckh under die kayſ. gelöſſt worden. Uff Mittag iſt ein Trommelſchlager
von

von den kayſ. ankommen, auß dem Pappenheimiſchen Regiment, mit begehren, das etliche uf parole ſolten hinunder kommen, darauff Junckher Münchinger, Capitán Baſer, ſampt etlichen andern Officiern auß gehaiß herrn Obr. Leutenanten hinab ins Banholtz gangen, daſelbſten haben uf Sie gewartet ein Grav von Pappenheim, (ſo Oberſter war, und wenig tag zuvor mit ſein Regiment zu fuoß angelangt, ſein Quartier zu Möglingen hatte, aber gſchwind uf 400. knecht vor diſem Berg eingebüſſt,) Auguſtin Oßwald von Liechtenſtein, Commenthur zu Horneckh, und Obr. Leutenant über das Witzdommiſche Regiment zu pferd: Rittmeiſter Stotz: ſampt andern Officiern, diſe nun haben einer langen freündlichen Converſation ſampt gutter Collation mit einander gepflogen, und endlich wol berauſcht wider voneinander geſchaiden.

18.
Hat Johann Schüpper, Apotheckher von Weiblingen uf erlauben herrn Obr. Leutenanten mit einem kayſ. Corporal, ſo von Waiblingen bürtig, und noch 4. Reutter bey ſich gehabt, gute Zeit geredt.

Eod. ſeind 2. gefangne Reutter den kayſ. wider ledig gelaſſen worden, ſo under das Witzdommiſche Regiment gehörig, die hat ein Trompeter abgeholt. So haben die kayſ. uff die Schwediſche, ſo fuotter geholt, ſtarckh angehawen, aber von den Aſperger Muſquetierern wider repouſſiert worden. gegen der Nacht ſeind 2. Rheingräviſche wagenhäls hinauß gelaſſen worden, welche die kayſ. ſalva Guardj zu Biſſingen zum Laden hinauß geſprengt, und 2. pferd zuruckh gebracht haben. So ſeind den kayſ. diſen tag laut Schreibens 8. perſonen von den Schwediſchen erſchoſſen worden.

Eod. hat man auch einen Botten gehn hohen Zollern geſchickht.

19.

19.

Hat man den gantzen tag starckh auffeinander geschossen. Nachmittag, als etliche Asperger Soldaten nach kirschen gegangen, haben die kayſ. einen darvon auß Capitän Baſers Compagnj nidergeschossen, es haben aber alsbald die Rheingräbiſche ſich wider revanciert, und der kayſ. auch einen getroffen, daß man ihne weg füeren müſſen. Vergangne Nacht hat ein kayſ. den Aspergern uf der Veſtung durch eine Labſchaufel geſchoſſen. Sie haben auch in 50. ſtarckh einen anſchlag uf die Asperger fuorterknecht gehabt, aber unverrichter sachen auß verzagtem hertzen wider ab und heimgezogen. Diſen tag laut hernach empfangnen Schreibens ſeind den kayſ. 9. Soldaten erſchoſſen worden.

20.

Iſt ein franckher gefangner Soldat durch den Regiments Trommelſchlager hinauß gefüert worden, welchen die kayſ. gleich in ihr Schantz genommen. Diſen Tag haben die kayſ. ſehr ſcharpff uf den Berg geſchoſſen, darvon ein Solmiſcher Soldat in ſeiner paracquen am arm verwundet worden. So hat man auch ſtarckh mitt Stuckhen fewr geben.

21.

Vormittag giengen etliche pagage wägen das land herauffer, und logierten ſich nacher Egloſsheim: Nach mittag folget ihnen ein gantz Regiment zu fueß, Generaln Gallas gehörig, auch mit vilen wägen, die camplerten auch bey gemeltem dorff: Auff den abend folgten widerumb mehr wägen, und bliebe diß Volckh mit einander bey Egloſsheim im feld ligen. Diſen Nachmittag iſt ein Soldat von den Weinmariſchen, ſo ſich Ohne langſten auß den gefangnen undergſtelt, wider zu den kayſ. übergelauffen. Auff den abend iſt ein kayſ. officier zu pferd gar zu nahe an den Berg geritten, wie abzunemmen gweſen, auß truncfenheit, der iſt von eim

Rhein-

Rheingrävischen Musquetierer getroffen worden, das ihne gleich etliche seiner Reutter hinweg füeren müessen.

22.

Morgens früeh haben etlich 100. zu fuoß sampt ihrer pagage von Möglingen auß ihren March wider das Land hinunder genommen, biß ist das Pappenheimisch Regiment gewesen, so wider abgelöst worden. Die aber vergange Nacht zu Egloßheim gelegen, die zogen allenthalben auff das plündern und beutten auß, gegen dem Erlahof, Neckherweyhingen und anderstwo hin.

Disen Morgen seind wider Bauren uf der Westung ankommen mit Saltz, deßgleichen der Bott von Ulm.

Auff mittag ist abermahls ein kayß. Officier ins verbrannte dorff Asperg hinein geritten, war voll, welchen die Schwedische Musquetierer erdapt, und weil er sich nit ergeben wollen, nibergeschossen, außgezogen, klaider, pferd, Sattel und Zeug herauff getragen, Nachmittag haben ihne gemelte Musquetierer begraben, Er soll ein Quartier Meister gwest sein, von Schwabach gebürtig, So hats auch händel geben zwischen den kayß. und Schwedischen beym Banholtz. Auch ist die Egloffheimer Schiltwacht disen Nachmittag von den Aspergern verjagt worden.

23.

Hat man Vormittag einen, nachmittag zween gefangne uf den Berg gebracht, so Musquetierer waren, beklagten den grossen Hunger under den kayß. So seind disen Morgen wider Bauren mit Victualien ankommen. Diese vorgehende, wie auch folgende Nacht ist durch und durch lermen gwesen, und hat man beeder seits scharpff geschossen, das vil Ziegel vom Zeughauß herunder gfallen, und ist ein Weinmarischer Soldat uf eim plockhauß in einen arm geschossen worden.

24.

Morgens frueh seind botten von Urach kommen, so den 13. diß weggeschickht worden. Deßgleichen von **Strasburg**, so den 8. diß dahin geschickht worden, dise brachten brieff von unserm gnedigen fürsten und Herrn, in welchen wir abermahls eilender hilff vertröstet wurden. Man hat auch gleich selbigen tags wider andere abgeordnet, welche die getröstete Hilff sollicitieren und maturieren solten. Und haben vergangne Nacht die kayserische ihre verbrantte Schantz uf den Eglossheimer weinbergen widerumb angefangen zu bawen. Es haben sich auch etliche rotten kayf. Musquetierer under die Bäum und selben bey Asperg logiert, wider welche Leutenant Barth ist commendiert worden, Sie haben eine gute Zeit mit einander scharmütziert, und seind erstlich die kays. gewichen, weil sie aber starckh entsetzt worden, haben sich hernach die Schwedische reterieren müessen. Die haben under deß 2. Weiber den kayf. abgefangen, aber gleich wider lauffen lassen.

Eod. seind 2. Soldaten, so seit dem 1. Novembris Ao. 1634. gefangen gsessen, wider ledig gelassen worden. So hat man auch die 3. kayf. Soldaten, welche gestern seind gefangen worden, wider lauffen lassen, und ihnen den Regiments Trommelschlager zugeben. welcher von den kayf. Officiern mit 3. Ducaten ist verehrt worden.

Vergangne Nacht, disen Tag und folgende Nacht hindurch hat man mit doppelhackhen und Musqueten, auch zun Zeitten mit Stuckhen unaufhörlich auffeinander fewr geben. man hat gesehen, das 2. kayf. durch die doppelhackhen gefellt worden. Gegen der Nacht seind 5. Rheingrävische Soldaten uf einen Anschlag auß der Vestung gelassen worden.

25.

Ist ein kayſ. Muſquetierer zu den Schwediſchen übergelauffen. Und hat ein Aſperger Soldat den kayſ. ein pferd genommen. Nachmittag hatt man ſtarckh auß groſſen und kleinen Stuckhen geſpihlt.

26.

Hat man wargenommen, daß die kayſ. diſe Nacht wider ein neues Schäntzlin uf den wiſen under den weidenbäumen zwiſchen dem Banholtz und Egloſſheimer Schantz auffgeworffen. Vor mittag iſt der kayſ. Reutter Schiltwacht beym Banholtz das pferd von eim Aſperger geſellt worden. Darauff iſt wegen der fucterung abermahls ein Scharmützel zwiſchen beeden partheyen angangen, welches gezänckh ſchier den gantzen tag gewert. Nach mittag iſt herrn Maiors Sergant mit 2. Rotten Muſquetierern uf das newe kayſ. Schäntzlin commendiert worden, alba ſich zwiſchen beeden partheyen abermahl ein newer lermen erhebt, der Sergant wurde uf die Bruſt geſchoſſen, aber die haut war gut, und hielte, daß der Schuß nit durch gienge, auff der kayſ. ſeitten iſt einer hinweg geführt, welchen ein bleyene Muckhen übel gebiſſen hatte. folgenden Tags hat man uf dem Berg in auffgefangnen Brieffen erfahren, daß diſen Tag ein kayſ. Capitän ſeinen kopff, und ein fenderich den einen Schenckhel durch die Stuckhkugeln verlohren.

27.

In der Nacht ſeind 2. Soldaten von hier auß gehn Strasburg verraiſſt, und 5. wider kommen, ſo uf parthey außgeweſen. 3. Soldaten, ſo vom Böckhiſchen Regiment gefangen, haben ſich undergſtellt. diſen tag giengen vil pagage wägen das Land hinunder: Man hat mit handrohren und ſtuckhen ſtarckh under die plocquierer geſchoſſen. So iſt diſen Tag des Bergleutenants oder Petardierers fraw begraben worden.
Abends

Abends seind wider 4. Soldaten mit einem officier uf parthey außgelassen worden, deren der eine gleich wider kommen, dann es ihnen zu Bissingen mißlungen, und der Officier gefangen worden, welcher aber des folgenden Tags, den

28.

Wider entrunnen, und uf der Vestung wider angelangt, die übrige 3. seind des dritten tags wider kommen, und 3. pferd mit sich gebracht. Disen gantzen Tag war stehtiges Regenwetter, und hette man etwas namhafftes gegen den kayf. außrichten kennen, wann man gutem raht hoher Officier gefolgt, man war aber der sachen nit recht einig. folgende Nacht hat man starckh fewr ins Banholtz geben, und lermen gemacht.

29.

Haben die kayf. ein kleines Mägdlin vor der Vestung erschossen, war abermahls ein grosse helden That.

Eod. ist ein Trommelschlager vom Böckhischen Regiment ankommen, und 7. gefangne abgeholt, der hat auch Schreiben mit sich gebracht von München, die gefangne Jesuiter betreffend.

Eod. ist ein Soldat entloffen, welcher sich erst etlich tag zuvor undergstelt hatte. Die kayf. in der grossen weingart Schantz haben sich understanden, noch einen lauffgraben daran zu henckhen gegen dem Stangenbronnen an der Vestung, man hat aber mit Stuckhen dermassen under sie gepoldert, daß Sie ihr arbeit verlassen, über kopff und hals darvon gelauffen, und etliche hinder sich stillsizend verlassen haben. Auff der fuoterung hats heut auch geschläg gegeben. Disen Tag ist ein kayf. hoher Officier neben etlichen Bauren im lauffgraben geblieben.

30.

30.

Hatten wir abermahls von den Bauren Zeittung, daß wir würden entſetzt werden.

Eod. ſeind die 3. Muſquetierer, ſo vor 3. tagen außgelauffen, wider kommen, die haben den kayſ. bey Egloſſheim bey hellem Tag 3. pferd uf der waid hinweg genommen, und uf den Berg gebracht, welche gleich gemetzget, und das Pf. fleiſch umb 6. crtzr außgehawen worden. Nach mittag hat man ſtarckh mit Muſqueten und doppelhackhen auffeinander geſchoſſen. Rittmeiſter Stotz kame vor den Berg, zu welchem beede Leutenant Barth und Zorn uf parole hinabgeſchickht worden. kayſ. ſeiten war auch enthalben Cornet Notthafft.

Jul. 1.

Iſt ein kayſ. Trommelſchlager ankommen, welcher 3. gefangne vom Böckhiſchen Regiment abgeholt, deren einer ein wagen Meiſter war, und ſchon 8. Monat ufm Berg gelegen, die andere 2. waren Muſquetierer, und hatten ſich ſchon undergeſtelt, wurden aber doch loß gegeben.

Man hat diſen tag mit Muſqueten und doppelhackhen gar ernſtlich geſchoſſen, dardurch der kayſ. Schiltwacht beym Banholtz das pferd gefällt worden.

2.

Morgens haben die kayſ. in 2. partheyen und ſtarcker anzahl im verbrantten dorff Aſperg uf die Schwediſche gewartet, und als diſe fuotter holen wöllen, haben iene hefftig uf Sie fewr geben, aber ohne ſchaden. die kayſ. ſeind hernacher mit Canonen abgetriben worden.

Eod. iſt ein Weinmariſcher Corporal zu den kayſ. übergelauffen.

Nach mittag iſt beym Banholtz ein kayſ. geſchoſſen worden, daß man ihne gleich hinweg füeren müeſſen.

3.

Morgens frueh kamen vil bauren mit Victualien uf die Vestung, und brachten zumahl die Zeittung, der könig in Ungarn were zu Hailbronn ankommen.

Eod. ist ein kays. Musquetierer im dorff Asperg erschossen worden. So hat man den gantzen tag starckh mit Stuckhen in die grosse Schantz in den weinbergen gespihlt. Uf der fueterung ist des Fenderichs Voltzheims knecht in den backhen geschossen worden.

4.

Haben sich in 40. kays. Musquetierer im dorff Asperg zu dem Badbronnen gelegt, daselbsten uf die Schwedische gewartet, wan selbige uf die fueterung hinab wolten, da sie nun ankommen, haben 12. Asperger Musquetierer alle kays. auß ihrem Vortheil hinweg gejagt, und darvon einen erschossen: den Aspergern ist Capitän Baser mit etlichen Rotten zu hilff kommen, uf welchen gleich die kays. von Eglossheim in 200. starckh angesezt, daß sich die Schwedische retrieren müessen, doch ohne einigen schaden. Es seind auch die kays. Reutter bey dem dorff Asperg angefallen, aber von den Schwedischen Musquetierern über kopff und hals hinweg gejagt worden. Uf den abend ist Ritt-Meister Stotz ankommen, und dem verwundten Leutenant Mühlnarckhen etliche artzney lassen zu kommen, welche Leutenant Barth und Zorn uf parole bey ihme abgeholt. So ist disen tag auch ein frembder Trompeter albie angelangt.

5.

Vergangne Nacht haben die kays. in allen ihren Schantzen embsig gearbeittet, Sonderlich dem Stangenbronnen zu gegraben, in der Schantz beym Osterholtz haben von äfien grüene hütten auffgericht. Von der Schantz uf den Eglossheimer weingärtten haben Sie etliche gräben gegen dem Berg gemacht, darauß
Sie

Sie den gantzen Tag ernstlich geschossen, seind auch selbigen tags mit einer starckhen parthey ufs beütten außgezogen, mit roß, wägen und zu fuoß, das newe Schänzlin uf den wisen ist disen tag starckh besezt worden.

Eod. hat die Roßmühlin uf der Vestung einem Müller, so ein Rheingrävischer Soldat war, die eine hand sehr übel zerknitscht, daß er bald hernacher gestorben.

So hats auch einen Scharmützel uf der fuotterung geben, in welchem den kayß. ein Reutter, 2. pferd und 1. Musquetierer erschossen worden. Auff der Brustwehr ist ein Musquetierer von Maiors Jlerscheims Compagnj in arm geschossen worden.

6.

Vor mittag hats zu beeden seitten des Bergs abermahls der fuoterung halben ein gezänckh erhebt, darauff ein scharmützel angangen, und als die von Eglossheim den ihrigen wöllen succurrieren, hat man mit Carthuschen under sie geschossen, daß alsbald einer ligen blieben, die andere aber ohne schaden nit durchgelauffen. Nach mittag ist man widerumb an einander kommen, alda uf der kayß. seiten ein frantzösischer Reutter erschossen worden, und etliche Musquetierer tod geblieben, und hat man 2. Wägen voller verwundten nach Stuttgardt geüert. Am morgens frueh hat Fendrich Volzheim die kayß. Wacht beym Stangenbronnen hinweg gejagt. Des Obr. leutenants Gutscher wurd mit einer kugel am kopff tödtlich gstraifft. etliche giengen uf parthey hinauß, und seind den Aspergern etliche bauren gefangen worden, welche Victualien holen wöllen. Vor mittag hats auch lermen im Banholtz geben, und ist den kayß. 1. Reutter geblieben, einem Rheingrävischen Musquetierern ist das panthelier vom leib geschossen worden. Disen Nachmittag ist
die

die Herzogin von Nürtingen, ein geborne und vermählte Pfalzgrävin bey Rhein, sampt ihrem herrn Sohn, Pfalzgrav Georg-Otto, bey Asperg fürüber gezogen, nacher Hailbronn zum könig in Ungarn: und hab Ich hernach etlich mahlen von Ihrer F. G. gehört, daß man in dero Ueberraisen in dem kayf. Quartier bey Thamb etliche Reutter verbunden, welche damals von den Aspergern seyen beschädiget worden. in dem dorff Asperg gieng es auch nit leer ab, dan bey 50. kayf. Musquetierer alda einfielen, aber die Schwedische, deren bey 20. waren, und den kirschen nachstügen, hielten sich wol, iagten Sie zu etlich mahlen auß dem dorff, erschossen derselben etliche, welche auch ligen blieben, deren hüet, mäntel, Musqueten und anders uf den Berg getragen wurden.

7.

War ein rechter martialischer und furiosischer Tag, die kayf. fielen starck ins dorff Asperg, darauff gieng der Bock an, und wurde gleich ein kayf. nidergeschossen, Sie waren gar starck in dem Schäntzlin uf der wisen, in eim lauffgraben under den weidenbäumen, und in eim andern Graben bey den Asperger krautgärten, Nachmittag gerieths zum rechten ernst, und fochte man dapfer zu beeden seiten: uf Schwedischer parthey wurde geschossen ein Sergant in die seiten und den einen arm, darvon er den 12. diß gestorben, uf der Vestung einer in den hals, und einer in die achsel, uf kayf. parthey giengs übel ab, Ein Officier wurd bey der Asperger kirchen nidergeschossen, sein kurtze wehr herauff gebracht, und er gleich von den seinigen hinweg getragen. ein Corporal wurde beym Rathhauß nidergeschossen, welchen die kayf. hernach einem pferd an Schwaiff gebunden, und also hinweg geschlaifft: 1. Reutter geschossen, 1. pferd gefellt, dessen Sattel und Zeug herauffer getragen, und sonsten noch mehr Mann und pferd verwundt

wundt worden, deren wir gute kundtschafft hatten. So hatt man auch mit grossen Stuckhen starckh gespihlt.

8.

Hat ein Capit. d' Armis von den Rheingräbischen die Schanzkörb neben der grossen kayf. Schantz in den weinbergen zur linckhen hand angezündt und verbrennt. Nachmittag ist Leutenant Bez mit etlichen Rotten Musquetierern ins dorff Asperg commendiert worden, kalch zu suchen, da sie nun ihr Befelch verricht, und wider herauffer marchiert, haben die kayf. zu pferd und fuoß ihnen nachgesetzt, und ein Soldaten fraw gefangen bekommen, aber darüber eingebüefft 1. pferd und 1. Musquetierer, und darauff mit schaden widerumb ihren weg gezogen.

Uff den abend haben die kayf. vill Schantzkörb vom Osterholtz hinab gegen den Asperger Seen gewaltzelt.

9.

Haben die kayf. die gestrigs tags verbrantte Schanzkörb mit newen ersetzt, und einen newen Lauffgraben under den weidenbäumen gemacht. Dessgleichen einen an der grossen Schantz beyn weinbergen, der Asperger kirchen zuo, lang und starckh angehenckht. Vergangene Nacht seind den Schwedischen etliche Soldaten wider kommen, welche vor wenig tagen auff parthey außgegangen, die haben under wegs einen Cornet nidergemacht, sein pferd darvon gebracht, und als Sie die kayf. Schiltwacht beym Banholtz angreiffen wöllen, seind Sie von derselbigen übermannet, und 2. darvon ins Banholtz gefangen gefüert worden. Die übrige seind uf den Berg kommen. Man hat gleich den Regiments-Trommelschlager desshalben noch selbigen tags zu den kayf. hinab geschickht, was er außgericht, gibt die

Beytr. zur Wirt. Gesch.   X   Zeit.

Zeit. So haben die kayſ. bey der Egloſſheimer Schantz ein Batterey auffgericht, und ein feld-Stücklin darauff gepflantzt, damit diſen tag 1. Schuß gegen den Aſpergern Muſquetierern gethon. So iſt ein Soldat von dem Berg zu den kayſ. gefallen, deſſen fraw den tag zuvor gefangen worden. folgende Nacht hat man ſchier continue beederſeits geſchoſſen.

10.

Hat man etlich Schuß auß Stuckhen nacher der kayſ. Battery bey der Egloſſheimer Schantz gethon, darauff under werender Morgenpredig die kayſ. 2. Schuß auß Stuckhen herauff gethon, deren die eine kugel auſſen bey den paliſſaben, die ander über die Veſtung hinüber biß nahe zu der kayſ. groſſen Schantz in den weinbergen nider gangen. So iſt den Schwebiſchen uf der fuoterung von den kayſ. ein knecht mit 2. kugeln uß einem Rhor erſchoſſen worden. Nach mittag haben die kayſ. wider etliche Schüß auß Stuckhen gethon, und ſeind bem herrn Commendanten Waldo 2. kugeln herauff gebracht worden, ſo von den kayſ. geſchoſſen gweſt: deren iede 6. Pf. gewogen. Hierauff hat man die ſchöne feldſchlangen vom Reutterglöcklin hinweg uf den runden Thurn geführt, mit welcher man uf der kayſ. Batterey geſpihlt hat. Diſes über die maſſen ſchöne Stuckh iſt gegoſſen worden Ao. 1607. under **herzog Friderich von Wirtemberg**, und ſchleſſt an eiſen 18. Pf. Das abſehen darauff iſt eine Schlang.

11.

Morgens hat man geſehen, daß die kayſ. beym Banholtz wider ein kleines Schäntzlen auffgeworffen: Nachmittag iſt ein Soldaten weib uf der Veſtung, als Sie vom Stangenbronnen herauffer gangen, durch und durch geſchoſſen worden, an welchem Schuß Sie nach etlich tagen geſtorben. So hat man mit Stuckhen in die

die kayſ. Schanzen geſpihlt, darauff Sie mit dergleichen waar wider geantwortet. Diſen Tag iſt der Regiments Trommelſchlager ins kayſ. lager bey Egloſheim geſchickt worden, umb Paß nacher Stutgardt für die uſm Berg geflohene Underthonen anzuhalten, damit Sie ihre Notthurfft bey den königlichen Ungeriſchen Rähten daſelbſten für und anbringen möchten.

12.

Haben abermahls die kayſ. starckh gearbeittet an der newen Schanz beym Banholz, und bey der Egloſheimer groſſen Schanz noch einen graben auffgeworffen. Nachmittag iſt ein ernſtlicher lermen entſtanden im verbrantten dorff Aſperg, die Schwediſche Muſquetierer ohne einigen Commendanten hielten ſich ſehr wohl, auff welche die kayſ. zu fuß und pferd starckh angefallen, aber mit ſchlechtem ſucceſs, dann ihr fürnembſter Befelchshaber in eim Roten Manteen und weiſſen federbuſch wurde geſchoſſen, daß ihne gleich ihrer zween überzwerch uf dem pferd hinweg nacher Möglingen gefüert. (NB. wan die kayſ. einen beſchädigten auff dem Scharmützel hinweg füereten nach dem oſterholz, ſo war es ein anzaigen, daß er daſelbſten ſolte verbunden werden, wan ſie ihne aber nacher Möglingen füerten, ſo war er fertig, und dorffte keines balbierers mehr, diß hat man offt wargenommen.) In obgemelten gezänckh wurde auch ein kayſ. Reutter uf die Bruſt getroffen, daß er alsbald tod vom pferd gefallen, deſſen kleider die Aſperger bekommen, und ihne des andern tags begraben haben. Einem andern wurd ſein pferd gefelt, er aber entlieff hurtig darvon, das pferd ſampt Sattel und Piſtoln ſeind auff die Weſtung gebracht worden. Und haben die kayſ. noch mit ſich hinweg gefüert einen geſchoſſnen Reutter ſampt 3. hinckhenden pferden. So hat man etlich Schüß auß groben Stucken nach des feinds groſſen Schanz gethon,

dar-

darburch etliche Schanzkörb hinweg, und ein Soldat mitten entzwey geschoffen worden. Die kayſ. thetten 3. Schuß aus Stücklin auff die Veſtung, darvon die eine kugel uf dem wahl nidergangen, und im fort lauffen gleich widerumb über die Mauren hinauß geſprungen. Auff den abend iſt ein gefreyter auß der Solmiſchen Compagnj beym Banholtz von den kayſ. erdapt und gleich nidergemacht worden, ſeine Cameraden lieſſen hinab, und trugen den Todten Cörper herauff, under deſſen erſchoſſen Sie den kayſ. ein pferd. Folgende Nacht haben beede partheyen unaufhörlich auß handrhoren fewr auff einander geben.

13.

Iſt des herrn Commendanten Furier, Opperman, wider von Nüernberg kommen, ſo den 14. Junii dahin verraiſt. brachte mit ſich die getruckhte Fridenspuncten, welche Ihre kay. May. und Churf. Durchleücht in Sachſen miteinander auffgericht hatten. Sonſten ware es diſen tag etwas ſtill, auſſer dem, daß die kayſ. 2. Schüß gegen der Veſtung, und man hergegen von dar gegen ihnen 4. Schütz auß Stuckhen gethon: folgende Nacht aber iſts wider zimlich hart angangen, und iſt den weinmariſchen ein Soldat in ſchenckhel geſchoſſen worden.

14.

Am Morgens ſeind unſere Strasburger botten wider kommen, brachten abermahls Schreiben von unſerm gn. fürſten und herrn, darinnen wir vertröſtet wurden der Erlöſung mit annehmung des geſchloſſnen Fridens, ſo Ihrer F. Gn. beliebig, und dem Land gar fürträglich wer. Die kayſ. macheten noch einen langen Lauffgraben an das kleine Schäntzlin uf der wiſen bey den Egloſſheimer weinbergen. So hat man mit Stuckhen ſtarckh in die kayſ. Schäntzen fewr geben.

Eod. war eine Brunſt zu Biettigkeim.

15.

15.

In der Nacht haben die kayſ. in der Schantz bey dem Oſterholtz ein Batterey auffgeworffen, Stuck darauff gebracht, und diſen tag 4. Schütz (darvon ein 6. pfündige kugel herauff gebracht worden) nach den Schwediſchen Muſquetierern gethon, es iſt aber von der Veſtung gegen den kayſ. Schantzen gar ſcharpff mit Stückhen geſchoſſen worden, und darburch groſſer ſchaden gethon. So war eine groſſe brunſt zu Groſſen Sachſenheim. Nach mittag kam ein Trommelſchlager von den kayſ. der meldete herrn Maiors Flerſcheim ſeinen Schwager an, ſo N. von Vernemont genant, und zuvor ein Ritt Meiſter under den kayſ. gweſen, iezo aber licentiert war, der begerte mit gemeltem ſeinem Schwager, hanß Philipps von Flerſcheim, wegen allerhand privat ſachen, domeſtica und Erbſchafften betreffend, zu ſprachen, derentwegen er auch von Wormbs biß hieher geritten. Darauff dann Er herr Maior, Capitän Baſer und Leutenant Barth, mit bewilligung herrn Commendanten, zu ihme Vernemont uf parole hinab gegangen. Und wurde durch diſe glegenheit der anfang zu künfftiger tractation und Uebergab der Veſtung gemacht.

So hat man diſen Tag den Schwediſchen Regiments Trommelſchlager abermahls wegen der geflohenen Underthonen zu dem Baron de Soye, ſo vor der Veſtung commendiert, geſchickht, welcher ſich reſolviert, innerhalb 2. tag uns ein antwort wiſſen zu laſſen.

Alhie kan ich ungemeldet nit umbgehen, was maſſen uf diſer parole die folgende Tractation ſich anerſponnen. Es ſeind in werender plocquierung der Veſtung Aſperg etlichemahl durch eine bekantte perſon zue unſerm gnedigen fürſten und herrn nacher Straßburg Brieff von Aſperg auß getragen worden, darinnen wir den Zuſtand aller Sachen berichtet, und umb entſetzung, wo müglich, underthönig angeſucht: Selbige Brieffs

Brieff seind gemeinlich in lieferung derselben am pit‑
schier übel zugerichtet gwesen, daß man schier dasselbig
nit erkennen mögen: Ebenmässig hat man das auch
wargenomm an denen Brieffen, So durch solche person
von Strasburg auß uf den Asperg wider zuruckh ge‑
bracht worden, Also daß man endlich ein argwohn ge‑
schöpfft, ob auch möchte recht sach mit denen Brieffen
gefüert werden, und ob nit solche zuvor möchten eröffnet
werden, ehe sie eintweder gehn Strasburg oder uf
Asperg eingeantwortet würden, und mehrete solchen
argwohn nit wenig, weil der Brieffträger, wann er
von Asperg abgefertiget, ehe er nach Strasburg zoge,
oder wan er von Strasburg wider kam, ehe er uf
Asperg sich begabe, allmahl etliche Tag sich an eim
Bekannten ort in der Nachbarschaft aufhielte. Dises
nun zu erkundigen, wo müglich, brauchte man diß
stratagema. Man ordnete ihn widerumb ab mit
einem Briefflin an Ihre F. G. gehn Strasburg,
deß Inhalts: wir uf dem Berg weren noch uf 3. Mo‑
nat lang in allem wol proviantiert, so lang wolten
wir auch noch halten, under dessen aber solte man zu‑
sehen, daß man uns entsetzte, Sonsten wurde es umb
unß geschehen sein. Aber darneben wurde ein ander
kleines mit eim bläßlin überzognes Briefflin verferti‑
get, darinnen der warheits grund begriffen war, nemb‑
lich, wan die Vestung innerhalb 14. Tagen nit entsetzt
würde, so müesten wir selbige auffgeben, dann so lang
und nit höher erstreckhte sich noch der Vorraht an den
Victualien. Und diß Briefflin gab man einem red‑
lichen Bauren, der under einem andern prætext nacher
Strasburg lauffen solte, und darvon dörffte er bey
hoher betrohung dem andern Brieffträgern nichts offen‑
baren, Also wurden sie beede abgefertiget. Als sich
nun nach etlichen Tagen hernach die Conversation
zwischen Maior Slerscheim und Ritt Meister Verne‑
mont begebe, und Sie allerhand reden, ihre eigne
Sachen

Sachen betreffend, mit einander gepflogen, hat endlich
Er Rittmeister an seinen Schwagern von Flersheim
gesezt, und gebetten, er solte nunmehr vom kriegswesen
außsezen, und sich uf Seine adeliche güetter begeben:
deme zwar zur antwort gegeben worden, diß hette seine
Zeit, sonderlich wan er widerumb zur Armee gelangen, und seine charge mit ehren quittieren könte:
Es hielte aber Rittmeister ferners an, warumb Sie
dann nit dise Vestung bey Zeitten auffgeben, sintemahl
bekantlich, daß Sie die Schwedischen keine hilff noch
entsazung in vilen Meilen und langer Zeit zu gewarten
hetten: Als aber Maior Flerscheim sich hingegen verlauten lassen, Sie gedächten disen plaz so leichtlich nit
zu verlassen, allweil Sie darauff noch der Zeit und
noch weit hinauß mit allerhand notthurfft an Vivres,
Munition und andern gar wol versehen weren: hat
Rittmeister gleich darauff eingewandt: Man wisste
kayſ. seiten gar wol, wie lang der Berg noch proviantiert were, nemblich uf 3. Monat, (Ecce!) und wan
die Schwedische darauff schon noch so lang außharre-
ten, müessten sie doch endlich sich ergeben, dann einmahl keine hilff enthalben seye: Sie solten aber zu-
sehen, wan Sie die sach also ufs höchst kommen liessen,
daß ihnen hernach etwan kein Accord mehr gehalten
werde, Oder Sie sich uf gnad und Ungnad ergeben
müessten, da man hergegen aniezo bey so gestalten
sachen zu einem ehrlichen und reputierlichen vertrag gelangen könte, welcher auch in allen puncten und arti-
culn steht und redlich uns würde und solte gehalten werden.   In Summa, auß allen Umbständen scheinete
auß solcher Conversation, daß unsere Brieff eröffnet
worden, auch Rittmeister selbsten nit nur umb privat
sachen enthalben gwesen, sondern zuo folgender Tractation als ein habilitierte person subordiniert worden,
quod etiam ne sic quidem male cecidit: dann auß
der kayſ. übel informierten persuasion, als wan der

Berg

Berg noch 3. Monat proviantiert, haben wir einen leidentlichen und annemblichen Accord bekommen. Solten Sie hergegen gwißt haben, daß der Vorraht so gering, wir hetten gwißlich anderst Singen müeßen. Sed Deo gratia. Ferners, den

16.

Morgens früeh hat man wargenommen, daß die kayß. bey Under Asperg einen bauren an die selben gehenckht, und starckh an dem Lauffgraben bey der groſſen Schantz gearbeittet. 2. Schüß haben sie auß Stuckhen von der Osterholtzer Schantz gegen der Vestung gethon. hingegen ist ihnen mit 25. Schützen auß den gröſſten Stuckhen geantwortet worden.

Eod. war ein Brunst ufm hof Maur.

So ist im Lauffgraben beym Stangenbronnen ein weinmarischer Soldat ins Maul geschoſſen worden. Deßgleichen haben die kayß. ein kleines Mädlin erschoſſen, welches hungers halben nach Obs gegangen war.

Nachmittag ist Maior Flerscheim, Capitän Baser und Leutenant Bez abermahl uf parole drauß gwesen.

17.

Morgens umb 4. Uhren ist Leutenant Mühlnarckh sanfft und seelig entschlaffen, als er sich sehr verbluret an dem Schuß, welchen er zuvor den 7. Julii empfangen hatte. Nach mittag, als man die Trommelschläger zuvor hin und her geschickht, ist Obr. Leutenant Waldo, Maior Flerscheim, Capitän Baser und Leutenant Barth uf Parole hinauß gangen, und mit den kayß. Officieren lang geredt: Under deſſen ist Lermen beym Banholtz worden, darinnen 2. kayß. von den Schwedischen seind erschoſſen durch Stückhlin und Doppelhackhen. Uf den abend hat man starckh mit Stuckhen under die kayß. geſpihlt, dergleichen Sie herwiber gethon.

18.

18.

Zohe vil Volckh das Land hinunder. wurd Leutenant Mühlnarckh begraben. Nach mittag gabs Scharmützel ufm verbrantten dorff Asperg, die Schwedische haben die kayf. hinauß biß in ihre 2. Schantzen geiagt, etliche von ihnen verwundt, Man hat 27. Schüß auß Stuckhen hinauß, und die kayf. 4. herein gethon, darvon der eine Schuß uf dem runden thurn einen Stein hinweg geschlagen, und flog die Kugel hernach über die Vestuug hinüber. Auff den abend seind beederseits Musquetierer under den Asperger weidenbäumen an einander gerahten, man hat den Schwedischen müessen mit 7. Stuckhen zu hilff kommen, durch welche 2. kayf. erschossen worden, die seind auch gleich hinweg geschleppt worden: gegen der Nacht thetten die plocquierer 3. Schüß auß Stuckhen gegen der Vestung, der eine traff den runden thurn: und seind disen Tag dem Obr. Leutenanten 4. gschoffne Sechspfündige Kugeln gelieffert worden, welche die von aussen gegen der Vestung geschossen hatten.

19.

War eine grosse Brunst über Sündelphingen hinauff, (war die Statt Herrenberg, so gantz außgebrantt,) die kayf. thetten 6. Schüß auß Stuckhen uf die Vestung: Mit handrohren hat man disen tag und folgende Nacht beeder seits einander nichts gschadt.

20.

Thetten die kayf. 2. Schuß auß Stuckhen, welchen aber mit vilen von der Vestung geantwortet worden. Nach mittag hatt herr Obr. Leutenant alle seine hohe und Nidere Officier, auch gar einen Musquetierer von der Wacht, deßgleichen auß den geflohenen Underthonen auch etliche zu sich in sein Logiament erfordert, und mit beweglichen wortten angezaigt, weil nun ein geraume Zeitt verflossen, darinnen er des succurs ver-

vertröstet worden, aber bißhero trost- und hilffloß gelassen, auch kein Mittel mehr einiger hilff oder entsatz
vorhanden, beynebens aller Vorraht an brot und wein
auffgezehrt, auch wir ie lenger ie ernstlicher belägert,
und albereit mit dem grossen Gschütz attaquiert seyen:
über das Schreiben von unserm gn. F. und herrn vorhanden, darinnen ihme erlaubt, uf gewisse Conditiones, sonderlich auff den zwischen dem Kayser und Chur
Sachsen getroffenen fridens Schluß zu accordieren:
Als wolte er uns solches zu gemüeth gefüret haben, wir
solten die Sach wol erwegen, und nit uf die eüsserste
extremitäten kommen lassen, dann da stienden die
Sachen gmeiniglich sehr gefährlich, und wurde man
Ihne und die seinige nit verdencken, weil Sie nunmehr ailff gantzer Monat sich gehalten, wie redlichen
ehrlichen Soldaten gebüret, (anderst man ihnen nit
nachsagen könnte) wann Sie uf dißmahl ehrliche und
reputierliche Conditiones annemmen, so ihnen albereit
von den kays. angebotten wurden, als wann sie ohne
einige hoffnung der Erlösung länger tergiversierten, und
doch hernach mit spott und schaden uff unleidenliche ge-
ding sich ergeben, Ja noch darumb bitten müessten.
Hierauff herr Maior Flerscheim: beßgleichen in unserm Namen Junckher Werner Dieterich von Münchingen ihre gutbedunckhen erzehlet: Ist demnach
einhelliglich beschlossen worden, weil Ja die Sach laider nit anderst bewandt, und wir uns keiner Mensch-
lichen hilff zu getrösten hetten, so müesten wirs in
Gottes Namen geschehen lassen. Ist also der handlung
ein anfang gemacht, und alsbalden etliche puncten uffs
papyr gebracht, und abgelösen worden, wie und was
gstalt mit dero zu Ungarn und Böheim königl. May.
könnte accordiert, die Soldaten und Underthonen bey
leben, ehr und guttem erhalten werden möchten.

21.

Haben die kayſ. auß einem Stückhlin durch das fürſtliche Gmach im Schloß hindurch geſchoſſen. Nachmittag und auff den abend iſt der Schwediſche Regiments Trommelſchlager zu den kayſ. hinauß geſchickht worden, Iſt auch von ihnen ein Trommelſchlager mit eim Schreiben uf den Berg kommen, under deſſen iſt zuo beeden theilen ſtarckh mit Stuckhen geſpihlt worden, und folgende Nacht haben die Muſquetierer ohn underlaſſ fewr uf einander geben. Diſen tag haben die kayſ. ein kleines Meblin, ſo korn eeren abgezopff, durch den Schenckhel geſchoſſen.

22.

Morgens und mittags iſt der Regiments Trommelſchlager in das kayſ. läger geſchickht worden. Darauff nach mittag Obr. Maior Flerſcheim, Junckher Münchinger, Capitän Baſer und Leutenant Barth uf parole hinauß gangen, und mit einem kayſ. Obr. Wacht Meiſter ſampt 5. andern hohen Officiern lang Sprach gehalten: damals ſeind auch unſere auffgeſetzte Accordspuncten den kayſ. überraicht worden, welche Sie gleich ſelbigen abends Ihrer königl. May. nacher Hailbronn überſchickht: und iſt hierbey abgeredt worden, daß man beederſeits mit dem Schieſſen innhalten, kein parthey die andere belaidigen, doch keine der andern in ihre Quartier gehen, ſonder ieber in ſeinem Vortheil ligen bleiben ſollen, welches auch alſo gehalten worden. Uf ſelbigen abend iſt Herrn Maiors Schwager uf die Veſtung herauffer kommen, man hat ihn aber nit vil ſehen laſſen, ſonderlich was noch an proviant enthalben war, es war auch nit rahtſam. So ſeind uf 300. Reutter mit etlichen wägen am berg fürüber das Land hinumber gangen.

23.

23.

War es gantz still, die Schwedische und kayſ. Soldaten giengen ausserhalb der Veſtung zuſamen, ſpracheten und zecheten mit einander, und ſchieben wider fridlich von einander. Geflohene leut thetten den Schwediſchen Officiern ein Verehrung.

24.

Iſt Ritt Meiſter Vernemont wider herauff kommen, auff den abend iſt der Regiments Trommelſchlager mit ihme hinunder geſchickhet worden ins kayſ. Läger bey Egloſſheim, Sie ſeind aber beede gar bald wider herauff kommen, und die accordspuncten mit ſich gebracht: weil aber in gemelten puncten ein merckhlichs geendert worden, wider unſer Verhoffen etliche und zwar wichtige articul gar außgelaſſen, als hat man ſelbige folgenden tags, den

25.

widerumb hinunder geſchickht, mit begehren, daß man directe, rund und Teutſch uf alle und jede puncten richtige antwort geben ſolle.

26.

Iſt abermahls mit hin und wider ſchickhung der accords puncten zugebracht worden. Diſen Tag hat man den Soldaten uf der Veſtung doppelt Commiß geraicht. Diſe vorgehende 4. Tag iſt immerdar kayſ. Volckh das land hinunder marchiert.

27.

Iſt der Schwediſche Regiments Trommelſchlager zweymahl zu den kayſ. geſchickht: der Rheingräviſchen Leib Compagnj ein Fuerer und Sergant fürgeſtelt worden. So ſeind 200. kayſ. Reutter ins Läger bey Egloſſheim ankommen. Diſen Tag wider doppelt Commiß geben.

28.

28.

Vormittag ist der Trommelschlager abermahls zu den kayſ. geschickht worden, mit welchem Rittmeister Vernemont, Capitän Rinckaw mit 3. furier Schützen herauffkommen, und ist der Accord auff ein newes auffgesetzt, bey Junckherrn Münchingern, Capitän Baſern sampt etlichen knechten hinab geschickht, von beeden partheyen approbiert, beschlossen, besiglet und underschrieben worden, welcher von wort zu Wort also lautet:

Nachdem zwiſchen der Röm. kayſ. auch zuo Hungarn und Böheim königl. May. wolbestelten Kriegs Obersten und gevollmächtigten hiezuo, Herrn Achille Freyherrn von Soye, als Commendanten vor hiesiger Vestung an einem theyl: und dann dem WohlEdlen Gestrengen und Mannhafften, Rüdigern von Waldo, der Königl. kron Schweden und Conföderirten Stände bestelten Obr. Leutenant der Artollery, und Commendanten hiesiger Vestung am andern theyl folgender Accord redlich, auffrichtig und ohne alles gefährde, mit beederseits bewilligung geschlossen worden, dergestalt und also: Erstlich, daß besagter Commandant hiesiger Vestung Asperg morgen zwischen 9. und 10. Uhren gepflogner abred nach, auch weitter in allem diſm Accord einverleibt außziehen, die Vestung woloneltem herrn Obersten mit sampt der Zugehörd, ſo sich an iezo noch darauff befindet, auch allen mobilien übergeben und einhändigen soll: hergegen sollen beederſeits gefangne, so sich befinden, ohne entgelt loß gegeben werden.

2) hat man sich dahin verglichen, daß der Commendant sampt seinen angehörigen benebens allen hohen und nidern, Schwedischen und Wirtembergischen Officiern, warunder auch die, so zu Stuttgard gefangn gwesen seind, ebenmäſſig vermeint, mit sampt allen

len Soldaten und Artollery verwandten, in Summa der gantzen Guarnison, mit Sackh, packh und troß, pferd und wägen, Ober- und under gwehr, mit brennenden lunten, kugeln im Mund, gefülten panthelieren, auch trommelschlag frey, sicher und ungehindert und unbesucht, under was prætext es auch geschehen möchte, seinen abzug nemmen solte.

3) Ist verglichen und gäntzlich versprochen, daß Sie ohne eintzigen Nachtheyl ihrer oder des Ihrigen biß auff die Kähler Bruckh nacher Strasburg an Rhein mit gnuogsamer Convoy und ohne abwechslung derselbigen, doch daß der Auffbruch und Logierung mit gleicher bewilligung des Commendanten beschehe, und innerhalb 6. tagen auff das längst dahin convoyiert werden solle, mit angehenckhter Condition, daß er der Commendant alhie annemblich Geysel, nemblich ein Leutenant und ein Fenderich, der Convoy halben, zuruckhlassen solle. So bald aber besagte Convoy wider in Sicherheit ankommen, alsdann sollen ermelte Geysel ohne einzig ander entgelt oder anspruch, under was prætext solches geschehen möchte, als balden durch gnuogsame Versicherung und Underhalt Inacher gemeltem Strasburg am Rhein g:bracht und eingehändiget werden.

4) Sollen den hinderbleibenden kranckhen und verwundten Soldaten Quartier gegeben werden, darinnen Sie biß zu wider erlangung ihrer gesundheit verbleiben mögen, als denn einem jeden erlaubt werden solle, zu ziehen, wohin er will, wie auch einen paß zedel, damit er durchkommen kan.

5) Soll nichts von der vestung, es seyen mobili oder schrifftliche documenta, so anjezo noch darauf vorhanden, entwendt oder alieniert werden.

6) Soll kein Soldat oder Officier, wann er auch schon vor disem der gegenparthey gedient, und bey uns gefangen were worden, im geringsten nit gezwungen

sein, sich underhalten zu lassen, oder zuruckh zu bleiben, sonder disses alles zu thuen oder zu lassen einem ieden frey heimgestelt sein solle, ausser den ienigen, die schelmischer weiß außgerissen, die soll man auff begehren schuldig sein zu liefern und einzuhändigen.

7) Hat man sich beederseits dahin verglichen, daß ein Commissarius mit gegeben werden solle, so den außziehenden samentlich und ins gemein biß gehn Strasburg allen notthürfftigen Underhalt an essen, trincken und fourage nach notthurfft verschaffen solle.

8) Da auch wider verhoffen im abzug oder werendem March ein oder ander Unglegenheit sich zutragen würde, in was weg es auch geschehen möchte, soll hierdurch mit nichten diser Accord gebrochen, sondern eintzig und allein der Thäter restitution zu thuon, oder sein gebürende Straff auszustehen schuldig sein, im übrigen an keinem nichts weiters gesucht werden solle.

9) Sollen Commendanten die 3. pferd, so ihme von Ihrer Fstl. Gn. Herzog Bernharden zu Sachsen vorlängst übergeben, ohnangefochten verbleiben.

10) Sollen auch alle Wirtembergische Beampten, Officier und Underthonen, Geist- und Weltliche, wie auch der gewesne Herr Commendant, Werner Dieterich von Münchingen, nicht allein hiermit und in crafft dises Accords in Ihrer May. Schutz und Schirm gäntzlich auff- und angenommen sein, sondern sollen auch macht haben, mit sampt allen ihren Familien, auch herauff geflehnten mobilien, so vil sie deren mit ihren ayden beweisen kennen, daß solches ihnen zustendig, nach hauß, oder wohin ihnen beliebt, sicher ohne einzige ansprach und ranzion zu begeben, da auch einem oder dem andern ohnmüglich fallen möchte, daß seinig also balden herab zu bringen, als ist bewilliget, daß ihnen hierzuo etliche tag dilation gegeben werden solle.

Daß nun diser Accord steht, fest, steiff, auffrichtig und ohnverbrüchlich auff Cavalliers parole, traw und glauben gänzlich soll und möcht gehalten werden, als ist derselbig durch beeder partheyen principaln mit Hand und Sigel gänzlich becrdfftiget und confirmiert worden, wie dann zu mehrer Nachricht drey gleich lautende originalia auffgericht, darvon eines dem wolgebornen herrn, *Achilli* Freyherrn von Soye, als Obersten und Commendanten über die vor der Vestung logierenden Trouppen: das ander dem herrn Obr. Leutenant *Waldo*, als Commendanten hiesiger Vestung: und dann das dritte herrn Wernern Dieterichen von Münchingen, fürst. wirtembergischen Commendanten eingehendigt und zugestelt worden, den $\frac{28. Jul.}{7. Aug.}$ Anno 1635.

⊙   ⊙

Achilles, Freyherr von Soye.   Rüdiger von Waldo.

Hierauff nun uf disen hievor stehenden Accord ist die Uebergab diser Vestung Asperg und der Außzug folgender gestalt geschehen. Den

29.

Morgens umb 6. Uhr, wie auch hernach umb 8. Uhr hat man umbgeschlagen, und hat sich die Soldatesca sampt pagage und troß nach und nach gesamlet, und auff dem hof in ordnung gestelt. Umb 10. Uhr seind den Schwedischen 2. gefangne herauff kommen, so den 9. hujus gefangen worden. Darauff auch der gefangne Jesuiter ledig gelassen worden. Hierauff seind die Schwedische hohe Officier durch das kleine Schlagbrücklin hinauß gegangen, und mit den kayf. hohen Officiern (welchen man under dessen die eusserste New Porten eröffnet, die sie auch mit etlich wenig Soldaten

ten besetzt) zwischen den Palissaden Spraach gehalten, und einen Trunckh gethon. Darauff umb 11. Uhren ist die gantze Guarnison mit Sackh und packh, die pagage in der Mitte fuerend in guter Ordnung abgezogen, und hat der Commendant Waldo (welcher die Schlüssel zur Vestung am arm behalten, biß iederman völlig hinauß gwesen) disen Abzug beschlossen. Sie, die abziehende haben den weg uf Gröningen, und selbigen abend biß gehn Illingen genommen. Zu Geiseln seind hinderlassen worden Leutenant Peter Barth und Fenderich Jacob Blockh. Bald hernach haben die kays. die Wachten besetzt, und seind etliche Officiers mit des Obr. Baron de Soye Gutschen in die Vestung hinein gezogen. Umb 1. Uhr Nachmittag hat die Außwahl vom Landvolckh, deren noch sehr wenig gewesen, auch wöllen abziehen, die haben Sich aber under die kays. understellen muessen, welches wider den Accord war, dann als sie sich erstlich gewaigert, und nacher hauß gewolt, hat ein kays. Officier ihnen getrohet, Sie sollen nur hinziehen, sie wissen aber nit, wie weit sie kommen werden, darauff Sie sich ergeben. Auff den abend ist Augustin Oßwald von Liechtenstein, Commenthur von Horneckh, und Obr. Leutenant über das Vitzdommische Regiment zu pferd (welcher auch bey Uebergebung der Vestung gewesen,) wider hinweg nach Gröningen geritten, dem haben beede Geisel das glait geben. Auff selbigen abend ist mehr kays. Volckh in die Vestung gefüert, und auff den wahl logiert worden, waren 86. Musquetierer, 34. Picquenierer, 9. Officier, mit 2. Spühlleutten. Man hat selbigen abend auch für alle gmach und Stuben in der Vestung, darinnen noch geflohene Leut waren, eine Wacht oder salva Guardj gestelt, die haben wir aber hernacher Theur gnuog bezahlen muessen.

30.

Umb Mittag ist Werner Dieterich von Münchingen mit seiner Familia nach Stutgardt hinweg gezogen, sampt 2. wägen mit Truchen beladen. So raisete *Baron de Soye* gehn Hailbronn, befahle aber, man solte, biß er wider zuruckh käme, keine von den geflohenen Leuten hinauß lassen. Under dessen kame ein Obr. Wachtmeister herauff, dessen weib sich dapffer umbgethon, ihre Säckh und Gutschen voll gesteckht. Der Jesuiter, so nun mehr ledig, zohe auch nach Stutgardt, und kamen 2. Capuziner herauff. Uf den abend umb 3. Uhren wurde die kays. Wacht 94. Mann starckh auffgefüert. So ist ein Junger Grav von Fürstenberg mit 2. Trompetern ankommen, welcher des andern Tags 2. wägen mit Musqueten beladen auß dem Zeughauß hinweg füeren lassen. So war ein grosser Zulauff von Leütten, so aller Orten herkamen, und wolten ihre gesehnete mobilien wider abholen, dern doch der mehrertheil von Soldaten schon beraubt gwesen, dann was die Schwedische nit mit sich genommen, das haben hernach die kays. vollends geraubt, wie fleissig man auch gehüettet, ausser dem jenigen, was im Zeughauß gewesen, da hat *Baron de Soye* guten Schutz gehalten. Uf den abend hat man früchten gehn Gröningen füeren lassen, daselbsten abzumahlen, und wider auff den Berg zu liefern.

31.

Ist vil kays. Volckh das Land hinunder gezogen.

Eod. hat man den Bauren, welchen die kays. den 16. diß gehenckht, wider vom baum herunder gethon, und begraben.

Seind wider 62. kays. knecht in die Vestung kommen. Umb 4. Uhr ist die Wacht mit 64. Mann besetzt worden.

Uf disen abend seind die gefangne Bauren zu Egloßheim ledig gelassen worden.

Aug. 1.

Seind die Wachten mit 82. Mann gestärckht worden. Und ist *Baron de Soye* wider von Hailbronn kommen, und sich erklärt, alle geflohene leut dem Accord gemäß abziehen zu lassen. (Doch mußten wir ihme ein Discretion machen, welches auch folgenden Tags uf 500. Thaler geschehen.) Es ist auch diesen Tag der herr Burggrav von Dona mit 9. pferden herauff kommen. Auff den abend kam ein Furier vom könig in Ungarn, besichtigte die Gmächer, und zeigte uns an, weil Ihr königl. May. nechster Tagen alhie ankommen würden, solten wir alle gmächer raumen und außziehen. Es war aber ein vergebenlicher Schreckh, die arme leut nur gnuog zu ängstigen.

2.

Ist herr Burggrav von Dona wider hinweg gezogen, deßgleichen der kayf. Obr. Wachtmeister: so seind 2. wägen mit Musqueten und panthellern hinweg gefüert worden. Die Wacht wurde 67. Mann starckh auffgefüert. Und haben an disem Tag die geflohene leut anheben hinweg zu ziehen, aber als bald etliche von ihnen underwegs geplündert worden. Zween kayf. Soldaten haben der fraw Godelmännin all ihr gelt und Silbergeschirr gestohlen, weil Sie aber zu gschwind uf die Thätter kommen, und solches *Baroni de Soye* geklagt, hat sie es wider bekommen, doch dem Baron ein Discretion gethon.

3.

Ist das kayf. Volckh zu Egloßheim auffgebrochen, und für hohen Zollern gefüert worden. Die kayf. Soldaten plündern einen karch im dorff Asperg, welcher nach Gröningen fahren wöllen. Die ienige

2. Soldaten, so gestern der Godelmännin ihr gelt geraubt, seind in die eysen geschlagen, und dem Regiment nach gefüert worden. Seind auch etliche Rheingrävische Soldaten wider kommen, welche von der außziehenden Guarnison außgerissen, und hernach bey den kays. sich undergestellt.

Eod. bin Jch mit weib und kind und noch wenig mobilien von leinwaht und Beth wider nach Gröningen gezogen. Wir arme geflohene Underthonen wurden sehr hart gehalten, dann ob wir wol kein ranzion geben dörfften, so hatte es doch nur einen andern Namen, da hieß es Discretion, (meiner Grammatic nach gar indiscret) dem Obersten, Commissariis, Quartier Meister leutenant, Wachtmeister leutenant, Adiutanten, Wacht under der porten, abermahls dem Wachtmeister leutenant wegen hergegebner salva guardj: der Salva guardj selbsten: fuorlohn: Convoy gelt, dem officier, der mit gangen, Zehrung, dardurch uns wol der Seckhel gelert worden, und wir schier vollends umb unser armüethlin gebracht, und hat doch der mehrertheils sein geflehnetes nit mehr gefunden oder überkommen.

Ist also dise Vestung hohen Asperg aillff ganzer Monat in Schwedischer hand gewesen, und under dessen von den kays. stehtigs, und ie länger ie eüferiger ploquiert gwesen, biß es endlich zu einer belägerung gerahten, und man die Vestung mit dem Gschütz angegriffen, daß Sie sich wegen mangel einigen entsatz, und das die Victuallien nach und nach außgangen, müessen per accord übergeben, und ist sich zu verwundern, daß sich diß hauß so lange Zeit gehalten, da es doch anfangs nit wol auff 3. Monat proviantiert gewesen, (dann man ohne lengst vor der Nördlinger Schlacht etlich 100. schl. an früchten und Mehl herab verkaufft, da man doch vil mehr solte hinauff gethon haben.) und ein grosse anzahl Menschen darauff waren, an Soldaten und geflohenen Leutten. Im anfang gleich nach der Schlacht weniger nit als 2000. Seelen, darvon doch hernacher vil wider herab und nach hauß gezogen seind, ehe der Berg plocquiert worden.

So hat Gott der Herr diß hauß, ohnzweifelich umb unser Sünd und Unbußfertigkeit willen, nit nur mit einer, sondern etlichen plagen zumal heimgesucht, als, wir hatten den Krieg von auſſen und innen, die schöne Flecken und dörffer Asperg, Thamb, Eglossheim, wurden gantz in die äschen gelegt: alle andere ort an Stätten, dörffern, feldern umb den Berg wurden iämerlich verhergt und verderbt: So riſſe die Hauptkrankheit uf dem Berg grausamlich ein, das in werender plocquierung über 400. perſonen an Burgern, Soldaten und Bauren daran geſtorben, das mans etlichmahl nit alle begraben kennen, da uns auch der weg von den kayſ. zu der Kirchen in Under Asperg iſt geſperrt worden, hat man einen Gottsackher uf dem Berg bey den Palliſſaden anfahen müeſſen, darauff bey nahe in 50. perſonen begraben worden. Iſt auch das ellend deſto gröſſer gweſen bey den franckhen, dieweil Sie keine Mittel, Medicamenta oder Labſal haben kennen, weil uns alle zufuohr und Zugang von den kayſ. geſperrt gweſen. Dahero dann ein hohe und zuvor in diſem Land unerhörte Theurung kommen, und alle Victualien auffs höchſte geſtigen, wie hernach ſoll ſpecificiert werden.

Da man abgezogen, waren der geflohenen perſonen an iung und alten noch vorhanden über 455. wie hernach folget. Die Soldateſca zog ab 377. Mann ſtarckh, gut und friſch Volckh, hatten in werender Zeit der plocquirung und belägerung eingebüeſſt 219. Mann, laut folgender Roll. So hat man mit gemelter Soldateſca, ſo lang Sie auff Asperg gelegen, ein Namhafftes an proviant verbraucht, wie in der Specification folgen wird. Als die kayſ. auff die Weſtung kommen,

men, haben Sie ein schlechten Vorraht an früchten und wein, (dann davon wenig mehr übrig) allein an Munition ein gute anzahl noch gefunden, ohnangesehen daß man in Zeit werender plocquierung und belägerung über 1521. Schüß, allein auß groben Stuckhen gethon, ohne was man täglich auß doppelhackhen und Musqueten verschossen.

Es sind innerhalb solcher Zeit alle tag die ordenliche Bettstunden gehalten worden.

Ueber anderthalb hundert predigen gethon.

Kinder getaufft worden 67.

Ehen eingesegnet (laut Obr. Leutenants Consens Zebel) 24.

Und gestorben über 400. personen.

Specification, wie hoch die Victualien und andere waharen uf Asperg gestigen: Ao 1635.

Ein Commiſs brot, umb 4. batzen, diß war das wolfeileste.

Ein maß wein, 6. biß in 8. batzen.

Ein pfund fleisch, 8. batzen.

Ein pfund Roßfleisch, 6. crtzer.

Ein pfund Schmaltz, oder butter, 1. Reichsthaler, auch 25. batzen.

Ein ay, umb 10. crtzer.

Ein Vierling Saltz, 4. gulden.

Ein hennen, 3. auch 3½ gulden.

Ein pfund keeß, 1½ gulden.

Ein Citronen, ½ thaler.

Ein pomerantzen, ½ gulden.

Ein pfund Saiffen, 2. gulden.

Ein pfund Zuckher, 6. gulden.

Ein pfund Sterckhmehl, 2. gulden 2. batzen.

Ein par Schuoh, 2½ gulden.

Ein Muscatnuß, 10. crtzr.

Ein Nadel, 10. crtzer.
Ein hundert kleine krebslin, 2. gulden.

Verzeichniß der geflohenen leuth, so sich Ao 1635.
d. 29. Julii uf Asperg in Uebergab der Vestung
befunden.

Von
MarckhGröningen.
Männer 13. weiber 21. kinder 43. Ehehalten 3.
  Summa   •   •   80.

Biettigkeim.
Männer 5. weiber 7. kinder 13. Ehehalten 5.
  Summa   •   •   30.

Waiblingen.
Männer 2. weiber 1. kinder 12. Ehehalten 3.
  Summa   •   •   18.

Under Asperg.
Männer 45. weiber 56. kinder 121. Ehehalten 8.
  Summa   •   •   230.

Thamb.
Männer 10. weiber 14. kinder 23.
  Summa   •   •   47.

Egloßheim.
Männer 8. weiber 10. kinder 18. Ehehalten 2.
  Summa   •   •   38.

Bissingen.
  weiber 1.
  Summa   •   •   1.

Pfluogfeld.
Männer 1. weiber 1. kinder 2.
  Summa   •   •   4.

Stammheim.

Männer 1. weiber 1. kinder 4.

Summa . . 6.

Summa { Männer . 85.
weiber . 112.
kinder . 236.
Ehehalten . 21. }

Summa Summarum aller personen . 454.

Verzeichnuß des Commandierten Volckhs, so Ao 1634.
d. 30. Augusti uf Asperg gelegt worden.

Auß dem löblichen Rheingrävischen Regiment zu fuoß:
Von der leib Compagni . 99. knecht
Von Obr. leutenants Lindaws Compag. 13.
Von Maiors Flerscheims Compag. . 38.
Von Capit. Herpolds Compag. . 89.
Von Capit. Riva Compag. . . 22.
Von Capit. Bylo Compag. . . 34.
Von Capit. Lindaws Compag. . 19.
Von Capit. Mühlnarckhs Compag. . 26.
Von Capit. Basers Compag. . 25.
Von des Graven von Solms Compag. 94.
Von Obr. leutenants Layen seligen Compag. 24.

Summa . 483.

Zu diser Summa haben Sie noch uf der Vestung
von den gefangnen bekommen:

Die Leib Compag. . . 3. knecht
Obr. Leutenant Lindaw. . 0.
Maior Flerscheim . . 3.
Capit. Herpolt . . 0.
Capit. Riva . . 0.
Capit. Bylo . . 2.

Capit.

Capit. Lyndow • • 1.
Cap. Mühlnarckh • • 0.
Capit. Baser • • 0.
Graven von Solms. • 3.
Obr. leut. Layen • • 0.
    Summa • 12.

 Von disen knechten seind eingebleßt worden,
bey der leib Compag. • 54.
Obr. leut. Lyndaw • 4.
Maior Flersheim • 13.
Cap. Herpolt • • 40.
Cap. Riva • • 4.
Cap. Bylo • 9.
Cap. Lyndaw • 0.
Cap. Mühlnarckh • 8.
Cap. Baser • • 11.
Graven von Solms • 36.
Obr. leutenants Layen • 11.
    Summa • 179.

Weinmarische und Hornische miteinander,
 auch die underhaltene Reutter • 113.
Davon hat man eingebüesst • 29.
Herrn Obr. leutenant Diener • 2.

 Als man abgezogen, haben sich befunden,
Weinmarisch • • 80.
Rheingrävische leibcompag. • 45.
Obr. leutenant Lindaw • 9.
Maior Flersheim • 27.
Cap. Herpolt • • 49.
Cap. Riva • • 18.
Cap. Bylo • • 26.
Cap. Lindaw • • 20.
Cap. Mühlnarckh • 18.

Cap. Baser . . 14.
Graven von Solms . 58.
Obr. leutenants Layen Comp. . 13.
         Summa . 377.
Verwundte und krancke seind auff der Vestung
   geblieben . . 10.

Verzeichnuß, was und wievil in Zeit
werender plocquierung mit der Sol-
batesca verbraucht worden.

Rocken . 190. schl. 7. Simrj.
Dinckhel . 2455. schl.
Habern . 1097. schl. 5. Simrj.
Erbis . 7. sch. . 2. Vlg.
Rawe gersten . 6. schl. . 1. Vlg.
Mehl . 396. schl. 4. Simrj, 1. Vlg.
Saltz, gantz Scheiben . 22.
Bruch Saltz . 131. Simrj, 3. Vlg, 1. Achtel.
Schmaltz . 12. Centner.
Liechter und Unschlit . 23. Centner, 41. Pf.
Wein . 1476. Aimer, 3. Imj, 3. Maß.
Brandtenwein . 14. Imj, 8. Maß.
Ohne deß holtzes, welches etlich 100. klaffter gewesen.

Verzeichnuß, was die benachbarte Amptleut
kurtz vor der plocquierung an früchten uf
Asperg gelifert haben, Ao 1634.

31. Augusti Vogt von Grüeningen 31. schl. 4. Simrj.
1. Sept. Vogt zu Sachsenheim 9. schl. 4. Simrj.
2. Sept. Verwalter zu Biettigkeim 16. schl. 2. Simrj.
Eod. Vogt von Lewenberg 82. schl. 1½. Simrj.
Erlahof . . 16. schl. 4. Simrj.
6. Sept. Vogt von Biettigkeim 20. schl.
7. Sept. Vogt von Sachsenheim 9. schl. 4. Simrj.
      Summa . 185. schl. 3¼. Simrj.
Sovil habe Ich in eim Zebel des Castenknechts funden.

Consignation aller Stuckh, groß und klein, so Ao 1635. den 1. Julii rings ufm wahl uf Asperg ufgefüert gwesen.

1. Ein fünffviertel Carthaun, hielt am gewicht 6661. Pf. ward gegossen Ao 1554. schoß an eisen 65. Pf.

2. Ein Carthaun, ward Ao 1619. under herzog Joh. Friderichen gegossen, hielt am gewicht 8097. Pf. schoß an eisen 50. Pf.

3. Ein drey Vierthel Carthaun, ward gegossen Ao 1568. hielt am gewicht 6273. Pf. schoß an eisen 36. Pf.

4. Ein Feldschlang, ist gegossen worden under Herzog Friderich Ao 1607. schoß an eisen 18. Pf.

5. Die Schöne drey Viertel feldschlang, so under herzog Friderichen gegossen, schoß an eisen 12. Pf.

6. Ein Stuckh, so under herzog Johann Friderichen gegossen Ao 1625. und schoß an eisen 18. Pf.

7. war gegossen Ao 1623. under herzog Joh. Friderichen, hielt an gewicht 3238. Pf. und schoß an eisen 12. Pf.

8. war under herzog Joh. Friderichen gegossen Ao 1625. und schoß an eisen 12. Pf.

9. war gegossen Ao 1574. und schoß an eisen 8. Pf.

10. war gegossen Ao 1574. und schoß an eisen 8. Pf.

11. war gegossen Ao 1578. hielt an gewicht 700. Pf. und schoß an eisen 8. Pf.

12. der Wider genannt, ward gegossen Ao 1609. und schoß an eisen 9. Pf. darauff stunde diser Reimen:

Mit meim Namen heiß ich der Wider,
Was ich antriff, stoß ich darnider.

13. war gegoſſen under herzog Joh. Friderich Ao 1621. hielt am gewicht 3200. Pf. ſchoß an eiſen 6. Pf.

14. war gegoſſeu imber herzog Joh. Friderich Ao 1628. und ſchoß an eiſen 6. Pf.

15. war gegoſſen under herzog Joh. Friderich Ao 1628. und ſchoß an eiſen 6. Pf.

16. war gegoſſen under herzog Joh. Friderich Ao 1625. und ſchoß an eiſen 3. Pf.

17. war gegoſſen under herzog Joh. Friderich Ao 1625. und ſchoß an eiſen 3. Pf.

18. der Apoſtel *Philippus* genant, war gegoſſen Ao 1557. ſchoß an eiſen 2. Pf.

19. Ein anderer Apoſtel, war gegoſſen Ao 1578. ſchoß an eiſen 2. Pf.

20. ein Falconetlin, war gegoſſen Ao 1578.

21. die Ent genant, war gegoſſen Ao 1552. hielt an gewicht 1087. Pf.

22. war gegoſſen Ao 1578. hielt am gewicht 640. Pf.

23. der Greiff, war gegoſſen Ao 1588.

24. die Feldhuon, war gegoſſen Ao 1589.

25. der Happich, warb gegoſſen Ao 1588.

26. die Haſelhuon, war gegoſſen Ao. 1586.

27. der Goll, war gegoſſen Ao 1587.

28. hielt am gewicht 642. Pf.

29. das Fälckhlin, war gegoſſen Ao 1589.

30. der Haan, war gegoſſen Ao 1550.

31. der papagey, war gegoſſen Ao 1589.

Diſe vorgehende Falconetlin ſchieſſen zum theils 1. Pf. zum theils 2. zum theils 3. Pf. eiſen.

Fewr Mörſel waren auffgefüert 7.

Und uf dem Trappen fewrhund 3.

     Summa • 41. Stuckh.

Und

Vestung Asperg rc. 1635. Aug.

Und war darzu das Zeughauß noch trefflich wol versehen, mit grossen und kleinen, und vil Orgelstuckhen.

So seind auff den Aussenwerckhen oder Pasteyen folgende Regiments-Stückhlin gestanden, deren iedes 3. Pf. eisen geschossen.

1. Gott wider meine feind, ob ihr schon vil seind.
2. Traw, schaw wem.
3. Trew ist wildbrett.
4. frisch gewagt, ist halben gwonnen.

Seind alle erst Ao 1634. gegossen worden.
Summarum aller Stuckh, so auffgefüert waren • • 45.

Consignatio der ienigen Officiern, welche in obiger plocquierung uf dem Asperg sich befunden haben.

Württembergische.

Werner Dieterich von Münchingen, zu Hochdorff, Commendant.

Jeremias Godelmann, von Tübingen, Commissarius.

Hanß Philipps König, von Gröningen, Capitän übers Landvolckh.

Caspar Eckstein, von Ilsfeld, Guardj Capitän.

Johann Zeinckelin, von Crailsheim, Leutenant und Petardierer.

Rheingrävische zu fuoß:

Hanß Philipps von Flersheim, Maior, ein Pfälzer.

Franciscus Riva, Capitän, ein Schweizer von Zürch.

Philipps Jacob von Mühlnarckh, Capitän, ein Westerwälder.

Dieterich Baser, Capitän und Regiments Quartier Meister, ein Pfältzer.

Heinrich Bez, Leutenant von Herpolts Comp. ein Westerwälder.

Peter Barth, Leutenant von Bylo Comp. ein Heſſ.

Philipps Dieterich Zorn von Plopsheim, Leutenant von Lyndaws Compag. ein Elſäſſer.

Gottfrid von Mühlnarckh, Leutenant von Obr. Leut. Laren Comp. ein Wäſterwälder, superioris Mühlnarckhii frater.

Jacob Blockh, Fenderich von der Leib Compag. ein Pommer.

Wilhelm Voltzheim, Fenderich von Cap. Mühlnarckhen Comp. ein Braunſchweiger.

Peter Heering, Fenderich von der Solmiſchen Comp. ein Schwab von Schorndorff.

Weinmariſche,
darunder vil von Stutgardt alhieher kommen, welche dorten gefangen gweſen.

Rüdiger von Waldo, Oberſter Leutenant über die Schwediſche Artollery, und Commendant uf Aſperg, ein Märckher.

Samuel Sutor, Tragoner Leutenant, ein Pommer.

Carolus von Roßboth, Maior von Herzog Wilhelm auß Saxenweimmar, von Eißleben.

Johann von der Beck, Capitän under Herzog Wilhelm, von Danzig.

Johann Kneuß, Capit. under Herzog Wilhelm: von Erffurt.

Frantz Maier, von Leipzig, Capiten Leutenant.

Johann Schill, Leutenant, ein Märckher.

Fride-

Friderich von Roßboth, Leutenant, ein Voitländer.

Martin Wagner, Leutenant, von Eißleben.

Bartholomeus Marchthaler, von Regenspurg, Fenderich.

N. von Obernitz, Fenderich, ein Schlesier.

Hanß Philipps *Cabus*, U. J. D. Regiments Schultheiß.

N. ein Furier, auß Franckhen.

N. ein Quartier Meister von Nuernberg.

N. ein Furier, von Mihlacker.

N. ein Corporal von Entzweyhingen.

Heinrich Oppermann, herrn Commendanten Furier.

Christoph Baur von Schweinfurt, Regiments Secretarius und Hofmeister.

Otto von Pleß, Leutenant zu pferd, ein Meckhelburger.

N. der Schwartz Leutenant zu pferd, von Lintz.

Joachim von Waldo, Tragoner Fenderich, ein Märckher.

Carolus Christophorus von Wildenstein, Cornet von Obr. Craß.

Sebold Neher, von Pflugfeld, Cornet von Obr. Schafelitzki.

**Copiæ Confens Zedels
in Eheb|stehtigungen.**

Als uf Asperg die Soldaten etliche mahlen copulationem publicam et Confirmationem ihres gethonen Ehe Verspruchs von mir begeret, Ich aber, damit in dergleichen Sachen nichts unvorsichtiglich gehandelt werde, solches an herrn Commendanten Waldo gelangen lassen, Ist mir folgendes decretum Schrifftlich überantwortet worden.

Inhalt

Inhalt Begehrens.

Es bittet *Specialis* und Pfarrer zu Gröningen Herrn Commendanten, wegen der Soldaten begehrten Ehe Confirmation sein willfährige Resolution, damit hierinn nichts unverantwortliches vorlauffen möchte, zu ertheylen.

Beschaid.

Auff ernstlich anbefehlen herrn *Commendanten* solle herr pfarrer und *Specialis* zu Gröningen, nit weniger auch seiner Superattendenz underworffne pfarrer keinem Soldaten, wer der auch immer seye, kein Ehe confirmieren, es geschehe dann mit wissendem schrifftlichem Consens obEhrngedachten herrn Commendanten. Actum Asperg den 15. Sept. Ao 1634.

Fürstl. Würtemb. *Commissarius* und Proviant Meister,

Jeremias Gödelmann.

Hierauff wurden die Consens Zedel also außgefertiget:

Daß Ich ends benannter auff anhalten Vorweisern dises Soldaten N. N. von N. welcher sich zu N. N. von N. ehelich verlobt und versprochen, meinen Consens gegeben, hab Ich zu Urkund dessen mich selbs eigner handen underschriben, geben uf der Vestung hohen Asperg, den 16. Dec. 1634.

Der Cron und Reich Schweden under der hochlöbl. Weinmarischen Armée bestelter Obr. Leutenant über die Artollery, und Commendant alda,

Rüedinger von Waldo.

Oder

Oder also:

Daß auff anhalten N. N. von N. Vorweisern disem Soldaten, welcher sich zu N. N. von N. in Stand der h. Ehe verlobt und versprochen, Ich meinen Consens und ratification so weit gegeben, daß er sich Christlicher ordnung nach zu ihr möge copulieren und einsegnen lassen, das bekenn ich mit diser meiner eignen hand underschrifft und offentlich fürgetrucktem Adelichen pittschafft. Geben uf hohen Asperg, den 1. Oct. Ao 1634.

Der Cron und Reich Schweden under dem hochlöbl. Rheingrävischen Regiment bestellter Maior,

Hanß Philips von Flerschheim.

Copiæ des Ehebrieffs, so den copulierten ertheilt worden.

Daß mit günstigem Consens und Einwilligen der königl. Cron Schweden des löblichen Rheingrävischen Regiments wolverordneten Obersten WachtMeisters, des wohlEdlen Gestrengen Johann Philipps von Flerscheim, Ihrer Gestr. undergebner Soldat und Gefreyter under herrn Capitän Herpolts Compag. Hanß Jerg Beckher von Wachenum sich vermittelst des Allmächtigen schickhung mit Anna Maria, weilund Merten Kurtzen von Danzig, gewessnen Regiments Trommelschlagers under wohlermeltem Rheingrävischen Leib Regiment verlaßne wittib, ehelich versprochen, darauff auch von subsigniertem beede Verlobte 12. May Anno 1635. uf der Vestung hohen Asperg vor einer christlichen Gmein nach löblichem Brauch und der fürstl. Wirtt. Kirchenordnung gemäß mit einander Copuliert, also diser ihr Eheverspruch, wie sich gebürt, offentlich confirmiert und bestettiget worden, bezeügt er subscribierte, der damahls auff besagter Vestung Asperg sich enthalten, mit nachgesetzter seiner eigenen hand und Namens Under Schrifft, auch fürgetrucktem pittschaft, der hiermit ermeltem Soldaten, Hanß Jerg Beckhen, auff sein pittlich ersuchen disen Schein, selbigen an enden und orten haben fürzuweisen, offentlich ertheilen wöllen. Actum den 13. May Ao. 1635.

M. W. B.

Copiæ
Eines ergangnen AußSchreibens der hinderbllebenen fürstl. herrn Räht an etliche Aempter.

Unsern freundlichen gruoß zuvor, wohlEdler, Gestrenger, Ehrwürdiger, hochgelehrter, auch würdige, wohlgelehrtte, Ehrnveste, Ehrsame und weise, besonders liebe herrn und freund, Wir geben euch hiemit zu erkennen, was massen bey iüngstem königlichen Durchzug von dero zu Hungarn und Böheim königl. May. zu Commissarien und Regierungs Rähten über dise wirtembergische Landen der hochwolgeborne Herr, Herr Carl-Ludwig-Ernst, Grav zu Sultz, Landgrav im Cleggöw, des heil. Röm. Reichs Erbhofrichter zu Rothwell, herr zu Tüengen: So dann die wolEdle und Gestrenge herrn, Achatius von Leiningen, und Valentin Lana, allerseits der Röm. Kay. auch zu Hungarn und Böheim königl. May. Räht und respective Cammerer ɾc. mit dem gnedigsten Befelch verordnet worden, daß im Namen beeder allerhöchstgedachter Kay. und Kön. May. Jhnen wir auff abgeforderte und erstattete handtrew an eidßstatt, in allem, was sie anbefehlen und begehren werden, getrew, gewertig und gehorsam sein sollen. Wann nun under anderm von
jetzt

letzt besagten herrn Commissarien den alhier verbliebnen
herrn oder Räthen dise anweisung beschehen, allen und
ieden dises herzogthumbs geist- und weltlichen dienern
und beampten insgemein, wie auch Burgermeister und
Gericht in Stätt und dörffern die erinnerung zu thuon,
daß alle die ienige, welche sich von Amptsstellen und
haußhaltungen hinweg begeben, alsbalden und widerumb dahin nacher hauß begeben, und ihrem Beruoff
so wol bey kirchen und Schuolen, als anderwerts,
wie vorhin, der gebür abwartten, auch ob sie ichtwas
zu berichten, daß selbig iedesmahls zur fürstl. Cantzley
anhero, und zwar an die Räht mit guten Umbständen
und nothwendiger außfüerung gelangen lassen, und zu
ieder Ballen oder Expedition, dahin ein oder anders
gehörig, solches überschreiben sollen: Als werden ihr
euch so wol in ewern Ampts- als allen andern sachen
hiernach zu richten und zu verhalten, insonderheit aber
auch und vor allen Dingen zu erkundigen, und ein
Verzaichnuß, wie es in eim und anderm orth ewrer
Beamptung hergangen, was der verlust und abgang
an der Mannschafft, Mühlinen, Rossen und anderm
Vich, auch an kirchen und Schuolen, und sonsten
überall für schaden geschehen, welche Ministri ihr Leben
gelassen, gefänglich hinweg gefüert, verschollen, und
noch nit vorhanden, auch wohin sich einer oder der
ander salviert, fürderlich zu überschicken, deßgleichen
die unverweilte Verordnung anzuschaffen wissen, daß
ewere hin und wider verschollene und veriagte Ampts-
angehörige und Mitburger widerumb gesammlet, und
zu ihren heußlichen wohnungen vermöcht, die noch zer-
strowete ligende früchten, bevorab der habern, auffge-
bunden, und in mangel der fuohren von alten und iun-
gen, mans- und weibspersonen, uf was weiß und
weg es immer sein kan, in die Scheurn getragen, und
eingeheimbst, die Zehend fleissig in acht genommen,
wo müglich in die Stätt und beschlossene orth gebracht,

und

und verwarlichen auffgeschütt, auch nichts veruntrewet, wie nicht weniger der Tresch ohneinstellig fürgenommen und fortgesetzt, zumahlen die felder gebawet, und widerumb angeblüembt, und solchergstalten, so vil immer menschlich und müglich, nirgents nichts wüest oder öd gelassen werde. Wolten wir euch zu ewerer nachrichtung hiemit andeutten, und seyen euch beneben mit freundlichem willen wolgeneigt. Dat. Stutgardten den 20. Sept. Ao 1634.

fürstl. wirtemb. verordnete Räht,

Joh. Georg Sigward, D.
Andreas Ketterlin.

Inscriptio.

Denn wolEdlen, Gestrengen, Ehrwürdigen, hochgelehrten, würdigen und wolgelehrten, auch Ehrnvesten, Ersamen und weisen, N. N. fürstl. wirtembl. OberVögten, Abten, Special-Superintendenten, pfarrern, Undervögten, kellern, Geistlichen Verwaltern, auch BurgerMeistern und Gericht zu Gröningen, Vayhingen, Sachsenheim, Maulbronn, Derdingen, Blettigkeim, Bessigkeim, Mundelsheim, Brackhenheim und Güglingen: unsern besonders lieben herrn und freunden, sampt und sonders ꝛc.

Postscriptum.

Demnach wir auch leichtlich erachten kennen, daß ausser mangel und abwesenheit der kirchendiener an manchem ort vil kinder ohngetaufft ligen, oder wol gar ohn empfangene Tauff, wie auch vil kranckhe ohn Trost und das h. Sacrament dahin sterben werden, als wollen Ihr Specialis (oder pfarrer) die Ministros ewerer Superintendenz oder Amptung als gleich in Schrifften ganz beweglich erinnern, daß Sie zu ihren anvertrawten Gemeinen und geängstigten trostlosen

Schäfflin sich widerumb ohneinstellig verfüegen, ihr officium mit predigen und Administratione Sacramentorum gebüerend versehen, auch ihre Zuhörer zu fleissiger Besuchung des wahren gottesdiensts und rechtschaffner bußfertiger Bekehrung zu Gott ganz eüferig ermahnen. Und weil vermuthlich die Ministri auffm Land gern wissens haben möchten, wessen Sie sich des alltäglichen Gebetts halben bey letzigem Zustand zu verhalten, als wöllen ihr so wol für euch selbsten, als auch alle Ministri fürauß folgende form in acht nemmen, hiervon als gleich iedem zur Nachrichtung abschrifften Communicieren.

Erinnerung vor dem Täglichen Gebett:

Die gnad unsers herrn und hailands Jesu Christi, die liebe Gottes und die gemeinschafft des h. Geists seye und bleibe mit und über uns alle zu allen und ieden Zeitten, Amen.

Geliebte in Christo dem herrn, in was grosse Trangsahl die arme christliche kirch durch dises langwürige kriegswesen gesetzt worden, ist laider mehr dan offenbar, was auch Gott noch künfftig mit hunger, pestilentz und andern straffen gegen der unbußfertigen welt fürnemmen werde, das ist vor unsern Augen verborgen, Nun haben wir laider nit allein dise zeittliche straffen, sonder auch die ewige hellische Verdammnuß wol verschuldet, So wahr aber der herr lebet, will er nicht den Tod des Sünders, sondern das er sich bekehre und lebe, der befilcht uns auch, daß wir ihne in der Noth anrueffen sollen, und verspricht, er wölle uns erhören: hierauff wöllen wir Gott dem himmlischen Vatter fürtragen das anligen der gantzen christlichen kirchen, und insonderheit in unser Gebett einschliessen unsern gnädigen Landsfürsten und herrn, wie auch das gantze fürstl. hauß württemberg sampt dessen

Landen und Leuthen, und mit demüetigem, buoßfertigem und glaubigem hertzen also, mit einander betten und sprechen ꝛc.

Darauff sol man nider-knien, ein psalm Davids gelesen, auff denselben an statt des alltäglichen das gewohnliche Sontägliche Gebett gesprochen, mit dem Vatter unser, Voto und Seegen beschlossen, und allwegen darauff gesungen werden: Verley uns friden gnädiglich ꝛc.

Consistorium.

Copiæ underthönigen Berichts, welchen die Geist- und weltliche Beampte beeder Stätt Gröningen und Biettigkeim uf hieoben der fürstl. wirtembl. Räht ergangen AußSchreiben gethon haben.

Edle, hochgelehrt, EhrnVest und hochgeachte; Ewer herrl. und Ehrenv. seyen unser gantz gutwillige underdienstliche Dienst und gruoß neben aller gedeylichen wolfartswünschung ieder Zeit bevor. Großgünstig und günstige liebe herrn, Derselben sub dato den 20. diß. uns aber erst den 22. hujus behandet, an uns und andere benachbarte Aempter under fürstl. wirtemb. secret abgangenes Schreiben haben wir wol überlifert empfangen, und den Inhalt vornemblich dahin verstanden, das bey iüngster tagen im hertzogthumb wirtemberg gehaltenem königlichem Durchzug von dero zu Hungarn und Böheim königl. Maytt. über dise wirtembergische Landen der hochwolgeborne herr, herr Carl-Ludwig-Ernst, Grav zu Sultz, Landgrav im Cleggöw, des h. Röm. Reichs Erbhofrichter zu Rotweil, her zu Tiengen: Sodan die wolEdle und gestrenge herrn, Achatius von Leiningen und Valentin Lang, allerseits der Röm. Kays. auch zu Hungarn und Böheim Kön. Maytt.

Mayt. Räht und respective Cammerer: zu Commissarien und Regierungs Rähten mit disem gnedigsten Befelch verordnet worden, daß im Namen beeder allerhöchstgedachter kayß. und königl. Mayt. ihnen E. H. und E. als fürstliche wirtemb. Räht auff abgeforderte und erstattete handtrew an ayds Statt in allem, was sie anbefehlen und begehren werden, getrew, gewertig und gehorsam sein, und daß dannenhero auff deroselben ermahnungs Schreiben alle und iede diß hertzogthumbs wirtemb. geist= und weltliche diener und beampte insgemein, wie auch Burger Meister und Gericht in Stätt und dörffern die gwisse erinnerung thuon, daß alle die ienige, welche sich von Amptsstellen und haußhaltungen hinweg begeben, alsbalden widerumb dahin und nacher hauß verfüegen, ihrem Beruoff so wol bey Kirchen und Schuolen als anderwerts, wie vorhin, der gebür abwartten, auch ob ichtwas underthönig zu berichten, dasselbig iedesmahls zur fürstlichen Cantzley nacher Stutgardten, und zwar an die Rhät zu ieder Balley oder expedition, dahin ein oder anders gehörig, berichtlich gelangen lassen sollen ꝛc. mehrern Inhalts obangezognen fürstlichen außschreibens. Geben hierauff E. H. und E. zu begertem Bericht der sachen subsignierte mit warhafftem Bericht underdienstlichen zu vernemmen, daß

Erstlichen, als nach vorgangner Nördlingischen Schlacht und niderlag der Schwedischen und deroselben Mitbundsverwandten die kayß. Armee auff das Land zu gegangen, und mit den wirtembergischen Underthönen mit sengen, brennen, niderhawen, blündern, offentlichen schänden weiber und Jungfrawen, fänglichen wegfüeren Mans= und weibsbilder (warunder sie sonderlich ihr absehen auff die geistliche, Item Beampte, Burger-Meister, Stattschreiber und ienige, so Aempter getragen, gehabt,) gleichsam Barbarisch und ohnerhört verfahren und Tyrannisiert: zumahl die vor disem abgeloffne

360 **III. Beschreibung, was sich mit der**

geloffne fürstl. gnedige Befelch mehrmahligen Inhalts dahin gangen, wer etwas liebs, dasselbig wol an sichere, wolverwahrte örter thuon, und sich salvieren möge, haben wir underschribne neben unsern weib und kindern sampt mitnemmung etlicher weniger mobilien und Underhalts zwar ehender nit, biß besagte kays. armée die benachbarte nur 3. Stund von uns gelegne Statt waiblingen ausser der Zargen vom boden abgebrandt, alles, was sie alda und den offnen fleckhen angetroffen, jämerlich und erbärmlich nidergehawen, auch vil Volckh gefangen, mit und weg gefüert worden, uns auff das hauß Asperg, und zwar gar nit der meinung, gegen einer oder der andern Obrigkeit (wie wir anietzo eines theyls unschuldig bezüchtiget wöllen werden) zu rebellieren, sondern allein uns, unsere arme weib und kinder bey Leben zu erhalten, und vor dergleichen unerhörten trangsalen zu beschützen, salviert und begeben, alda wir uns auch nun in die 14. tag auff unsere eigne Spesa auffgehalten, der underthänigen Zuversicht, wir werden ausser nachfolgenden warhafften Begangenschafften hierinnen keinswegs zu verdencken, sonder vil mehr, daß wir daran recht und wol gethon, gut geheissen sein. Dann als

für das ander oberwehnte kays. armée, nachdem Statt und Ampt waiblingen mehrertheils ruiniert und spoliert gewesen, uf Statt und Ampt Gröningen, folgends uf Blettigkeim, zwar nur Trouppenweiß, ihren March genommen, und anwesende Gerichtsverwandten (weil sie solchem gewalt zu widerstehen einig Mittel oder succurs nit gewißt) beeder orten ihnen entgegen gangen, zu allem willen und gehorsam, wie zuvor Stutgardt, Candstatt und mehr andere Aempter gethon haben sollen, anerbotten, auch vor blünderung und brand auff ein gewiß Stuckh gelts mit ihnen güettlich accordiert, haben sie erstlich zwar das im accord versprochene angenommen und erhebt, aber

aber ungeacht ihres dargegen geschehenen Verspruchs
gleich darauff, auch etlich tag einander nach sowol in
den Amptsstätten als den fleckhen feindlich eingefallen,
mit rauben, blindern, brennen, sengen, niderhawen,
schänden, wegfüeren, Mans- und frawen personen,
junger und alter, ohne Underschied dermassen verfahren
und gehauset, daß es einen Stein erbarmen solte, ja
mit Zungen nit gnuogsam außzusprechen, oder in die
feder zu bringen. In beeden AmptStätten haben sie
die Kirchen, so wol auch in den dörffern, die Tauf-
Altar- und Cantzel Tücher, Item die kelch zu dem h.
Abendmahl in nahend allen Kirchen weg genommen,
und die Ostien mit füessen getretten, daß Ich, der
Specialis von Gröningen, einem alten 70. Järigen
Burger Meister und seinem weib, so gleichsam ver-
schmacht uf den tod zugegen gelegen, (so auch wenig
tag hernacher gestorben) das h. Abendmahl außer
einem gläßlin raichen müessen, die Kirchen Stüel und
Sacristey zu Gröningen zerhawen und zerschlagen, büe-
cher und anders zerrissen und verstrewet, alles rein außgeplündert, daß mehrertheils burger und Underthonen
nit wol mehr ein kleidlin an ihren Leib zu thuon, wer
ihnen nit entloffen, oder sich sonsten in die wäld oder
heimliche ort verschlossen, der hat müessen geprügelt,
geknebelt, geschlagen, oder da er kein gelt gehabt, oder
geben kennen, gehenckht, erschossen und nidergemacht,
oder doch gefänglich weggefüert werden, gestaltsame
dann sie den Stattschreiber von Gröningen neben vilen
andern Mitburgern, Mans- weibs- und ledigen personen mit ihnen weg genommen, selbige geschändt, ge-
presst, geprügelt, geschlagen, theils gar nidergemacht, und
wird sonderlich der Stattschreiber im Weinsperger Thal
im Arrest gehalten, biß er und noch 2. Mitburger zu
Gröningen crafft eines zuruckh und alhero gesantten
Italienischen paß Zedels 3000. Ducaten ranzion erlegen thuon, oder solten mit einander gehenckht werden,

Z 5   wel-

welches ihnen auffzubringen weder menschlich noch müglich: Sonderlich auch under andern den Lateinischen Præceptorem zu Gröningen gefärglich weggefüert: Michel Burgern, burgern zu Gröningen, in seinem eignen hauß gehenckht: und sein weib zu stuckhen gehawen: den Burger Müller uf dem Marckht erschossen: die Thurnbläserin vom kirchen Thurn herab gestürzt: Bernhard Beeren, einen Gerichtsverwandten vor seinem hauß nidergemacht, sampt andern, deren uf einen tag 25. personen zu Gröningen begraben worden, ohne die ienige, welche noch täglich wegen außgstandener angst dahin sterben. Zuo Biettigkeim im Ampthauß haben Sie Johann Mitschelins weib von Steinheim im wahn, als ob es die Vögtin, den kopff zerspalten: den herren Kieffer uf den Tod gehauen: den Korn Messer durch den kopff geschossen, daß ihme wegen brands die verletzte Zungen herauß geschnitten, und derselb hungers sterben müessen: anderer mehr unmenschlicher Mordthaten zu geschweigen, kompt doch von den entfüerten ie einer da, der ander dort nach und nach mit blutigen köpffen wider anheimbs, dahero man noch der Zeit den mangel und anzahl der Nidergemachten, selbs vor schreckhen und Laid verstorbnen und weggefüerten personen nit wissen, weniger den in beeden Aemptern erlittenen Schaden (bann daran laider laider, Gott erbarme es, noch kein nachlassen,) berichten kan.

Beede Gröninger Amptsfleckhen, Oßweil und Bissingen, seind fürs dritte biß auff die helffte ohngefahr abgebrandt, andere stehen auch noch stundlich in der gleichen gefahr.

Item Viertens alle Zugpferd in beeden Aemptern so wol bey dem Schwedischen Durchzug, als der kayß. nachfolg mehrertheils dahin gangen, also das in manchem ort, Statt oder Fleckhen nit wol ein einiges übrig geblieben, dahero auch der in feldern zerstrewet ligende

Habern,

Habern, was nit hievor schon durch die Reutterey verderbt, Item was noch auff dem halm stehet, so wol auch das Oemd gantz nit ein und heim zu bringen ist, und ob schon etliche von der baurschafft zu einbringung derselbigen, sonderlich aber zu auß Seeung der bawfelder (daran sehr hoch und merckhlich gelegen) etliche alte abgängige schlecht sollende pferd erkauffen, und an die Stelle bringen, werden doch dieselben, was nur ein wenig etwas vor ist, ihnen alsbalden wider abgenommen, ia dörffen sich in nachbarlicher Revier auff den feldern nit wol blickhen oder sehen lassen.

So seyen für das fünffte mehrertheils Underthonen in disen zweyen ämptern (etlich gar wenig in den Stätten außgenommen,) dergestalt spoliert, geplündert und in grund verderbt, das der hunderste haußman nit mehr ein bissen weder zu essen noch zu leben, ia von Leinwaht oder klaidern nit wol mehr, das er gleichsam einen finger verbinden köntte, und dannenhero nothwendig verursacht und gemüessiget werden (wan sie schon noch heußlichen underschlauff und etwa ohngebawte feldgüettlin haben) weib und kind an die hand zu nemmen, und auff das Land dem ellenden armseligen Bettelstab nachzuziehen.

Und wolten für das Sechste wir die geist- und weltliche Beamte diser beeder Aempter obligender verpflichter Schuldigkeit nach, Gott weiß es, uns gethoner anerinnerung nach herzlich gern wider zu hauß begeben, unsere anvertrawte officia, da doch der weltlichen halben in unserm abwesen gehörige Ampts Verweser hinderlassen worden, der gebür und schuldigkeit administrieren, und als zuvor in Underthönigkeit versehen, wan wir allein auch salvum conductum hetten, Leibs und Lebens, auch gefänglicher wegfürung (dessen uns an iezo vor andern ernstlich angetrohet wird) assecuriert sein köntten: dann sich diser Zeitten etlich 100. kays. Küraffier zu Geisingen (Junckher Schertlin von

Bur-

Burtenbach gehörig) und selbiger nachbarlicher gegne umb den Asperg schon etlich tag auffgehalten, und wegen deß auff Asperg ligenden Schwedischen Commandanten (der als ein ehrlicher Cavallier sampt seiner underhabender Soldatesca dise Vestung biß auff den letsten Mann für unsern gnedigen fürsten und herrn zu defendieren endlich resolviert sein soll) in all umbligenden örtern ihr absehen nemmen, und den Asperg gleichsam plocquiert halten, denen muß auß der Statt Bittigkeim, wie wir hieoben für gewiß verständiget, täglichs an gelt 8. Reichsthaler, 60. Laib brot, wein, fleisch und anders in das Quartier verschafft, und noch darzu bey dem auff und zu Ritt täglichs im wirtshauß 3. Tisch gespeißt werden, welches ohnmüglich nur 14. tag zu Continuieren oder zu erschwingen. Die haben erst vor 2. tagen neben mehr täglichs in handen fallender Underthonen den Schulmeister von Egloßheim gefenglich weggefüert, weren also unsers theils, wan wir uns noch der Zeit ab dem hauß Asperg zu hauß begeben solten und müeßten, vor ihnen kein stund sicher, massen es von ihnen alltäglich in unsern beeden ämptern noch straiffende Rotten und trouppen gibt, reütten täglich under anderm vor das Ampthauß zu Blettigkeim, und fragen: Ob der Vogt und sein weib noch nit heimkommen? füeren gefangen weg, wen sie antreffen, vor denen weder zu feld oder straffen kein Mensch noch Vich gesichert sein kan.

So hat es auch mit uns zum Siebenden dise wahre bewandtnuß, das ein leder under uns zu Underschlauff und proviantierung sich selbs, weib und kinder (crafft deren darunder zuvor mehrmalen ergangner wolgemeinter gn. warnungs Befelchen) seine beste mobilien, als etwas von klaidern, Bethgewandt und dergleichen, was vor so schnellem Einfall der kays. geschehen mögen, mit auff die Vestung hohen Asperg genommen, und unsers erachtens in Sicherheit verwarth,

warth, weil wir nun umb alles das ienige, was noch daheimbd in der haußhaltung gewesen, kommen, kenden wir ohne mitnemmung diser unserer alhero auff den Asperg geflehneter sachen nit wol wider anfangen haußhalten, tragen auch darbey die beysorg, es möchte der Herr Commendant (der sich sonsten zu allem guten genaigten willen großgünstig anerbeut) uns noch der Zeit darvon nichts folgen lassen, vorwendend, diß würde seinem gegentheil oder feind zugefüert, und dardurch ihne desto bequemer auff der Vestung Asperg zu plocquieren oder gar zu beldgern Ursach an hand gegeben. Seind derowegen wir und dise beede nechst umb den Asperg gelegne Aempter gegen andern etwas besser entsessnen in doppelter gefahr, und wissen noch der Zeit nit, was zu thuon oder zu lassen, oder wie den sachen zum besten in ein oder andern weg zu begegnen sein möchte.

Wan dan hierauß gnuogsam zu vernemmen, in was laidigen Terminis es mit uns bewandt, und das wir für uns selbsten uns weder zu rahten oder zu helffen wissen, als gelangt an E. H. und E. unser underdienstfreund- und fleissiges bitten umb Gottes willen, die wöllen diser beeder Aempter erlittenen hochschädlichen Jamer, ellend und trangsahl, welches nit gnuogsam außzusprechen, großgünstig behertzigen, und uns dero räthlich gutachten und bedencken, wie in ein oder andern weg fürters die Sachen anzustellen, bey hierumben abgefertigtem Botten in Schrifften unbeschwert großgünstig verständigen, Sonderlich aber dahin zu trachten, wie den straiffenden Rotten in beeden Aemptern Gröningen und Blettigkeim zu steuren, und die strassen zu säubern, damit ieder, was noch bey Leben, sein anbefohlen Officium wider betretten und versehen, sein heußliche wohnung sicher besuchen, was noch auff dem feld, vorauß der viler orten vor augen stehende reiche herpst, einheimbsen, hergegen die Felder (welches das

aller-

allervornembst) wider anblüemen und auffeen, und also sich selbs sampt weib und kindern versorgen, und darbey vorderist der vorgesetzten Obrigkeit zu obedieren, auch die gebür und schuldigkeit zu raichen wissen möge. Und ob zwar, daß E. H. und E. diser Zeitten mit vilen andern und wichtigen Geschäfften occupiert, wir gar nit zweifflen, So wöllen wir doch tröstlicher hoffnung geleben, die werden uns hierüber einer gewürigen nachrichtlichen resolution bey Zaigern zu lieb abgefertigtem botten zu würdigen sich keines wegs beschweren, massen umb dieselben ein solches auff alle begebende occasiones underdienstlich und geflissen zu beschulden uns bestes fleiß obgelegen sein soll, Dero damit uns zu großgunsten, vorderist aber göttlicher Allmacht uns allerseits trew eüferichst befehlend. Datum den 28. 7bris Ao. 1634.

E. H. und E.

underdienst geneigtwillige,
Geist- und weltliche Beampte, BurgerMeister und andere, so sich diser Zeitten außer beeden Aemptern Gröningen und Biettigkeim in salvo auff der Vestung hohen Asperg befinden,

Specialis, Vogt und 2. Burger Meister von Gröningen.

Vogt, 2. Burger Meister und Stattschreiber von Biettigkeim.

Den Edlen, hochgelehrten, Ehrenvesten und hochgeachten, Herrn Joh. Georg Sigwardten, der Rechten Doctori, und Andres Ketterlin, beeden fürstl. württemb. wolverordneten Räthen zu Stutgard, unsern großgünstigen Herrn rc.

Copiæ

Copiæ

Eines vom Ehrwürdigen Ministerio zu Stutgardten an Herrn Commendanten abgangenen Schreibens, die beede verhaffte Jesuiter betreffend.

WohlEdler, Gestrenger, E. Gestr. seyen unser beraitwillige Dienst neben unserm andächtigen Gebett iederzeit bevor. Insonders großgünstiger Herr, was diser tagen von an ietzo anwesender kön. May. einem ausser unserm Mittel per decretum notificiert und befohlen worden, das haben E. Gestr. auß hiebey ligender abschrifft mit mehrerem großgünstig zu vernemmen, (es war aber der Inhalt decreti, es solten die Ministri zu Stutgard sehen, daß die 2. gefangne Jesuiter uf Asperg ledig würden, oder gleicher gefahr gewärtig sein:) Ob wol nun uns underzeichneten ohnbewußt, was es mit den 2. angedütteten Herrn Patribus ihrer gefangenschafft, ranzion und Tractation für eine eigentliche bewandtnuß: Neben dem wir auch sonsten für unsere personen weder insgesamt noch besonder kein Interesse darbey haben: weiln iedoch wegen höchstgedachter Ihrer königl. Mayt. uns allergnedigst anbefohlen worden, nach mittteln zu trachten, wie solche beede herrn Patres wider liberiert, und auff freyen fuoß gebracht werden möchten, als haben demselben wir billig gehorsambste folg zu thuon an E. Gestr. hierunder alsobalden zu schreiben, und gegenwertigen zu derselben abzuordnen, und zugleich dienstlich angelegnestes fleisses zu bitten nicht underlassen sollen, sie geruheten diß werckh wol und reifflich zu behertzigen, und es E. Gestr. gegen dem Ministerio tragender uns hochberüempter guetten affection nach dahin großgünstig zu richten, damit gedachte beede herrn Patres ohne entgeltnuß fürdersamb wider auff freyen sichern fuoß gestelt, hierunder so wol Sie als wir mit sondern großgn. bedacht, und also

diß

diß orts alle besorgende Unglegenheiten abgewendet, und verhüetet werden möchten. Das wöllen unsers theils mit unserm eüferigen gebett zu Gott und unsern zwar wenigen diensten wir die Tag unsers Lebens gantz danckhbarlich zu erkennen und zu rüemen nicht vergessen. Hierüber von E. Gestr. bey disem abgeordneten großgl. willfahrige antwort uns underdienstlich getröstend, und Deroselben zu beharrlichen großgunsten uns und das gantze Ministerium, auch göttlichem gnaden Schutz uns allerseits bestes fleiß empfehlend. Dat. Stutgardt, den 30. Octobris Ao 1634.

E. Gestr.

Dienst- und Beraitwillige
Consistoriales und Ministri
daselbsten,
M. Erhardus Weinman.
M. Wilhelm Heerbrand.
M. Jacobus Grab.
M. Martinus Hock.
M. Samuel Schließneckher.
M. Andreas Faber.
M. Joh. Christoph Heß.
M. Michael Luz.

Dem wohlEdlen und Gestrengen Herrn Rüedingern von Waldo, der königl. Cron Schweden bestelten Obr. Leutenant über die Artollery und Commendanten uf Asperg, unserm sonders großgl. Herrn.

Copiæ Königl. Auß Schreibens,
die Ersetzung der verstorbnen oder hinweg gezogenen Beampten betreffend.

Ferdinand der dritte von Gottes gnaden zu Hungarn und Böheim König, Ertzherzog zu Oesterreich 2c.

Liebt,

Liebe getrewe, demnach sonder Zweiffel bey disen geschwinden leuffen auch etliche unserer weltlichen Beampten in Statt und ampt bey euch ihr leben geendet, und außer diser welt abgeschieden werden sein, deren Stellen biß dato unersetzt verblieben: Als ist hierauff unser Befelch, ihr wellet ein specification dergleichen Beampten von Ober und Undervögten, VorstMeistern, Kellern, Raisigen Schultheissen, Vorstknechten, und wie die Namen haben mögen, so in mittels tods verfahren, und ihre ämpter nit anderwertig bestelt, fürderlich alhero verschaffen: deren gesampten überlebenden halben aber, so sich von ihren ämptern hinweg und an andere ort begeben, ewer erkundigung, ob sie sich inn- oder außerhalb diß hertzogthumbs befinden thuon, einziehen, alsdan ob und wan sie sich widerumb zu ihren Diensten zu begeben gemeint oder nicht, von ihnen vernemmen, beneben ihnen andeuten, daß uf ihr lenger außbleiben ihre stellen, weil dieselbige mit unserm und der Underthonen Schaden und Nachtheil länger also nicht ledig zu lassen, mit andern taugenlichen subiectis ehest ersetzt werden müessen. Was ihr nun hierinnen verrichten, die abwesende sich auch erkleren, ihr mit guter außfüerung alhero zu unser Cantzley gelangen zu lassen, und fernern Bescheids zu gewartten wissen werdet, an deme beschicht unser gnedigster will und meinung. Datum Stutg. den 12/2 Decembris Ao 1634.

Heinrich Hiller.
Johann Kechelin.

Unsern Ober-Undervögten, Vorstmeistern, Kellern, Amptman, Ober Schultheissen, auch BurgerM. und Gericht zu Stutgard, Canstat, weiblingen, Schorndorff, Winnenden, Backnang, Murhard, Sulzbach, Beylstein, Bottwar, Bessigkeim, Mundelsheim, Marppach, Hoheneckh, Bietigkeim, und lieben getrewen N. N. sampt und sonders.

Stutgard am erſten zu erbrechen, und alſo fort an ꝛc.

Copiæ Schreibens, darinnen die
geflohene Uberthonen uf Aſperg bey bem Baron
de Soye umb paß und Repaß zu der königl.
Regierung angehalten.

Hochwolgeborner Freyherr, E. G. ſeyen unſer underthönig beraitwillig gefliſſne dienſt neben unſerm andächtigen euferigen Gebett für dero langwirige gſundheit allezeit zuvor. Gnediger herr Oberſter, auß was Urſachen wir höchſtnothtrunglichen uns vor diſem alhero auff Aſperg in salvum gegeben, darzu ſeind wir vorderiſt zu rettung leibs und Lebens, wie auch erhaltung ehr und geführ gezwungen worden, in maſſen wir ſolches künfftiger Zeitten mit weitleüffigen umbſtänden an ort und enden es ſich gebüren wird, ia vor der ganzen erbarn welt wol und mit warheits grund getrawen zu verantwortten. Wie wol nun wir in mittelſt der tröſtzuverſichtlichen hoffnung gelebt, es ſolten ſich die ſachen in ein oder andere weg alſo anlaſſen, damit wir ſampt weib und kindern in kurtzer Zeit wider ſicherlich zu unſern häußlichen wohnungen kommen mögen, ſo haben wir doch und zwar, weiß der liebe Gott, über willen das widerſpihl erfahren, und uns noch bis dato alhie auffhalten müeſſen: dieweil aber berait die liebe erndzeit vorhanden, und wir, in maſſen ob anregung geſchehen, unſers theyls niemahl weder die Röm. Kayſ. noch zu Hungarn und Böheim königl. May. zu offendieren, ſondern allein obverſtandner gſtalt leib und leben zu ſalvieren begehrt, daunenhero anders nichts ſehen möchten, damit ſo wol unſere feldgüettlin dem allgemeinen und unſerm privatnutzen zum beſten zu künfftiger Saatzeit wider gebawen, als auch die vor augen ſcheinende Ernd eingethon, und darburch gnedigſter herrſchafft die

Schul-

Schuldigkeit desto besser erstattet werden möchte: So gelangt in reiffer erwegung dessen an E. G. unser underthönig und hochfleißig bitten, die wollen ihro gnedig belieben und gefallen laßen, daß wir von anwesenden wirtembergischen Landsaßen und Underthonen 3. personen verordnen, welche bey der hochlöblichen königl. Regierung zu Stutgard unser anligen und notthurfft anbringen mögen, zu dem end auch denselben nothwendigen paß und Repaß, auch andere sicherheit, wie es E. G. für thunlich und gut gnedig ansehen werden, ertheilen laßen, uf welchen verhoffenlich willfahrenden fahl den hochwoledlen Gestrengen herrn Rüedinger von Waldo, der königl. Cron Schweden und Confœderierten Evangelischen Ständ über die Artollerey bestelten Obr. Leutenant und Ober Commendanten hieroben, wir umb großgünstigen Consens hierunder underdienstlich anzusuchen, uns obligen will. Begehren uf solche erzaigende gnad umb E. G. wir nach unserm armen eüsserten Vermögen underthönig zu verdienen, nicht zu underlaßen, dero zu beharrlichen gnaden neben erwartung gnädiger willfähriger resolution uns gleicher gestalt underthönig befehlend. Datum Asperg den 11. Julii Ao 1635.

E. G.

underthönig gehorsame
wirtembergische geist- und weltliche
Beampte und andere theils verbrente
Underthonen, so sich uf hohen Asperg
befinden.

Dem hochwolgebornen herrn, herrn Achilli Baron de Soye, der Röm. Kay. auch zuo Hungarn und Böheim kön. May. wolbestelten Kriegs Obersten ꝛc. unserm gn. Herrn.

Copiæ Paßzedels,

so den abziehenden Underthonen ertheilt worden.

Demnach Ihre königl. May. allergnädigst bewilliget haben, den ienigen Underthonen vom Land, so ihre sachen auff der Vestung Asperg gehabt, widerumb in ihre wohnungen zu bringen: Als habe Ich Vorweisern, Herrn M. Wendelinum Bilffinger, pfarrern, und Hanß Jacob Unfriden, beede von Marckh Gröningen, erlaubt, seine alhier habende sachen nacher beruertem Gröningen zu bringen. Derowegen ist an mäniglich mein dienst-gebürliches ersuchen und bitten, an die ienige aber, so under meinem Commando seind, mein ernstlichs befehlen, obgedachte herrn neben ihren habenden Sachen, Famillen, wie auch Convoy, Erdgern, fuohren und pferden zu underschiedlich mahlen frey, sicher, ungehindert nacher mehr beruertem Gröningen paß- und repassieren zu lassen. Solches beschulde Ich gegen Stands gebür nach hinwiderumb, und die so under meinem Commando seind, vollziehen meinen Befelch. Actum hohen Asperg den 13. Augusti Ao 1635.

Der Röm. kayf. May. Cammerer,
bestelter Oberster, und des löbl.
Grävischen Gallasischen Regiments
Obr. Leutenant, der Zeit Commendant
zu hohen Asperg,

Achilles, Freyherr von Sope.

Copiæ Abschieds,

welchen Herr Commendant Waldo (auch Maior Flerschelm) mir ertheilt hat.

Ich Rüedinger von Waldo, der hochlöblichen Königlichen Cron Schweden, auch Evangelischen Conföderierten Stand bestelter Oberster Leutenant über die Artol-

Artollery, und der Zeit Ober Commendant uff hohen Asperg, im herzogthumb wirtemberg gelegen, urkunde und bekenne hiemit öffentlich, daß mir auff dato der Ehrwürdig und hochgelehrte herr M. Wendel Bilffinger, pfarrer und Specialis zu MarckGröningen, zu vernemmen geben, welcher maſſen bey dem vor nunmehr verſchiener Jarsfriſt durch der Röm. Kay. auch zu Hungarn und Böheim königl. Mayt. kriegsvolckh vorgenommenen Durchzug, und darauff in besagtem Land württemberg erfolgter Einquartierung Er ſich auch neben andern mit der flucht auff das hauß Aſperg salviert, inmittelſt aber über alle angewandte euſſerſte bemühung sovil glegenheitt nit erhalten, noch zuwegen bringen mögen, daß er wider ſicherlich zu ſeinen pfarrkindern hette kommen kenden: darzu auch, daß Ich ihne ſelbſten außer mangel eines heerpredigers nicht von mir laſſen wöllen. Jedoch und dieweil er nichts deſto weniger under ſolcher Zeit an ſeinem predigamt beedes bey der eingelegten Schwediſchen Guarniſon, wie auch andern vertribnen wirtembergiſchen Underthonen im predigen, item mit besuchung der krancken und raichung des h. Abendmahls, auch anderm Gottsdienſt verhoffentlich kein müeh geſpart, noch ichtwas an ſeinem fleiß erwinden laſſen, darneben die ſach mit dem kriegsweſen veemittelſt getroffenen Accords ſo weit kommen, daß er ihme vorgenommen, Sich inner wenig tagen widerumb zu ſeiner hievor anvertrawten Pfarr zu begeben, als hat deſſwegen ehrnbesagter herr Special mich freundlich erſucht und gebetten, Ihme seines in ernantter Zeit gepflognen Verhaltens halben glaubwürdig Teſtimonium und Zeugnuß zu ertheilen. Wann dann offt ehrnberüerter herr Special ernantte gantze Zeit und biß dato hero ſich in ſeinen predigen und anderm Gottsdienſt nicht allein gantz fleiſſig und euferig erzeigt, Sondern auch mit besuchung der krancken, bevorab bey der eingeriſſnen Infection der hauptplödigkeit ſich ſo wol bey Nacht als Tag kein müeh oder besorgende gfahr betauren lassen, darzu sich in anderm seinem Thuon und wesen gegen meniglich ganz fridlich und schiedlich erzaigt, Ja also das ienig præstirt und gelaistet hat, was einem getrewen, fleissigen und auffrichtigen Kirchendiener in allweg zu thuon gebürt: So habe Ich Ihme solch sein billigmässig begehren nicht zu verwaigern gewüsst, sonder ihne vil mehr zu commendieren und zu befürdern mich schuldig erkent. Gelangt demnach hierauff an alle und iede, waß Stands, würden oder dignität die seind, denen diß offne Testimonium zu hören oder lesen fürkomt, mein underthönig dienst- und freundlich Bitten, die wollen Ihnen vil und offt ermelten herrn Specialem zu allen gnaden und gunsten befohlen sein, und Ihne diser meiner Commendation zu müglichster befürderung gnedig und günstig geniessen lassen: das geraicht mir hinwider umb einen ieden nach gebürnuß seines Stands underthenig, dienst- und freundlich zu beschulden. Dessen zu wahrem Urkundt hab Ich mich mit eigen handen underschriben, darzu mein angeborn Adenlich pittschafft offentlich hierunder getruckht, geschehen und geben den 27. Julii Anno 1635.

🌑   Rüedinger von Waldo,
                      Obr. L. m. p.

Verzeichnuß
Etlicher kayserischen hohen Officier, So nach geschehenem Accord uf die Vestung hohen Asperg hinauff kommen.

   Heinrich Burggrav von Dona, der Röm. Kay. May. Raht, Cammerer und Oberster über ein Regiment Tragoner.
   N. ein Grav von Fürstenberg.

                                         Johann

Johann Adolph von Wolffſtirn, der Röm. Kayſ. May. Raht, Reichspfenning Meiſter und Ober Commiſſarius.

Auguſtin Oſwald von Liechtenſtein, Commenthur zu Horneckh, Oberſter Leutenant des Wißdommiſchen Regiments zu pferd.

Achilles Baron de Soye, Oberſter Leutenant über Ihr Excellenz General Gallas Leib Regiment zu fuoß.

Heinrich von Weſtholtz, ein Weſtphal, Oberſter Wachtmeiſter under erſtgemeltem Regiment.

N. Schad, Commiſſarius.

N. von Verlemont, Rittmeiſter.

Capitan Rinckhaw: Cap. Glara: Leutenant Hofman, ein Schleſier: Leutenant *Nicola:* und andere von obgemeltem Gallaſiſchen Regiment.

Anno 1635. nach Uebergab der Veſtung ſeind die Aſperger Burger, deren noch etlich wenig übrig waren, allenthalben verſtrewet worden, und haben ſich ſonderlich auffgehalten zu Gröningen, Biettigkeim, Marppach, Stutgardt, etliche blieben im verbrandten dorff, und wohneten in den kellern, etliche baweten kleine hüttlin, hatten noch zum beſten ihre öfen, ſo die Soldaten vor einäſcherung des dorffs Aſperg uf die Veſtung hinauff getragen, und bißhero in ihren paracquen uf dem wahl gebraucht hatten.

Sobald die kayſ. in die Veſtung hinein kommen, hat alsbald der Ober Commiſſarius Wolffſtirn alles, was zugegen gweſen, inventieren laſſen, welches gleich dem König in Hungarn gehn Hailbronn zugeſchickt worden. Darauff ohne langſt hernach die Theylung angangen, darinn alle Munition, Artollery und andere güetter und Schätz in drey theil getheilt worden, deren der 1. dem Kayſer, der 2. dem König in Hungarn, der dritte dem Bayerfürſten zugetheilt worden, und hatte

376 III. Beschreibung, was sich mit der

hatte ieder diser Potentaten seine Commissarios darbey, welche ihrer selbsten nicht vergessen, sonder wann etwas ungerads oder übrig, solches under sich getheilt haben. Exempli gratia: als 4. gantz Sameten pferdZeug mit Silberin rinckhen und buckheln zu vertheilen waren, wurde darvon iedem obiger herrn Potentaten einer, so Schwarz waren, zugetheilt, den übrigen vierten, so von rotem Samet, name der Obr. Ossa für seinen part: der sich auch sonsten sampt seiner Tochter in diser theilung wol besackht hat. Es hatten zwar die herrn Commissarii in Befelch, alles das ienige, was den fürstlichen württenb. Fräwlin zuständig, in sonderliche verwarung zu nemmen, dann Ihre Kays. und Königl. May. solches erstgenanten fräwlin zuzustellen gnedigsten Befelch gegeben hetten. Als nun under andern ein kast auffgebrochen worden, und man gesehen, das selbiger dem einen fräwlin (Anthoniæ) gehörig, ist er also bald wider beschlossen worden. Als aber eine beywesende person darinn etwas ersehen, welches ihr beliebig, auch begert, aber auß obigen Ursachen abgeschlagen worden, und man darüber zum Mittagessen gangen, Ist under dessen so wol gehüetet worden, daß biß zur widerkunfft der Commissarien nach eingenommenem essen der gantze kast, continens cum contentis, mit einander fort gewesen, und ohne Zweiffel biß ins Lager vor Eglossheim verschwunden, so vil galte Kays. May. Befelch. Zum vorauß ist dem könig in Hungarn zugetheilt worden 1. zwey gantze von edelgstein, perlen, gold und Silber gestickhte (das wirtembergische und Brandenburgische) wapen, gar groß in forma Ovali, welche Ihr F. G. p. m. Barbara Sophia, Herzogin zu Wirtemberg, geborne Marggrävin von Brandenburg mit eignen handen gemacht, und in Ihrer F. G. Herzog Joh. Friderichs Leichbegängnuß vorher seind getragen worden: gar grossen Schatz werth. 2. Ein gantzer einschlag voll allerley Vogel garn. 3. ein
gan-

gantzer einschlag voll auffzüg. 4. Ein Schreibtischlin, so Hertzog Friderichen *Achilli* p. m. zuständig gewesen, voll alter müntzen, deren etlich 1000. Stuck waren. Ingemein alle Under Officier haben an köstlichen klaidern (anderer köstlichen sachen zu geschweigen) einen solchen Schatz und Beutt darauff gefunden, daß sie in kurtzer Zeit sich dermassen mundiert, daß Sie fürsten und Graven gleich auffgezogen, und wer sie zuvor gesehen, hernach nit mehr gekenent hat. Ja es seind vil kleider von gutem Zeug in den graben geworffen worden, (darunder etliche waren, so Hertzog Friederich *Achilli* gehörig,) so nur darinnen verdorben und verfaulet.

Auff dem platz in der Vestung haben die kays. hernach ein Reithauß auffgerichtet, welches aber ohnlangst durch einen Sturmwind übern hauffen geworffen worden.

Als die kays. nur etlich tag uf der Vestung gewesen, hat sich bey denselben einer undergestelt, so zuvor under der weinmarischen Compagni bey den Stuckhen ein handlanger gewest, nun aber von ihnen außgerissen, und sich bey den kays. als ein fewrwerckher angeben, als er nun uf dem hohen Trappen seine kunst zu beweisen ein hand granaten angezündt, selbige in den graben werffen wellen, aber zu lang in der hand behalten, ist Sie zersprungen, und ihn zu tod geschlagen, da hatte sein kunst ein end, und er seinen verdienten lohn.

Als man die Vestung mit fuoßvolckh ie lenger ie stärckher umblegt, musste allwegen ein Regiment einen gantzen Monat außharren, darnach wurde es durch ein ander Regiment abgelöst. Nachdem nun Grav von Papenheim mit seinem Regiment auch darfür

darfür kommen, hat er die ienige, so vor ihme allda gelegen, schimpflich durchgezogen, daß Sie so wenig außgericht, mit Vorgeben, Er wollte in wenig tagen dise Vestung mit Stürmender hand erobern. Aber er mußt erfahren, daß diß seits auch Leut waren, dann er innerhala 14. tagen uf 400. Mann eingebüeßt, wie sein eigner Regimentspriester außgesagt, auch konnte er seinen Monat nit gar außharren, sondern warb froh, daß er von eim andern Regiment entsetzt und abgelößt wurde.

Under werender plocquierung seind etlichmahl Schwanen bey Asperg furüber geflogen.

So lang die Schwedische auff der Vestung gelegen, hielte man sauber hauß, man reinigte und säuberte den wahl und hof zu underschiedlichen mahlen: Iustitia wurde gehalten, so vil müglich, darzu Stock und Eisel auffgericht waren. Alle abend die wacht gar starck auffgefüert, das wort oder losung gantz fleissig gegeben: So offt man in die kirch gieng, und das Zeichen mit der Glocken gegeben, so offt wurde auch den Soldaten mit der Trommel darzu umbgeschlagen: wann ein wenig ein gfahr enthalben, so wurden die Todtne mitt starcker Convoy begraben: wan Trommelschlager oder Trompeter ankommen, oder man gefangne gebracht, hat man sie allweg mit verbundenen augen den Berg hinauff durch alle wachten und porten biß uf den Mittlen hof hinein gefuert: also auch widerumb hinauß. Wan auff der Vestung zu abends das klein glöckhlin gelitten worden, so wurden gleich alle Bruchen auffgezogen und beschlossen, das wussten auch die kayf. ausserhalb der Vestung (sonderlich die Wißdommische Reutter) gar wol, und begaben sich alsbann auch auß dem feld in ihre Quartier, dessen waren sie

froh,

froh, sonderlich da es noch winter und gar kalt gwesen.

In werender plocquierung ist uf dem Berg ein Rheingrävischer Musquetierer außgerissen, und zu den Witzdommischen Reuttern übergelauffen, als er nun daselbsten mit pferd und anderm mundiert, ist er alda widerumb durch, und zur Schwedischen armee gangen. Das referierten erstgemelte Reuter vor der Vestung. Was von den Ueberläuffern zu halten seye, stehet den kriegs Erfahrnen zu, hiervon zu iudicieren.

Annus Prælii Commissi ad Nördlingam, consistit in literis Numeralibus sequentis dicti:

PannonIUs, BoIUs et IberVs proeLIo aD Aras FLaVIas IpsI Aspergæ InterItVM afferebant.

Vor plocquierung des Aspergs haben die Ordinarj Quardifnecht bey tag ihre wachten außerhalb der Vestung uf den pasteyen und den Bruckhen gehalten. Bey nacht aber innerhalb uf dem wahl, darzu Sie bey dem Runden thurn ein Corps de Garde hatten, sonderlich war tag und Nacht ein Schiltwacht uf dem hülzenen Trappen, uf welchem 3. fewr stückhlen (fewrhund genant) gestanden, und wegen der Brunsten gelöst worden. Die übrige Schiltwachten wurden gar fleissig uf dem Berg rund herumb gehalten, und alle viertheilstund durch leutung der glöckhlin das loß gegeben.

Under werender belägerung ist ein verborgen Gewölb gefunden worden, darinnen bey 50. Thonnen pulvers gelegen, von welchem wenig leuth wissenschafft gehabt haben.

Als die Vestnng Asperg von den Schwedischen dem kayserischen Volckh übergeben worden, die Garnison sampt den geflohenen Underthonen abgezogen, und die kayserische hingegen eingezogen, Ist inner wenig Tagen ohne allen Zweifel wegen wüesten und unsaubern haußhaltens eine grausame pest uf dem Berg eingerissen, daß das Volckh heuffig hinweg gestorben, und man schier alle 14. tag frisch Volckh hinauff legen müessen. Mag auch wol sein, weil Sie zuvor die Bronnen zweymahl vergifftet, daß sie hernach solches büessen müessen.

www.ingramcontent.com/pod-product-compliance
Lightning Source LLC
Chambersburg PA
CBHW030343230426
43664CB00007BB/520